Biologie in der Curriculumdiskussion

Probleme und Faktoren
des Biologieunterrichts
und des biologischen Curriculums

von Horst Werner

mit 29 Zeichnungen

R. Oldenbourg Verlag München

Pädagogische Grund- und Zeitfragen

Eine Schriftenreihe des Verlages R. Oldenbourg

1. Auflage 1973

© 1973 R. Oldenbourg Verlag GmbH, München

ISBN 3-486-05771-5

Für Anita und Pia

Inhalt

6. Die Sprache im Biologieunterricht 158

7. Unterrichtsplanung und Curriculum 169

8. Zusammenfassung und Ausblick 200

Vorwort

Lange Zeit nahm die Biologie eine Randstellung im Fächerkanon unserer
Schulen ein. Die zur Verfügung stehende Unterrichtszeit, das öffentliche
Interesse am Fach, der Modernitätsgrad der Methoden, das theoretische
Instrumentarium der Fachdidaktik und die Struktur der Lehrpläne geben
Hinweise auf die gesellschaftliche Bewertung eines Unterrichtsfaches.
Sie belegen im Falle der Schulbiologie die eingangs aufgestellte Behaup-
tung nachdrücklich. Was heute an der Biologie jedoch besonders auffällt,
ist die außergewöhnliche Diskrepanz zwischen der gesellschaftlichen An-
erkennung der grundlegenden biologischen Wissenschaft und der der
Schulbiologie.

Mit zunehmender Deutlichkeit zeigt sich jedoch ein Wandel im Bereich
des biologischen Unterrichts an. Die komplexen Probleme und Wechselwirkungen zwischen Organismen und ihrer Umwelt, die Vielfalt und Stör-
anfälligkeit ökologischer Beziehungen innerhalb unserer Biosphäre beginnen, nicht zuletzt unter dem Aspekt der Umweltbedrohung und dem Eindruck der Erlebnisse der Raumfahrt, die Menschheit als Ganzes zu interessieren. Unter diesem Gesichtspunkt werden die Versäumnisse der
Schulbiologie eklatant. Die existenzielle Bedrohung des Menschen durch
die Folgen seiner eigenen Manipulationen erfordert eine außerordentliche
Intensivierung biologischer Erkenntnisse und biologisch richtigen Handelns bei allen Gliedern der Gesellschaft.

Daraus wieder läßt sich die Forderung nach einer möglichst schnellen und
wirksamen, aber auch permanenten Revision biologischer Lehr- und Lerninhalte, Lernziele und Methoden ableiten. Der künftige Biologieunterricht
muß dabei versuchen, die Manipulation des Fachlehrers durch eine bloße
technokratische Reform ebenso zu vermeiden, wie die nicht mehr verant-
wortbare individuelle Zufälligkeit bei der Auswahl, Anordnung, Strukturierung und Sequentierung biologischer Lernabläufe. Die Auswahl der
Lerngebiete bedarf vielmehr der humanen, gesellschaftlichen, fachwissenschaftlichen, fachdidaktischen und logischen Begründung.

Lange genug schien man in der Schulbiologie durch das Mißverständnis
der Gleichsetzung fachwissenschaftlicher Inhalte mit ihrem Vermittlungs-
prozeß ohne Bezug zu aktuellen Lerntheorien auskommen zu können oder
man wandelte einmal fixierte Einstellungen zu facheigenen Lernprozessen
nur sehr langsam.

Heute stellt sich der Schulbiologie die Aufgabe, eine Vielfalt neuer Ergebnisse einer ganzen Reihe relevanter Nachbarwissenschaften zu beachten
und zu integrieren.

Lernpsychologie, Pädagogik und Didaktik - insbesondere deren Teilgebiet Curriculumforschung - haben Ergebnisse erarbeitet, an denen auch
der Biologieunterricht nicht vorbeigehen kann.

Vor allem im anglo-amerikanischen Ausland hat man bereits in den frühen sechziger Jahren und z. T. unter hohem finanziellem Aufwand biologische Curricula entwickelt, erprobt und eingesetzt, ohne daß man es in der Schulbiologie der Bundesrepublik bisher der Mühe wert gefunden hätte solche Projekte zu beachten und sei es auch nur aus dem ökonomischen Grund, unproduktive Parallelarbeit zu vermeiden.

Während die biologische Wissenschaft ihre Erfolge durch eine Intensivierung der facheigenen Denkverfahren und Prüfprozesse erreichte, blieb die Schulbiologie weithin bei der Vermittlung statisch und ewig-gültig gesehener Einzelfakten stehen, wobei bestimmte Methoden, wie beispielsweise die Monografie, besonderen Vorzug genossen.

Hier setzt die Fragestellung der vorliegenden Arbeit ein. Ausgehend von den Charakteristika naturwissenschaftlichen Vorgehens werden der Forschungsbereich, die Fragestellung und das Konzept der Biologie diskutiert. Eine Abgrenzung des Biologieunterrichts schließt sich an. Im folgenden Kapitel werden - unter Berücksichtigung der allgemeinen Grundlagen der Curriculumforschung - einige Ansätze biologischer Curricula näher beschrieben und mit Ansätzen innerhalb der Bundesrepublik verglichen. Eine Kritik traditioneller Biologielehrpläne schließt dieses Kapitel ab.

Der nächste Abschnitt befaßt sich mit der Übertragung wichtiger lerntheoretischer Befunde auf den Bereich der Schulbiologie. Mit Hilfe einer empirischen Untersuchung wird der Medien- bzw. Methodeneffekt im Biologieunterricht genauer analysiert. Während das 6. Kapitel auf die Bedeutung der Sprache für den Biologieunterricht eingeht, werden im 7. Kapitel einige Beispiele zur Planung biologischer Lernsequenzen vorgelegt und Anforderungen sowie Probleme eines biologischen Curriculums erläutert. Einige der referierten Dokumente und vorgelegten Entwürfe sind inzwischen verändert oder revidiert worden. So brachte der Verband Deutscher Biologen (VDB) eine revidierte und erheblich konkreter gefaßte Version seines Rahmenplanes heraus, das Institut für Pädagogik der Naturwissenschaften (IPN) legte evaluierte Fassungen biologischer Lerneinheiten vor, das Institut für Schulpädagogik (ISP) begann mit der Bearbeitung curricularer Lehrpläne in Biologie und in einigen Bundesländern zeigen sich erste Auswirkungen der erst kürzlich überarbeiteten Grundschullehrpläne. Gleichwohl aber blieb eine Vielzahl der angeschnittenen Bereiche bisher ungeklärt und unbearbeitet. Dies gilt sowohl für die Einarbeitung lerntheoretischer Bereiche, als auch für die curriculare und empirisch-fachdidaktische Forschung. Trotz allem aber beginnt sich eine Neuentwicklung der Schulbiologie immer deutlicher abzuzeichnen. Die Unterrichtsbiologie ist dabei, in eine interessante Phase ihrer Entwicklung einzutreten.

Bamberg, 1.6.1973   Dr. Horst Werner

Einleitung

Jeder, der sich mit Unterrichtsphänomenen näher beschäftigt, bemerkt nach kurzer Zeit zu seiner Überraschung, daß sich anfangs relativ leicht identifizierbare Komponenten seines Untersuchungsfeldes als zunehmend komplex und instabil erweisen.

Damit entziehen sich meist gerade diejenigen Faktoren als mehrdimensionale und interdependente Variablen dem empirischen Zugriff, die bei erstem Ansehen geradezu den Eindruck von Konstanten erweckten.

Beispiele solcher in der alltäglichen Unterrichtspraxis wenig hinterfragter Elemente schulischer Interaktionsprozesse sind beispielsweise: der Lehrer, der Schüler, der "Stoff", das Fach, der Lehrplan, der Unterricht, die Medien, die Sprache, der Gegenstand. Sie stehen stellvertretend für eine lange Liste scheinbarer schulischer Selbstverständlichkeiten im Vollzug der Unterrichtspraxis.

Versucht man nun, Begriffe der eben beschriebenen Provenienz näher zu analysieren, so drängt sich zugleich sehr leicht die in Bezug auf eine rein erfahrungsmäßig betriebene, wenig reflektierte Praxis enorm entlastende Vorstellung auf, pädagogische und didaktische Fragestellungen beziehungsweise deren Gegenstandsfelder seien eben zu komplex, um überhaupt empirisch zugänglich zu sein. Ihre wissenschaftstheoretischen, philosophischen, gesellschaftlichen, individuell-erlebnisbedingten und kulturimmanenten Implikationen entzögen sich bereits auf methodologischer Ebene jeglichem einengenden rationalistisch-empirischen Zugriff, wie ihn beispielsweise die Naturwissenschaften oder die empirischen Sozialwissenschaften anwenden.

Das einseitige, immer unter dem zwanghaften Druck der Quantifizierung stehende, meist induktiv und analytisch sezierend voranschreitende Forschungsinstrumentarium dieser Wissenschaftsbereiche sei eben dem Problemfeld der Erziehung, der Schule, der Didaktik, der menschlichen Aktivitäten insgesamt denkbar unangemessen.

Phänomene der bezeichneten Art erschlössen sich vielmehr weitaus besser den introspektiv, kontemplativ, historisch und normkritisch vorgehenden Geisteswissenschaften als dem einzig dem Verständnis des Menschen angemessenen Methodenkomplex.

So berechtigt auch, dies wird später ausführlicher diskutiert, ein Teil solcher Argumente sein mag, so muß doch zusammenfassend festgestellt werden, daß der im oben umschriebenen Verständnis sich manifestierende Dualismus zwischen Natur und Geist, der das abendländische Denken spaltet, heute noch kaum geschmälert den Gegenstandsbereich der Pädagogik und anderer Sozialwissenschaften durchzieht. Während sich weite Bereiche der Psychologie und der Soziologie durch klärende Abgrenzung der Methodenfrage den immerwährenden, die weitere wissenschaftliche

Entwicklung dieser Forschungsfelder ständig blockierenden Querelen entzogen und auf diese Weise ihre volle Anerkennung als institutionalisierte Wissenschaften in der Gesellschaft erreichten, verläuft der dualistische Sprung, der die Wissenschaften insgesamt in zwei Lager aufteilte [1], noch heute mitten durch Pädagogik und Didaktik hindurch. Bis vor kurzem stand die letztgenannte zwischen Fachwissenschaft und Pädagogik, zwischen Philosophie und Psychologie, zwischen Anthropologie und Soziologie hin- und hergezogene Disziplin [2], die sich ständig fragte, ob sie nun selbständig sei oder nicht, als geisteswissenschaftliche Didaktik in hoher Blüte.

Wenn sich diese Richtung der Didaktik auch bis zu ihren letzten bedeutenden Vertretern [3] hin unbestreitbare Verdienste erwarb, so konnte sie eines nicht verhindern, nämlich das Auseinanderfallen in eine in unerreichbarem Höhenflug dahinphilosophierende und damit unpraktische Theorie und in eine kaum reflektierte, überwiegend als Meisterlehre betriebene, völlig isoliert von den "idealen" theoretischen Forderungen sich dahinschleppende Praxis.

Ja, sie löste sogar diese Entwicklung in verstärktem Maße aus! Die pädagogische Praxis hatte es längst aufgegeben, von diesen oder ähnlichen Richtungen der ihr zugeordneten Theorie konkrete Hilfestellungen für die Alltagsarbeit zu erwarten.

Dieser Prozeß war auch insoweit bedenklich, als sich die geisteswissenschaftliche Richtung der Didaktik immer mehr im eigenen terminologischen Netz verstrickte, anstatt mit Hilfe eines fundierten Begriffssystems zur Transparenz des Forschungsgegenstandes beizutragen.

So wurde Didaktik einmal zur Pädagogik aufgebläht, ein anderes Mal schrumpfte sie zur Methodik zusammen. Sie bezog sich einmal auf den Unterricht, ein anderes Mal auf den Lehrplan und schließlich auf die Schule. Sie wählte sich einmal den Informationsbegriff zum tragenden Terminus (CUBE, 1968; FRANK, 1962), dann den der Lerntheorie [4] (HEIMANN u.a., 1965; SCHULZ/THOMAS, 1967; NORTHEMANN/OTTO, 1969) und endlich den der Unterrichtstechnologie (MÖLLER, B. u. Chr., 1966; MÖLLER, B., 1966; MÖLLER, Chr., 1969), um nur einige Varianten zu erwähnen.

Bedingt durch diesen Aufgliederungsprozeß wurden die Binnenterminologien der Didaktik einander immer unähnlicher. Widersprüchliche Bedeutungen eines Begriffs fanden sich sowohl in einem Wort als auch in vielen anderen wieder ebenso, wie umgekehrt auch viele unterschiedliche Begriffe auf die selbe Bedeutung hinzielten.

Der heute suspekt gewordene Bildungsbegriff ist ein solches Beispiel.

Die durch ihn heraufbeschworene terminologische Sisyphusarbeit nahm eminente Ausmaße an.

Man unterschied sehr genau zwischen Bildungsinhalt [5] und Bildungsgehalt, Bildungssinn und Bildungszweck, Bildungswert und Bildungsgut, war sich aber über den grundlegenden Bildungsbegriff völlig uneins. Ein solches Vorgehen blockierte nicht nur die interne Produktivität der Disziplin, sondern es verhinderte sozusagen schon im Ansatz das notwendige Gespräch mit allen anthropologisch relevanten Nachbarwissenschaften.

Schon an dieser Stelle wird auf dem theoretischen und metatheoretischen, auf dem interdisziplinär-kommunikativen und dem kritisch-reflexiven Niveau der Verständigung ein bisher innerhalb der Didaktik noch weit unterschätzter Faktor in seiner konstitutiven Bedeutung sichtbar, der Faktor S p r a c h e.

Unglücklicherweise reicht die negative Wirkung des ungeklärten Sprachgebrauchs in der Didaktik noch weiter.

Der Lehrer muß, ebenso wie andere Berufe, vor eigens dazu errichteten Institutionen seine Fachkompetenz nachweisen. Sie wurde ihm aber bisher gerade von den jeweils etablierten, oft völlig konträren Richtungen der Didaktik und Pädagogik abverlangt. Bei diesem Dilemma verlor er entweder völlig den Kontakt zu dem ihm zugedachten Tätigkeitsfeld, oder er mußte sein Bewußtsein in zwei Niveaus aufspalten. Das eine ermöglichte ihm das verbale Bekenntnis der gerade eben modernen oder opportunen Begriffe und Anschauungen, von denen er oft genug wußte, daß er weder die Möglichkeit noch die Absicht hatte, sie in die Realität umzusetzen; das andere bezog sich auf seine Alltagspraxis.

Eine solche Situation mußte der Perseveration der "Nur-Praxis" (vgl. LOCH, 1961) ebenso Vorschub leisten, wie sie die geradezu allergische Praxisfeindlichkeit der didaktischen Theorie noch verstärkte.

Ein letzter Versuch KLAFKIs im Entwurf der "Didaktischen Analyse" eine Synthese dieser unversöhnlichen Bereiche zu stiften, scheiterte, wie KLAFKI selbst mehrmals bedauernd bekannte, daran [6], daß das Begriffsinventar der "Didaktischen Analyse" verkürzt oder verengt im Sinne einer Rezeptologie direkt auf die Unterrichtspraxis angewandt wurde. Diese Rolle war ihr vom Urheber gar nicht zugedacht worden [7].

Insgesamt blieb im Gegenstandsfeld der Didaktik bis in die Gegenwart hinein und auf weite Strecken hin ein naives, irreparabel defektes Theorie-Praxis-Verständnis bestehen.

Nach diesem knappen, einleitenden Überblick läßt sich das Schweigen der Fachwissenschaften zur Behandlung ihres Gegenstandsfeldes im Schulbereich nur mit Erstaunen registrieren. Dies gilt für die Naturwissenschaften insgesamt, besonders aber für die Biologie, die Gegenstand der vorliegenden didaktischen Untersuchung ist. Bedauerlicherweise ist es eine Tatsache, daß sich die biologische Wissenschaft (ebenso wie andere Naturwissenschaften) überhaupt nicht oder nur sehr wenig um den ihr zugeordneten Unterrichtsbereich gekümmert hat [8]. Sie beschränkte sich, aus welchen Gründen auch immer, auf die Reichweite ihrer fachwissenschaftlichen Methoden und überließ das Feld biologischer Inhalte und Methoden im Unterrichtsbereich sowie die Information der Gesellschaft, d.h. des biologischen Laien, oft genug widerspruchslos solchen Vertretern, die mit Problemen, Methoden und Ergebnissen der biologischen Forschung nur wenig oder gar keinen Kontakt hatten [9]. An dieser Entwicklung hat auch die aus dem Lager der naturwissenschaftlichen Forschung häufig vernehmbare Vorstellung von "reiner" Wissenschaft einen erheblichen Anteil.

Der Lehrer für Naturwissenschaften - sozusagen ein Nebenprodukt der Ausbildung zum angewandten Naturforscher, soweit er an weiterführenden Schulen unterrichtet - ist aus Mangel an Information über psychologische, pädagogische und didaktische Voraussetzungen der Vermittlung von Inhalten seines Faches in seiner Lehreffektivität behindert. Ihm fehlt dieses Instrumentarium als Bestandteil seiner Ausbildung, um seine Sachkompetenz optimal nutzen zu können. Er kann andererseits - sobald er an Grund- oder Hauptschulen lehrt - seine in allgemeinem Kontext erworbenen erziehungswissenschaftlichen Einsichten nicht übertragen bzw. ausschöpfen, weil ihm, dem Allroundlehrer, in einer Reihe von Bundesländern gar keine Sachkompetenz abverlangt wird. Gewiß ist diese Abgrenzung eine Vergröberung. Tatsächlich aber bewegen sich die Ausbildungsvolumina der verschiedenen Bundesländer innerhalb dieser extremen Pole.

Insgesamt wird deutlich, daß eine volle Professionalisierung des Biologielehrers, wenn man diese als Spezialisierung auf Methoden und Verfahren seines fachunterrichtlichen Tätigkeitsfeldes definiert, bisher noch nicht gelungen ist.

Ein anderes eigenartiges Phänomen stellt die Phasenverschiebung zwischen biologischer Fachwissenschaft und ihrer Fachdidaktik bzw. dem biologischen Schulunterricht dar. Es kann 20, ja 50 oder mehr Jahre dauern, bis Inhalte und Probleme moderner biologischer Forschung in die schulischen Lehrpläne eindringen. Oft genug werden sie dabei auch sachlich deformiert oder ideologisch verbrämt. So kommt es zu dem Paradox, daß der Unterrichtsbereich des höchst komplizierten und für die künftige Entwicklung des Menschen so bedeutsamen Forschungsgefüges der Biologie einen derart gegensätzlichen Entwicklungsstand aufweist, daß er selbst gegenüber den Entwicklungstendenzen in benachbarten Unterrichtsfächern noch abfällt [10]. Wenn eine Verbesserung dieser Situation erreicht werden soll, dann ist es nötig, zunächst diejenigen Faktoren bzw. Faktorenkomplexe zu isolieren, die diesen Zustand beeinflussen. Grob gesehen, lassen sich zwei solcher Faktorengruppen herausgliedern: externe und interne Faktorenbündel (clusters). Unter e x t e r n e n Variablen seien diejenigen gemeint, die auch außerhalb des Biologieunterrichts existieren, diesen aber zumindest mit determinieren, unter i n t e r n e n sind solche zu verstehen, die im unterrichtlichen Vermittungsrahmen der Biologie ihren Wirkungsschwerpunkt haben.

E x t e r n e   E i n f l u ß f a k t o r e n   d e s   B i o l o g i e u n t e r r i c h t s [11]

1. Mangelnde Erforschung empirisch faßbarer Unterrichtsphänomene;
2. Überbetonung geisteswissenschaftlicher Unterrichtsfächer;
3. Geringe Entwicklungshöhe in der praktischen Curriculumforschung;
4. Mangelndes Interesse der grundlegenden Fachwissenschaft am Biologieunterricht;
5. Fachfremde bzw. methodeninvariante Interpretation biologischer Inhalte (Beispiel: Vitalismus);
6. Fehlende Fundierung durch tragfähige Theorien;
7. Vernachlässigung neuester lernpsychologischer Forschungsergebnisse;
8. Ungenügende Integration soziologischer, sozialpsychologischer, informations- und kommunikationstheoretischer Erkenntnisse;
9. Abgrenzung zwischen Praxis und Theorie des Unterrichts;
10. Fehlauffassungen von Naturwissenschaft als statisches System;
11. Ideologie der "reinen" Forschung, die sich allein durch ihre eigenen Ergebnisse wieder rechtfertigt;

12. Mangelndes Verständnis für eine richtige und kompetente Popularisierung fachwissenschaftlicher Inhalte;
13. Nachwirkungen verschiedenartiger Ideologien (beispielsweise bei der Interpretation der Evolutionstheorie);
14. Zu geringes gesellschaftspolitisches Interesse der Biologen;
15. Geringes Interesse der Gesellschaft an der Biologie;
16. Identität zwischen naturwissenschaftlicher Forscher- und Lehrerausbildung;
17. Vernachlässigung der Reflexion, Kontrolle und Verbesserung interner Faktoren des Biologieunterrichts;
18. Mißverständnis des biologischen Lernvorgangs als Faktenreproduktionsprozeß;
19. Darstellung eines Zerrbildes der Biologie, als eines eiskalt mit Menschen experimentierenden, ihn genetisch gewissenlos manipulierenden Monstrums;
20. Rückkopplungseffekt des erlebten Biologieunterrichts auf die Gesellschaft.

Interne Einflußfaktoren des Biologieunterrichts

1. Handwerklich-vorwissenschaftliche Auffassung des biologischen Unterrichtsprozesses;
2. Fehlen eines integrierenden fundierten und variablen biologischen Curriculums von der Vorschule bis zum Abitur;
3. Fehlende Beachtung bereits existierender ausländischer Curricula (z. B. BIOLOGICAL SCIENCES CURRICULUM STUDY (BSCS) in den USA; NUFFIELD STUDY in ENGLAND);
4. Unzureichende Auswahl und Operationalisierung biologischer Lehrplaninhalte;
5. Probleme der Ausbildung von Biologielehrern;
6. Mangelnde Anpassung biologischer Inhalte an zeitgemäße Probleme;
7. Ungenügende Vermittlung von biologisch relevanten Denkmethoden und Denkmodellen zur Erschließung und Interpretation von Daten;
8. Übertriebene Betonung des schwer motivierbaren und oft unzeitgemäßen Lernens von Einzelfakten;
9. Völlige Unterbewertung der Biologie als Randfach im schulischen Fächerkanon;
10. Romantisierende und ideologisierende Naturauffassung in Teilbereichen der Unterrichtsbiologie (z. B. ständige Forderung der Lehrpläne nach unmittelbarem Naturkontakt);
11. Katastrophaler Mangel an Medien und Unterrichtsmaterial vor allem in Primarstufe und Sekundarstufe I;
12. Überladen der Unterrichtsbiologie mit unterschiedlichsten Aufgabenbereichen (Gesundheitslehre, Sexualerziehung, Umweltschutz usw.) bei gleichzeitiger Minimalisierung der Unterrichtszeit (meist eine Unterrichtsstunde);
13. Simplifikation des biologischen Unterrichtsprozesses; fehlender Anschluß an den gegenwärtigen Stand der Curriculumforschung;
14. Fehlen einer ausreichenden empirischen Überprüfung des Methoden- und Medieneffekts im Biologieunterricht;
15. Unzureichende Kenntnis biologisch relevanter Denk- und Lern-Prozesse bei Schülern verschiedener Altersstufen;
16. Mangelnde Reflexion der biologischen Fach- und Unterrichtssprache;

17. Fehlendes Test- und Bewertungsinstrumentarium zur Evaluation der Lernprozesse und des Curriculums.

Positiv gewendet läßt sich sagen, daß es der biologischen Fachdidaktik - in enger Verklammerung mit der biologischen Fachwissenschaft, der Erziehungswissenschaft, der Lernforschung und allen jeweils zur Lösung eines bestimmten Problems relevanten Wissenschaftsbereichen - dann gelingen wird, die Situation der Schulbiologie entscheidend zu verbessern, wenn schrittweise einige der genannten Probleme, die gegenwärtig einer höheren Effektivität dieses Unterrichtsfaches entgegenstehen, gelöst oder einer Lösung näher gebracht werden können.

Die vorliegende Arbeit ist als ein Schritt in diese Richtung zu verstehen.

Es soll versucht werden, die Problematik des Lernbereichs Biologie aufzureißen, das biologische Objekt in Relation zu den facheigenen Denk- und Arbeitsweisen sowie den Zusammenhang zwischen Objekt, Medium und Sprache im Biologieunterricht näher zu beschreiben. Selbstverständlich kann diese im Hinblick auf die Entwicklung eines biologischen Curriculums bedeutsame Objekt-Medium-Sprache-Relation niemals isoliert außerhalb menschlicher Interaktionsprozesse gesehen werden. Der anthropologische Aspekt ist demnach bei der Untersuchung des genannten didaktischen Zusammenhangs immer impliziert.

Eine umfassende empirische Erforschung der überaus zahlreichen bisher noch unerschlossenen Bereiche des hier überwiegend systematisch untersuchten Komplexes ist heute, aus der Perspektive des Einzelforschers gesehen, unmöglich. Oft genug stehen dem Fachdidaktiker gar keine oder nur äußerst geringe Forschungsmittel zur Verfügung. Auf eigene empirische Untersuchungen zu Einzelproblemen des Untersuchungsfeldes wird an der betreffenden Stelle der Arbeit näher eingegangen. Sie haben aus den vorstehend genannten Gründen den Charakter von "pilot-studies", deren Vorteil vor allem darin liegen kann, noch relativ unbekanntes Terrain für eine nachfolgende, umfassendere Forschung aufzuschließen.

Der gegenwärtige internationale Stand der Curriculumforschung, insbesondere bei den naturwissenschaftlichen Fächern, geht zu einem nicht geringen Teil auf eine Hypothese BRUNERs (1970) zurück. Nach BRUNER kann jedem Kind auf jeder Stufe seiner Entwicklung jeder Lehrgegenstand "in einer intellektuell ehrlichen Form erfolgreich gelehrt werden" (s. S. 44).

Um diesen hypothetischen Ansatz auf seine Tragfähigkeit im Biologieunterricht überprüfen zu können, ist es nötig, zunächst den Prozeß und die Eigenart naturwissenschaftlichen Vorgehens überhaupt zu beschreiben. In einem weiteren Schritt sind der für die Biologie spezifische wissenschaftliche Verarbeitungsprzeß sowie die begriffliche Grundstruktur der Disziplin zu skizzieren. Eine Diskussion von Möglichkeiten und Problemen eines biologischen Curriculums sowie Untersuchungen über die Wirkungen einiger biologischer Unterrichtsmethoden und Medien schließt sich an. Abschließend wird versucht, Ansätze und Beispiele zur Planung biologischer Lernsequenzen darzustellen.

1. Charakteristika naturwissenschaftlichen Vorgehens

1.1 *Naturwissenschaft und Naturforschung*

Sowohl in der Alltagssprache, als auch in der wissenschaftstheoretischen Diskussion werden beide Termini oft als Synonyma verwendet. Gewiß sind beide Begriffe Komponenten eines Gesamtprozesses, eine Differenzierung scheint jedoch schon durch ihre unterschiedliche semantische Struktur nahezuliegen. "Wissenschaft" wird häufig als s t a t i s c h - s y s t e m a t i - s c h e s Gefüge gesehen, während man im Begriff "Forschung" meist den d y n a m i s c h e n P r o z e ß wissenschaftlichen Voranschreitens meint. F o r s c h u n g könnte man deshalb genauer als den durch die Wissenschaft aktivierten und sie wieder aktivierenden Datenverarbeitungs- und Prüfprozeß definieren, der sich in der Anwendung eines jeweils spezifischen methodologischen Instrumentariums auf den Objektbereich vollzieht. Wissenschaft wäre dann weiter zu fassen. Sie umschließt auch den Bereich des forschenden Individuums, die ablaufenden internen und externen Gruppenprozesse, die Interaktionsmodi, Codes, Fachsprachen und die Interessen des Fragehorizonts.

Unter Interessen sind sowohl die Bedürfnisse und Motivationen der beteiligten Individuen als auch das "erkenntnisleitende Interesse" der Gesamtgruppe und der Gesellschaft gemeint (vgl. HABERMAS, 1969; S. 172 ff.). Wissenschaft läßt sich demnach unter anthropologischem Aspekt sowohl als "Spiel des Menschen gegen die Natur" (LEINFELLNER, 1967) [12] als auch als die Genese einer neuen Sprache verstehen, die es ermöglicht, den Objektbereich präziser zu erfassen (s. WIESER, 1970;S. 11).

1.2 *Die Unsicherheit der Ausgangsbasis naturwissenschaftlichen Vorgehens*

Sehr häufig findet man in der Wissenschaftstheorie und der Wissenschaftsphilosophie befremdend erscheinende Aussagen, die der allgemein verbreiteten Auffassung über die Verläßlichkeit naturwissenschaftlicher Aussagen widersprechen.

LEINFELLNER (1967) ist der Auffassung, daß es "kein absolut sicheres, für alle Zeiten gültiges Wissen" gibt (S. 17). Dies liegt u. a. daran, daß jede Änderung der beobachteten Situation eine Änderung der wissenschaftlichen Strategie nach sich zieht.

CARNAP (1969) sieht den Grund dafür in der Eigenart des induktiven Schlußverfahrens. Während der deduktive Schluß so sicher ist wie seine Prämissen, ist der induktive eigentlich nie sicher. Für ihn läßt sich allenfalls eine bestimmte Wahrscheinlichkeit festlegen [13]. Das Image der Naturwissenschaften ist jedoch in weiten Kreisen der Bevölkerung ein völlig anderes. Es gibt viele Menschen, "die bei dem Wort ("Naturwissenschaft"; Verf.) an scharf bebrillte Wissenschaftler in weißen Kitteln denken oder eiskalt rechnende Intelligenzbestien vor sich sehen, nur dem Namen nach aus Fleisch und Blut, Wesen, die ihre Zeit damit verbringen, nach Regeln einer unbestechlichen und fast übermenschlichen Logik Daten zu verarbeiten" (WADDINGTON, 1966; S. 4).

Auch der gebildete Laie hat oft keine Vorstellung davon, wie Wissenschaft vor sich geht, obwohl er es oft genug zu wissen glaubt.

"Wir hören ... jetzt so viel von der "wissenschaftlichen Methode", und zwar gerade von jenen Leuten, die sehr überrascht wären, wenn sie danach gefragt würden, welche Methode das denn sei. Den gebildeten Amateur könnte man dann etwas von der Frage an die Natur ... murmeln hören" (MEDAWAR, 1969; S. 72). Aus diesem Unverständnis heraus ist es zwar merkwürdig, aber doch verständlich, "daß so viele, die die Wissenschaft von außen betrachten und bewundern, mehr Vertrauen zu ihren Resultaten haben, als die Fachleute, die aktiv an ihnen mitarbeiten" (REICHENBACH, 1968; S. 55).

Diese Aussagen belegen zweierlei, erstens, daß Unsicherheit, Zweifel, Offenheit, Unabgeschlossenheit konstitutive Elemente der Wissenschaft sind, und zweitens, daß es der Wissenschaft offensichtlich noch nicht gelungen ist, dies der Öffentlichkeit klarzumachen.

Sie ist es, die die Allgemeinheit meist nur mit E r g e b n i s s e n ihrer Arbeit, nicht aber über die M e t h o d e n informiert, mit denen diese gewonnen wurden.

So kommt es dann, daß die Öffentlichkeit diese Resultate unkritisch übernimmt oder ebenso unkritisch ablehnt. Folglich schwankt die öffentliche Meinung häufig zwischen an Aberglauben grenzender Wissenschaftsgläubigkeit und bilderstürmischer Kulturkritik (GADAMER, 1972; vgl. S. XIV).

Als Ausweg stellt sich der Naturwissenschaft unausweichlich die Aufgabe, den durch die Unkenntnis des Sachverhalts und des wissenschaftlichen Erkenntnisvorgangs im Grunde entmündigten Laien in die elementaren Zusammenhänge wissenschaftlichen Denkens einzuführen. Wer sonst sollte diese Aufgabe, die nur in Kooperation mit der Pädagogik und innerhalb der jeweiligen Fachdidaktik zu lösen ist, übernehmen? Es ist daher schon an dieser Stelle deutlich, daß die Vermittlung naturwissenschaftlicher Faktenrelationen nur in Zusammenhang mit den s i e k o n s t i t u i e r e n - d e n D e n k o p e r a t i o n e n u n d A r b e i t s w e i s e n sinnvoll sein kann. Mit der Übernahme dieser Verantwortung emanzipiert sich die Naturwissenschaft auch selbst. Sie verharrt nicht mehr im Zwiespalt zwischen isolierter Selbstüberschätzung und widerspruchsloser Büttelfunktion für Herrschaftsformen, die sich, ohne Rücksicht auf die Folgen, ihrer Resultate und Machtmittel bedienen. Dieser Ruf nach der Übernahme der Verantwortung durch die Naturwissenschaft für ihren eigenen Kompetenzbereich ist heute, wo Nichtverstehen der einfachsten naturwissenschaftlichen Zusammenhänge riskant für den Fortbestand der Menschheit geworden ist, eine Lebensnotwendigkeit (vgl. ZIMEN, 1970; S. 11). Die "Informiertheit über Natur und Naturwissenschaft darf daher nicht auf relativ wenige beschränkt bleiben" (S. 9). Dies soll nicht bedeuten, daß die Naturwissenschaft nun aus einer Phase der Unterbewertung in eine Phase übertriebener Zuständigkeit treten müßte und andere ebenfalls zuständige Wissenschaften einschränken oder verdrängen sollte. Sie beansprucht damit lediglich das Recht, über die Verwendung ihrer Forschungsergebnisse verantwortlich mitzubestimmen, hat dann aber auch die Pflicht, die Öffentlichkeit in weitaus größerem Ausmaß als bisher über Reichweite und Folgen ihrer Resultate zu informieren. Sie kann es sich heute nicht mehr erlauben, sich lediglich nach Art des Pragmatismus durch ihren eigenen Erfolg zu rechtfertigen, der im Grunde "der dogmatische Glaube der einmal etablierten Wissenschaften an sich selbst" ist (ENGELHARDT, 1969; vgl. S. 47). Um die Rolle festzustellen, die der Prozeß naturwissenschaftlichen Denkens bei der Ausbildung der Schüler im Biologieunterricht spielt bzw. spielen sollte, ist es notwendig, einen Überblick über allgemeine Charakteristika naturwissenschaftlicher Forschungsmethoden zu geben.

1.3 Die Voraussetzung der naturwissenschaftlichen Methode

Seit KANT hat sich die These des Empirismus überlebt, "daß die sinnliche Wahrnehmung die Quelle und letzte Instanz der Erkenntnis sei" (REICHENBACH, 1968; S. 94). Ohne eine Reihe apriorischer Implikationen über Objekt, Zeit, Kausalität, Analogie und Bedeutungsbeziehungen kann auch Empirie nicht auskommen. Eines der wichtigsten Axiome metapraktischen und metatheoretischen Ursprungs ist, daß das wissenschaftliche Objekt beobachtbar sein muß. Eine zweite wichtige Voraussetzung ist die Annahme, daß diese Beobachtungen auch intersubjektiv wahrnehmbar und wiederholbar [14] sein müssen, kurz, es wird die Existenz einer realen Außenwelt postuliert [15].

KAMLAH und LORENZEN (1967) drücken diesen Sachverhalt ähnlich aus: "Daß es überhaupt eine uns schon vertraute Welt gibt, in der das immer neue Einzelne doch zumeist als Fall des schon bekannten Allgemeinen begegnet, erklärt sich ... daraus, daß in der Welt selbst die Wiederholung von Gleichem stattfindet, zumal in der Natur" (S. 51).

LEINFELLNER (1967) nennt die nicht durch Empirie nachweisbaren grundlegenden Voraussetzungen der Naturwissenschaft "Obligate" im Sinne von "verpflichtenden Vorstellungen" (vgl. S. 14).

Erfahrung ist daher, wie auch KAMBARTEL (1968) darstellt, nie "rein", weil sie meist schon Erfahrungen über Erfahrung enthält (vgl. S. 153).

Die Kritik am Positivismus und Empirismus, die sich in jüngster Zeit u. a. mit den Namen HABERMAS, ADORNO, MARCUSE und KAMBARTEL verbindet, führte zur Aufdeckung verschleierter Interessenstrukturen und uneingestandener normativer Vorbegriffe [16]. Es ist das Verdienst von HABERMAS (1969), in seiner Erkenntnistheorie die überragende Bedeutung der Verantwortung in ihrer anthropologischen Dimension herausgearbeitet zu haben [17]. Eine streckenweise dazu parallel verlaufende Richtung hat sich durch die Arbeiten von GAMM (1970), LOCH (1963, 1970), MOLLENHAUER (1970) u. a. im Forschungsbereich der Pädagogik konstituiert.

So wertvoll der erkenntniskritische Beitrag von HABERMAS auch ist, er beschwört dennoch die Gefahr herauf, daß gleichzeitig mit der Aversion gegen Empirismus und Positivismus eine Ablehnung auch der berechtigten Forderungen und Möglichkeiten der empirischen Forschung insgesamt in weite Kreise der Gesellschaft einzieht. Fruchtbaren Boden fanden solche Strömungen in unserem Kulturkreis immer. Dadurch würde aber gerade eine Übernahme der Verantwortung der Naturwissenschaften selbst für ihre Forschungsergebnisse und deren Verwendung verhindert. Es käme erneut zu einer Sezession der Naturwissenschaft von der Gesellschaft. Eine solche Entwicklung liefe dem Ziel eines "emanzipatorischen Erkenntnisinteresses" völlig entgegen. Die Naturwissenschaften würden wieder in die Rolle des "Flaschengeistes" zurückgedrängt, die Gesellschaft in die des erschreckten und bedrohten Befreiers.

1.4 Die Abgrenzung als Kennzeichen der naturwissenschaftlichen Methode

Ein weiteres bedeutsames Merkmal der wissenschaftlichen Methode ist das der Spezifität. Durch inadäquaten Methodeneinsatz kommt es zu einer umfassenden Verwirrung jeglicher Erkenntnis. Die Abgrenzung auf ein wissenschaftliches Teilgebiet ist demnach eine rein praktische Forderung. Auch sie gehört zu den stillschweigenden Voraussetzungen, unter denen Naturwissenschaft abläuft [18]. Der Naturwissenschaftler ist wegen dieses pragmatischen Zwanges der ständigen Gefahr ausgesetzt, selbst unbewußt einem Methodenmonismus zu verfallen [19] bzw. durch fortgesetzte Spezialisierung zu einem dem allgemeinen Kommunikationsprozeß entrückten Fachmann zu werden. Die Beachtung methodischer Grenzen und Toleranz gegenüber anderen Methoden, die einem anderen Objektbereich besser angemessen sein können, ist daher Voraussetzung für jeden wissenschaftlichen Fortschritt.

Fast alle Konflikte und Erkenntnishemmungen im innerwissenschaftlichen Bereich der Vergangenheit lassen sich auf Methodeninvarianz [20] oder auf die Okkupation eines Objektbereichs durch eine unangemessene Methode zurückführen. Hier soll beileibe nicht einem säuberlich getrennten methodischen "Schubladendenken" Vorschub geleistet werden, zumal heute die meisten Probleme nur durch interdisziplinäre Zusammenarbeit lösbar erscheinen. Nur muß dabei immer beachtet werden und bewußt bleiben, wenn der methodisch zuständige Bereich verlassen oder ein neues Verfahren angewendet wird. Das schließt die Möglichkeit mit ein, daß zwischen den bisherigen Ansätzen neue, erfolgversprechende und der interdisziplinären Kommunikation dienende Methoden entwickelt werden, wie Kybernetik und Systemtheorie beweisen. In der Biologie haben gegenseitige Methodenüberschreitungen zwischen ihr und Philosophie, Theologie, Soziologie, Politik und zahllosen anderen Bereichen einschließlich vieler Ideologien schon häufig zu gehässigen und unproduktiven [21] Auseinandersetzungen geführt.

Die wissenschaftstheoretisch längst überholte Auseinandersetzung zwischen Vitalismus und Mechanismus feiert im Biologieunterricht vor allem in der Primar- und Sekundarschule immer wieder und immer noch "fröhliche Urständ" zugunsten des Vitalismus [22].

Das letzte Anti-Evolutionsgesetz, nach dem es in der Schule bei Strafe verboten war, über die Entstehung und Entwicklung der Arten zu sprechen, wurde in den USA erst 1968 aufgehoben (SCHINDEWOLF, 1972; vgl. S. 230 ff.). Der letzte gehässige literarische Anachronismus dieser Richtung stammt von BAMM (1969).

Während die biologische Fachwissenschaft sich durch solche Richtungen heute in keiner Weise mehr beunruhigen läßt, hat es die Schulbiologie hier mit einem Kontrahenten zu tun, der eine sachgemäße Information im Biologieunterricht erheblich erschwert, wenn nicht verhindert.

1.5 *Der Prozeß des naturwissenschaftlichen Denkens*

Eines der grundlegenden verbreiteten Mißverständnisse über die Funktionsweise der Naturwissenschaft ist die Auffassung, diese menschliche Tätigkeit sei lediglich damit beschäftigt, fleißig objektiv existente Daten zu sammeln und ständig bemüht, diese Wissensbausteine zu sortieren und zu einem großen Gebäude zusammenzufügen. Diese dem Bauwesen entlehnte Vorstellung bewirkt weiter, das naturwissenschaftliche Gebäude als fest begründet und unverrückbar aufzufassen. "So könnte man etwa sagen, daß die Naturwissenschaft das Wissen von der Natur oder den Naturerscheinungen sei, und könnte solche Naturerscheinungen aufzählen. Aber eine derartige Angabe wäre eine bloße Namens- oder Aufzähldefinition, die weder über den Begriff der Naturwissenschaft etwas aussagt, noch die Methode deutlich macht, nach der sie betrieben wird" (HUNGER, 1966; S. 5).

Wie oft gerade der Biologieunterricht auch heute noch exzessiv damit beschäftigt ist, dem Schüler unverknüpfte Einzelfakten - seien es Artnamen, Körperteile oder andere morphologische Daten - zu vermitteln, wird später noch diskutiert.

Im Gegensatz zu der referierten Auffassung und Sammlung objektiver Daten beschäftigt sich die Naturwissenschaft mit dem Aufdecken und Verknüpfen von Bedeutungsbeziehungen [23]. Dies sind "Konstrukte" [24], die durch die Anwendung menschlicher Denkverfahren erst geschaffen werden. "Wenn wir über "Stein" sprechen, meinen wir das natürliche Objekt, brauchen aber keinen wirklichen Stein vor Augen zu haben, sondern bedienen uns des Konstruktums Stein, das zugleich ein Wortsymbol mit Eigenbedeutung und geistigen Assoziationen zu anderen Symbolen ist" (SCHLEGEL, 1969; S. 20).

Zwar besitzt der natürliche Stein weitaus mehr Eigenschaften als das menschliche Konstruktum, der Vorteil liegt jedoch in der Einengung auf wichtige Merkmale, was die Verfügbarkeit erleichtert und zwischenmenschliche Kommunikation im Medium der Sprache ermöglicht (vgl. S. 20).

Der Vorgang der Bildung von Begriffen und Konstrukten verläuft nach WIESER (1970) analog zum Lernen einer Sprache. "Wir sollten uns die Entwicklung der Naturwissenschaften nicht so sehr als einen sozialen Prozeß vorstellen, der die Beherrschung der Wirklichkeit oder die Entdeckung der Wahrheit zum Ziele hat, sondern als den Versuch, eine neue Sprache zu finden" (S. 11). Die Genauigkeit dieser neuen Sprache wächst durch immer schärfer werdende Definition, ähnlich wie die Präzision der Sprache durch die Anwendung grammatikalischer Regeln zunimmt (vgl. S. 12). Damit erweist sich, "daß das traditionelle erkenntnistheoretische Schema: Gegenstand (Objekt) - Ich (Subjekt) eine unzulässige Vereinfachung ist ... Zwischen Objekt und Subjekt schiebt sich die Sprache, oder besser: Sprachen, die mathematische Sprache, Wortsprachen etc. Die Sprache ermöglicht es zu allererst, so etwas wie Abbilder der Objektgebiete ... zu konstituieren" (LEINFELLNER, 1967; S. 15).

Dieses Abheben des Konstrukts vom Objekt ermöglicht die Herstellung einer Distanz zwischen Subjekt und Objekt, die wiederum überhaupt erst Denken und Sprechen ermöglicht. Anschauungen entwickeln sich also beim Menschen nicht durch bloßes "Anschauen" des Objekts und Verharren in diesem Zustand, sondern, wie MEMMERT (1969) nachgewiesen hat, durch Errichtung von Strukturzusammenhängen. Die Verringerung der Distanz, wie sie im emotiven Bereich des Sprechens geschieht, blockiert auch die Erfassung von Objektstrukturen. "Eine sogenannte "anschauliche Sprache" kann also geradezu Anschauungen verhindern" (S. 215). Sprache zeichnet nicht die Welt nach, wie sie ist, "sondern die Sprache trägt in einem entscheidenden Maß die Gliederung in die Welt hinein" (BOLLNOW, 1966; S. 125). WEISGERBER (1964) nennt die Sprache in ihrer vermittelnden und konstitutiven Funktion eine "geistige Zwischenwelt" (s. S. 176). Es ist deshalb notwendig, schon an dieser Stelle darauf hinzuweisen, welch eminente Bedeutung die Sprache auch für die Genese naturwissenschaftlichen Denkens besitzt. Ihre Dignität für den Aufbau und die Entwicklung facheigenen Denkens im Biologieunterricht wurde bisher kaum erkannt. Der Ausbau des emotiven, rational kaum bewältigten Bereichs diffuser Auffassungen und ungeklärter Einstellungen zu Lebewesen, wie ihn die Sprache biologischer Lehrpläne induziert, behindert ebenso den Ausbau fachbiologischer Denkweisen beim Schüler wie sie eine Einengung des Sprechens auf den denotativen, rein benennenden Anteil der Sprache hervorruft. Inzwischen ist deutlich geworden, daß mit dem Aufbau dieser "geistigen Zwischenwelt" nur der Prozeß der Abstraktion gemeint sein kann.

1.5.1 Die Rolle der Abstraktion

Naturwissenschaftliches Denken vollzieht sich wie Denken überhaupt als ein auf verschiedenen Ebenen ablaufender Abstraktionsprozeß. Eine Voraussetzung der Abstraktion ist das Vorhandensein von Ähnlichkeiten. Nur dann lassen sich Aussagen verallgemeinern, zusammenfassen, strukturieren und hierarchisieren. Ein wichtiger Pfeiler der Abstraktion ist also die Analogie. "Verallgemeinerung ist daher der Beginn der Wissenschaft" (REICHENBACH, 1968; S. 15).

Die Verallgemeinerung induktiv gewonnener Bedeutungsbeziehungen schließt, da sie immer nur an einer begrenzten Zahl von Objekten gewonnen werden kann, immer eine Voraussage über die noch nicht geprüften Objektrelationen ein. Von daher stammt auch ihre anfängliche Unsicherheit bzw. ihre lediglich statistische Gewißheit. Werden Regeln, wie sie Verallgemeinerungen darstellen, rückwirkend in ihrer Richtigkeit wieder an bisher noch nicht erfaßten Objekten bestätigt, dann erhöht sich durch diesen Deduktionsprozeß auch die Verläßlichkeit und Voraussagefähigkeit der Regel. Man kann diesen Prozeß auch als rückgekoppelten Regelkreis zur Erhöhung von Redundanz, d.h. zum Abbau von Unsicherheit in der Information, beschreiben. Hier wird klar, daß Induktion und Deduktion keine Gegensätze sind, sondern sich gegenseitig bedingen, wobei der induktive Schluß zur Prämisse des deduktiven Schlusses wird. Da die Deduktion nur so weit reicht wie ihre Voraussetzungen, ist sie selbst nicht in der Lage, synthetisch neue Wahrheiten zu finden (REICHEN-BACH, 1968; vgl. S. 49) [25]. Sie erweitert ihre Relevanz im gleichen Maße, wie ihre induktive Basis erweitert wird. Verallgemeinerungen ermöglichen aber auch Voraussagen auf neue, noch ungeprüfte Bereiche des Objektfeldes. Eine H y p o t h e s e wird gebildet.

1.5.2 Hypothese und Experiment

HABERMAS (1969) gliedert im Anschluß an PEIRCE zwischen induktivem und deduktivem Verfahren ein drittes aus, das der A b d u k t i o n . Abduktion "ist die Regel, nach der wir neue Hypothesen einführen. Insofern treibt allein abduktives Denken den Forschungsprozeß weiter" (S. 144).

Sehr klar formuliert HABERMAS die von ihm angeführten Verfahren:
Abduktion: ... daß sich etwas vermutlich so verhält,
Deduktion: ... daß sich etwas in bestimmter Weise verhalten muß,
Induktion: ... daß sich etwas faktisch so verhält, (vgl. S. 144 ff.).

Hypothesenbildung wäre jedoch für den Erkenntnisprozeß völlig unwirksam, wenn kein Prüfverfahren existierte, das über diese Hypothesen entscheiden könnte. Die moderne Naturwissenschaft konnte sich nur durch die Einführung der empirischen Prüfmethode des Experiments entwickeln.

Im Gegensatz zum idealistischen Verfahren, in dessen von PLATON über die mittelalterliche Scholastik bis zu GOETHE und zu vitalistischen Strömungen unserer Zeit (DRIESCH, PORTMANN) reichender Tradition man versucht, hinter der Vielfalt der Erscheinungen spekulativ eine Uridee, den Ursprung des Seins, eine Urpflanze, eine Lebenskraft, eine Urgestalt oder die Innerlichkeit zu finden, wartet die experimentelle Methode nicht auf das Eintreffen eines Ereignisses, einer Beobachtungsmöglichkeit, sondern sie löst sie selbst aus. Sie ist es, "welche Fragen an die Natur stellt und ihr die Antwort "Ja" oder "Nein" überläßt (REICHENBACH, 1968; S. 118). Zu diesem manipulativen Prüfverfahren des E x p e r i m e n t s tritt die strenge Methode naturwissenschaftlicher K r i t i k . In ihr besitzen die empirischen Wissenschaften ihr schärfstes Instrument. "In der wissenschaftlichen Forschung ist der höchste determinierende Grundsatz jener ungeheure, mit den Begriffen von Wissenschaft und wissenschaftlichen Methode gesetzte Komplex von Faktoren, den man in wohlbegründeter Anlehnung an die ursprüngliche Wortbedeutung als "K r i t i k " bezeichnet" (HÖNIGSWALD, 1966; S. 83).

Mit diesem Instrument ist es möglich, durch einen einzigen Gegenbeweis ein ganzes Theoriesystem zum Einsturz zu bringen bzw. zur Umstrukturierung oder zur Relativierung zu zwingen. Der Vorzug des Experiments liegt wie bereits erwähnt darin, daß es Entscheidungssituationen herbeiführt und das Untersuchungsfeld für die Kritik erschließt.

In ihrem Anspruchsniveau müssen das qualitative und das schwierigere quantitative Experiment unterschieden werden (s.NACHTIGALL, 1972;

S. 63 ff.). Die Planung des Experiments, die Versuchsanordnung, ist oft entscheidend für den Erfolg. MEDAWAR (1969) drückt dies sehr einprägsam aus: "viele Versuchsanordnungen sind einfach gut ausgelegte Fallen, um eine sogenannte Null-Hypothese "anzulocken" und sie dann zu erledigen" (S. 77).

Der eben beschriebene Prozeß der Datensammlung, Hypothesenbildung und Hypothesenprüfung wiederholt sich auf verschiedenen Komplexitäts- und Abstraktionsniveaus, muß aber zur Bestätigung von Aussagen, insbesondere bei der Erweiterung des Aussagenbereichs, immer wieder auf das basale Niveau direkter Beobachtung und Beobachtbarkeit zurückgeführt werden.

1.5.3 Theorie und Denkmodell

So entstehen durch Hypothesenhierarchien Theorien [26]. Theorien zeichnen sich nicht nur durch einen größeren Abstraktionsgrad aus, sie besitzen auch eine größere Reichweite in der Erklärung von Phänomenen, ihre breitere empirische Basis ermöglicht eine größere Sicherheit der Aussagen [27] und Vorhersagen, und es lassen sich nicht nur Einzeldaten, sondern komplexere Zusammenhänge [28] und Regeln v o r a u s s a g e n. Eine Theorie ist also "das gesamte System von Aussagen, welches Hypothesen und die daraus ergebenden Aussagen umfaßt" (MEDAWAR, 1969; S. 73 f.). Bei der Theorienbildung läuft jedoch noch ein bisher ungenannter Prozeß ab, der der R e d u k t i o n. Durch ihn werden die Datenmengen aufeinander bezogen und dadurch in ihrem Umfang reduziert [29]. So wird beispielsweise der Mutationsbegriff der klassischen Genetik (T_1 = Theorie 1) erst durch die umfassenderen Aussagen der molekularen Genetik (T_2 = Theorie 2) erklärt. Der in T_1 nur hypothetisch formulierte oder postulierte Begriff der Mutation erweist sich in T_2 als Änderung in der Basensequenz des DNS-Moleküls. T_1 wird so zum Spezialfall

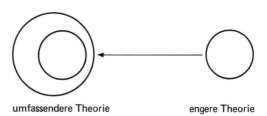

umfassendere Theorie   engere Theorie

von T_2. Ist dieser Einschluß von T_1 in T_2 erwiesen, dann kann T_1 vergessen werden [30].

Auf dieses den wissenschaftlichen Prozeß enorm entlastende Phänomen [31] wird an späterer Stelle nochmals zurückgegriffen. Es belegt, daß sich Forschung keineswegs in einer gigantisch anwachsenden Datenmasse verlieren muß und daß empirische Einzelforschung keineswegs zwangsläufig beim engstirnigen Spezialisten endet.

Die wissenschaftliche Theorie - als Syntax eines Gefüges von Relationen - führt auch zur Macht über die Phänomene. Auf die Biologie angewendet:

"Macht etwa in dem Sinne, daß die Konstruktion von Modellen möglich geworden ist, die die Leistungen von Organismen kopieren" (WIESER, 1970; S. 30).

Diese Simulation [32] ist nicht etwa ein bloßes Nachahmen. Sie ist ein Nachkonstruieren mit Hilfe eines grundlegenden Relationsgefüges [33] wesentlicher Faktoren. Eine vollständige Simulation bedeutet in diesem Sinne zugleich die vollständige Erklärung des Phänomens. Ein Ergebnis der Reduktion ist die F o r m e l , insbesondere die mathematische Formel.

Gesetzlichkeit ist also in der Wissenschaft nicht objektiv "an sich" existent, sie "ist inhaltlich nur durch die Reichweite der Denkgesetze, der Denkkategorien bedingt" (HARTMANN, 1965; S. 39). Diese Denkgesetze schließen selbstverständlich auch die w i s s e n s c h a f t l i c h e n Prüfmethoden ein.

Einen weiteren Beitrag zur Denkökonomie stellt das Modell oder besser das Denkmodell [34] dar. Modelle sind "vereinfachende Repräsentanten der Realität - sonst bewirken sie keine Verbesserung der Denkökonomie" (STEINBUCH, 1972; S. 70). Fehlte dem Denkmodell dieser V e r e i n - f a c h u n g s e f f e k t , wäre also das Modell selbst ebenso komplex wie die Realität, dann hätte es keinerlei erkenntniserschließende Funktion. "Es ist deshalb kein g r u n d s ä t z l i c h vernichtendes Argument, wenn festgestellt wird, ein Denkmodell stelle eine Simplifikation dar. Die entscheidende Frage ist ausschließlich, ob die Benutzung eines Denkmodells bei der Behandlung eines Problemtyps weiter führt" (STEINBUCH, 1972; S. 70).

Die Verwendung von Denkmodellen setzt jedoch bereits voraus, daß sie auch verstanden, übertragen und angewandt werden können. Dies wiederum impliziert einen sozialen K o m m u n i k a t i o n s p r o z e ß und die Existenz eines gemeinsamen Kommunikationssystems, das der F a c h s p r a c h e . STEINBUCH (1972) zählt folgende Einflußfaktoren auf Denkmodelle auf:

1. die R e a l i t ä t , welche das Modell abbilden soll,
2. das Bewußtsein, insbesondere dessen V o r r a t a n v e r f ü g - b a r e n D e n k m o d e l l e n ,
3. das P r o b l e m , zu dessen Lösung das Modell benutzt wird,
4. die als selbstverständlich angesehenen Z u t a t e n ,
5. die gesellschaftliche K o m m u n i k a t i o n ,
6. die Kohärenz des Gesamtbesitzes an Denkmodellen (vgl. S. 73)[35].

Die Erleichterung des Denkvorganges durch Denkmodelle besteht vor allem darin, daß dadurch der Kommunikationsprozeß auf einem weit höheren Abstraktionsniveau erfolgen kann und ein Einbeziehen der für die Konstruktion des Denkmodells benötigten Datenmenge nicht mehr nötig ist. Ein weiterer Anwendungsbereich ist das Übertragen von Modellen auf Problemfelder, in denen sie noch nicht verwendet wurden. Sie können hier enorm aufschließende und den Forschungsprozeß vorantreibende Wirkung entfalten. Beispielhaft für eine solche Wirkung ist die Leistungsfähigkeit des Denkmodells vom F l i e ß g l e i c h g e w i c h t [36], das ursprünglich der Physik entlehnt wurde, auf den Bereich der O r g a n i s m e n . Es führte schließlich, analog unterstützt durch das von WIENER (1963) und SHANNON (1964) entwickelte k y b e r n e t i s c h e M o d e l l des Regelkreises [37], zur Entwicklung der S y s t e m t h e o r i e und der I n f o r m a - t i o n s t h e o r i e . Die hierbei entstandenen neuen bzw. verbesserten

Denkmodelle haben sich in einer Vielzahl von Forschungsbereichen als überaus produktiv erwiesen. Ihre erschließende Wirkung reicht bis in den Bereich menschlichen Lernens, sozialer Prozesse, der Funktionen des Nervensystems und der Erklärung ökologischer Systeme. Man kann ohne Einschränkung sagen, daß Denkmodelle eine außergewöhnliche Wirkung auf die Erweiterung und Produktivität des Denkens ausüben. Im gleichen Maße können sie allerdings auch das Denken blockieren oder gar verhindern, nämlich dann, wenn sie ungeprüft auf einen Bereich angewandt werden, für den sie sich nicht eignen [38].

Solche Fehlanwendungen sind beispielsweise Anthropomorphismen, bei denen man das Verhalten der Tiere durch Modellvorstellungen "erklärt", die sich beim Menschen eventuell als brauchbar erwiesen haben. Zahllose andere Fälle des Analogiemißbrauchs [39] ließen sich hier anführen: die Verwendung der Teleologie anstelle von Kausalbeziehungen, die Übertragung theologischer Denkmodelle in die Naturwissenschaft und umgekehrt, der Gebrauch emotiv gefärbter ideologischer Leerformeln [40] auf Gebiete, die der empirischen Forschung zugänglich [41] sind u. a. m.. Die Anwendung von Denkmodellen erweist sich nun als Spezialfall der eingangs erwähnten Grenzziehung zwischen wissenschaftlichen Anwendungsbereichen.

Durch den Aufbau einer im Kontext mit der Entwicklung der Denkmethodik stehenden Fachsprache, welche die aufgefundenen Zusammenhänge präziser beschreibt als die Alltagssprache, kommt es notwendigerweise zur Institutionalisierung von Forschergruppen, deren Verständigungssysteme sich immer mehr von der syntaktischen und semantischen Struktur der Alltagssprache entfernen. Ist die Übersetzungsfähigkeit der Fachsprache zu stark verringert, dann kommt es zur gesellschaftlichen Isolation der Interessengruppe mit allen soziologischen Folgen. Die Angst vor dem "alchemistischen Gehabe" und der Macht, über die der Spezialist unter Umständen verfügt, führt zum globalen Konstrukt vom "Fachidioten". Von ihm fühlt sich der Laie bevormundet, manipuliert, ferngesteuert.

Es sollte im Interesse der Wissenschaft liegen und es ist auch ihre Aufgabe, die ihr niemand anders abnehmen wird, diese psychologische Barriere zwischen ihrem Tätigkeitsfeld und der Gesellschaft abzubauen, soweit dies nur möglich ist. Abgesehen von dem eben geschilderten Isolationsmechanismus besitzt jedoch die Wissenschaft gerade im sozialen Gebilde der Forschergruppe ein weiteres wirksames Kontrollinstrument.

1.6 Wissenschaft als menschliches Tätigkeitsfeld

Wie schon mehrfach angedeutet, ist die Wissenschaft kein objektives, vom Menschen isoliert existierendes Gebilde [42]. Sie wird überhaupt nur dort institutionalisiert, wo ein gesellschaftliches Interesse vorliegt. Finanzielle Unterstützung wird auf die Dauer nur dort gegeben, wo die Gesellschaft sich Vorteile erhofft. Auch die scheinbar zweckfreie Grundlagenforschung hat einen ganz konkreten Interessenhorizont. Man läßt sie gewähren, weil man aus Erfahrung weiß, daß sie Ergebnisse erarbeitet, die häufig von hohem gesellschaftlichem Nutzen sind. Dies ist einer der Gründe, warum Forschung niemals "rein" sein kann.

Wissenschaft beginnt dort, "wo die Wissenschaftler mit ihrer Arbeit einsetzen" (SCHLEGEL, 1969; S. 50). An anderer Stelle betont SCHLEGEL:

"Die gesamte Naturwissenschaft ist ein menschliches Tätigkeitsfeld. Vielleicht scheint diese Feststellung überflüssig, aber ich möchte sie unterstreichen, weil die Leute manchmal glauben, die Naturwissenschaft sei, genau wie große Bereiche der Natur selbst, objektiv und vom Menschen unabhängig" (S. 19).

Auch HABERMAS (1969) ist dieser Meinung. Er sieht im S u b j e k t der Forschung "die Kommunikation der Forschenden als ein unter empirischen Bedingungen sich bildendes transzendentales Subjekt" (S. 175).

Die korrektive Wirkung der Forschergruppe wird von REICHENBACH (1968) treffend beschrieben:

"Zusammenarbeit ist die Stärke der Wissenschaft, denn die beschränkte Kraft des einzelnen wird durch die Gruppe vervielfacht, und seine Fehler werden von seinen Mitarbeitern korrigiert. Unter dem Einfluß gegenseitiger Befruchtung so vieler intelligenter Einzelforscher ergibt sich eine Art überpersönlicher Gruppenintelligenz, die Lösungen entdecken kann, welche der einzelne für sich allein nie finden könnte" (S. 138). Bereits in dieser Beschreibung der Naturwissenschaft als sozialem Prozeß traten Motive des anthropologischen Unternehmens "Wissenschaft" hervor, das, wie MEMMERT (1970; S. 10 f.) [43] schreibt, auch nur deshalb institutionalisiert wurde. Im folgenden Abschnitt wird daher auf die Motivation des Forschens näher eingegangen.

1.7 *Die Motivation wissenschaftlicher Tätigkeit*

WADDINGTON (1966) führt zunächst eine Reihe egozentrischer bzw. individueller Interessen an: "Zum Beispiel macht es Spaß, in Apparaten in einem Laboratorium herumzubasteln, Zellen in Gewebekulturen heranzuziehen, Mäuse oder Fruchtfliegen in Käfigen oder Flaschen zu züchten" (S. 1). Man kann Naturwissenschaften aber auch für wichtig halten, "weil sie den Menschen befähigen, die Welt in der er lebt zu kontrollieren oder ... weil sie ihn befähigen, die Welt in der er lebt zu verstehen" [44] (S. 1). Wissenschaft zielt also im Grunde auf das anthropologisch bedeutsame Grundphänomen der Verhaltensstabilisierung [45]. "Ihr Ziel ist die Beseitigung von Verhaltensunsicherheit" (HABERMAS, 1969; S. 155). Verhaltensstabilisierung bedeutet jedoch M a c h t über die Umwelt; denn sie ist ja geradezu als Kontrolle über sie definiert. Genau so gut kann diese Macht auch g e g e n d e n M e n s c h e n selbst gerichtet werden. Die Verpestung der Umwelt durch hochgiftige Gase und Substanzen, das bequeme Einleiten zahlloser, jegliches Leben in den Gewässern abtötender Abfallstoffe in unsere Flüsse, das Deponieren von Cyanidsalzen in offenen Müllkippen, wo sie über das Grundwasser das Leben von Millionen Menschen gefährden, ist heute brutale Realität. Hier siegt immer noch die Profitgier über jegliche Andeutung von Vernunft und Verantwortung.

1.8 *Naturwissenschaft und Verantwortung*

Durch unreflektierte Anwendung des durch die Naturwissenschaft verfügbaren Machtpotentials geht es nicht mehr nur darum, daß die Emanzipation des naturwissenschaftlichen Laien durch den Korpsgeist der Forschenden und Wissenden bedroht sein könnte. Die Naturwissenschaftler verschiedener Fachrichtungen sind durch die zwischen ihnen errichteten Barrieren selbst nicht mehr in der Lage, den Fortschritt eines anderen Zweiges der Forschung zu verfolgen, und sei er auch noch so eng dem eigenen benachbart. Sie sind dadurch selbst von jeglicher Mitwirkung ausgeschlossen, entmündigt.

Am wirtschaftlichen Nutzen orientierte Geheimforschung, der erschütternde Anteil der naturwissenschaftlichen Forschung an einer gigantischen, wild wuchernden Rüstungsindustrie und Kriegsmaschinerie, die inhumane Praxis der Herstellung chemischer und biologischer Ausrottungsstoffe, die Abblendung von menschlichem Elend, von Seuchen, Erbkrankheiten, Krebs und Hunger durch spektakuläre Großforschung im Weltraum - all das lädt dem Naturforscher, ohne den diese Expansion der Mittel, die man auch zum Segen der Menschheit anwenden könnte, nicht denkbar wäre, ein ungeheures Maß an Verantwortung auf. Hier geht es schon heute und in naher Zukunft um die physische Existenz der Menschheit überhaupt. Wer sollte dieser Entwicklung eher Einhalt gebieten können, als die an den Hebeln der technologischen Macht sitzenden Naturwissenschaftler und Techniker? Gewaltige Anstrengungen müßten im Bildungswesen unternommen werden, damit die nachwachsenden Generationen nicht zu willigen Werkzeugen der unkontrollierten Mächtigen und Machtgruppen werden. Dies erreicht man nicht durch Verteufelung der Naturwissenschaften, sondern durch verstärkte Information mit dem Ziel ihrer Humanisierung. Statt dessen reinigt man die Oberstufen der Gymnasien von naturwissenschaftlichen Inhalten [46], drängt die Bedeutung der Naturwissenschaften an den äußersten Rand des schulischen Fächerkanons, läßt Lehrer ohne ausreichende Fachausbildung naturwissenschaftlichen Unterricht erteilen, spart in beschämender Weise an jeglicher Ausstattung, an naturwissenschaftlichen Räumen und an Unterrichtsmaterial und läßt die Lehrpläne, insbesondere in Biologie, als Sammelsurien unzeitgemäßer Einzelfakten weiter bestehen [47].

Der ebenso sachliche, wie erschütternde Report von EHRLICH (1972) zeigt, daß der Ruf nach Erhalt der Umwelt im weitesten Sinne weder nur ein Schlagwort ist noch Panikmache bedeutet.

In eine ähnliche Richtung zielen auch die Arbeiten von GADAMER und VOGLER (Hg., 1972). Hier ist es vor allem die engagierte Einleitung GADAMERs, die vor den Folgen unkontrollierter Wissenschaftspraxis und vor der Entmündigung des Bürgers durch die Autorität der Experten warnt (s. S. XXV). ZIMEN (1970) fordert die Einordnung in ein humanes Wertsystem und in Verhaltensmaximen, "die als solche ständig kritisch durchdacht und neu etabliert werden müssen. Nicht die vielgeschmähte "Hybris der Vernunft" ist schuld an unserer undurchsichtigen Krisensituation, sondern ein zu wenig an Vernunft [48], das Unvermögen, die vielen "Teilvernünftigkeiten" zu einer integrierten Vernunft zu vereinen" (S. 19).

Auf die große anthropologische Verantwortung der Einzelwissenschaften und auf die Notwendigkeit der Entwicklung eines den ganzen Menschen umfassenden Gesamtkonzepts weist LOCH (1963) in seinem anthropologischen Ansatz hin (s. S. 76 ff.).

CRAMER warnt eindringlich vor einer fortgesetzten Ausweitung der ständig sich potenzierenden menschlichen Bedürfnisse. Nicht die technischen

Mittel selbst bedrohen, sondern erzeugter Konsumzwang und unersättliche Konsumgier. CRAMER stellt fest, daß angesichts dieser Tatsachen "e i n e n e u e A s k e s e der Potenzen der Menschheit geboten ist" (S.167). Das Problem wird aus dieser Sicht ein genuin pädagogisches.

ENGELHARDT (1969) entlarvt die in Wissenschaftskreisen weit verbreitete Ideologie der "reinen Wissenschaft", deren Fortschritt in sich gut ist und keiner weiteren Begründung bedarf (S. 12), als einen Mechanismus, der im Grunde bewirkt, "daß der diesen Fortschritt hervorbringende Forscher niemandem eine Rechtfertigung für sein Tun schuldig ist"(S.12). Die Gesellschaft hat nur b e g r e n z t e Mittel zur Verfügung. Sie könnten lediglich durch Umschichtung für positive Zwecke freigesetzt werden.

1.9 *Zusammenfassung*

1. Naturforschung läßt sich terminologisch als Aktivations- und Prüfprozeß innerhalb des Gesamtkomplexes "Wissenschaft" identifizieren.

2. Es gibt keine "reine", objektiv für sich selbst existierende Wissenschaft. Wissenschaft ist ein genuin menschliches Unternehmen. Sie baut auf Axiomen auf.

3. Wissenschaft läßt sich als Regelungsvorgang beschreiben, der durch Einsatz von Beobachtung, Hypothesenbildung und dem experimentellen Prüfverfahren zur Aufstellung von Theorien führt.

4. Theorien ermöglichen durch ihre breitere überprüfte empirische Basis Voraussagen, welche die Verhaltensunsicherheit reduzieren und zur Beherrschung der Phänomene führen. Als Konstrukte menschlichen Denkens simulieren Regeln, Gesetze und Theorien Objektrelationen der realen Umwelt.

5. Wissenschaft vollzieht sich in einem ständigen Wechselprozeß zwischen Induktion, Abduktion, Deduktion und Reduktion.

6. Durch Reduktion entstehen aus Theorien Denkmodelle, die die Ökonomie des wissenschaftlichen Denkprozesses erhöhen. Sie bergen allerdings die Gefahr unberechtigter Anwendung in sich.

7. Bestätigte Theorien und Denkmodelle entlasten das Denken und treiben es auf höherer Abstraktionsebene voran. Das zur Aufstellung benötigte Datenmaterial kann übergangen werden. Es wird nur im Zweifelsfalle wieder aktiviert.

8. Wissenschaft ist zielgerichtet im Sinne einer Systemtheorie, nicht im Sinne von Teleologie.

9. Die Systematik der Wissenschaften ist nur eine "Momentaufnahme" ihres augenblicklichen Entwicklungsstandes. Systematik ist dynamisch.

10. Wissenschaft ist einem Prozeß der Selbstkorrektur unterworfen. Er ist methodischer (Experiment), logischer (Denkstrukturen) und sozialer Art (Forschergruppe).

11. Wissenschaft ist ein sozialer Kommunikationsprozeß. Dieser potenziert ihre Möglichkeiten. Kommunikation führt zum Aufbau von Fachsprachen.

12. Sprache ist ein konstitutives Element jeder Wissenschaft.

13. Wissenschaft führt zur Kumulation der Beziehungen. Sie muß nicht immer am Nullpunkt beginnen.

14. Jegliche Wissenschaft läßt sich auf einen steten Prozeß des Zweifelns, der Kritik zurückführen, der nach institutionalisierten Regeln abläuft.

15. Wissenschaft impliziert menschliche Interessen und Motive. Sie ist angewandtes Interesse des Menschen.

16. Wissenschaft kann auch inhuman mißbraucht werden. Sie muß daher anthropologischer Normkritik unterworfen werden.

Während man in der schon mehr als 10 Jahre andauernden Diskussion des biologischen Curriculums [49] in den USA - wie auch insgesamt bei der Entwicklung wissenschaftlicher Curricula - die Forderung nach Ausrichtung des Faches an der "Struktur der Disziplin" und am "Prozeß" naturwissenschaftlichen Denkens forderte, verharrte man in der Bundesrepublik im großen und ganzen in einer überwiegend statischen Betrachtungsweise des biologischen Unterrichts. Die "Stoffe" der als unveränderlich gesehenen Basalwissenschaft wurden insbesonders in Grund- und Hauptschule nach unergründlichen, meist aus Traditionen erwachsenen Kriterien den einzelnen Jahrgängen zugeteilt. Die Konstanz der traditionellen Themen und das Durcheinander ihrer Zuordnung zu den Jahrgängen in den verschiedenen Lehrplänen der Bundesländer geben dafür beredtes Zeugnis. Da im späteren Curriculumteil der Arbeit das Denkmodell der "spiraligen Anordnung" (BRUNER, 1970; S. 21 f.) in seiner Relevanz zur Biologie geprüft werden soll, müssen auch die Begriffe Prozeß und Struktur berücksichtigt werden. So wie im vorstehenden Abschnitt versucht wurde, den Prozeßbegriff der Naturwissenschaften wissenschaftstheoretisch zu fundieren, bringt der folgende eine Charakteristik der Biologie als Naturwissenschaft. Ihre Fragestellung und ihre Begriffsstruktur ("concept") werden näher beschrieben.

2. Biologie als Naturwissenschaft

2.1 *Die Abgrenzung der Biologie*

In der Auffassung weiter Kreise der Bevölkerung ist, induziert und per-
severiert durch die Methoden und Inhalte der Schulbiologie, die B i o l o g i e
immer noch ein Tummelfeld skurriler Naturforscher, die ihr ganzes Leben damit zubringen, mit großer Wendigkeit und unglaublicher Zähigkeit
beispielsweise Schmetterlinge oder Käfer zu sammeln und säuberlich mit
lateinischen Namen zu versehen. Diese phänomenologische Phase der
Biologie, die unabdingbare Voraussetzung für die Konsolidierung der
biologischen Wissenschaft war, ist jedoch seit 100 und weit mehr Jahren
bereits überschritten worden. Der Anachronismus der eingangs erwähnten Auffassung ist also tatsächlich eine Folge der Phasenverschiebung
zwischen dem Stand der Fachwissenschaft und der Information der Gesellschaft über die Ergebnisse und Methoden der Forschung in der Schulbiologie [50]. "Verspätungen von 30, zum Teil 60 und noch mehr Jahren
sind keine Seltenheit und erfordern dringend die Untersuchung der Frage,
welche Umstände eine gleitende und permanente Bildungsauffassung verhindern" (KLAUSING, 1968; S. 17).

KLAUSING (1968) versucht die Biologie vom Fachinhalt und von der Gesellschaft [51] her zu definieren (vgl. S. 20 f.). Das veranlaßt ihn auch,
die Gliederung der biologischen Einzelbereiche völlig neu zu konzipieren.
In seinem Grundriß der Biologie (S. 33 - 37) identifiziert er innerhalb
der Forschungsdisziplin Biologie 143 Einzelgebiete [52]. Er stellt dabei
fest, daß die Einteilung der Biologie in Botanik, Zoologie und Humanbiologie völlig überholt sei (S. 38 f.). Der eigentliche Fortschritt der Biologie wird heute in den "fruchtbaren Grenzgebieten" (S. 58) erreicht. Sie
lassen sich dadurch kennzeichnen, daß in ihnen die Anwendung von Methoden erfolgt, die eigentlich Nachbarwissenschaften entstammen. Biophysik,
Biochemie, Molekulargenetik, experimentelle Ökologie, Ethologie, Physiologie sind nur einige wichtige Beispiele dieser zahlreichen "Grenzgebiete".
KLAUSING stellt den Menschen als Mittelpunkt der Biologie dar. Er gerät
damit in die Gefahr, die Biologie aus der Sicht der Soziologie [53] zu definieren und die methodologischen Grenzen zur Anthropologie hin zu ver-
wischen. Während er einerseits die Grenze der biologischen Wissenschaft
nur dort sieht, "wo diese in der Erkenntnisfähigkeit des Geistes begründet
ist oder wo die Gesellschaft ihr eine zieht" (S. 20), warnt er an anderer
Stelle davor, "die Gesamtaufgabe der Biologie aus gesellschaftspolitischen
Prämissen herzuleiten" (S. 27).

Unklar bleibt auch seine anthropozentrische Begründung der Biologie:
"Das erste Objekt der Biologie ist daher der Mensch als Mitmensch [54].
Die weiteren Objekte der Biologie sind die nichtmenschlichen Lebewesen

seiner Umwelt, also Pflanzen und Tiere. Das dritte Objekt ist schließlich er selbst" [55] (S. 21).

KLAUSING gerät noch weiter in den terminologischen Wirbel zwischen Natur- und Humanwissenschaften, wenn er die Anthropologie als biosoziologische Aufgabe definiert und als die drei Aufgabenbereiche der biosoziologischen Anthropologie

1. Mensch und Natur
2. Mensch und Gesellschaft
3. Gesellschaft und Natur

ausgliedert (vgl. S. 28).

Trotz der hier aufgedeckten terminologischen Schwierigkeiten des KLAUSINGschen Ansatzes, die bei dem Versuch einer Neukonzipierung eines so komplexen Begriffsfeldes verständlicher werden, sollte dieser Ansatz zu einer Neustrukturierung ernstgenommen und weiterentwickelt werden [56].

Eine Annäherung zwischen Biologie und Soziologie fordert auch TIGER (1971): "Die Barriere zwischen diesen Wissensgebieten ist widersinnig und führt zu falschen Fragestellungen" (S. 161) [57].

Solche und ähnliche Forderungen, die in den verschiedenartigsten Wissenschaften häufig zu hören sind, stiften, so gut sie auch gemeint sind, meist große Verwirrung. Was heißt "Annäherung"? Wie weit soll sie gehen? Ist dabei nicht die Gefahr sehr groß, daß es zu unerlaubten "Grenzverletzungen" kommt, zu Methodenübergriffen und Begriffsverwirrungen, die im Endeffekt den Erkenntnisprozeß beider Wissensbereiche eher blockieren als vorantreiben? Mit gleichem Recht könnte man ja auch die Annäherung zwischen Biologie und Philosophie, Kybernetik, Pädagogik, Psychologie und vielen anderen Wissenschaften fordern, so wie diese in bezug auf Chemie, Physik, Mathematik und andere bereits durch die Etablierung neuer Forschungsgebiete ihren Ausdruck gefunden hat.

Bringt ein solches Unterfangen trotz guter Absichten nicht ganz erhebliche Nachteile mit sich?

Die Fragestellung einer Wissenschaft läßt sich nur im Zusammenhang mit dem Objekt dieser Wissenschaft definieren. Sie ist durch ein relativ deutlich abgegrenztes Operationsfeld um dieses Objekt gekennzeichnet. Wären tatsächlich Fragestellungen und Methoden zwischen verschiedenen Wissenschaften ohne Schwierigkeiten austauschbar, dann müßte man daraus eher folgern, daß der Wissenschaftsbereich, der dies erlaubt, noch nicht präzis abgesteckt sein kann. Daraus müßte geradezu die Notwendigkeit nach der Konstituierung einer Wissenschaft abgeleitet werden, die den Phänomenkomplex durch ein geeignetes methodologisches Instrumentarium besser in den Griff bekommt. Desgleichen wäre denkbar, daß die so austauschbare Fragestellung ungenau ist und erst präzisiert werden müßte. Das aufgezeigte Dilemma läßt sich aus der im ersten Kapitel entwickelten Struktur des wissenschaftlichen Erkenntnisprozesses entschlüsseln. Mit dem "Abbau von Barrieren" zwischen verschiedenen Wissenschaften kann - wenn der Vorschlag produktiv und nicht destruktiv wirksam werden soll - nur gemeint sein, daß man sich in den einzelnen Fachbereichen nicht mit bereits entwickelten Methoden begnügen, sondern ständig bemüht sein sollte, neue Verfahren zu suchen, zu entwickeln oder aus anderen Anwendungsbereichen zu übertragen. Gemeint sind Sätze, Regeln, Modelle, Denkmodelle und Hypothesen, die jedoch, um falschen Analogien vorzubeugen, ständig methodenkritisch auf ihre Tragfähigkeit überprüft werden müssen.

Für die Biologie bestätigt NACHTIGALL (1972) diese Ansicht überzeugend. Der Biologe ist seiner Auffassung nach geradezu gezwungen, Methoden der Nachbarwissenschaften einzusetzen, "weil er sonst nicht biologisch arbeiten kann, da Spezialmethoden der Naturwissenschaften oft die wirklich adäquaten biologischen Methoden sind" (S. 50).

Sind Phänomene mit diesen Methoden nicht erklärbar, dann ist folgendes der Fall:

- die Phänomene sind zu komplex, man muß auf bessere Methoden warten;

- die Untersuchungsmethode war falsch, eine bessere muß gesucht werden;

- es liegt eine Grenzüberschreitung vor (nach S. 49).

Fragestellung und Forschungsmethode, die in einem engen korrelativen terminologischen Kontext zu sehen sind, sind daher diejenigen Elemente, die im Zusammenhang mit dem Objekt auch die Biologie als Wissenschaft konstituieren und gegenüber anderen Wissenschaften abgrenzen.

2.1.1 Die Fragestellung der Biologie

Alle im Eingangskapitel beschriebenen wissenschaftstheoretischen Merkmale treffen auf die Biologie in vollem Umfang zu. Ihre Fragestellung ist jedoch wegen der Komplexität ihres Gegenstandes mehrdimensional. Eine Reihe von Autoren sieht überhaupt nur in dieser Komplexität die Existenzberechtigung für einen eigenständigen biologischen Forschungsbereich [58]. Damit in einem dritten Abschnitt Begriffsstruktur und Konzept der Biologie präziser gefaßt werden können, ist es notwendig, zunächst verschiedene Definitionen der Biologie zu referieren und zu interpretieren. Anschließend soll eine integrative Definition versucht werden.

2.1.2 Definition der Biologie

NACHTIGALL (1972) definiert die Biologie als die "Lehre von den Eigenschaften lebender Systeme. Sie ist nicht die Lehre vom Leben. Der Begriff "Leben" ist ein metaphysischer Begriff (S. 13). Mit naturwissenschaftlichen Methoden ist "Leben" prinzipiell nicht erfaßbar ... Der Biologe kann nur Vorgänge registrieren und analysieren, die mit einem Phänomen zusammenhängen, das er mangels Kenntnis mit dem Arbeitsbegriff "Leben" bezeichnet" (S. 45). Ähnlich definiert auch HARTMANN (1965) Biologie "als die Lehre von den Vorgängen, die sich an den lebenden Körpern abspielen" (S. 6).

Für CRAMER (1971) ist Biologie "ein Teil von (pragmatisch verstandener ..., Verf.) Science, der nur wegen seines hohen Grades an Komplexität

relativ spät der scientifischen Betrachtungsweise zugänglich wurde"
(S. 158).

WADDINGTON (1966) bezeichnet die Biologie als "das wissenschaftliche
Studium lebender Systeme" (S. 6).

AUTRUM (1970) weist auf die Grenzen der Biologie hin: "Die wissenschaftlichen Methoden der Biologie reichen nämlich grundsätzlich nicht in den
Bereich des Seelischen, der Gefühle und der Bewußtseinsinhalte" (S. 14).

Nach KLEIN (1972) ist die moderne Biologie dadurch gekennzeichnet, "daß
sie sich aus ihrer deskriptiven Verfahrensweise löst und immer mehr die
Züge einer mathematisch exakten Wissenschaft annimmt" (S. 56).

WURST und HARTMANN (1971) sehen in der Biologie "die Wissenschaft
vom Lebendigen" (S. 15). Ihrer Meinung nach wird die traditionelle Einteilung der Biologie in Botanik, Zoologie und physische Anthropologie bereits der "unterschiedlichen Organisationshöhe des Lebendigen gerecht"
(S. 16) [59].

Den bisherigen Meinungen diametral entgegenlaufend argumentiert
PORTMANN (1956). Er versieht die Biologie mit dem Terminus "Lebens-
forschung" (S. 11). Das "Geistige" versucht er der Biologie im Begriff
der "Innerlichkeit" (S. 13) [60] zu implizieren.

"Innerlichkeit nennen wir also die besondere Seinsweise des Lebendigen,
von der wir maximal aus eigenem Erleben wissen" (S. 13). In die gleiche
Richtung zielt auch sein Konstrukt vom "Darstellungswert der Gestalt"
(S. 24) [61].

Wesentlich präziser, wenn auch statisch, grenzt ZIMEN (1970) die Biologie ab: "Die allgemeine Biologie ist die Wissenschaft vom Lebendigen, von
dem, was allen Lebewesen gemeinsam ist; die spezielle Biologie teilt sich
in Botanik, Zoologie und Anthropologie. Der biologische Bereich grenzt
auf der einen Seite an Physik und Chemie (Biophysik, Biochemie, Physiologie), auf der anderen Seite, mit Tierpsychologie und allgemeiner Verhaltensforschung, an den spezifisch menschlichen Bereich" (S. 85) [62].

Nach MACKEAN (1970) befaßt sich die Biologie "mit dem Studium des
Lebens ..., das bedeutet also mit dem Studium lebender Organismen"
(S. 16).

Besonders dann, wenn die Biologie von Autoren definiert wird, die selbst
keine Biologen sind, kommt es des öfteren zu starken Vereinfachungen,
Verkürzungen und gelegentlich zu Verdrehungen. Es entspricht nicht mehr
dem heutigen Stand der Biologie, wenn ENGELHARDT (1965) behauptet,
daß in der Biologie "die spontane Beobachtung und Beschreibung der bun-
ten Vielfalt der vorgefundenen Natur auch heute noch das Fundament der
Forschung" (S. 30) sei.

REICHENBACH (1968) beschränkt die Tätigkeit der Biologie auf die Suche
nach speziellen Gesetzen, die für die Lebewesen zu den Gesetzen der
klassischen Physik noch hinzutreten [63].

In kaum zu überbietender Naivität schreibt HESS (1968): "Die Biologie
betrachtet, was um uns lebt, die Psychologie, was in uns lebt, wobei
"außen" und "innen" die konventionelle Ausdrucksweise ist für eine Erfahrung mittels der Sinnesorgane und eine Erfahrung ohne Beanspruchung
der Sinne" (S. 7) [64].

Für eine didaktische Untersuchung zur Biologie ist es auch wichtig zu erfahren, wie Fachdidaktiker die Biologie beschreiben. Es werden daher einige Definitionen aus diesem Kreis angefügt. ESSER (1969) bezeichnet Biologie als "die Lehre vom Leben" (S. 13), STICHMANN (1956) als "die Lehre von Pflanzen, von Tieren und vom Menschen" (S. 9).

Auch BEILER (1965) schließt sich dieser traditionellen Dreiteilung an [65].

MEMMERT (1970) bezeichnet Biologie ganz allgemein als "das Wissensgebiet vom Lebendigen" (S. 9) [66]. Die Frage nach dem "Was" des Lebens verweist er in den Bereich der Philosophie. Biologie ist, wie jede Naturwissenschaft, nur durch diesen "ontologischen Verzicht" (S. 10) möglich. Abgrenzung und Eigenständigkeit der Biologie sind pragmatischen Ursprungs. Biologie setzt bei der Beschreibung der Lebenserscheinungen auf einer höheren Komplexitätsebene an. Biologische Phänomene lassen sich so einfacher und zutreffender beschreiben, als mit dem Forschungsinstrumentarium der Physik oder der Chemie (vgl. S. 12).

Mit einer sehr ausführlichen Definition der Biologie als Lehre vom Leben, Lehre von den Lebewesen, den Lebenserscheinungen, den Lebensbedingungen und des Lebendigen beginnt GRUPE (1971) seine "Biologiedidaktik" (s.S. 1). Eine ausführliche Aufschlüsselung der wichtigsten biologischen Arbeitsgebiete schließt sich an (S. 1 ff.).

BREMNER (1967) sieht in der Biologie, dem Studium der lebenden Dinge, eine Wissenschaft, die ihre eigenen Methoden entwickelt hat (vgl. S. 1). Auch er verweist auf die Komplexität [67] des Forschungsfeldes. Dieser Hinweis ist auch bei BELJAJEW u.a. (1969) zu finden.

Nach PÜSCHEL (1962) beschäftigt sich die Biologie "mit den Erscheinungsformen der belebten Materie und erforscht ihre Gesetzmäßigkeiten" (S.13).

Eine weitere Gruppe von Autoren beginnt ihre Ausführungen bereits mit einem durch den pädagogischen Aspekt eingeengten Biologiebegriff. Der "Biologieunterricht" ist für SIEDENTOP (1964) die Ausgangsbasis. Auf die grundlegende Fachwissenschaft wird nur indirekt Bezug genommen. Auch WILLI (1961) stellt den methodischen Aspekt in den Mittelpunkt (Teil I, S. 11 ff.).

KOCH (1960) versucht, "an der Biologie als einer reinen Wissenschaft Elemente aufzuzeigen, die im Unterricht zu bilden vermögen" (S. 3).

KOLBE (1968) beginnt ebenfalls mit dem unterrichtsimmanenten Begriff der Biologie, um dann sehr schnell auf facheigene Arbeitsweisen des Biologieunterrichts überzugehen.

KUHN (1967) grenzt das biologische Unterrichtsfeld lediglich negativ gegen das analytische Vorgehen der Fachwissenschaft ab. Biologie an der Hochschule ist für ihn gleichbedeutend mit lebensfremder Systematik, statischer Morphologie, Gesetzeswissenschaft (vgl. S. 7 f.).

Für PASTERNAK und STOCKFISCH (1953) beginnt Biologie mit dem Objektbereich, den sie schwärmerisch "die Hochschule der freien Natur nennen" (S. 1 ff.).

Nach diesem Überblick kann eine zusammenfassende Definition der Biologie als Wissenschaft versucht werden.

2.1.3 Globaldefinition der Biologie

In Übereinstimmung mit vielen Fachvertretern und Didaktikern kann die
B i o l o g i e als ein Bereich gesehen werden, in dem das durch den
M e n s c h e n konstituierte rückgekoppelte und selbstkorrektive p r o z e s -
s u a l e D e n k i n s t r u m e n t a r i u m , das man mit dem Begriff Naturwissenschaft umschreibt, auf den k o m p l e x e n O b j e k t b e r e i c h lebender S y s t e m e angewandt wird. Diese Globaldefinition erfordert insbesondere im Hinblick auf den später zu beschreibenden Unterrichtsbereich
eine nähere Aufschlüsselung, da sich eine derart weitgefaßte Abgrenzung
schwer oder gar nicht operationalisieren läßt. Auf einer etwas reduzierten
Abstraktionsstufe werden dann auch die Grundstrukturen bzw. das Konzept
der Biologie deutlicher.

2.1.4 Begriffsstruktur und Gesamtkonzept der Biologie

Entsprechend den unterschiedlich hohen Komplexitätsniveaus, die sich
aus ihrem Objektbereich ergeben, muß die Biologie permanent Methoden
suchen, entwickeln und überprüfen, die eine Lösung der jeweiligen Probleme und Fragestellungen ermöglichen. Methode und Fragestellung sind
auch hier korrelativ zu sehen.

Die Anwendung neuer Methoden auf einen Objektbereich bzw. bekannter
Methoden auf einen neuen Objektbereich erschließt oft neben Erkenntnissen
neue, weiterführende Fragestellungen und Fragerichtungen, die nun wieder
methodologische Konsequenzen nach sich ziehen. Häufig führt dieses Vorgehen auch zur Konstituierung neuer Fragerichtungen, ja ganzer Diszipli-
nen von oft enormer Produktivität. Bereits etablierte Disziplinen wie die
Biochemie, die Molekularbiologie, die Physiologie mit ihren zahlreichen
Untergebieten beweisen dies ebenso wie die sich auf den anthropologischen
Bereich [68] und zugleich auf eine Quantifizierung [69] hin entwickelnde
Ethologie. Ein ähnlicher Prozeß läßt sich auch innerhalb der Ökologie [70]
und anderer biologischer Forschungsfelder nachweisen. Es hat daher wenig
Sinn, das Konzept und die Struktur der Biologie in Form eines (statischen)
Gebäudes zu beschreiben, das sich aus einer Vielzahl von Disziplinen und
deren Unterbereichen zusammensetzt [71]. Dieses Gebäude wird durch den
fortschreitenden Forschungsprozeß zwangsläufig permanent verändert. Als
relativ stabiles Merkmal kann man daher lediglich den Prozeß als solchen
ansehen. Einen in dieser Hinsicht sehr interessanten Ansatz hat SIMONIS
(1967) entwickelt. Er identifiziert in der Biologie folgende prozessuale
Betrachtungsweisen:

1. Die v e r g l e i c h e n d e , t y p o l o g i s c h e B e t r a c h t u n g s w e i s e
   (S t r u k t u r a n a l y s e)
   Hierzu zählt er die Registrierung der Formenvielfalt sowohl im
   makroskopischen als auch im mikroskopischen Objektbereich (vgl.
   S. 6 f.).

2. Die t e l e o n o m e B e t r a c h t u n g s w e i s e (F u n k t i o n s a n a l y s e)
   SIMONIS grenzt sie eindeutig gegenüber der Teleologie ab. Diese Betrachtungsweise beschäftigt sich vor allem mit dem Zusammenhang
   zwischen Struktur und Funktion, meint also den physiologischen Bereich [72] (S. 8 f.).

3. Die chronologische Betrachtungsweise (der Entwick-
   lungsgedanke) (S. 11)
   Hierunter fallen paläobiologische Untersuchungen und die Entwick-
   lungsgeschichte der Lebewesen.

4. Die causale [73] Betrachtungsweise (S. 12)
   (Causalanalyse)
   Dieser Begriff umschließt als Arbeitshypothese den Bereich der
   Experimentalwissenschaften.

5. Die synthetische Betrachtungsweise (S. 13 f.)
   Probleme der Information, der Steuerung und Regelung, also der
   Kybernetik sind hier subsumiert.

6. Die soziologische Betrachtungsweise (S. 15)
   Standortverhältnisse, Konkurrenzverhalten, Verhaltenslehre, Popu-
   lationsdynamik gruppieren sich unter diesem Oberbegriff.

Diese Aufschlüsselung wurde meines Wissens erstmals von SIMONIS in
dieser geschlossenen Form vorgelegt [74].

Im Anschluß an den eben beschriebenen Entwurf von SIMONIS wird folgende, etwas erweiterte Form der Beschreibung biologischer Fragestellungen vorgeschlagen:

1. Die morphologische Fragestellung (Strukturanalyse)
   Hierzu kann man u.a. die folgenden Arbeitsgebiete zählen:
   allgemeine Morphologie, Anatomie, mikroskopische Morphologie
   und Histologie, sowie einen Teil der Systematik.

2. Die physiologische Fragestellung (Funktionsanalyse)
   Dazu gehören alle Richtungen der Physiologie, die Biochemie,
   Teilbereiche der Cytologie und die Genetik.

3. Die soziologische Fragestellung (Umweltanalyse)
   mit Biosoziologie, Ökologie, Verhaltenslehre.

4. Die historische (chronologische) Fragestellung
   mit Paläobiologie, Embryologie, Teilen der Vererbungslehre,
   Evolutionstheorie, Arealkunde.

5. Die synthetische Fragestellung
   Teile der Sinnesphysiologie
   Biophysik (Bionik)
   Teile der Ökologie
   Biokybernetik

6. Die pragmatisch-ökonomische Fragestellung
   Angewandte Biologie, Bereiche der Medizin, Pflanzen und Tierzüch-
   tung, angewandter Natur- und Umweltschutz.

7. Die anthropologische Fragestellung
   Koordination aller Aspekte der Biologie mit direktem Bezug auf den
   Menschen bzw. die Menschheit (Humanbiologie, Ethologie, Probleme
   der Aggressivität, Ernährungsprobleme, Gerontologie, Ökokrise u. ä.).

Verständlicherweise ergeben sich bei einer solchen Aufteilung eine Reihe
von Überschneidungen und Überlagerungen, da ein Forschungsgebiet oft verschiedene Fragestellungen anwenden muß. Der Vorteil wäre aber vor allem

darin zu sehen, daß bei einer solchen Aufschlüsselung - die keineswegs den Anspruch erhebt, den aktuellen Forschungsprozeß der Biologie umstrukturieren zu wollen - der Prozeßcharakter der Biologie deutlicher hervortritt. Für den pädagogischen Anwendungsbereich werden so Konzept und Struktur dieser Naturwissenschaft durchsichtiger, in zeitgemäßer Weise vermittelbar, und mehr noch, eine Umstrukturierung des Biologieunterrichts im Hinblick auf neue Entwicklungen in Lernforschung und Curriculumtheorie wird möglich. Der Biologieunterricht wäre dann in der Lage, sowohl den Rahmen und das Konzept der grundlegenden Fachdisziplin adäquater zu berücksichtigen als auch auf die basalen menschlichen Denkprozesse innerhalb der Biologie und beim heranwachsenden Menschen, der sich mit Biologie beschäftigt, besser eingehen zu können.

In der Diskussion der amerikanischen Science-Curriculumentwicklung steht BRUNERs Begriff von der "Struktur der Disziplin" [75] noch immer mit an erster Stelle. Danach soll der Schüler nicht mehr überwiegend nur Fakten lernen, die nicht aufeinander bezogen sind und schnell veralten, sondern er soll auf jeder Stufe seiner Entwicklung [76] Einblicke in Zusammenhänge und damit auch in die Grundstruktur der jeweiligen Disziplin erhalten.

Auf diesen Zusammenhang wird im 5. Kapitel wieder zurückgegriffen.

2.2 Die Forschungsmethoden der Biologie

"Forschen heißt die nötigen Schritte vollziehen, mit denen sich naturwissenschaftliche Erkenntnisse gewinnen lassen, damit man das Wissen um naturwissenschaftliche Substrate erweitern und dadurch zu einem Verständnis der Zusammenhänge kommen kann" (NACHTIGALL, 1972; S. 99). Im Einklang mit dem bisher Gesagten gilt dies auch für die Biologie. NACHTIGALL beschreibt folgende für diese Wissenschaft typische Methoden [77]:

1. Die Beobachtung
   Die Beobachtung mit den Sinnen
   Die Beobachtung mit Meßgeräten

2. Die Beschreibung

3. Das Experiment
   Das qualitative Experiment
   Das quantitative Experiment
   Planung und Meßkritik

4. Das Modell

Bei der Beobachtung ist der Forscher überwiegend passiv. Er versucht den Gegenstand oder den Vorgang so objektiv wie möglich zu erfassen [78].

Die Beobachtung mit den Sinnen impliziert die Möglichkeit zur Verzerrung der Information. Auch durch Einsatz von Geräten wird die Information gefiltert (vgl. S. 53).

Beobachtung mit und ohne Geräte ist prinzipiell als gleichwertig anzusehen (s. S. 53).

Meßgeräte können lediglich den Vorteil
- der besseren Zeitauflösung
- der besseren Raumauflösung
- der Erfassung uns direkt unzugänglicher Reizmodalitäten
besitzen (s.S. 53).

Die Grenzen der Beobachtung liegen in der Reichweite der Sinnesorgane bzw. der Meßgeräte oder Hilfsgeräte.

Zur Beobachtung gehört die angemessene Beschreibung [79], wenn das Ergebnis nicht rein subjektiv erfahren bleiben soll.

Dabei muß bzw. sollte
- die Information nicht verfälscht werden,
- ein der Fragestellung angemessenes Vokabular (Fachsprache!) verwendet werden,
- die einfachst mögliche Form der Darstellung gewählt werden,
- die kürzeste Art der Beschreibung eingesetzt werden,
- die Einordnung in bisher Bekanntes beachtet werden,
- wo irgend möglich, die mathematische Formulierung eingesetzt werden.

Das Experiment steht mit Beobachtung und Beschreibung in engem Zusammenhang. Sein Charakteristikum ist jedoch der gezielte Eingriff in das Objekt.

Nach NACHTIGALL (s.S. 63 ff.) ist das q u a l i t a t i v e E x p e r i m e n t, obwohl es nur die Alternativen "ja" oder "nein" zuläßt, oft entscheidend für den Forschungsprozeß. Qualitative Experimente ziehen meist Serien quantitativer Experimente nach sich.

Das q u a n t i t a t i v e E x p e r i m e n t, das oft nur unter großen Schwierigkeiten durchgeführt werden kann, hängt in seinem Erfolg weitgehend von der Planung ab. "Die tatsächliche Aussage ergibt sich aus der anschliessenden Meßkritik, d.h. der Beurteilung des Experiments" (S. 65).

Für die experimentelle Planung gelten folgende Grundsätze:
- das Prinzip der Messung am Original
  (wo immer dies möglich ist)
- das Prinzip der adäquaten Methode [80] (vgl. S. 65 ff.).

Bei der M e ß k r i t i k ist die Form der Kausalverknüpfung zu beachten, damit es nicht zu Fehlinterpretationen kommt.

Die folgende Graphik ließe bei Nichtbeachtung verschiedener Einflußvariablen durchaus den Schluß zu, daß in Schweden die Kinder von den Störchen gebracht werden (S. 40).

Es ist einsichtig, daß hier nach einer anderen Interpretation der positiven Korrelation gesucht werden muß. So könnte als Ursache für den Zusammenhang eine dritte Variable gedacht werden, beispielsweise die Erhöhung des vom Staat bezahlten Kindergeldes und eine gleichzeitige Intensivierung des Naturschutzes.

Das M o d e l l wird in der Biologie häufig und in vielfältiger Weise nicht nur in seiner pädagogischen Funktion der Veranschaulichung, sondern auch zum Erkenntnisgewinn eingesetzt. Dabei muß aber ständig die Gefahr möglicher Grenzüberschreitungen gesehen werden. Bei Beachtung dieser Gefahr kann das Modell eine Reihe wichtiger Vorteile mit sich bringen:

(nach NACHTIGALL, S. 82)

- die Isolation eines Problems aus einem Gesamtkomplex,
- die Konkretisierung einer Idee (oder eines Konstrukts),
- die Erweiterung von Fällen durch systematische Veränderung der Modellkonstruktion,
- Informationsgewinn durch Querverbindungen zu anderen Phänomenen [81],
- die vollständige Erklärung durch vollkommene Simulation im kybernetischen bzw. mathematischen Modell.

Die Funktionen des Denkmodells wurden bereits im 1. Kapitel diskutiert.

An den hier beschriebenen Forschungsmethoden der Biologie kann der Biologieunterricht nicht ohne weiteres vorübergehen. Prinzipiell müssen in der Schulbiologie analoge, wenn auch der jeweiligen Altersstufe der Schüler angemessene facheigene Methoden und Arbeitsweisen eingesetzt werden, wenn man nicht nur ein rein mechanisches Faktenlernen, sondern ein Vermitteln biologischer Denkmethoden und des biologischen Forschungsprozesses anstrebt. KNOLL (1971) hat dies für den Bereich der Grundschule überzeugend herausgearbeitet (s.S. 168 ff.).

Interessante Ansätze in diese Richtung auf facheigene Denkverfahren hin finden sich bei BOTSCH (1971), GLOMBECK [82] (1971), KLEIN [83] (1972), DYLLA (1966), URSCHLER (1970), GRAEB (1971), BELGARDT (1970) [84], GRUPE (1971), SCHWARTZ (Hg., 1972) [85], BEILER (1965, S. 20 f.) und STICHMANN (1970, S. 10 f.) [86].

Gegen die Vorschläge von KLAUSING (1968) [87], der für die Grundschule lediglich eine Bioästhetik postuliert, müssen schon in diesem Zusammenhang kritische Einwände erhoben werden.

2.3 Die Expansion der Biologie

Verallgemeinernd läßt sich sagen, daß das 19. Jahrhundert und die erste Hälfte des 20. Jahrhunderts von einer außerordentlichen Entwicklung der Physik und der Chemie geprägt waren. Eine Erfindung und Entdeckung löste in wachsendem Tempo die andere ab. Parallel dazu und in einem gegenseitigen Abhängigkeitsverhältnis stehend, entstanden immer umfassendere Technologien, die schließlich zu einer bis in die privatesten

Sphären unseres Kulturkreises reichenden Industriealisierungswelle anwuchsen. Kennzeichnend für die globale Bedeutung, die diese beiden erwähnten Naturwissenschaften erreichten, war neben dem astronomischen Anwachsen der Literatur die Konstituierung ständig neuer Forschungsbereiche, die bis zur Kernphysik und zur Kunststoffchemie hin reichten.

Als weiteres Indiz dieser Entwicklung kann die Verteilung der Nobelpreise herangezogen werden, bei der die genannten Forschungsgebiete bis in die jüngste Vergangenheit hinein den Hauptanteil erhielten.

Etwa um den Anfang der fünfziger Jahre des 20. Jahrhunderts trat zunächst langsam, dann immer stärker beschleunigt eine Wende ein. Nicht etwa, daß die bis dahin etablierten Wissenschaften an Bedeutung verloren hätten - ihre Entwicklung hält auch heute noch kaum geschmälert an - aber, parallel dazu und in ständiger Kooperation mit den klassischen Naturwissenschaften konstituierte sich das neue bedeutende Forschungsgebiet der Biologie.

Gewiß gab es die Biologie schon Jahrhunderte vorher. Ihre explosionsartige Entwicklung und ihren alles in den Schatten stellenden Bedeutungsgewinn verdankt sie - nach einer langen Phase des Sammelns, Registrierens und Ordnens - der Anwendung der naturwissenschaftlichen Experimentalmethode auf den Bereich der Lebewesen. Innerhalb einer überaus kurzen Phase von 20 - 25 Jahren kam es zu einer immensen Ausweitung der Literatur, die heute auch in extremen Spezialgebieten in einem für den Einzelforscher unübersehbaren Ausmaß angewachsen ist und in immer größer werdendem Ausmaß noch zunimmt. Immer neu sich konsolidierende Forschungsbereiche gliedern sich aus und treten mit ihren Ergebnissen an die Öffentlichkeit. Die Forschungsergebnisse und Probleme reichen von den Erkenntnissen der Neuro- und Sinnesphysiologie bis zur Chlorophyllsynthese, von überraschenden Ergebnissen der Hormonphysiologie, bis zum synthetischen Aufbau von Virus-DNS, von neuen Einsichten in der Biokybernetik, in der Ökologie und Ethologie bis zu revolutionierenden Erkenntnissen bei der Erklärung des aktiven Transports durch die Zellmembran. Der Prozeß der Expansion biologischer Disziplinen und der Bedeutungszuwachs ihrer Ergebnisse ist bei weitem noch nicht abgeschlossen.

2.4 *Die Bedeutung der Biologie*

Es ist im Grunde müßig, eine Beschreibung der Bedeutung der Biologie zu geben, die sie sowieso schon hat. Die Gründe dafür sind anderer Art. Einmal könnte eine derartige Reflexion nötig sein, um eventuelle Übertreibungen in die Schranken zu verweisen, dann auch um möglicherweise Hinweise auf die anthropologische Relevanz dieser Ergebnisse zu erhalten und schließlich, um zu demonstrieren, durch welch abgrundtiefe Kluft der Bewertung innerhalb unserer Gesellschaft Biologie als Wissenschaft und Schulbiologie getrennt sind.

WEIZSÄCKER (1969) kennzeichnet die Rolle der Biologie folgendermaßen: "Wenn wir über die Wissenschaft der Zukunft nachdenken, so scheint mir, daß unter den Naturwissenschaften die biologischen Wissenschaften diejenigen sind, die noch größte Entwicklung vor sich haben. Das hängt eng mit der Anwendung physikalisch-chemischer Methoden in der Biologie zusammen" (S. 29).

WIESER (1970) berichtet über das CIBA-Symposium 1962 in London, das sich mit der Zukunft des Menschen befaßte: "Im Mittelpunkt stand dabei nicht mehr, wie vor Jahren, die Physik, sondern die Biologie, die, an der Schwelle unerhörter Entdeckungen, in vielleicht noch nie gekanntem Ausmaß imstande sein wird, in das Gleichgewicht der Natur, sowie in den Lebensprozeß selbst, heilend oder vernichtend einzugreifen" [88] (S. 159).

Damit ist bereits die anthropologische Dimension der Biologie angeschnitten.

2.4.1   Der anthropologische Aspekt der Biologie

Der Begriff "Bedeutung" im Zusammenhang des vorausgehenden Abschnittes ist bereits ein genuin anthropologischer. Immer ist damit die Bedeutung einer Sache für den M e n s c h e n gemeint.

Biologie wird wie HABERMAS (1969) [89] und MEMMERT (1970) belegen überhaupt nur betrieben, weil sie ein m e n s c h l i c h e s I n t e r e s s e befriedigt. Sie erweist sich somit insgesamt als anthropologisches Unternehmen. Präziser läßt sich der anthropologische Aspekt der Biologie durch die ursprünglich von BOLLNOW (1965) [90] entworfene und von LOCH (1963) weiterentwickelte, präzisierte und für den Bereich der Pädagogik operationalisierte anthropologische Frage [91] fassen:

"Wie muß das Wesen des Menschen im ganzen beschaffen sein, damit sich diese besondre, in der Tatsache des Lebens gegebene Erscheinung darin als sinnvolles und notwendiges Glied begreifen läßt. " [92]

Von größter Bedeutung ist dabei die Auffassung des Menschen als eines o f f e n e n , n i c h t f e s t g e l e g t e n Systems [93]. Nur so ist eine Ausschaltung von ideologischen Fixierungen jeglicher Schattierung im anthropologischen Fragehorizont möglich bzw. lassen sich Ideologien gerade durch ihre Tendenz zu vorschnellen Festlegungen leicht identifizieren. In dieser Tatsache liegt nach LOCH (1963) die "kopernikanische Wendung" (S. 13) in der anthropologischen Fragestellung. Nicht mehr das angebliche feststehende Wesen des Menschen ist also Gegenstand der anthropologischen Reflexion, sondern die Frage: "Wie muß das nicht feststehende Wesen des Menschen diesen (spezifischen menschlichen, Verf.) Teilphänomenen entsprechend verstanden werden" (S. 13)?

Diese "Offenheit" der Fragestellung ermöglicht auch eine Integration der anthropologisch relevanten Erkenntnisse aus den verschiedensten Wissenschaftsbereichen. Die anthropologische Frage wird so zu einem "der kraftvollsten Vehikel ... die auseinanderfallenden Einzelwissenschaften vom Menschen wieder einander näherzubringen" (S. 104/105). Auf diese Weise kann "d i e E i n h e i t d e r W i s s e n s c h a f t e n i m M e n s c h e n [94] wiedergefunden werden ..." (S. 105).

In Abwandlung der von LOCH auf die Pädagogik angewandten anthropologischen Fragestellung ließe sich für die B i o l o g i e fragen:

"Was leistet die Biologie für das Selbstverständnis und die Selbstinterpretation des Menschen?"

Die Fragestellung impliziert unterschiedliche räumliche und zeitliche Dimensionen. Sie umfaßt die h i s t o r i s c h e , die a k t u e l l e und die zukunftsorientierte Ebene, die durch die Biologie zustandegebrachten Kulturschöpfungen und ihre Rückwirkungen auf die Entwicklung der Gesamtkultur, den Bereich des Individuums, der Gruppe, der Gesellschaft und der ganzen Menschheit.

Die aktuelle Dimension der anthropologischen Fragestellung in der Biologie fällt zu einem großen Teil mit dem Thema "Biologie und Gesellschaft" zusammen.

2.4.1.1 Biologie und Gesellschaft

Mit der Entstehung der Kultur und ihrer Entwicklung haben die Regeln der intraspezifischen biologischen Evolution für die Entwicklung des Menschen ihre ausschließliche Gültigkeit verloren. Seither ist die "Kultur ... unsere Natur, und die Form [95] unserer Gesellschaft ist eine der wichtigsten Leistungen dieser Kultur" (PORTMANN, 1953; S. 96). Keineswegs haben damit alle biologischen Grundlagen ihre Relevanz eingebüßt. Auch der dem Prozeß der Enkulturation unterworfene Mensch ist immer auch noch ein biologisch definierbares Wesen [96].

LOHMANN (1970) charakterisiert die verbliebene anthropologische Zuständigkeit der Biologie folgendermaßen: "Das Problem des Menschen ist ein psychologisches, linguistisches, philosophisches, existenziales, theologisches und so fort [97]. Es ist aber auch ein biologisches Problem und der Biologe hat ein Wort mitzusprechen" (S. 28).

2.4.1.2 Biologie und menschliche Zukunft

Die gesellschaftlichen Probleme, zu deren Bewältigung die Hilfe der Biologie erwartet wird, haben keineswegs esoterischen Charakter. Sie gehen alle Mitglieder der Gesellschaft direkt an. Die akute Gefährdung der Menschheit als Ganzes, die oft schon heute katastrophal fortgeschrittene Zerstörung ökologischer Systeme und Kreisläufe im Sinne eines permanenten, vom Menschen verursachten, selbstzerstörerischen "delayed feedback" [98], läßt ein Herunterspielen dieser die menschliche Existenz bedrohenden Probleme gar nicht mehr zu. Wenn man sie weiterhin im bisherigen Umfang ausklammert, werden sich auch alle anderen Probleme der Menschheit sehr schnell "von allein" lösen. Obwohl Schlagworte wie Umweltschutz und Umweltvergiftung auch bei uns in aller Munde sind, ist das eigentliche Problem in Gefahr, bis zum Überdruß auf der rein verbalen Ebene abgehandelt zu werden. Gesetzliche Maßnahmen gegen "Umwelttäter" stehen noch aus oder sind unzureichend, Kontrollinstitutionen sind nur punktuell vorhanden und Lobbyisten verschiedenster Färbung versuchen beabsichtigte Gegenmaßnahmen schon im Keime zu ersticken oder zu unterlaufen [99].

Hier müssen die Biologie und vor allem auch der Biologieunterricht einen neuen Schwerpunkt legen. Deutlich beschreibt GRUPE (1969) diese Notwendigkeit: "Jeder Biologieunterricht an unseren Hochschulen und Schulen, der diese Fakten, nämlich die Gefährdung der biologischen Daseinsgrundlagen, nicht bewußt werden läßt, ist - mag er methodisch noch so gekonnt sein - überholt und fragwürdig" (S. 90). Nur mit Hilfe einer solchen "neuen Biologie" werden Menschheitsprobleme - wie sie in den USA mit den vier großen P umschrieben werden [100] (Poverty, Pollution, Peace, Population) - gelöst werden können. Umweltsicherung ist nicht allein durch Technologien zu bewältigen: Sie erfordert ein radikales Umdenken der Menschen.

"Umweltfreundliches Verhalten" muß erst gelehrt und gelernt werden. Damit erweist sich das Problem als ein Erziehungsproblem erster Ordnung, das nur zu lösen ist, wenn die Weichen dafür heute gestellt werden [101]. "Erst wenn jeder einzelne zu Einsichten und Handlungen kommt, aus denen heraus eine persönliche Mitarbeit an der Sanierung unserer Umwelt gewährleistet wird, kann eine beständige Wandlung zum Besseren erreicht werden" (STENGEL, 1971; S. 226). Es ist ein Irrtum, wenn man glaubt, sich auf einmal festgelegte Toleranzgrenzen bei toxischen Stoffen verlassen zu können. Meist müssen sie bei näherer Kenntnis der Dinge zurückgenommen werden. Oft zeigen Substanzen bei Summation, Kumulation und bei der Kombination mit anderen - vielleicht allein sogar harmlosen Stoffen - außergewöhnliche Toxizität. Auch RODI (1970) betont, wie wichtig in diesem Zusammenhang "Gesinnungsbildung durch Erziehung zum Verantwortungsbewußtsein der Umwelt gegenüber" ist (S. 440).

MEBES (1972) [102] fordert eine umfassende "kritische Ökologie". Die Biologie hat für ihn gesellschaftliche Konsequenzen von einer gewaltigen Größenordnung. In einem fiktiven Interview mit einem Hochschulbiologen, der durch Arbeitsüberlastung im Fachlichen zur politischen Ahnungslosigkeit verdammt ist, wird deutlich, wie sehr auf diese Weise gerade die am besten Informierten aus der politischen Diskussion, die allein eine Änderung der Verhältnisse bringen könnte, ausgeschlossen werden [103].

Eine politische [104] Aktivierung aller Naturschutzverbände mit zusammen mehr als einer Million Mitgliedern, könnte durchaus erreichen, daß

1. die Zersplitterung in Fragen des Umweltschutzes durch Informationsmangel aufhört,
2. die Abkehr von Gruppenegoismus und engem Vereinsdenken möglich wird,
3. sich der Erfolg der Bemühungen auch auf der politischen Ebene einstellt (vgl. S. 857).

Dabei müßte die Zusammenarbeit mit Psychologen, Soziologen, Pädagogen, Technologen, Politikern und Journalisten gesucht und organisiert werden (vgl. S. 857 f.). Die hierbei zu fällenden Entscheidungen sind "Wertentscheidungen" die alle angehen. Sie sind nicht allein eine Sache der Experten. "Es ist daher notwendig die wesentlichsten wissenschaftlichen Gesichtspunkte umgangssprachlich zu formulieren und zu diskutieren, wenn sie für gesellschaftliche Entscheidungen von allgemeiner Bedeutung relevant sind" (GIERER, 1970; S. 78). GIERER fordert mehr politische Reflexion bei den Wissenschaftlern, mehr wissenschaftliche Allgemeinbildung bei der Öffentlichkeit und insgesamt mehr "kritische Sentimentalität" (vgl. S. 78). Wenn man bedenkt, daß die Menschheit "allein in den zehn Jahren von 1952 - 1962 mehr Geld für Rüstung ausgegeben hat, als seit der Renaissance bis heute für Bildung, Erziehung und Wissenschaft, so dürfte wohl das Geld vorhanden sein, um die Menschheit durch auf wissenschaftlicher Forschung gegründete Planung vor der Alternative zu bewahren, an Atombomben oder an Überbevölkerung zugrunde zu gehen" (AUTRUM, 1970; S. 145).

Obwohl man selbst in geisteswissenschaftlichen Kreisen einzusehen be-

ginnt, "daß ohne die Biologie weder die gegenwärtige Situation des menschlichen Lebens vollständig gedeutet und erkannt, noch die Zukunft des Menschen gestaltet werden kann" (LEICHT, 1971; S. 81) [105], steht man gerade in unserem Land erschüttert vor der Höhe der Mittel, die man für
diese lebenswichtigen Aufgaben auszugeben bereit ist. Für den ökologisch
so bedeutsamen Naturschutz gab man nach einer in der Zeitschrift
UMSCHAU (10/1971) erschienenen Statistik pro aufgezähltem Land folgende
Summe aus:

Schweden	80 Millionen DM
Holland	40 Millionen DM
Frankreich	20 Millionen DM
England	10 Millionen DM
USA (mehr als)	1000 Millionen DM
Bundesrepublik	6 Millionen DM

WEINZIERL (1970) berichtet von einer Kürzung der dem Deutschen Natur-
schutzring zugesagten Bundeszuschüsse für die Durchführung des Europäischen Naturschutzjahres von 40.000. -- DM auf 30.000. -- DM, während
zur gleichen Zeit ein Bundesland 12 Millionen DM [106] für den Ankauf
eines einzigen "Alten Meisters" ausgab, den man ohne weiteres auch an
seinem ersten Ausstellungsort hätte besichtigen können (vgl. S. 286, Vorspann).

Nach der Kenntnis dieser Zahlen muß man annehmen, daß ein Umweltbe-
wußtsein und die Bereitschaft zu sinnvollem Handeln in diese Richtung
gegenwärtig noch im Argen liegen. Die Bevölkerung ist gegen viele drasti-
sche Phänomene weitgehend abgestumpft, "der tägliche Anblick und Ge-
ruch von betonierten Abwasserrinnen, die früher einmal den Namen
"Bach" trugen, schreckt niemand mehr auf" (ANT, 1969; S. 97).

Es ist müßig, an dieser Stelle auf weitere, längst bekannte Fakten [107]
einzugehen. Ohne ein grundlegendes Umdenken, ohne Beteiligung des
Erziehungswesens und ohne das Erziehungsziel einer kritischen Emanzipation bei allen Gliedern der Gesellschaft wird eine Änderung der Verhältnisse erst dann in Angriff genommen werden, wenn eine Regeneration
der Zerstörung kaum oder gar nicht mehr möglich sein wird.

Mit einem eindringlichen Appell hat sich die am 8.10.1971 gegründete
"Gesellschaft für Ökologie" an die Öffentlichkeit gewandt [108],
in dem sie auf die Bedeutung der Ökologie für die Gesunderhaltung der
Umwelt und auf die steigende Bedeutung der naturwissenschaftlichen Bildung gerade für diejenigen hinwies, die später n i c h t Naturwissenschaftler werden. Sie fordert einen biologischen Pflichtunterricht bis zum
Gymnasialabschluß, die Ökologie als Unterrichtsgegenstand auf allen
Schulstufen und einen Ausbau der Ökologie an Universitäten und Hochschulen [109].

Auf welch andere Weise als durch U n t e r r i c h t u n g sollte die kommende
Generation Grundkenntnisse in diesen anthropologisch so bedeutsamen An-
gelegenheiten erwerben, zumal es mächtige Gegenströmungen gibt, durch
die sich "alles wissenschaftliche Können unter der Herrschaft der besteh-
enden ökonomischen Ordnung unaufhaltsam in Technik umsetzt, sowie etwas Profit verspricht" (GADAMER, 1972; S. XXXI). Mündigkeit innerhalb der Gesellschaft ist dem Individuum heute gar nicht mehr möglich,
wenn es nicht wenigstens über Grundkenntnisse anthropologisch relevan-

ter biologischer Erkenntnisse verfügt, oder besser, in die Lage versetzt wurde, sich über diese Probleme bei Bedarf einwandfreie Informationen zu beschaffen.

Der einzelne muß "als Jurist, Theologe oder Verwaltungsbeamter ... naturwissenschaftliche Grundkenntnisse besitzen, sonst kann er die Welt in der wir leben, nicht verstehen, geschweige denn verantwortliche Entscheidungen fällen" (FALKENHAN - Unterzeichner -, 1971; S. 833 f.).

Die biologische Disziplin der "Ökologie" steckt selbst, obwohl von größter Bedeutung für den Menschen, in ihren ersten Anfängen. Die Zahl der angebotenen Lehrstühle und Arbeitsplätze ist äußerst begrenzt, kein Ökosystem ist bisher vollständig bekannt (s. WILMANNS, 1971; S. 152). Es ist aber "von entscheidender Bedeutung, intakte Ökosysteme als Vergleichsobjekte und als Zielprojektionen zur Verfügung zu haben" (S. 153). Erst dann ist es möglich, nicht nur Veränderungen frühzeitig zu erkennen, sondern sie auch in den ursprünglichen Zustand zurückzuführen. Schon an dieser Stelle zeigt sich, in welchem Ausmaß diese für den Menschen so bedeutsame Problematik den Biologieunterricht und nicht nur ihn tangieren müßte. Wir müssen unseren Schülern klarmachen, daß man unsere Welt mit einem Raumschiff vergleichen kann, "das gegenwärtig mehr als 3 Milliarden Passagiere befördert. Die Vorräte unseres Schiffes sind begrenzt. Sie, ich und unsere 3 Milliarden Mitreisenden müssen sie vernünftig nützen" (BUTTS, 1971; S. 6).

Was erfahren heute unsere Schüler nach unseren heutigen Lehrplänen, beim heutigen Stand der Lehrerausbildung, beim gegenwärtigen Stand der sachlichen und fachlichen Grundausstattung in Biologie und mit den heutigen Unterrichtszeiten und Unterrichtsmethoden über diese existenziellen Probleme? Wieviel wissen wir und unsere Schüler über

- die Produktivität des Bodens, der uns ernährt,
- Pflanzenkrankheiten und Insekten,
- Maßnahmen zum Gewässerschutz,
- Maßnahmen zur Landschaftsgestaltung, zum Naturschutz, der Sicherung von Erholungs- und Regenerationsgebieten,
- Luftverschmutzung,
- Anlage und Bedeutung von Spielplätzen und Parks,
- die Auswirkungen der Raumnutzung [110]?

Die angedeuteten Probleme werden dem Schüler nur dann einsichtig, wenn nicht nur darüber geredet wird.

Er muß von den Dingen betroffen sein, handeln, anwenden, planen, entwerfen dürfen. Nur so entsteht auch die Motivation, die aufgenommenen Informationen auch zu verwerten, zu übertragen. Die Schüler müssen ihre Umwelt als ein im Fließgleichgewicht befindliches System erkennen, dessen "input" nicht nur den "output", sondern auch das "System" verändern kann. Ein geeignetes Probefeld ist auch das Aquarium als ökologisches System. Es hat nur den Nachteil, daß wir selbst dabei nicht in Bedrängnis geraten. Wir sind die S t e u e r e r des Systems, nicht, wie in der Realität, auch die O p f e r .

Der Schüler muß erkennen und "durchspielen", was geschehen würde, wenn das Klaßzimmer ein geschlossenes System wäre, wenn Erholungsräume der Umgebung zerstört würden, wenn giftige Substanzen in sein Trinkwasser geraten würden. Nur auf diesem Weg - nicht durch bloße

Belehrung - wird es möglich sein, den Schüler auf verantwortliches Handeln bei kommunalen und globalen Problemen vorzubereiten [111].

Eindringlich warnt BUTTS vor einem Ausklammern dieses Handelns: "Wir müssen daran erinnern, daß ein Pianist niemals Klavierspielen lernen kann, indem er sein Klavier beobachtet. Ein Autofahrer kann nie fahren lernen, wenn er lediglich ein Buch liest. Wir und unsere Schüler werden nie denken, agieren, vernünftige und wertvolle Entscheidungen fällen lernen, wenn wir dazu nie Gelegenheit erhalten" (S. 7). Auf die hier angeschnittene pädagogische Relevanz und die unterrichtlichen Konsequenzen, die sich für den Biologieunterricht und das biologische Curriculum ergeben, wird im Abschnitt 2.4.2 und in den Kapiteln 3 und 4 näher eingegangen.

2.4.1.3 Biologie und Ideologie

Gerade auch wegen ihrer anthropologischen Relevanz waren und sind die biologischen Erkenntnisse ein bevorzugtes Tummelfeld für Ideologen und Ideologien jeder Art. Das ist schon von daher verständlich, weil die Biologie Aussagen über einen Gegenstandsbereich macht, den auch weltanschaulich fixierte Systeme ihren Anhängern erklären müssen. Während sich die wissenschaftliche Biologie, ausgelöst durch die Evolutionstheorie Darwins, von der zweiten Hälfte des 19. Jahrhunderts bis in die ersten Jahrzehnte des 20. Jahrhunderts und teilweise bis zur Gegenwart mit außerordentlich brisanten weltanschaulichen Fragen herumschlagen mußte (wobei man oft auf beiden Seiten nicht gerade zimperlich war), hat heute innerhalb der Biologie selbst dieser Prozeß keinerlei Bedeutung mehr [112]. Der forschende Biologe weiß meist um die Grenzen seiner Methoden und beachtet sie auch, wenn er seine Wissenschaft redlich betreibt. Anders liegen die Verhältnisse in den ideologischen Systemen selbst. Dort werden, gerade über den Hebel der Schulbiologie, oft irrelevante Aussagen als Erkenntnisse der Biologie ausgegeben und ausgewertet. Gerade in östlichen Ländern ist der Biologieunterricht ein beliebtes Instrument zur Stützung der Ideologie [113]. KUHN widmet dieser Tatsache in fast allen seinen Schriften überdurchschnittlichen Raum [114].

"Trotz der deutlichen Grenzen naturwissenschaftlicher Aussagen über die Welt begegnen wir auch heute noch auf Schritt und Tritt Versuchen, weltanschauliche Thesen oder sogar Ideologien auf dem Gebiet der Biologie zu erhärten, um ihnen damit wenigstens den Schein von Wissenschaftlichkeit zu geben" (KUHN, 1967; S. 21 f.).

KUHNs Kritik an der Penetranz eines platten Mechanismus in der Schulbiologie und an der Simplizität seiner Aussagen ist voll und ganz berechtigt. Man muß ihm auch völlig recht geben, wenn er schreibt, daß es zur Verhinderung solcher Entgleisungen "keiner ebenso unerlaubten "Gegenweltanschauung" auf angeblich biologischer Basis und durchaus keines irgendwie anders weltbildlich gefärbten Biologieunterrichts" bedürfe. "Es genügt ja, wenn eine kritische Haltung erreicht wird" (KUHN, 1967; S. 22 f.). Man fragt sich, ob Kuhn es selbst nicht merkt, daß er gerade der Gefahr der Errichtung einer "Gegenweltanschauung" erliegt. Hiermit beginnt auch der Zwiespalt, in den man gerät, wenn man versucht, den Ansatz dieses ausgezeichneten Biologie-Methodikers zu bewerten. KUHN sieht treffend die verbreitete Banalität vor allem im Kanon der Grund- und Hauptschulbiologie und versucht, ihr zu begegnen. Darin liegt auch zugleich die Gefahr: Eingepackt in gute, dem Lehrer der Volksschule mundgerecht gemachte Methodik werden so auch Komponenten eines neo-vitalistischen weltanschaulichen Konzepts vermittelt. Der biologisch nicht vorbereitete Lehrer dieser Schulstufe, der auf Grund unzureichen-der Fachausbildung nicht so leicht in der Lage ist, methodisches Können von weltanschaulicher Substanz zu trennen, übernimmt mit dem Konzept unbesehen die Weltanschauung und reicht sie an die Schüler weiter. Der gesamte KUHNsche Ansatz ist durch das Bestreben gekennzeichnet, alle Biologie auf Ordnung, Planmäßigkeit und Schöpfungsidee hin auszurichten [115]. Der Materialismus, vor allem der östliche, kommt KUHN dabei ganz recht. Über viele Seiten hinweg wird der ideologische Gegner mäch-tig aufgebaut [116]. Dem Schüler wird "das nötige geistige Rüstzeug ver-mittelt für die Auseinandersetzung mit dem Materialismus", nicht aber mit dem Vitalismus [117]! Dieser Unterricht (im Sinne KUHNs, Verf.) räumt dem Heranwachsenden ... "Hindernisse [118] aus dem Weg und hilft ihm, marxistische Schlagworte richtig einzuschätzen" (1966, S. 10). Unschwer ist in den saarländischen Richtlinien, über die STICHMANN (1970) berichtet, das Konzept KUHNs wiederzuerkennen. STICHMANN schreibt: "Im Vergleich zu den anderen Bildungsplänen ungewöhnlich stark weltanschaulich formbare Themen sieht der vorläufige Biologie-Bildungsplan für das Saarland vor. Dort finden wir Themen wie "Kritik am biologischen Mechanismus", "Die Lebenstheorie des Diamat", "Woher kommt das Leben?", "Ist die Abstammungslehre bewiesen?", "Die Fol-gen des Darwinismus", "Kritik an der materialistischen Theorie", "Ab-stammungslehre und Schöpfungsbericht" ... (S. 38). Solche Themen, die genau die Anliegen der östlichen ideologischen Erziehung umkehren, sind ebenfalls Ideologie. Sie haben im Biologieunterricht - wenigstens als biologische Themen - nichts zu suchen. Nicht, daß der Lehrer jegliche persönliche Weltanschauung im Biologieunterricht völlig ausklammern müßte - nur muß er dabei seine Ansicht als persönliche Meinung kenn-zeichnen. Er darf sie nicht als b i o l o g i s c h e E r k e n n t n i s ausgeben, oder er muß sich den Vorwurf gefallen lassen, den Heranwachsenden, der sich gegen diesen Informationsdruck nicht zur Wehr setzen kann, mit Ab-sicht zu manipulieren. Sein Ziel einer vitalistisch gefärbten Erziehung durch die Biologie beschreibt KUHN sehr eindeutig: "Gelingt es, durch geeignete "Exempla" einen Einblick in jene Ordnung und Planmäßigkeit der Natur als Schöpfung Gottes zu ermöglichen, so wollen wir froh und zufrieden sein" (1967, S. 7). Diesen Satz wird KUHN so bald kein Biologe abnehmen.

Schulbiologie bedeutet für ihn "Naturkunde im eigentlichen Sinne, erweitert und ergänzt durch die Frage nach dem Ganzen, dem sinnvollen Gefüge und der Planmäßigkeit der Schöpfung. An diese letzten Fragen kann man auch ein Kind - und gerade ein Kind - hinführen ohne lebensfremde, rein "wis-senschaftliche" Systematik, wie sie auf den Hochschulen gelehrt wird. Die Frage nach dem Sinngehalt, nach Gefüge und Planmäßigkeit wird im folgenden immer im Vordergrund stehen, weil man sie, die ihrem Wesen nach biologische, in der Regel vernachlässigt" (1967 a, S. 8 f.).

Die "Frage nach der S i n n h a f t i g k e i t d e r b e o b a c h t e t e n E r s c h e i -n u n g e n wecken das Interesse und stützen (wie KUHN meint) das Gedächt-nis" (1967 a, S. 17). Um dem Schüler (und dem Lehrer) diese "Sinnhaftig-keit" klarzumachen, bedient sich KUHN durchgehend der teleologischen Methode. In allen seinen Unterrichtsmodellen ist das grundlegende Verfahren gleich: Immer soll der Schüler vor der Zweckmäßigkeit der Schöpfung in gläubigem Staunen verharren. Der Biologe muß für ihn geradezu ein Ausbund der Fähigkeit zum "Staunen" sein. "Wer biologisch arbeiten will, dem muß in höherem Maße als anderen Menschen (!Verf.) die Fähigkeit gegeben sein, sich "wundern" zu können. "Denn alles Verständnis fängt mit Bewunderung an, sagt Goethe, und nach Plato ist die Verwunderung die Mutter alles Schönen und Guten" (S. 18).

Als Abschluß der Zitate, die eine Kennzeichnung der weltanschaulichen Basis des KUHNschen Konzepts erlauben, (die Reihe ließe sich über Seiten hinweg verlängern!) sei noch KUHNs Schlüsselsatz für den Lehrer angefügt: "... wie kann dieses bestimmte Thema, das ich heute behandeln will, zu allen genannten Zielen des Biologieunterrichts hinführen unter Erfüllung des ersten und obersten Zieles: der Weckung von Ehrfurcht vor Schöpfer und Schöpfung, die nur über die Verwunderung und das Staunen zu erreichen sind! Nur wer sich dieses höchste Anliegen unseres biologischen Unterrichtes stets vor Augen hält, wird der Gefahr entgehen, bewußt oder unbewußt mechanistische Biologie zu betreiben - eine in unserer weltanschaulichen Situation geradezu tödliche Gefahr!" (1967 a, S. 20).

Dieses oberste Ziel wird dann auch an allen denkbaren Beispielen durchexerziert. Selbst das G e b i ß mit seiner "zweckentsprechenden Gestaltung der einzelnen Zahntypen ... die zudem noch sinnvoll zu einer übergeordneten Einheit, dem Gebiß zusammengestellt sind" (S. 31) muß dazu herhalten. Immer wird dann gezeigt, daß diese Ordnung nicht von selbst entstanden sein kann, sondern eines Verursachers bedarf. Problematisch ist dieser Ansatz auch deshalb, weil KUHN wohl als der wichtigste oder einer der wichtigsten Methodiker der Volksschulbiologie bezeichnet werden kann - zumindest was die Wirkung seiner Schriften auf die Lehrerschaft angeht. Außerdem steht die hier geschilderte Strömung innerhalb der Grund- und Hauptschulbiologie keineswegs am Rande. Sie konnte hier, da der Lehrerschaft durch die überaus mangelhafte biologische Fachausbildung weithin die Gegenargumente fehlen, geradezu in einer Art Treibhausklima überleben, während sie im Gymnasium, wegen der fachlichen Grundausbildung der Lehrer, heute kaum noch Bedeutung besitzt. Die neovitalistische Strömung in der Primar- und Sekundarstufenbiologie ist zwar selbst keine Ideologie im Sinne HEITKÄMPERs (1970) [119] und ASCHERs (1970) [120], sie ist jedoch Instrumentarium und Anwendungsbereich einer solchen. Das ändert nichts an der negativen Wirkung dieser Richtung selbst. Sie besteht darin,

- daß man breite Schichten der Bevölkerung in einem einseitigen, sachlich nicht genügend fundierten, ideologisch zumindest gefärbten Weltbild beharren läßt,

- daß man jungen Menschen ein monistisches Weltbild gerade dann einprogrammiert, wenn sie noch nicht imstande sind, sich kritisch damit auseinanderzusetzen,

- daß man die Eigengesetzlichkeit und die anthropologische Potenz des biologischen Denkinstrumentariums nicht für die Mündigkeit, Kritikfähigkeit, kreative Produktivität und Selbständigkeit des heranwachsenden Menschen erschließt, sondern ihn im Gegenteil in einem dumpfen einseitigen, irrationalen und emotionalen "Erklärungsmodell" beläßt, das selbst nichts erklärt,

- daß man den Schüler durch Anwenden der teleologischen Methode bis zum Überdruß zum Staunen bringen will, obwohl dies selbst die sicherste Methode ist, ihm echtes Staunen gründlich abzugewöhnen,

- daß man dem Schüler "Hindernisse", d. h. Zweifel und Einwände "aus dem Weg räumen will" und damit jeden Ansatz zu einer kritischen Rationalität [121] bzw. jede Notwendigkeit zum eigenen Weiterdenken blockiert,

- daß man im Zweifel, der ein Hauptmovens wissenschaftlichen Vorgehens ist, geradezu ein moralisches Vergehen sieht und ihn durch ein Jahrzehnt der Ausbildung hindurch oft permanent unterdrückt,

- daß man statische, naive Gläubigkeit dort vermittelt, wo eine Orientierung, ein Aushalten und schöpferisches Mitwirken in einer ständig sich wandelnden Welt ganz andere Hilfen und Methoden erforderten.

Die Behauptung, daß die hier umrissene neovitalistische Richtung im Biologieunterricht keine Einzelerscheinung ist, bedarf noch der Belege. PLÖTZ (1963) befaßt sich in seiner psychologischen Untersuchung "Kind und lebendige Natur" ausgiebig mit dem Vitalismus-Mechanismus-Problem. Dabei setzt er die kausalanalytische Methode der Naturwissenschaften mit dem Mechanismus gleich (vgl. S. 10). Als wissenschaftliche Forschungsrichtungen hält er sowohl den Mechanismus, als auch den Vitalismus in gleicher Weise für exakt. Der Vitalismus ist für ihn jedoch "biologischer", weil er "dem Wesen der Biologie mehr gerecht wird, da sich nun einmal das Leben aus physikalischen und chemischen Gesetzen allein nicht erklären läßt" (S. 12 f.). Der Lehrer muß dabei bedenken, "daß ein einseitig kausalanalytisch vorgehender Unterricht das unkritische Denken Heranwachsender auf Theorien der Gottesleugner Haeckelscher Provenienz hinlenken könnte" (S. 13). "Indessen kann ... die sinnvolle Gerichtetheit in der Natur einen Ansatzpunkt bieten, um den Kindern das Gefühl der Ehrfurcht vor dem Schöpfer aller Wesen zu wecken. Diese Aufgabe des Biologielehrers wölbt sich über all seinen speziellen Aufgaben und zieht sich als roter Faden durch seine Unterrichtsarbeit" (S. 13). Noch weiter wagt sich HÖRMANN (1956) vor: "Das höchste Ziel in der Jugenderziehung (durch die Biologie, Verf.) bleibt die Achtung undEhrfurcht vor der Größe Gottes, seiner Allmacht und Weisheit. Gott hat die Blumen so schön wachsen lassen, den Wald so herrlich aufgebaut, zur Freude und wahren Erholung des Menschen, zur Nahrung der Tiere, als Wohnstätte für große und kleine Lebewesen" (S. 18). Auch hier wird die teleologische Methode eingesetzt um Staunen zu erzeugen: "Der Allmacht des Schöpfers verdanken wir eine zarte Glockenblume. Wer von den Menschen könnte denn ein solches Wunderwerk vollbringen?" (S. 19). Auf den folgenden Seiten wird der Biologie Dienstfunktion für die "Bereicherung und Durchleuchtung der Muttersprache" zugeschrieben (S. 20). Sie nützt auch dem Gärtner, dem Gastwirt usw. und nicht zuletzt der künftigen Hausfrau, indem sie Informationen zur Nahrungsmittelkunde und zur Bekämpfung der kleinen "Hausgenossen" beisteuert (vgl. S. 21).

DRIESCH wird als führender Biologe unseres Jahrhunderts bezeichnet (S. 84 ff.). Anschließend beschreibt HÖRMANN, daß die organische Welt nicht "von selber oder durch blinden Zufall entstanden sein kann, (ebensowenig) wie aus einem sich selbst überlassenen Steinhaufen ein Haus oder eine Stadt wird. Ein über alle menschliche Unvollkommenheit erha-

bener Geist, allweise und allmächtig, muß diese Ordnung geschaffen haben"
(S. 84). Eine Polemik über den Darwinismus, der als fragwürdige Hypothese bezeichnet wird, folgt (S. 85).

Vitalistische Tendenzen finden sich in abgeschwächter Form auch bei
ANTHES (1965) [122], der die Unterrichtsbiologie vom lebenden Objekt
und vom Einsatz von Vivarien her fundieren will. Einen Höhepunkt erreicht die Strömung auch im Werk von MÄNDL (1963). Sie ist dort, wie
auch bei HÖRMANN (1956), zusätzlich von massiven Anthropomorphismen
überlagert. Die Biologie hat es nach MÄNDL nicht mit Naturgesetzen, sondern mit "Typen" zu tun (vgl. S. 97). Es ist daher nach der Auffassung
von MÄNDL "verhältnismäßig leicht, bei den Fächern der organischen
Natur zu dem bildenden, gefühlsgesättigten Unterrichten vorzudringen ..."
(S. 97). Es ist zumindest erstaunlich, daß im Jahre 1963 ein Werk erscheinen konnte, das eine derartige Häufung von biologischen Fehlvorstellungen verbreiten konnte, ohne daß bisher dazu Kritik laut wurde, wie
das von MÄNDL!

Einige "Kostproben" seien angefügt:
"Die niederen Pflanzen sind unvollkommen, weil sie nicht alle Teile einer
gewöhnlichen Pflanze haben, die ja aus Blüte, Blatt, Stamm und Wurzel
besteht" (S. 155). "Farne haben sich so weit entwickelt, daß sie es zu
wohlgeformten Blättern gebracht haben, Algen haben keine richtigen Wurzeln und sind gleichsam meist wie Stengel, Pilze haben nicht einmal grüne
Blätter. Es fehlte ihnen die Sonne, sie konnte ihnen keine Süßigkeiten schaffen, darum werden sie auch nicht von Schmetterlingen oder Bienen aufge-
sucht" (S. 156). Die Blätter der Farne haben es MÄNDL besonders ange-
tan. Entschuldigend merkt sie an: "Die Farne ersetzen mit ihren wunder-
baren Blättern alles und bilden sogar Samen durch sie, ..." (S. 156).
"Weil die Nadelhölzer mehr Licht empfangen, darum haben sie auch Blüten" (vgl. S. 156). MÄNDL will auch die Stimmung und den Humor im
Biologieunterricht nicht missen. Sie sieht ihn z.B. gesichert durch "das
Humoristische der Pilze, wenn sie ihren Hut emporschießen und sich keine Zeit dazu nehmen, Blätter und Blumen zu bilden" (S. 158). Diese Zusammenstellung mag genügen. Es ist deutlich genug geworden, daß es heute
kaum einen Bereich biologischer Erkenntnisverwertung gibt, der stärker
ideologisch eingefärbt ist, als der Bereich der Schulbiologie in Primar-
und Sekundarstufe I. Das soll nicht heißen, daß heute noch ein Großteil
der Lehrer Vitalismus im beschriebenen Ausprägungsgrad betreibt. Viele
wurden aber nach dieser Strömung ausgebildet und viele holen sich auch
heute noch Informationen aus dieser Literaturrichtung. Erstaunlich ist
immer wieder, daß solche Publikationen bis heute in fast allen Fällen un-
widersprochen blieben. Diese Tatsache spricht vor allem gegen die Biologen. Sie zeigt, daß sie sich um die Unterrichtsbiologie, die die über-
wältigende Mehrheit der Bevölkerung über die Methoden und Erkenntnisse
der Biologie informiert, bisher überhaupt nicht gekümmert haben. Es
kann nicht im Interesse der Biologen liegen, daß die Schulbiologie, je nach
Bedarf, weltanschaulich mißbraucht wird, wie kaum ein anderes Fach.
Ebensowenig kann es diejenigen Pädagogen gleichgültig lassen, wie Unter-
richtsstoffe zur Manipulation der Menschen eingesetzt werden, die Kritikfähigkeit, Mündigkeit, Freiheit, Emanzipation und Kreativität als wichtigste Ziele der Erziehung ansehen. Es ist an der Zeit, daß die Biologie
diese Büttelfunktion von sich weist. Unterrichtsbiologie darf weder Preu-
domarxismus noch Pseudoreligionsunterricht [123] sein, sie braucht sich

weder vitalistisch noch mechanistisch gebärden. Sie hat wie andere
Fächer das Anrecht und die Pflicht, ihre facheigenen Denkverfahren und
Erkenntnisse für eine Erziehung zum Menschen nutzbar zu machen, soweit diese anthropologisch relevant sind. Es bedarf des "Zusammen-
rückens" aller Biologen [124] in Forschung und Lehre und in allen Schulstufen und Schultypen, um den Biologieunterricht auf eine neue, zeitgemäße Basis zu stellen. Eine gemeinsame organisierte Zusammenarbeit
mit zuständigen Fachleuten anderer relevanter Fachbereiche wäre nötig,
um ein neues, einheitliches Curriculum der Schulbiologie zu entwickeln.
Staat und Gesellschaft werden dieses Anliegen nur dann unterstützen, wenn
die Initiative von den Biologen ausgeht. Es kann nicht ernsthaft erwartet
werden, daß andere Fachvertreter sich um die Probleme der Biologie
sorgen. Geschieht diese durchgreifende Revision nicht bald, dann wird
die Diskrepanz zwischen der Bedeutung der Biologie für den Menschen
und dem geringen Engagement ihrer Fachvertreter den Biologen einmal
als unverzeihliches Versäumnis angerechnet werden.

Das Kapitel "Biologie und Ideologie" soll dadurch abgeschlossen werden,
daß wissenschaftstheoretische Argumente angefügt werden, die ein Durchschauen des logischen Mißverständnisses der hier genannten Richtungen
ermöglichen.

Es finden sich außer in Publikationen von PORTMANN [125] - insbesondere
in den fünfziger Jahren - kaum irgendwo namhafte Biologen, die heute noch
vitalistische oder primitiv-mechanistische Ansichten vertreten würden.
NACHTIGALL (1972) kennzeichnet den Vitalismus als eine Grenzüberschreitung zwischen Naturwissenschaft und Philosophie und beschäftigt sich deshalb nicht näher damit (vgl. S. 125). Nach Auffassung PLESSNERS (1965)
sind die Zeiten des Vitalismus für immer vorbei. "Der Neovitalismus lebt
von einer viel zu simplen Vorstellung von Mechanismus und Maschine,
wenn er die sogenannte Maschinentheorie des Lebens bekämpft" (S. 349).
MELCHERS (1970) kennzeichnet das Vorgehen des Vitalismus folgendermaßen: "Zunächst suchte er ein Organismus-Modell unter Verwendung
klassischer Mechanik ("mechanistisch") zu entwerfen oder er übernahm
ein solches Modell von einem Mechanisten. Die dabei auftretenden Schwierigkeiten wurden zum Anlaß für die Annahme unbekannter Lebenskräfte
gewonnen. Sehr beliebt ist zum Beispiel ein dreidimensionales Maschinen-
modell für den Organismus, dem man gestattet, nach der klassischen
Mechanik zu funktionieren" (S. 38 f.). "Der Vitalismus verwendet keine
positiven Beweise, sondern stammt aus Beweislücken andersartiger, eben
noch höchst mangelhafter Modelle" (S. 39). MELCHERS merkt an, daß
nirgendwo die "idealistische Morphologie der Art von Goethe bis Wilhelm
Troll und Adolf Portmann benötigt" werde (S. 43 f.). Das Problem des
Organismus ist, wie BERTALANFFY gezeigt hat, auch ein systemtheo-
retisches. Den Organismus kann man durchaus als "black box" ansehen,
dessen Struktur und Funktion uns bei weitem noch nicht ausreichend bekannt sind.

Ideologisch und unwissenschaftlich aber wird es, "wenn man den schwarzen
Kasten schwarz erhalten sehen möchte" (S. 50). Dies tut der Vitalismus.
Durch einen voreiligen Schluß auf der Basis noch unzureichender Voraus-
setzung blockiert er weitergehendes Denken (vgl. S. 54). In ähnlicher
Weise äußert sich auch LOHMANN (1970) [126].

Die Methode des Vitalismus ist die Teleologie. Sie erklärt gar nichts und besagt lediglich, daß etwas zweckmäßig ist, weil es zweckmäßig ist (vgl. auch HARTMANN, 1965; S. 107 ff.). Allerdings gibt es bei Organismen auch eine Reihe von Zweckwidrigkeiten, Störungen, Retardationen. Sie werden einfach ausgeklammert, weil sie sich sehr störend bemerkbar machen würden. Die teleologische Methode ist insgesamt, wie in Anmerkung [126] ausgeführt wird, in sich ein Anthropomorphismus (vgl. HARTMANN, 1965; S. 108).

"Überall dort, wo Zweckmäßigkeit, wo Ganzheitsbeziehungen im Organischen uns entgegentreten, liegen ungelöste Probleme des biologischen Geschehens vor." (HARTMANN, 1965; S. 110).

NACHTIGALL (1972) wendet diese Eigenschaft der teleologischen Methode, "Probleme aufzureißen", positiv. "Es gibt Probleme, auf die man nicht gekommen wäre, hätte man nicht gefragt, wozu denn das und jenes gut sei" (S. 123). Allerdings erklärt Zweckmäßigkeit nichts, "sie bedarf vielmehr selbst der Erklärung" (S. 123).

Die schärfste logische Widerlegung der teleologischen Methode stammt von REICHENBACH (1968). Er bezeichnet sie als Analogiemißbrauch und als Folge eines unklaren Sprachgebrauchs, bei dem "Form als Substanz angesehen wird, die ewig und unveränderlich besteht" (S. 23). Damit erweist sie sich als eine Metapher. "Die Beziehung zwischen Form und Materie kann man für viele Analogien gebrauchen, ohne daß man damit eine Erklärung gibt" (S. 25).

REICHENBACH (1968) sieht darin das Ende der Wissenschaft, wenn der Durst nach Erkenntnis mit Pseudo-Erklärungen gestillt wird, wenn Analogie mit Verallgemeinerung verwechselt wird und wenn der Gebrauch von Bildern an Stelle wohldefinierter Begriffe tritt (S. 34). Teleologie wird fast immer im Sinne einer Umkehrung des Kausalschlusses betrieben. Darin liegt der logische Hauptfehler dieser Methode. "Wenn die Vergangenheit die Zukunft bestimmt, dann bestimmt die Zukunft nicht die Vergangenheit" (S. 219).

Dazu bringt REICHENBACH treffende Beispiele:
"Die Krümmung des Baumes ist ein Zeichen für den Wind, [127] aber sie verursacht ihn nicht" (S. 219). "Wir pflanzen einen Samen, damit später ein Baum daraus wächst; unsere Handlung wird nicht von dem zukünftigen B a u m bestimmt, sondern von unserer gegenwärtigen V o r s t e l l u n g [128] des künftigen Baumes, in der wir seine zukünftige Existenz vorwegnehmen" (S. 220) [129].

Teleologie deutet also mit Hilfe einer Analogie zum menschlichen Verhalten (vgl. S. 221). Darin erweist sich der logische Irrtum der Methode, der sie als legitimes wissenschaftliches Verfahren disqualifiziert. Andere Gebiete bzw. Anwendungsbereiche, in denen sich I d e i o l o g i e n biologischer Aussagen bemächtigten, sollen hier weitgehend ausgeklammert bleiben, einmal weil der Schwerpunkt der Arbeit in einer wissenschaftstheoretischen und didaktischen Untersuchung schulbiologischer Probleme liegt und außerdem weil sich dieser Vorgang auch dort häufig in analoger Weise abspielt. Im letzten Abschnitt des Kapitels sollen nun anschließend noch die Beziehungen zwischen Pädagogik und Biologie umrissen werden.

2.4.2 Biologie und Pädagogik

Dadurch, daß Biologie als reguläres Unterrichtsfach an der Enkulturation des jungen Menschen beteiligt ist, treten Biologie und Pädagogik zwangsläufig in Kooperation miteinander. Darüber hinaus wird die pädagogische Fragestellung auch dadurch berührt, daß biologische Methoden und Forschungsergebnisse - z. B. über Massenmedien - der Gesellschaft als Ganzem mitgeteilt werden und damit in irgend einer Weise anthropologische Relevanz erhalten. Darin, daß biologische Informationen vom Menschen stammen und in irgend einer Hinsicht Menschen beeinflussen können, liegt ihre pädagogische Dignität. Pädagogischer und didaktischer Verfahren muß sich die Biologie - oft unbewußt - auch dann bedienen, wenn auch nur zwei Biologen miteinander in Kontakt treten, um sich gegenseitig ihre Forschungsergebnisse mitzuteilen, wenn die biologische Wissenschaft ihren Nachwuchs heranbildet, wenn sie den Menschen betreffende Entscheidungen fällen muß. Ganz ohne Zweifel werden dann häufig zugleich auch ethische, psychologische, soziologische, sprachwissenschaftliche, philosophische, religiöse und zahlreiche andere Problemfelder in unterschiedlicher Intensität angesprochen. Umgekehrt kann die Pädagogik ebenfalls nicht ohne biologische Erkenntnisse auskommen. So ergibt sich eine doppelte Fragestellung, die in unterschiedlicher Richtung voranschreitet:

einmal von der Biologie auf die Pädagogik und dann
von der Pädagogik auf die Biologie hin.

2.4.2.1 Der biologische Aspekt der Pädagogik

Ein umfangreiches Feld biologischer Daten und Erkenntnisse ist für die Pädagogik bedeutsam, wenn sie ein richtiges [130] Bild vom Menschen und seinen Möglichkeiten und Grenzen entwerfen will. Es reicht von den biologisch-medizinischen, hygienischen, chemisch-physiologischen Voraussetzungen bis zur Einbeziehung biologischer Forschungsergebnisse der Neurophysiologie, der Biokybernetik und der Informationsspeicherung und -verarbeitung im Gehirn, von der Belüftung des Klaßzimmers, der Sitzhaltung der Schüler bis zu den biologischen, biosoziologischen und biopsychologischen Erscheinungen des Verhaltens, der Aggression, des Konfliktverlaufs und zahllosen anderen Problemen und Erscheinungen. Auch in diesem Bereich kam es gelegentlich zu Grenzüberschreitungen. Wegen der Fülle pädagogisch relevanter biologischer Daten erlag beispielsweise HUTH der Versuchung, die "Pädagogische Biologie" im Sinne eines Unterbereichs einer "zoologisch-anthropometrischen" Biologie zu sehen [131]. Neuerdings ergeben sich starke Berührungsflächen zwischen Pädagogik und Ethologie - besonders durch die sich unter EIBL-EIBESFELDT konstituierende Humanethologie. Außerdem formiert sich augenblicklich eine "neue Anthropologie" [132] in der alle den Menschen betreffenden Wissenschaften zu einer neuen Synthese gelangen könnten. Interessante, für die Pädagogik unverzichtbare Erkenntnisse [133] werden ihr auf diese Weise aus dem Forschungsfeld der Biologie zugänglich, wie auch umgekehrt die Biologie auf interessante biologisch lösbare anthropologische Fragestellungen trifft. Sehr häufig stoßen solche Untersuchungen auf Phänomene wie Verantwortung, Manipulation, Spezialisierung, Entmündigung, Mißbrauch, Gefährdung des Menschen, Kultur, Enkulturation [134], Entscheidung, Ideologie, welche - in der Pädagogik zum Teil bereits bekannt - diese Begriffe dort bestätigen und weiterentwickeln helfen.

Auch die Naturwissenschaften können in diesem Zusammenhang ihre anthropologische und pädagogische Kompetenz ableiten. Wenn der Mensch - wie die anthropologische Fragestellung insgesamt belegt hat - ein kulturgeprägtes Wesen ist, dann läßt sich folgendes deduzieren:

Ebenso wie sich die Erziehung insgesamt aus dem Zwang des Menschen zur Kulturgenese als Enkulturationsprozeß [135] ableitet und der Enkulturationsprozeß damit zur Voraussetzung für die Möglichkeit der Erziehung wird [136], ist es eine anthropologisch berechtigte Forderung von grundlegender Notwendigkeit, den Verarbeitungsprozeß naturwissenschaftlicher Phänomene im Unterricht der Schule vom anthropologisch bereits institutionalisierten Kulturbereich Naturwissenschaft abzuleiten [137] und nicht von anderen Kulturgebieten, die für diesen Komplex weder die Voraussetzungen noch die Kompetenz mitbringen.

Die Extrapolation des Enkulturationsbegriffs ist deshalb sowohl für eine anthropologische Neubesinnung des naturwissenschaftlichen Unterrichts wie überhaupt für die Pädagogik von größter Bedeutung. Der Pädagogik ist damit, anstelle des kaum mehr differenzierbaren und vortheoretisch bereits stark in Anspruch genommenen Bildungsbegriffs, im theoretisch bedeutsamen Konstrukt der "Enkulturation", das seine Wurzeln vor allem in der amerikanischen Ethnologie und der Kulturanthropologie seit Beginn des 20. Jahrhunderts hat, ein neues, scharfes Instrumentarium erwachsen, das in der Lage sein könnte, die Pädagogik als Wissenschaft neu zu konzipieren. Als ebenso bedeutsames Unterfangen ist die Explikation des Emanzipationsbegriffs zu bezeichnen, der eine Präzisierung des zunächst nur als "Leerformel" [138] existenten Enkulturationsbegriffs erlaubt. Damit diese neukonzipierten Begriffe nicht dem im Zusammenhang mit dem Terminus "Bildung" geschilderten terminologischen Destruktionsprozeß zum Opfer fallen und somit unausgeschöpft und damit unproduktiv bleiben, bzw. werden, ist es unumgänglich notwendig, den immer wieder neu einsetzenden Isolierungsprozeß zwischen theoretischem Konstrukt und Alltagspraxis zu durchbrechen.

Dies ist nur so denkbar, daß die neuen Begriffe von Anfang an in einem kritisch und konsequent durchgeführten Prüfprozeß - im Sinne eines Rückkopplungssystems - auf die Unterrichtspraxis [139] angewandt werden. Das sich daraus ergebende, ständig sich präzisierende und revidierende Gesamtkonstrukt wäre nichts anderes, als eine auf die Praxis angewandte und mit ihr zusammen nur gemeinsam definierbare pädagogische Wissenschaft. Der Biologieunterricht und die Didaktik der Biologie [140] als spezifisches Operationsfeld zwischen der biologischen und der pädagogischen Wissenschaft können durch Verifikation der theoretischen Voraussagen und durch Abduktion neuer Hypothesen ganz konkrete Beiträge zu diesem umfassenden anthropologischen Anliegen beisteuern. Schon an dieser Stelle wird deutlich, wie schwierig es ist, eindeutig zwischen einem biologischen Aspekt der Pädagogik und einem pädagogischen Aspekt der Biologie zu unterscheiden. Einer der Hauptunterschiede liegt in der Verlagerung des Interessenschwerpunktes, der sich einmal mehr zur Pädagogik bzw. zur Biologie hin verschiebt. Jedenfalls ist mit den vorstehenden Ausführungen der pädagogische Aspekt der Biologie bereits andiskutiert, der abschließend noch etwas ausgeweitet werden soll.

2.4.2.2 Der pädagogische Aspekt der Biologie

Ohne pädagogische und didaktische Methoden kommt auch die Biologie, wie bereits mehrfach deutlich wurde, niemals aus. Nur unter Berücksichtigung lerntheoretischer, pädagogisch-psychologischer, informationstheoretischer, soziologischer und normativ-ethischer Aspekte kann Biologie, insbesondere Biologieunterricht, anthropologisch wirksam und vertretbar organisiert werden. Wertentscheidungen, Setzen von Prioritäten, Auswahl von Inhalten und Verfahren zu einer nicht bloß technologischen - und damit möglicherweise auch inhumanen - sondern einer humanen Optimierung biologischer Lernprozesse sind, wie noch gezeigt werden soll, ohne eine Beteiligung der pädagogisch-psychologisch-didaktischen Fragestellung überhaupt nicht durchführbar. Ebenso nachteilig wie eine Vernachlässigung der pädagogisch-didaktischen Fragestellung ist deren Priorisierung. Sie setzt immer dann ein, wenn man - angeblich im Interesse des Kindes und seiner meist als unverrückbar angesehenen psychologischen Entwicklungsphasen bzw. -stufen [141] - die Beteiligung fachlogischer Verfahren und Denkoperationen ausschaltet. In der Geschichte der Biologiedidaktik finden sich zu diesem Punkt bis in die heutige Zeit hinein zahlreiche Beispiele. Der Hauptfehler pädagogisierter Biologie liegt in der falschen Anwendung von Analogien, die häufig in skurrilen, den eigentlich bedeutsamen biologisch relevanten Denkprozeß in völlig flasche Bahnen lenkenden Aussagen enden. Typisch dafür sind primitiv mechanistische Analogien unterschiedlichster Art. Sie sind in Schulbüchern [142] vor allem in den fünfziger und sechziger Jahren, aber auch in Lehrerhandbüchern [143] und in der populären biologischen Literatur weit verbreitet.

Da tummeln sich beispielsweise winzige Strichmännchen - die Karies - bakterien - mit Pickeln bewaffnet in finsteren Zahnhöhlen und sind in emsiger Boshaftigkeit unbeirrbar am Werk, den Nerv anzuhacken. Das Gehirn ist ein Haus mit vielen Kammern, in denen ebenfalls Männchen sitzen und eifrig eingehende Telefongespräche (=Nervenreize) entschlüsseln. Sie notieren, diskutieren und projizieren Dias. Sehr beliebt ist dieses Verfahren bei Stoffwechselprozessen. Mit Sauerstoff und "Kohlensäure" beladene Schiffe [144] fahren im "Blutkanal" zum Sauerstoffwerk "Gebrüder Lunge", die Leber ist ein chemisches Werk und die Nieren werden mit Kläranlagen verglichen. Zahllose andere Belege ließen sich noch anführen. Daß auch methodische und didaktische Literatur von dieser Fehlprogram-

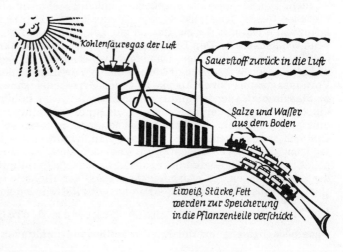

(Aus: HÖRMANN, 1956; S. 168)

mierung des Schülers- und Lehrerdenkens nicht frei war, zeigen die folgenden Auszüge aus HÖRMANN (1956).

Man sieht hier eindringlich, wie sich jede mechanistische Vorstellung im Grunde als ein Anthropomorphismus erweist. Gegen diese Methode, die das Denken des Schülers völlig verstellt, ist die Kritik von KUHN (1967) völlig im Recht. Sehr begrüßenswert sind auch die Hinweise in den neuen Richtlinien in Bayern (1970), nach denen im Biologieunterricht jegliche Anthropomorphismen zu unterlassen sind. Außer der damals noch entschuldbaren Fehlvorstellung, daß bei der Photosynthese das CO_2 in elementaren Kohlenstoff und in O_2 gespalten würde (dies soll die Schere symbolisieren) fällt auf, daß neben der unzutreffenden Analogie der Fabrik, der Sonne - in diesem Zusammenhang völlig sinnlos - ein lächelndes Gesicht appliziert wird. (vgl. Abb. S. 56).

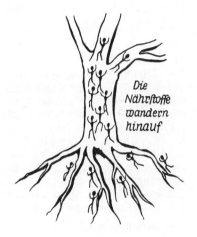

Die Nährstoffe wandern hinauf

Die nebenstehende Abbildung stellt die Mineralsalze (der Begriff Nährstoffe ist hier völlig falsch) [145] als Männchen dar, um ihren Transport - hier als Hinaufkriechen dargestellt - zu erklären.

(Aus: HÖRMANN, 1956; S. 167).

Man erkennt leicht, wie eine solche falsch verstandene Pädagogisierung von Fachaussagen das kindliche Denken eher blockiert als fördert. Wie die "Männchen" durch die Membran eindringen und woher sie ihre Bewegungsenergie nehmen, oder auch nur ihre Motivation, um sich überhaupt dem Zwang zu unterwerfen, im Innern einer Pflanze hochzusteigen, bleibt weiterhin ein Geheimnis. Nur das Ergebnis dieser Methode bleibt verläßlich: die unverantwortliche Manipulation und Destruktion des kindlichen Denkens wie der fachlichen Aussagen. Probleme des Wachstums und der Keimung vereinfachen sich bei einem solchen Vorgehen in ungeahnter Weise. Die keimende Bohne ist einfach der "kleine Hansi". "Die Pflanze ist die Mutter. Der Keimling zwischen beiden Bohnenhälften ist ihr Kind, der kleine Hansi. Er wird auf Wanderschaft geschickt. Was bekommt er mit? Einen Rucksack mit Essen. Nun ist der kleine Hansi auf sich selbst angewiesen. Hat er ein günstiges Plätzchen Erde gefunden, so wird er sich dort entwickeln, d.h. er wird wachsen und gedeihen, bis er selbst so groß ist wie seine Mutter. Aber das ist am Anfang sehr schwer. Er hat noch keine Wurzeln, d.h. er ist noch nicht selbständig. Er wird zuerst die Vorräte in seinem Rucksack aufzehren müssen. Der Rucksack wird immer leerer (die Keimblätter schrumpfen ein), bis er schließlich ganz verschrumpelt aussieht. Man lasse im Schulzimmer Bohnenkerne in feuchtem Sägemehl keimen. Während der Hansi seine Vorräte aufzehrt, wird er größer und kräftiger" (HÖRMANN, 1956; S. 122).

Die Simplifikation und Verdrehung erreicht beim nächsten Beispiel noch höhere Dimensionen: "Bei zehn- bis zwölfjährigen Schülern kann man im Anschluß an die Bohnenkerne das Hühnerei besprechen und damit unaufdringlich über das Werden des jungen Lebens Aufklärung bringen: Alle kennen die Eier, die die Mutter zum Kochen braucht. Die Hennen legen sie. Manche Henne brütet. Die Glucke deckt das Gelege warm mit ihren Federn und ihrem Körper zu. Nach 21 Tagen schlüpft aus dem Ei ein Kücken. Das Kücken ist wieder der Hansi. Wo hat er in dem Ei gesteckt? Wir kennen das Eiweiß und den Dotter. Die meisten Kinder meinen, aus dem Dotter entstünde das junge Vögelchen. Aber der Dotter ist nur der Rucksack mit Nahrung für unseren kleinen, auf Wanderschaft geschickten Hansi. Wir schlagen ein frisches Ei auf und suchen am Dotter die Keimbläschen. Das ist der lebendige Hansi, ..." (HÖRMANN, 1956; S. 123).

Sie erreicht ihren Höhepunkt in den Hinweisen HÖRMANNs zur Sexualerziehung.

"Dies ist die Ansatzstelle für eine biologische Betrachtungsweise der Geburt. Haben die Kinder die Geschichte vom Bohnenkern und vom Hühnerei verstanden, so wird ihnen der Sachverhalt bei der Geburt der Tiere klar werden, und es bedarf kaum vieler Worte, geschweige denn einer besonderen, eigens angesetzten Aufklärungsstunde, um sie die Tatsachen des gleichen Vorganges beim Menschen wissen zu lassen. Ich gebe hier nur die Richtlinien für die Fortführung der Unterrichtsreihe. Nichts ist für die Vorstellung des Kindes über die Geburt wichtiger, als eine biologisch richtige Hinführung zur Klärung aller sich im heranwachsenden Kinde aufdrängenden Fragen. So fragte ein elfjähriger Junge: "Wie kommen die Kinder zur Welt? Mutti sagt es mir nicht." Diese Frage ist vom Hühnerei ausgehend nicht schwer zu beantworten" (S. 123).

Die Beispiele wurden nicht eingefügt, um lediglich einer überholten, längst abgelegten Form des Unterrichts in der Biologie zu unzeitgemäßer Aktualität zu verhelfen, sondern um die Richtung selbst drastisch zu kennzeichnen, und zwar deshalb, weil auch im gegenwärtigen Biologieunterricht an Grund- und Hauptschulen noch in großem Umfang auf Anthropomorphismen und andere falsche Analogien [146] zurückgegriffen wird. Viele solcher Fehlformen sind heute differenzierter und weniger leicht zu erkennen, als diese plumpen Vorformen. Sie sind in Fibeln, Lesebüchern, biologischen Sachbüchern und in der Kinderbuchliteratur Legion. Gerade weil sie so schwer zu erkennen sind, sind sie gefährlicher für die Entwicklung des kindlichen Denkens als die primitiveren Ausgangsformen.

Humoristische Spitzenleistungen der hier beschriebenen Methode lassen sich dem Buch "DER GROSSE BREHM" [147] entnehmen, das gelegentlich in den Literaturvorschlagslisten einiger methodischer Werke zum Biologieunterricht erscheint. Über die "Hühnervögel" erscheinen hier folgende Aussagen: "Ihre Fähigkeiten sind gering. Die wenigsten vermögen im Fluge mit anderen Vögeln zu wetteifern; die meisten sind mehr oder weniger fremd auf den Bäumen, weil sie sich hier nicht zu benehmen wissen" (S. 228).

Gar übel wird den Hähnen mitgespielt, denen jegliche "moralische Qualifikation" abgesprochen wird: "Ihre Geschlechtstätigkeit ist die lebhafteste, welche man unter den Vögeln überhaupt beobachten kann: sie leisten in dieser Hinsicht Erstaunliches, Unglaubliches. Die Paarungslust wird bei vielen von ihnen zu einer förmlichen Paarungswut ... Der paarungslustige Hahn kennt nur ein Ziel: eine, mehrere, viele Hennen ... Die Eifersucht der Hühnervögel ist furchtbar, freilich auch begründet. Eheliche Treue ist selten unter den Hühnern. Die Henne verhält sich den Liebeswerbungen des Hahnes gegenüber leidend, aber sie macht in ihrer Hingabe ebenso wenig einen Unterschied zwischen diesem und jenem Hahne, wie der Hahn zwischen ihr und anderen Hennen ... wenn gesündigt wird gegen die Gesetze, welche wir heilige nennen, geschieht es von beiden Seiten. Der Hahn erscheint nur als der begehrlichere Teil; strenggenommen treibt er es nicht ärger als die Henne: 15 - 20 Eier im Jahre, welche befruchtet sein wollen, sind genug für einen weiblichen Vogel! ... Der Hahn aber bleibt, während die Henne brütet, sich selbst überlassen, und die Versuchung tritt oft an ihn heran in Gestalt anderer Hennen, welche noch unbemannt sind; sein Gemüt ist empfänglich für jeden Vorzug des sanfteren Geschlechts; er vergißt die eifrig brütende Mutter, und damit ist alles übrige erklärt!" (S. 228 - 229).

Solche einsamen Höhepunkte werden bei der Anwendung von Anthropomorphismen allerdings recht selten erreicht. Nachdem sich derartige Analogien aber als den Unterricht und das Fachstudium überaus entlastende Maßnahmen erwiesen, ist es nicht verwunderlich, daß man im Gefolge der Ideologie der "volkstümlichen Bildung" auf jede Fachausbildung in Biologie verzichten zu können glaubte. "Zwei Stunden Gartenarbeit unter der Leitung eines gebildeten Mannes oder einer pädagogisch gereiften Frau würde diesen Kindern mehr Naturkenntnis vermitteln und einer volkstümlichen Naturbetrachtung, die uns das als Ziel vorschweben muß, fruchtbringender sein als zehn dieser sogenannten biologischen Unterrichtsstunden" (FICKENSCHER, 1953; S. 155). [148] Auch bei REMANE (1954) [149] klingt diese Meinung an, die Biologie habe im Bereich der Schule überwiegend gefühlsbildenden Effekt. Zur Verblüffung kann man aber selbst in einem didaktischen Werk der jüngsten Vergangenheit ähnliches Gedankengut wiederfinden. "Für die Übermittlung dieser Information (der Biologie, die hier typologisch gesehen wird, Verf.) muß nicht jeweis der "ganze Apparat der Wissenschaft" bemüht werden. Es ist möglich, sie auch dem Kind ohne fachbiologische Ausbildung verständlich zu machen, soweit das Sichtbare beobachtet und das Unsichtbare durch Vergleich und Zeichnung veranschaulicht wird" (LUBOWSKY, 1967; S. 122).

Das Kind soll dadurch vor allem das "Wesen des Lebens" und die "Einheit des Lebens" erkennen, nicht aber Einzelheiten (vgl. S. 122). Eigenartig ist auch der Vorschlag, die Unterrichtsgänge in Biologie weder morphologisch noch ökologisch, sondern nach den Grundbegriffen der Biologie - die nach einem vorstehenden Zitat nicht bemüht zu werden brauchen - aufzubauen (vgl. S. 122). Ähnliche Gedankengänge einer rein pädagogisch orientierten Auswahl biologischer Inhalte [150] finden sich auch bei BEILER (1965). "Von der Pädagogik als Dienst, Forderung und Auftrag werden uns die Aufgaben in der Biologie zugewiesen" (BEILER, 1954; Zit. n. 1965, S. 15). [151]

Diese Frage weist bereits auf die Problematik hin, in welcher der Biologieunterricht auch heute noch steht. W a s ist von der Fachwissenschaft

her zu bestimmen? Wie weit reicht der Anteil der Pädagogik im Biologieunterricht, damit es in beiden Fällen nicht einfach zur Okkupation des
ganzen Feldes kommt?

Auf diese Fragestellung wird das 3. Kapitel näher eingehen.

3. Der Biologieunterricht

3.1 Biologie und Biologieunterricht

Schon die bisherigen Ausführungen lassen deutlich werden, daß Biologie und Biologieunterricht keineswegs identisch sind und daß sich die Inhalte der Schulbiologie nicht in allen Fällen auf die der biologischen Fachwissenschaft reduzieren lassen. Das rührt daher, daß bei weitem nicht alle Inhalte, Fragestellungen und Methoden der Biologie für den Enkulturationsprozeß der ganzen Gesellschaft, das heißt auch jedes Individuums, von Bedeutung sind.

Damit ist das Problem der Auswahl und Evaluation biologischer Curriculuminhalte angesprochen, das ohne Beteiligung einer integralen Anthropologie und ohne kritische Hinterfragung seitens der neu sich konstituierenden Pädagogik gar nicht zu lösen ist. Die untergeordnete Dienstfunktion jedoch, die der Biologieunterricht in der Vergangenheit durch die Interessen aller möglichen Strömungen und Ideologien indirekt erhielt und die er zum Teil auch heute noch hat, legt die Hypothese nahe, daß er bisher zu wenig biologisch war, d.h., daß die anthropologisch bedeutsamen Strukturen, Methoden und Erkenntnisse typisch biologischer Denkprozesse in ihm bisher gar nicht ausreichend berücksichtigt wurden, oder aus Mangel an geeigneten Unterrichtsmethoden und einer am Vermitteln von Fakten- und Datenmassen orientierten lerntheoretisch bzw. "lernpraktisch" [152] ausgerichteten Unterrichtspraxis nicht genügend zum Tragen kamen. Es wird daher - unter Hinweis auf die zuvor referierten Einschränkungen - postuliert, daß der Biologieunterricht in seinen Inhalten und Methoden weit stärker als bisher an der biologischen Wissenschaft zu orientieren ist. Keineswegs ist damit ein Ausweiten biologischer Datenmassen gemeint, das einem solchen Anliegen nur zuwiderlaufen würde, sondern vielmehr das Einüben facheigener Denkverfahren, Arbeitsmethoden und Bewertungsinstrumente, die es dem Schüler ermöglichen, in vereinfachter Analogie zum Prozeß wissenschaftlichen Vorgehens, biologische Zusammenhänge zu erkennen. Das kann nur dadurch geschehen, daß man ihn nicht mit fertigen Ergebnissen vollstopft, die er nur zu applizieren hat, sondern ihn befähigt, an den Phänomenen überhaupt erst einmal Probleme zu erkennen, selbst Problemstellungen und Hypothesen zu entwickeln, unter Einsatz geeigneter Methoden und Hilfsmittel zu prüfen und schließlich zu lösen und zu bewerten. Nur dieser typisch humane Verarbeitungsprozeß aktiviert auch die Motivation, das Interesse, das Spannungsmoment, das Durchhaltevermögen und schließlich auch die innere Befriedigung, ohne die weder Forschungsprozeß noch schulischer Lernprozeß existieren können, wollen sie nicht riskieren, daß ihre Anliegen ins Gegenteil verkehrt werden. [153]

3.1.1 Die Kluft zwischen Schulbiologie und Biologie als Wissenschaft

Vergleicht man Biologie und Schulbiologie im Hinblick auf ihre gesellschaftliche Relevanz, dann überrascht einen immer wieder der konträre
Bewertungsgrad, durch den beide Bereiche gekennzeichnet sind. Während
man einerseits der wissenschaftlichen Biologie die Anerkennung nicht
versagen kann und diese durch Prognosen auf ihre künftige Bedeutungs-
zunahme noch verstärkt zum Ausdruck bringt, rangiert die Schulbiologie
an der untersten Grenze des schulischen Fächerkanons. Das bedeutet,
daß den Inhalten, welche durch die Schulbiologie vermittelt werden, in
unserer Gesellschaft kaum Bedeutung beigemessen wird. Das wundert
nicht allzusehr, wenn manThemenkatalog und Methode des gegenwärtigen
Biologieunterrichts näher analysiert. In den Lehrplänen [154] findet sich
bei näherem Hinsehen ein Sammelsurium kaum oder gar nicht strukturierten Einzelwissens. Vage Stichworte über Fachinhalte bzw. "Unterrichts-
stoffe" geben dem in der Grund- und Hauptschule fachlich in vielen Bundesländern noch ungenügend vorbereiteten Lehrer keinerlei Hilfen. Meist
holt er sich dann Rat aus den Schulbüchern, in denen dann, bedingt durch
den Filter der Zulassungsgenehmigung, wieder das in den Lehrplänen
fixierte Faktenwissen dominiert. Kaum irgendwo werden in ausreichendem
Maße prozessuale Verarbeitungsweisen in der Biologie berücksichtigt. Die
sich weitgehend selbst überlassenen Lehrer sind dann, wenn sie Biologie
intensiv betreiben wollen, völlig überlastet. Die immense Vorbereitungs-
arbeit, die ein moderner Biologieunterricht mit sich bringt, wird weder
gesehen noch anerkannt. Der Lehrer muß in diesem Falle neben ausgie-
bigen Literaturstudien auch praktische, morphologische und experimentelle Grundkenntnisse besitzen oder sie sich mühevoll erwerben. Unterrichtsgänge müssen vorgegangen, vorbereitet, durchgeführt und ausgewertet
werden [155]. Eine gewisse Grundkenntnis einheimischer Tier- und
Pflanzenarten ist ebenfalls nötig. Der Einsatz einer kaum übersehbaren
Zahl von Unterrichtsmedien sollte beherrscht werden, Filme und Dias
müssen beschafft, vorkontrolliert, ausgewählt, eingesetzt, ausgewertet
und zurückgebracht werden, zeitraubende Langzeitbeobachtungen und Experimente sind anzusetzen, durchzuführen, zu beaufsichtigen, auszuwer-
ten, lebendes Material muß rechtzeitig beschafft werden und vieles mehr
[156]. Niemand gibt dem Lehrer in naturwissenschaftlichen Fächern
Stundenermäßigung als Ausgleich für diese immense Mehrarbeit, die für
einen guten Unterricht solcher Fächer Voraussetzung ist.

Die Mittel, die für naturwissenschaftliche Ausstattungen - insbesondere
für die biologischen - in Grund- und Hauptschulen vorhanden sind, sind
beschämend, der Zustand und Umfang eventuell vorhandener Hilfsmittel
in den meisten Schulen skandalös.

Fachräume, wie sie für Kochen, Zeichnen, Turnen, Musik, Chemie/
Physik meist existieren - sind auch für einen modernen Biologieunterricht unumgängliche Voraussetzung. Kaum an irgend einer Schule existiert
ein solcher Raum [157]. Auf einen erträglichen Umfang ließe sich die
Mehrarbeit des biologischen Fachlehrers allein schon durch organisatori-
sche Maßnahmen verringern, wenn man ihn in mehrzügigen Schulen ein-
setzte und Fachräume zur Verfügung stellte. Auf diese Weise könnte er
den Arbeitsaufwand, der in einem ungünstigen Verhältnis zu dem der
meisten anderen Fächer steht, gleichzeitig für den Unterricht mehrerer
Parallelklassen nützen und zusätzlich durch Variation der Unterrichts-

methode zu einer ständigen Verbesserung der Unterrichtsverfahren gelangen. Auch die finanziellen Aufwendungen für die völlig vernachlässigte biologische Grundausstattung ließen sich - wie die Ausstattung der Schulen überhaupt - relativ einfach beschaffen. Man könnte beispielsweise - analog zum Verfahren bei der künstlerischen Ausstattung öffentlicher Bauten - bei Schulen einen festen Prozentsatz (etwa 10 %) der Bausumme der Medienausstattung reservieren.

Verständlicherweise stehen den Kommunen n a c h dem Abschluß von Neubauten, durch die sie immer größere Schuldenlasten auf sich nehmen müssen, keine Mittel für die Anschaffung von Lehr- und Lernmitteln mehr zur Verfügung. Ein Bevorzugen baulich bescheidenerer normierter Zweckbauten m i t einer sehr guten Medienausstattung und einem ausreichenden Lernmitteletat wäre für eine Verbesserung schulischer Lernprozesse - nicht nur des Biologieunterrichts - zwar nicht das Allheilmittel, aber eine unumgängliche Voraussetzung. Es braucht beim Fehlen dieser einfachsten, organisatorischen und technologischen Voraussetzungen niemanden zu wundern, wenn der heutige Biologieunterricht sich noch weithin auf verbalem Niveau abspielt, das ursprüngliche lebhafte Interesse der Schüler nicht nur nicht nützt, sondern in ständig steigende Langeweile und Aversion gegen die Biologie umzumünzen versteht. So betrieben wird die Biologie zu einem für den Lehrer zwar unbefriedigenden, aber bequemen Randfach. Der hohe Anteil von ausfallenden Unterrichtsstunden bzw. solchen, die von fachfremden Lehrern erteilt werden, ist auch an Gymnasien groß.

Darüber finden sich in einem Arbeitspapier [158], das über die deprimierende Situation des naturwissenschaftlichen Unterrichts berichtet, genauere Zahlenangaben. "In den Naturwissenschaften (am Gymnasium, Verf.) werden also nur 2/3 der Stunden von Fachlehrern erteilt; 1/5 fällt aus und die restlichen Stunden werden aushilfsweise erteilt" (S. 7).

Berichtet wird über folgenden Vortrag im Biologieunterricht, der von einem Nicht-Fachlehrer erteilt wurde: "Der Professor sitzt mit einem Fernglas auf der Wiese und beobachtet, daß die Bienen immer zu den roten Blumen fliegen, nicht zu den weißen und gelben. Was schließt er daraus? Die Bienen können Farben sehen" (S. 7).

3.1.2 Der gegenwärtige Stand der Schulbiologie

Ein Test an 825 Studenten der Ruhr-Universität Bochum im Jahre 1969 [159] belegt die Ergebnisse eines solchen Unterrichts. Nur jeder 5. Student in einer Anfängervorlesung kann auf ein einigermaßen ausreichendes Schulwissen aufbauen (vgl. S. 1), 80 % müssen sich diesen Stoff selbst und allein in kürzester Zeit erarbeiten, da die Mehrzahl der Universitätslehrer die Ursachen des Niveauverlustes nicht kennt" (S. 2).

Die Autoren stellen fest: "Die Ergebnisse des Tests erschüttern jegliches verbliebene Vertrauen in die naturwissenschaftliche Ausbildung an deutschen Schulen" (S. 2).
BÜNNING kommt schon 1967 zu ähnlichen Ergebnissen. In einer anderen Veröffentlichung (1970) berichtet er, daß von 300 Studienanfängern in Biologie "etwa 80 % in der Schule weder chemische noch physikalische Schülerübungen" (S. 760) hatten. Biologische Übungen sind gar nicht erwähnt.

Eine ebenfalls in diese Richtung zielende Untersuchung an PH-Studenten brachte eine Bestätigung der vorstehenden Untersuchungsergebnisse (WERNER, 1971). Es ist leicht einzusehen, daß die Untersuchung biologischen Wissens bei S c h ü l e r n   a n   G r u n d - u n d   H a u p t s c h u l e n , das zusätzlich noch durch die unzureichende Fachausbildung der Lehrer, die Struktur der Lehrpläne, das Fehlen von Medien, Fachausstattung und Fachräumen,die Rangstellung in der gesellschaftlichen Bewertungsskala und das unzureichende Stundenmaß negativ beeinflußt wird, vermutlich zu noch weitaus ungünstigeren Ergebnissen führen müßte. Belege dazu finden sich in den folgenden Kapiteln.

Die Unzufriedenheit mit den vorstehend geschilderten Verhältnissen des naturwissenschaftlichen Unterrichts - insbesondere des biologischen - führte in jüngster Zeit, wie bereits erwähnt, zu einer außergewöhnlichen Intensivierung der Diskussion schulbiologischer Zustände und Verhältnisse. Sie wurde vermutlich durch die Initiative des Universitätsbiologen BÜNNING (1967) ausgelöst oder zumindest artikuliert. Die Diskussion griff dann zunächst auf die Gymnasialbiologie über und hat dort bereits eine Reihe von konkreten Beiträgen angeregt. In der Grund- und Hauptschulbiologie findet sich ebenfalls schon eine Reihe von Publikationen. Eines haben alle Ansätze bisher nicht erreichen können: einen konkreten Neuansatz der gesamten Schulbiologie in Gang zu setzen. Dieser Fall wird vermutlich nur dann eintreten, wenn man nicht so argumentiert, wie kürzlich in den "Vorschlägen zur Neuordnung des Biologieunterrichts" [160] zu lesen stand. Dort hieß es: "Die momentale Realisierbarkeit bezüglich Stundentafeln, Lehrermangel, Fachräume usw. ist eine Angelegenheit der Lehrplankommissionen und Ministerien, die die besten Kompromisse finden müssen, wobei wir selbstverständlich mitwirken wollen" (S. 863). Worin soll dann noch die Mitwirkung bestehen, wenn man die Initiative dort beläßt, wo sie bisher schon war? Wie kann man von Ministerien erwarten, daß sie die Biologie von sich aus aufwerten, wenn diejenigen, welche die aktuelle Fachkompetenz besitzen, diese Angelegenheit ihres eigenen Faches nicht selbst in die Hand nehmen wollen?

Statt mit in demokratischer Weise von Fachleuten konzipierten und diskutierten Vorschlägen ganz konkreter Art an die Ministerien heranzutreten und diese Vorschläge durch das Votum naturwissenschaftlich ausgerichteter Verbände [161] politisch legitim zu untermauern, ist man schon von vornherein bereit, einen Schritt hinter die eigene Courage zurückzutreten. Diese Kritik [162] richtet sich nicht gegen die Vorschläge selbst, die nicht nur der erste Entwurf dieser Art sind, sondern, bei entsprechender Konkretisierung [163] durchaus eine Wende im Biologieunterricht herbeiführen könnten. Erstmals werden hier die anthropologisch bedeutsamen und gesellschaftsrelevanten Beiträge der Biologie gesehen und explizit formuliert. Die Bedeutung der Grundschule und der hier möglichen biologischen Erziehung wird im Entwurf weit u n t e r s c h ä t z t . Der im Feld der Grundschule angeschnittene Bereich, der durch "Beobachten und Verbalisierung sowie Offenheit für sinnliche Eindrücke" (S. 864) abgesteckt ist, kann bei weitem überschritten werden! In der oben beschriebenen Form wird er die Orientierungsstufe (5./6. Klasse) kaum, wie man meint, "entlasten" können. Warum zieht man zu solchen Projekten keine F a c h l e u t e   d e r   G r u n d s c h u l b i o l o g i e heran, deren es einige gibt? Ein Irrtum ist auch die Annahme, man könne auf der Unterstufe nicht experimentieren [164], sondern müsse hier q u a l i t a t i v , in der

Oberstufe dagegen quantitativ vorgehen. Mit Erstaunen muß man den folgenden Satz registrieren: "In diesem Sinne lassen sich in mehr oder weniger großem Umfang auch Stoffgebiete bisheriger Lehrpläne ohne Schwierigkeiten wieder in den von uns vorgeschlagenen Rahmen eingliedern, aber immer unter anderen Bildungszielen und mit anderer Lernmotivation" (S. 864).

Ist dieser Satz nur zur Beruhigung traditionell arbeitender Lehrer gedacht, oder will man damit sagen, daß die angestrebte Reform im Grunde so groß gar nicht ist? Ein lediglich äußerliches Umschichten der bisherigen Inhalte würde weder den Aufwand lohnen noch bei den Schülern die erhoffte Lernmotivation hervorrufen. Auch neue Bildungsziele lassen sich dem alten Stoff nicht so ohne weiteres aufmodulieren. Ist diese Sentenz wirklich ernst gemeint, dann drängt sich einem unwillkürlich die Metapher vom "jungen Wein in alten Schläuchen" auf, ist sie es nicht, dann sollte man sie weglassen.

Im gleichen Publikationsorgan des VDB findet sich vor der Veröffentlichung der "Vorschläge" eine Reihe von Aufsätzen, welche die auch in dieser Arbeit vertretene Meinung belegen.

FALKENHAUSEN (1971) charakterisiert den Biologieunterricht geradezu durch die ihm bisher eigene Immobilität: "Der Biologieunterricht zeichnet sich durch Kontinuität aus. Die behandelten Objekte sind seit über hundert Jahren weitgehend dieselben geblieben." (S. 819) Auf das überwiegende Desinteresse der Schüler an einem solchen Biologieunterricht wird ebenfalls hingewiesen (vgl. S. 820).

"Die Lehrpläne sind vollgestopft mit überliefertem Lehrstoff und erlauben kaum das sorgsame Herausarbeiten der wirklich erfolgversprechenden Unterrichtseinheiten. Daher wird im Biologieunterricht immer noch vor allen Dingen Wissen vermittelt. Förderung der Denktätigkeit ist nur in beschränktem Maße möglich" (S. 821).

FALKENHAUSEN weist auf die Notwendigkeit hin, auch bereits existierende ausländische Curriculumforschung, wie sie im BSCS und in der NUFFIELD BIOLOGY schon seit vielen Jahren existiert, zu berücksichtigen (vgl. S. 821). Die Beteiligung aller Biologielehrer aller Schularten, der Eltern und der Öffentlichkeit und die Errichtung gut ausgestatteter Institute der Biologiedidaktik stellt FALKENHAUSEN als Bedingungen auf, die einer Revision der Lehrpläne vorausgehen müßten. Nachdrücklich wird davor gewarnt, den bisherigen Stoff beizubehalten und lediglich modern zu ummänteln (vgl. S. 821): dabei bliebe der Stoff selbst unreflektiert und wie ein betonierter Klotz in den Lehrplänen erhalten" (S. 821).

MARKL (1971) sieht im "rationalen Weltverständnis" (S. 815) das allgemeine Ziel der Biologie. Der Mensch sollte im Zentrum der Biologie stehen (vgl. S. 816). MARKL fordert das Leitziel der emanzipatorischen Pädagogik als oberstes Richtziel der Biologie:

"Die Lehrinhalte und die Lehrmethoden der Biologie in den verschiedenen Schulstufen müssen sich nach dem richten ... was mündige Bürger von Biologie wissen müssen" (S. 815). Diese Forderung deckt sich mit dem Begriff der "scientific literacy" [165] in der amerikanischen Curriculumdiskussion. Oft werden solche Ziele aber deshalb nicht erreicht, "weil der pädagogischen Erfahrung des Lehrers ... leider allzu oft die wissenschaftliche Grundlage der fachdidaktischen Forschung fehlt" (S. 815).

"Biologisches Wissen, das in der Schule unterrichtet wird, ist wertlos, wenn nicht gelehrt wird, wie man zu diesem Wissen kommt" (S. 816). Auch diese Auffassung deckt sich mit einem der Hauptanliegen der modernen Curriculumforschung, die Information dem Schüler in ihrem Prozeß- und Strukturcharakter nahezubringen. Nur dann kann es der naturwissenschaftlichen Methode, so wie sie zu Beginn dieser Arbeit umrissen wurde, gelingen, den Menschen "zur Mündigkeit rationaler Selbstentscheidung" (S. 816) [166] zu bringen. In der Blockierung dieser Emanzipation sieht MARKL auch die schlimmste Fehlleistung der "Saarbrücker Vereinbarungen", die er als einen unverzeihlichen Fehltritt bezeichnet, "rückschrittlicher und schädlicher für die geistige Emanzipation gerade der bestausgebildeten Bürger, als irgendeine andere Maßnahme, der unser Schulwesen ausgesetzt war" (S. 817). Abschließend wendet sich MARKL gegen die Übernahme der traditionellen Portionierung und Placierung von Wissensinhalten aus der Perspektive der Erwachsenen. "Vielmehr sind für alle Altersstufen Unterrichtsinhalte zu wählen, die - dem altersgemäßen Auffassungsvermögen des Kindes gemäß - das Verständnis für alle wesentlichen Aspekte der Biologie gemeinsam fortentwickeln" (S. 818). Gegen eine eingeengte Sichtweise des Experimentierens bringt MARKL folgenden Vorschlag: "Am besten sollte das Experimentieren, zu dem Kinder von Natur aus im Spiel kommen, von der Vorschule her nie aufhören, klug angeregt und geleitet von behutsamer Betreuung" (S. 818).

GRAEB (1971), der mit Gruppen von Vorschulkindern naturwissenschaftliche Experimente erfolgreich durchführte, die nach noch weit verbreiteter Auffassung eigentlich erst in der späten Kindheit möglich sein sollten, bestätigt diese Auffassung MARKLs. Er stellt fest, daß die Natur "der bedeutendste und reichste, jedoch ungenügend ausgeschöpfte kindliche Erfahrungsraum" sei. Die Biologie wird immer ein Randfach des gesellschaftlich normierten Fächerkanons bleiben, wenn es ihr nicht gelingt, einen durch die vorstehenden Beiträge umrissenen Neuentwurf vorzulegen und die Gesellschaft damit zu überzeugen, daß die Biologie so nicht oder nicht mehr ist, wie sie innerhalb der gesellschaftlichen Bewertungsskala noch gesehen wird [167]. Die Bewertung eines Faches kann nicht ein für allemal feststehen. Schon oft sind Fächer zu bestimmten Zeiten aus dem Kanon verschwunden, andere traten hinzu, wieder andere änderten ihren Rang. Dies ist in Korrelation zu ihrer jeweiligen anthropologischen bzw. kulturbedingten Bedeutung verständlich.

HAARMANN (1970) sieht "die kulturadäquate Repräsentation der Lehrinhalte" (S. 288) als ein Kommunikationsproblem zwischen Fachmann und Laien an (vgl. S. 288). Ein einmal aufgestellter Fächerkanon wird oft aus rein traditionellen Gründen weit über die Zeit seiner kulturbedingten Berechtigung hinaus beibehalten. Eine so beibehaltene Fachbewertung sagt noch nichts über die reale und aktuelle Bedeutung der Inhalte dieses Faches aus. "Nicht von jedem Standpunkt aus geht es in den Hauptfächern auch um Hauptsächliches und in den Nebenfächern um Nebensachen" (HAARMANN, 1970; S. 281).

Es kann also nur Aufgabe der Fachleute sein, den Bedeutungswandel eines Faches der Öffentlichkeit klarzumachen. Dies gilt es heute für die Biologie zu tun. Eine weitere Diskussion dieser Problematik findet sich u.a. bei RODI (1970), ESCHENHAGEN (1970), KLEIN (1972), GRUPE (1971) und STICHMANN (1970).

Zusammenfassend läßt sich feststellen, daß die Situation des biologischen Unterrichts auf allen Altersstufen und Schultypen als sehr ungünstig beschrieben werden muß und nur in Form einer integrierten und institutionalisierten Zusammenarbeit zwischen Fachwissenschaftlern, Fachdidaktikern, Lehrern aller Schulgattungen, Psychologen und der Administration verbessert werden kann. Private, unkoordinierte Einzelentwürfe werden vermutlich - ohne ihre schöpferische Initiative und ihre Impulse im Hinblick auf die Entwicklung des Faches gering zu achten - künftig nicht mehr ausreichen, um die Situation der Schulbiologie grundlegend positiv zu verändern. Durch die Errichtung des "Instituts für die Pädagogik der Naturwissenschaften" (IPN) in Kiel [168] haben sich die Aussichten vergrößert, daß die Hoffnung auf eine Neukonzipierung der naturwissenschaftlichen Fächer eine konkrete Basis annehmen könnte. Der Umfang der Fachkommissionen müßte jedoch noch erheblich erweitert, der Informationsaustausch und die Rückmeldung zwischen dem Institut und den in der Bundesrepublik tätigen Fachdidaktikern, dem Verband Deutscher Biologen, der Lehrerschaft und den Kultusbehörden müßte verstärkt, oder überhaupt erst eingerichtet werden. Zu ähnlichen Hoffnungen gibt die Errichtung des Instituts für Schulpädagogik (ISP) in München durch das Bayerische Ministerium für Unterricht und Kultus Anlaß. Durch diese Institution sollen die neuen Lehrplanentwürfe (Richtlinien 1970) überhaupt erst in die Form eines Curriculums gebracht und später ständiger Revision und wissenschaftlicher Kontrolle unterworfen werden. Bei dieser sehr begrüßenswerten neuen Einrichtung müßten von Anfang an die folgenden Gefahren bzw. Schwierigkeiten gesehen und nach Möglichkeit umgangen werden:

1. Es muß vermieden werden, daß man wieder nur Regional-Curricula entwickelt,
anstatt sich auf ein für alle Bundesländer gültiges, mit Fachwissenschaftlern und anderen kompetenten Fachleuten abgestimmtes (biologisches) Rahmencurriculum [169] zu einigen. Durch eine solche Regelung, die durchaus nicht die Kulturhoheit der Länder zu beeinträchtigen braucht, wäre endlich sichergestellt, daß sich die Biologielehrpläne der Länder nicht nur dadurch unterscheiden, daß in einem Land "die Tulpe" in der 2., im anderen in der 3. oder 4. oder in der 5. bzw. 6. Klasse zu behandeln ist.

Ein Nebeneffekt einer solchen Vereinheitlichung sei nur angedeutet: Medien, z.B. auch Schulbücher, Arbeitshefte, Zeitschriften, Unterrichtsmodelle, Tests usw. müßten nicht mehr jeweils für ein einziges Land entwickelt werden, sie könnten vielmehr im ganzen Bundesgebiet eingesetzt werden. Durch höhere Auflagen wäre eine Verbilligung dieser Medien denkbar. Eine verschärfte Konkurrenz, die nicht mehr - wie heute noch üblich - lediglich durch die unterschiedlichen Lehrpläne ausgeschaltet wäre, würde zweifellos zu einer Qualitätssteigerung auf dem Mediensektor führen.

Genehmigungen von Unterrichtswerken müßten in dem Falle zurückgezogen werden können, wenn in Schulbuchwerken längst überholungsbedürftige Aussagen verbreitet werden. Dadurch wäre eine permanente Revision der Inhalte auch auf diesem Sektor sichergestellt.

Weitere Hinweise und Vorschläge, die zu einer Revision des Biologieunterrichts beitragen könnten, folgen in den anschließenden Kapiteln.

2. Es muß vermieden werden, daß die Öffentlichkeit eingeengt wird.

Bei der Erstellung der Richtlinien im traditionellen Sinn war es üblich (und ist es zum Teil auch heute noch!), daß die Urheber der Richtlinien unter dem Deckmantel administrativer Anonymität verschwinden und ohne Zwang zur Rechtfertigung und der in der Wissenschaft üblichen, ja diese überhaupt erst konstituierenden Kritik und Kontrolle, private und einseitige Ansichten (und seien sie auch noch so zufällig zustandegekommen) zu verbindlichen Richtlinien umfunktionieren konnten.

Es ist vermutlich so, daß einerseits viele kompetente Autoren selbst unter dieser Fehlform der Richtlinienkonstruktion, die sie meist noch nebenberuflich und ohne zusätzliche Honorierung zu absolvieren haben, leiden - und daß andererseits durch die mehr oder weniger zufällige Auswahl der Richtlinienkonstrukteure auch die Wissenschaftlichkeit der Lehrpläne selbst leidet. Einseitige, vom fachlichen Standpunkt längst überholte Ansichten, ideologische Komponenten und private Lieblingsbereiche werden so leichter zu verbindlichen Themen für die Lehrer und Schüler eines ganzen Landes werden können, als dann, wenn solche Entwürfe zuvor in der Öffentlichkeit diskutiert und durch Institutionalisierung eines Rückkopplungssystems [170] auch revidiert werden.

3. Es muß vermieden werden, daß die Curriculumentwicklung rein technologisch betrieben wird.

Immer muß bei solchen Konzepten auch die anthropologische Frage gestellt werden. Wie leicht eine solche rein technologisch verstandene optimale Lernorganisation zu einer Manipulation des Menschen führen kann, haben eine große Zahl von Autoren zu bedenken gegeben [171].

Genau dieser Meinung ist auch GAMM (1970). Er sieht "durch ein wohlausgestattetes und - renommiertes zentrales Curriculuminstitut" (S. 221) die Ideologisierung als immanente Gefahr, wenn nicht gleichzeitig eine unabhängige ideologiekritische Instanz mit eingeplant wird (vgl. S. 221). Nur so läßt sich auch die Gefahr einschränken, daß die Schule durch solche Curricula unter einseitigen, am elitären und schichtenspezifischen Denken [172] orientierten Leistungsdruck gerät, der im Grunde zu einer Zementierung überkommener und überholter Strukturen führen und in einer Verfügbarkeit des Menschen enden könnte. Eine optimale Lernorganisation ist erst dann zu begrüßen, wenn sie positiven Normen unterworfen wird; denn man kann durchaus auch die Vermittlung von Nebensachen und das Ansteuern anthropologisch bedenklicher Ziele optimal organisieren.

Die bei der Neukonzipierung eines Biologie-Curriculums zu berücksichtigenden Fragen erfordern weitergehende Überlegungen zur Didaktik und Methodik der Biologie. Sie bedingen die Suche nach eventuell relevanten Evaluationskriterien für ein solches Curriculum und werfen die Frage nach dem Ziel der biologischen Ausbildung überhaupt auf.

3.2 *Biologie – Didaktik – Methodik*

Maßnahmen wie das vorstehend geschilderte Eingreifen von Fachbiologen in die Diskussion um die Entwicklung der Schulbiologie haben mit der biologischen Wissenschaft und ihren Problemen wenig zu tun. Sie sind, indem sie Fragestellungen wie die Relevanz biologischer Inhalte für den Menschen, die Struktur der Lehrpläne, die Organisation der biologischen Lernprozesse und ähnliches anschneiden, bereits ein didaktisches Unterfangen.

Die Unterscheidung von Fachwissenschaft, Fachdidaktik, Didaktik und Methodik ist ein noch weithin ungelöstes und heikles terminologisches Gebiet.

Durch die in letzter Zeit zunehmend sich einbürgernde Verwendung des Begriffs "Schulpädagogik" [173] für die bisherige Bezeichnung "Didaktik" ist die Situation eher noch verwirrter geworden. Die bezeichnete Problematik kann an dieser Stelle keiner Lösung nähergebracht werden. Es ist daher lediglich beabsichtigt, kurz die Positionen einiger Didaktiker aufzuzeigen und die eigenen Vorstellungen zur Abgrenzung zwischen den benannten Bereichen mitzuteilen. Eine Reihe von Biologiedidaktikern entzieht sich einfach dadurch dem Zwang einer Abgrenzung zwischen Didaktik und Methodik, indem sie beide Begriffe in den Titel ihres Werkes aufnimmt [174].

Andere Autoren wählen die Ausdrücke "Biologie" (STICHMANN, 1970), den "Lernbereich Biologie" (SCHWARTZ, Hg., 1971), den "Lehrprozeß in Biologie" (BREMNER, 1967), den "Unterricht in Biologie" (ESSER, 1969; PASTERNAK u. STOCKFISCH, 1953; BEILER, 1965; LINDER, 1957; BROCKHAUS, 1960), "Bildungsbegriff und Biologie" (KOCH, 1960; KLAUSING, 1968), pädagogische Strömungen wie "Ganzheitlichkeit, Arbeitsunterricht, exemplarische Methode - und Biologie" (KUHN, 1966; 1967 a; GENSCHEL, 1951), "Biologiemethodik" (PÜSCHEL, 1961) [175] und "Biologiedidaktik" (GRUPE, 1971; MEMMERT, 1970; KOLBE, 1968) [176]. Auch in Didaktik und Pädagogik kursieren sehr unterschiedliche und oft sich einander ausschließende Definitionen der fraglichen Begriffe. HARLING (1970) sieht die sachlich-fachliche Stoffbeherrschung als Voraussetzung allen Unterrichts an (vgl. S. 149). "Damit verbindet sich die "Vermittlung", die "Übersetzung" jener Inhalte samt ihrer Zielbestimmung, ihrer Auswahl und ihrer logischen und zeitlichen Anordnung im Prozeß des Lehrens und Lernens - alles Dinge, die die Fachwissenschaft von sich aus nicht zu leisten vermag, die also der Fachdidaktik [177] zustehen" (S. 149). KLAFKI (1963) engt diese Deutung ein, bei der man annehmen könnte, auch die methodische Fragestellung werde irgendwie von außen her den Sachzusammenhängen zugefügt: "Inhalt und Methode sind unlöslich korrelativ aneinander gebunden". (S. 41).

An anderer Stelle sieht er das didaktische Leitbild des "Laien" als maßgeblichen Horizont dieser Disziplin an (vgl. S. 108). Weiterhin ist er der Meinung, Fachdidaktiker könnten ihre Prinzipien n i c h t aus der Fachwissenschaft ableiten. Die Aufgabe der Didaktik "kann also nicht einfach als Transposition, Umsetzung und Elementarisierung wissenschaftlicher Ergebnisse auf ihren jeweils neuesten Forschungsstand - verstanden werden. Sie hat vielmehr zu fragen, wie weit die Fachwissenschaften die Weltperspektive des Kindes aufzuschließen vermögen" (S. 110).

Die Fragestellung des Fachdidaktikers ist nach ihm folgende: "Repräsentieren wir, die Sachwalter der herkömmlichen Schulfächer, angemessen die Lebenswirklichkeit der uns anvertrauten jungen Menschen?" (S. 114). [178].

KLAFKIs Begriffsinventar, das durch die Termini des "Kategorialen" und "Fundamentalen" gekennzeichnet ist, beschwört mit diesen inhaltsweiten Konstrukten die Gefahr herauf, daß die Grenzen der Didaktik zur Pädagogik und zur Philosophie hin verschwimmen und auch eine Abgrenzung zur Methodik erschwert wird.

BLANKERTZ (1969) ist der Auffassung, daß Didaktik nicht einseitig auf einen Aspekt eingeengt werden sollte und "daß der heute mögliche und notwendige Problemhorizont der Didaktik sich erst in der Verschränkung und Überlagerung verschiedener Ansätze eröffnet" (S. 17). Dem kann voll zugestimmt werden, nicht aber der Auffassung, daß "die Didaktik ... z w i s c h e n [179] Bildungstheorie und Kybernetik darzustellen" sei (S. 17) [180]. Dies würde, um eine Analogie aus der Biologie zu gebrauchen, etwa bedeuten, daß sich die richtige Auffassung über Evolutionsprozesse irgendwo zwischen den Theorien von LAMARCK und DARWIN befinde oder die richtige Position zur aktuellen Entstehung von Organismen zwischen dem Standpunkt PASTEURS und der Anhänger der "Generatio spontanea" liege.

BLANKERTZ meint wohl, ohne dies eindeutig auszudrücken, eine Integration der verschiedenen Ansätze - so wie sie im Eingangskapitel näher beschrieben wurde - wenn er vermerkt, daß "mit einer bloßen Addition" (S. 17) nicht gedient sei.

WINNEFELD (1963) sieht die Probleme der Didaktik und Methodik eingebettet in ein "pädagogisches Feld", das sich durch Offenheit, Labilität, Variabilität, Zielgerichtetheit [181] und vieldimensionale Faktorenkomplexion auszeichnet (vgl. S. 34 ff.).

GLOGAUER (1967) unterscheidet zwischen Didaktik im engeren Sinne und Didaktik im weiteren Sinne. Wie wenig eine solche Unterscheidung bei einer terminologischen Abgrenzung nützlich ist, zeigt eine Übertragung auf den Bereich der Biologie. Was wäre gewonnen, wenn man Biologie in eine Biologie im engeren und eine Biologie im weiteren Sinne aufspalten würde? Es könnte schließlich nur bedeuten, daß die Biologie ihren eigenen Objektbereich nicht abgrenzen könnte! F a c h d i d a k t i k führt GLOGAUER (1967) auf die Anwendung der Fachmethoden zurück. "Aus dem Gesetz der Sache ergeben sich die anzuwendenden Methoden. Falsche Methoden ... gefährden den Bildungserfolg" (S. 96). Bei der Unterscheidung der Didaktik im engeren und weiteren Sinne bezieht sich GLOGAUER auf KLAFKI (1968), welcher der ersten Version das Problem der Bildungsinhalte, der zweiten des Problem der Unterrichtsmethode impliziert (vgl. S. 7). Auf dieser Grundlage beruht auch die inzwischen in Pädagogenkreisen zur landläufigen Formel erstarrte Kennzeichnung der Didaktik durch die Frage nach dem "Was" und der Methodik durch die Frage nach dem "Wie". Diese auf KLAFKI zurückgehende Unterscheidung kann in der angeschnittenen Problematik nicht weiterhelfen. Auch KLAFKIs Aussage, daß das "Verhältnis zwischen allgemeiner Didaktik und besonderer Didaktik nicht das der Anwendung, sondern das einer Partnerschaft" (S. 12) sei, sagt nichts über die inhaltliche Struktur dieser Gebiete aus. Die weitere Unterscheidung, daß sich Schulbildung auf Allgemeinbildung, Wissenschaft aber auf hochspezialisiertes Wissen beziehe [182] und Wissenschaft deshalb nicht die entscheidende Instanz der Didaktik sein könne, zielt am Zentrum des Problems vorbei (vgl. S. 68 ff.).

Das einzige Auswahlkriterium ist die Bedeutsamkeit eines Inhalts für die Lebenswirklichkeit des werdenden Menschen [183].

Sehr vage definiert SIEWERTH (1968) die Didaktik. Sie ist für ihn "die Wissenschaft vom Wesen bildender Lehre" (S. 84).

Nach BECKER (1968) hat es die Didaktik mit dem pädagogischen Verhältnis des Menschen zu den geistigen Objektivationen zu tun (vgl. S. 127). WENIGER (1962) deutet die Didaktik nicht als logisches System, sondern als "die Struktur der Bildungswirklichkeit einschließlich ihrer irrationalen Elemente ..." (vgl. S. 16).

ROTH (1966) unterscheidet Methodik und Didaktik ähnlich wie KLAFKI. "Die Didaktik fragt nach dem Bildungsgehalt, dem Bildungssinn, der Bildungskraft einer Wissenschaft oder Kunst ..." (S. 27). "Die Methodik beantwortet die Frage, wie der Gegenstand unterrichtet werden soll" (S. 28). Dieser bei ROTH ungewöhnliche Mangel an Präzision, der auch die Auffassung zuläßt, der Bildungsgehalt trete in irgend einer Weise zum Sachinhalt von außen hinzu, zeigt, wie wenig die Klärung dieser wichtigen Begriffe fortgeschritten ist.

SEIFFERT (1969) unterscheidet normative und informative Sachzusammenhänge in der erziehungswissenschaftlichen Fragestellung (vgl. S. 20 f.). Didaktik beschäftigt sich seiner Ansicht nach "mit dem Lernen informativer Sachzusammenhänge" (S. 60). Die Schulfächer sollten nach FISCHER (1969) "nicht in Abhängigkeit von der Fachsystematik korrespondierender Wissenschaften konstituiert werden, weil nicht der systematisierte Wissensstand, sondern die Ursprungsfragen wissenschaftsgeleiteten Erkennens primär bildend sind (S. 285). Der Trugschluß, dem diese Definition erlegen ist, ist darin zu sehen, daß Wissenschaft hier ebenfalls statisch und damit falsch gesehen wird. Aufgrund des unangemessenen Wissenschaftsbegriffs wird der Wissenschaft dann die Berechtigung abgesprochen, an dem Schulfach konstitutiv mitzuwirken, das sich von der betreffenden Basalwissenschaft herleitet.

MÖLLER (1963) rückt die Didaktik stark in die Nähe der Pädagogik, ja der Anthropologie, wenn er die Frage: "Wie kann heute und hier wieder (!) Menschlichkeit gegründet werden ? - und nicht Bildung" (S. 42) als die Grundfrage der Didaktik bezeichnet.

BIGALKE, einer von wenigen [184], welche die didaktische Fragestellung präziser aufschließen, scheint eine zutreffendere Beschreibung des Begriffs Fachdidaktik gelungen zu sein: "Die Fachdidaktik ist also ein typisch interdisziplinäres Forschungsgebiet, das seine Daseinsberechtigung aus den Anforderungen der Gesellschaft ableitet, seine Forschungsgegenstände in der Hauptsache von einer Fachwissenschaft bezieht, sie in Korrespondenz setzt mit adäquaten erziehungswissenschaftlichen, pädagogischen, psychologischen und soziologischen Erkenntnissen, Fragestellungen und Arbeitsweisen und sie in das Spannungsfeld zwischen Schüler und Bildungsziele stellt" (S. 613).

MÖLLER, B. und CHR. (1966) beenden die Unsicherheit, die einem bei der Durchsicht der bisherigen Ansätze in der Didaktik befällt, auf ihre Weise, indem sie einseitig den Richtungsstreit in der Didaktik zugunsten einer analytisch-atomistischen Didaktik (die sie vertreten) für beendet erklären (vgl. S. 9). [185]

Der MÖLLERsche Didaktikbegriff ist durch eine Reihe von Verkürzungen und Simplifikationen gekennzeichnet. Ziel eines solchen Vorgehens, das eine "gesunde Hirnbewirtschaftung" vorschlägt (vgl. S. 49), ist schließlich der vom Staat gesteuerte, programmierte Mensch.

Mit Recht hat sich eine ganze Reihe von Kritikern massiv gegen den MÖLLERschen Ansatz gewandt. Man hat aber bei aller Berechtigung der Einzelkritik übersehen, daß MÖLLER, B. und CHR., im Gegensatz zu anderen Ansätzen, versucht haben, ihr Anliegen in der Praxis zu verifizieren. Sie entwickelten dazu umfangreiche und präzise Unterrichtsmodelle. Zudem hilft ihr pragmatischer Entwurf, Didaktik als Lernplanung, Lernorganisation und Lernkontrolle zu verstehen (vgl. insbesondere MÖLLER, CHR. 1969) [186] unter Umständen, das verworrene didaktische Begriffsfeld etwas zu klären.

Eine der am besten gelungenen didaktischen Konstruktionen liegt im Konzept der von HEIMANN und SCHULZ (1965) gegründeten "Berliner Schule" vor [187], das die anthropogenen Voraussetzungen, Intentionalität, Thematik, Methodik, Medienwahl und sozialkulturelle Voraussetzungen in die Überlegungen einbezieht und die Didaktik vom Lernprozeß her zu entwickeln sucht (vgl. S. 23). Diese Vielfalt von Strömungen und Richtungen in der Didaktik, von denen einige vorgestellt wurden [188], erschwert nicht nur die Definition der Disziplin, sie unterminiert auch ihre Wirksamkeit, mindert ihre Bedeutung und die Chancen, daß didaktische Einsichten wirksam werden können [189]. Wenn man die bisherigen Vorstellungen zusammenfaßt, dann hat Didaktik irgendwie mit: Lernprozeß, Lernenden, Inhalten, Gesellschaft und Information zu tun. Man könnte noch erweitern: mit Unterricht, Lehrplan, Methode, Organisation, Bildung, Menschlichkeit, Kommunikation, Subjekt-Objekt-Bezug und vielem anderen mehr. Mit dieser Summation ist jedoch nichts gewonnen. Bevor zum Versuch einer Abgrenzung übergegangen wird, sollen kurz noch die Anliegen der Unterrichtsmethode skizziert werden.

Methoden zeichnen sich durch direkte Anwendbarkeit auf die Praxis und durch Selektivität gegenüber didaktischen Fragestellungen aus. Zur Erreichung bestimmter Ziele gibt es eine Anzahl von mehr oder weniger guten Methoden. Darunter sind oft nur wenige oder eine optimal, und zwar um so weniger, je komplexer und anspruchsvoller der zu vermittelnde Inhalt wird (vgl. BREZINKA, 1969; S. 262 f.).

GLÖCKEL (1971) verweist auf die außergewöhnlich bedeutsame Tatsache, daß Methoden nicht nur Vollzugsinstrumente der Didaktik sind, sondern Sachverhalte erst schaffen können, "die es vorher tatsächlich in diesem Ausmaß nicht gegeben hatte" (S. 252). [190] Auf die individuellen Unterschiede in der Methodenwirkung weist vor allem RUMPF (1970) hin. "Für Schüler A kann eine problemstrukturierende Frage sein, was für Schüler B eine das Gedächtnis mobilisierende Bitte um Reproduktion von Gelerntem ist" (S. 814). Ebenso kann in Lehrgang X Problemlösung sein, was in Lehrgang Y Problemstellung ist (vgl. S. 814).

KLAUER (1969) beschreibt die Selektionswirkung von Methoden auf die unterschiedliche Leistungshöhe bei Schülern (vgl. S. 153), während KLOTZ (1969) die noch unzureichenden Kenntnisse über Methodeneffekte kennzeichnet (vgl. S. 23).

DOHMEN und MAURER (1968) weisen auf die in der Methode liegende Versuchung hin, sie rein imitativ, unreflektiert, unkritisch anzuwenden [191] (s. S. 7 ff.).

ROTH (1971) sieht die Gefahr einer monokausalen Erklärung, wenn Methoden nicht im Zusammenhang eines F a k t o r e n k o m p l e x e s gesehen werden (vgl. S. 22).

Methoden konstituieren überhaupt erst eine Theorie des Unterrichts, sie korrigieren diese auch. Auch die Ziele, gleich welcher Art, sind "nur unter Beachtung des speziellen Methodeneffekts erreichbar" (S. 208). Damit schält sich die Vorstellung heraus, daß der Zusammenhang zwischen Didaktik und Methodik in Analogie zu Wissenschaft und Forschung gesehen werden könnte. Die Methode erweist sich somit als A k t i v a t i o n s - und R e a l i s a t i o n s p r o z e ß , als Anwendungs- und Rückkopplungsbereich einer sich durch diesen Regelkreis selbst wieder überprüfenden und präzisierenden T h e o r i e , nämlich der D i d a k t i k . Das Didaktik-Methodik-Verhältnis unterscheidet sich von anderen Forschungsbereichen lediglich durch die Anwendung einer b e s t i m m t e n F r a g e s t e l l u n g auf einen bestimmten Objektbereich, nämlich den der bewußten Steuerung menschlicher Lernprozesse. Die Basis dieses noch nicht sehr weit entwickelten Forschungsgebietes der Pädagogik läßt sich nur durch Verstärkung der Unterrichtsforschung erweitern. Fachinhalte und die Zuständigkeit der Fachmethode brauchen bei einer solchen Definition nicht mehr heruntergespielt zu werden, da es Aufgabe des Komplexes Didaktik-Methodik ist, als r e l e v a n t e r k a n n t e I n h a l t e gerade in der Weise für den Menschen zu erschließen, daß die jeweils zugehörigen F a c h m e t h o d e n und facheigenen Denkprozesse und nicht so sehr die E r g e b n i s s e dieser Prozesse in den Vordergrund treten. Gerade durch Beachtung der jeweils geeigneten Fachmethode an der r i c h t i g e n S t e l l e des Lernprozesses werden die bereits i n d i e s e M e t h o d e n i n v e s t i e r - t e n a n t h r o p o l o g i s c h e n P o t e n z e n des Enkulturationsprozesses f r e i g e s e t z t , die auch mit dem Bildungsbegriff gemeint sind. Das Kennenlernen und Durchschauen solcher Methoden ermöglicht überhaupt erst eine k r i t i s c h e E m a n z i p a t i o n und schöpferische Produktivität beim Educandus.

Wenn dieser Zusammenhang übersehen und die Forderung erhoben wird, für einen Sachzusammenhang - greifen wir für den Bereich der Biologie ganz willkürlich das Beispiel der physiologischen Funktionen des Herzens heraus- andere Verfahren und Erkenntnisse anzuwenden bzw. gelten zu lassen als jene, die unser heutiges Wissen (vom Herzen) erst konstituierten, dann ist nicht nur der Ideologisierung, Verfälschung und Manipulation Tür und Tor geöffnet - auch Didaktik und Methodik als Wissenschaft sind dann weder möglich noch nötig. Aus dem so gedeuteten und geforderten wissenschaftlich zugänglichen Zusammenhang zwischen Fachwissenschaft (Biologie), Didaktik und Methodik ergibt sich zwangsläufig die Frage nach Kriterien, die diese Relation näher aufzuschlüsseln vermögen.

3.3 Kriterien zur Auswahl und Anordnung biologischer Inhalte und Methoden

Entsprechend der Vielfalt didaktisch-methodischer Ansätze gibt es auch eine große Zahl solcher Kriterien und Fragestellungen, nach denen der

Forschungsbereich erschlossen werden könnte. In der amerikanischen
biologischen Curriculumtheorie ist eine Einteilung im Gebrauch, die -
ähnlich dem "Semantischen Differential" - eine dreidimensionale Matrix
verwendet [192], welche sich

1. an übergreifenden biologischen Fachthemen (unifying themes),
2. an verschiedenen Organisationsniveaus der biologischen Objekte
   (levels of biological organization) und
3. an der Lernzieltaxonomie BLOOMs [193]

orientiert [194].

Denkmodell einer dreidimensionalen didaktischen
Matrix für den Biologieunterricht.

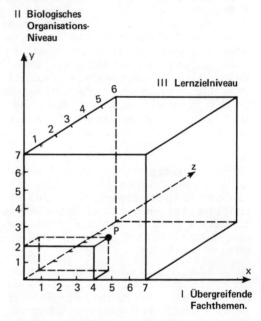

Dabei werden den drei Achsen die folgenden Bereiche zugeordnet

x - Achse: Bereich I   -   Übergreifende Fachthemen
y - Achse: Bereich II   -   Biologisches Organisationsniveau
z - Achse: Bereich III -   Lernzielniveau

Die Bereiche gliedern sich wie folgt auf [195]:

Bereich I: Übergreifende Fachthemen

1. Veränderung in der Zeit (change through time);
2. Unterschied und Komplementarität im Typus - Einheitlichkeit der
   Grundmuster (diversity of type, unity of pattern);
3. Genetische Kontinuität (genetic continuity);

4. Vergleich von Struktur und Funktion (comparison of structure and function);
5. Regulation und Homöostase (regulation and homöostasis);
6. Vergleich von Organismus und Umwelt (comparison of organism and environment);
7. Biologische Wurzeln des Verhaltens [196] (biological roots of behavior).

Bereich II: Biologisches Organisationsniveau

1. Molekül   (molecular)
2. Zelle   (cellular)
3. Organ - Gewebe   (organ - tissue)
4. Organismus   (organism)
5. Population   (population)
6. Lebensgemeinschaft   (community)
7. Biosphäre   (biosphere)

Bereich III: Lernzielniveau [197]

1. Wissen   (knowledge)
2. Verständnis   (comprehension)
3. Anwendung   (application)
4. Analyse   (analysis)
5. Synthese   (synthesis)
6. Bewertung   (evaluation)

Mit Hilfe dieser Matrix läßt sich eine größere Anzahl wichtiger Richt- bzw. Grobziele des biologischen Fachunterrichts identifizieren, planen, einander zuordnen und neu entdecken.

Beispiel:

Das Lernziel in einem bestimmten Abschnitt und einem bestimmten didaktisch-methodischen Zusammenhang sei: Der Schüler soll die wichtigsten lichtmikroskopischen Bestandteile der Pflanzenzelle kennenlernen, benennen und verstehen können [198].

Das Lernziel - "P" - läßt sich nun im beschriebenen terminologischen Zusammenhang recht eindeutig lokalisieren.

Bereich   I: Der Schwerpunkt liegt bei 4 (in späteren unterrichtlichen Abläufen wird u.a. auch 2 betroffen).

Bereich   II: Hier ist eindeutig das zelluläre Niveau (Nr. 2) betroffen.

Bereich   III: Die Definition des Lernziels engt hier auf Nr. 2 ein (welche 1 voraussetzt!) [199]

Damit ist "P" durch I (x) 4; II (y) 2; und III (z) 2 festgelegt. (Vgl. Abbildung (S. 74).

Auf diese Weise wird eine Systematisierung von Lernzielen und anderen Aussagen innerhalb des fachdidaktischen Bereichs der Biologie sowie eine empirische Überprüfung solcher Zusammenhänge möglich [200].

Den Lernzielen lassen sich durch eine weitergehende Differenzierung des Systems auch geeignete Methoden, Testaufgaben usw. zuweisen, ohne die eine Optimierung und eine objektive Evaluation biologischer Lernprozesse gar nicht möglich wäre [201].

Eine weitergehende Differenzierung könnte darin bestehen, daß zu jedem Hauptpunkt "P" (P_1, P_2 ... P_n) ein ähnliches dreidimensionales Denkmodell für die Aufschlüsselung der niedrigeren Abstraktionsniveaus von "P" eingesetzt wird. Eine integrierte fachdidaktische Forschung könnte auf dieser Basis für den Bereich der Biologie - und nicht nur für diesen [202] - institutionalisiert werden. Keinesfalls soll damit gesagt werden, daß das skizzierte Grundmodell nicht auch selbst noch k r i t i s c h hinterfragt werden könne, ja müsse. Es muß vielmehr ständig erweitert, überprüft, verbessert, revidiert, oder - falls es sich als irrelevant erweist bzw. ein besser geeignetes, anders strukturiertes Modell entwickelt wird - auch verworfen werden.

Dies gilt grundsätzlich für a l l e Denkmodelle [203]!

Ständige Kritik ist schon allein deshalb lebenswichtig auch für diesen Teilbereich der fachdidaktischen und fachmethodischen Forschung, weil bei Denkmodellen nach einer gewissen Zeit des nützlichen Gebrauchs die Tendenz besteht, das D e n k m o d e l l m i t d e r R e a l i t ä t z u v e r w e c h s e l n. Damit blockiert es aber den eigentlichen Erkenntnisprozeß!

Auch das Denkmodell des "Spiral-Curriculum" ist heute in ständig steigender Gefahr, dieser Tendenz zu erliegen, b e v o r es die in ihm liegenden, das pädagogisch-didaktische Feld in außergewöhnlichem Maße erschließenden Möglichkeiten realisieren und aktivieren kann. In der pädagogischen Literatur und in der schulbezogenen Diskussion zeigen sich schon heute Ansätze, den auch in finanzieller Hinsicht aufwendigen, langwierigen und komplexen Prozeß der wissenschaftlich fundierten Curriculumforschung abzubremsen, ja anzuhalten oder umzukehren. Als Gegengewicht empfiehlt man recht schnell eine Betonung der affektiven Lernziele, der erzieherischen Begegnung, des "typisch Pädagogischen", der "Erziehung" - ohne genauer zu sagen, was man damit meint. Pädagogischen Begriffen scheint auf diesem vortheoretischen Niveau die T e n d e n z innezuwohnen, immer dann, wenn sie sich in der verbalen Diskussion scheinbar erschöpft haben oder durch ständigen Gebrauch Überdruß erzeugten, in ihr ähnlich strukturiertes Gegenteil u m z u k i p p e n [204]. Es kommt dadurch zu einem ständigen Alternieren zwischen im Grunde statischen Extrempositionen. Bei solchen Modeströmungen ist es nicht so wichtig, gesicherte Erkenntnisse zu gewinnen, sondern wichtiger, Anhänger zu sammeln.

Leicht lassen sich auf diese Weise des Vorgehens der Gesellschaft - über die Schule - erzkonservative Vorstellungen und Einstellungen einzementieren und ideologische Aussagen unverändert erhalten. Man könnte diesen Prozeß in der Pädagogik und Didaktik als "Flucht in die Leerformel" bezeichnen. Verständlicherweise existiert im fachdidaktischen Problemhorizont eine ganze Reihe von Fragestellungen von zum Teil hohem Abstraktionsniveau, die außerhalb der Reichweite der vorstehend beschriebenen dreidimensionalen Matrix des Biologieunterrichts liegen [205]. Sie werden zum Teil schon im Kapitel "Biologie und Pädagogik" angeschnitten. Unter keinen Umständen dürfen sie deshalb ausgeklammert werden, weil sie u. U. in praktikablen und leicht vorstellbaren Denkmodellen nicht erscheinen.

Fragen von solch prinzipieller Natur werden deshalb - obwohl an anderer Stelle bereits mehrfach berührt - hier noch einmal zusammenfassend dargestellt. Es ist die Aufgabe biologischer Fachdidaktik auch folgende Fragen und Probleme einer Lösung näherzubringen:

1. Ist die Biologie als Unterrichtsfach in unserer Gesellschaft heute überhaupt noch - oder wieder - nötig?
   (anthropologische Rechtfertigung) [202]

2. Welche Themen, Vorgänge, Handlungsweisen und Ergebnisse der Biologie sind im Interesse des heranwachsenden Menschen und seiner Zukunft überhaupt von Bedeutung?
   (Auswahlaspekt)

3. In welchen Formen, mit welchen Strategien, Handlungsmustern und Verhaltensweisen der am Unterricht Beteiligten, mit welchen Lernsequenzen und Medien lassen sich biologische Denk-, Lern- und Entscheidungsprozesse optimal (und verantwortbar) verwirklichen?
   (empirisch-operationaler Aspekt)

4. Durch welche Methoden lassen sich diese Ansprüche an biologische Lernprozesse einwandfrei nachweisen und evaluieren?
   (Bewertungsaspekt)

5. In welcher Form müssen als wichtig befundene Lernziele und Lernsequenzen kombiniert, unterteilt, angeordnet, durchgeführt, gesteuert und kontrolliert werden?
   (lernpsychologisch-methodischer Aspekt)

6. Wie läßt sich, durch Rückmeldung, aus diesen Teilaspekten ein neuen Entwicklungen und ständigen Verbesserungen offenes Curriculum konstruieren, das in ständigem wechselseitigen Bezug von Unterrichtspraxis und deren Reflexion, der Theorie, nicht in eine Erstarrung, sondern zu einer laufenden Fortentwicklung führt?
   (curricularer Aspekt)

7. Wie lassen sich nachweisbare Fakten und Prozesse verschiedener Komplexität, die im Biologieunterricht auftreten, in einen widerspruchfreien Zusammenhang bringen?
   (theoretischer Aspekt)

8. Und umgekehrt, wie lassen sich sinnvolle und berechtigte Voraussagen der Theorie bzw. von Hypothesen, die zu einer Konstituierung einer solchen Theorie führen könnten, im Handlungsfeld der biologischen Unterrichtspraxis sinnvoll realisieren?
   (pragmatischer Aspekt)

Kein einziger der genannten Problemkreise wurde bisher in der Biologiedidaktik der Bundesrepublik sorgfältigen Untersuchungen unterworfen, geschweige denn einer relativen Lösung nahegebracht. Die Hauptrichtung der Biologiedidaktik ist in unserem Land heute noch durch einen hohen Grad an Allgemeinheit und Unverbindlichkeit der Aussagen, durch Orientierung an schulischer Einzelerfahrung, durch vorschnelle Verallgemeinerung solcher Einzelerfahrung, durch einen Kanon traditioneller Inhalte, durch völlige Mißachtung relevanter ausländischer Erfahrungen [207], durch Bevorzugung statisch-kognitiver Einzeldaten, durch fehlende oder unzureichende Orientierung am gegenwärtigen Erkenntnisstand der Lehr- und

Lernforschung und Kommunikationstheorie und durch mangelnde empirische Aktivität gekennzeichnet. Die Aktivitäten vieler Didaktiker sind darüber hinaus kaum in irgend einer Weise koordiniert. Jeder Fachvertreter arbeitet für sich dahin. Viele Beiträge richten sich in traditionellem Sinn auf die erfahrungsmäßige Bewältigung bekannter biologischer Lehrplanthemen, auf Medienprobleme und ähnliches.

Kaum irgendwo zeigen sich Kooperationstendenzen oder gar Forschungsprojekte in der Schulbiologie (mit Ausnahme des IPN-Curriculums). Gründe für einen solchen Mangel an qualifizierten Projekten und Ergebnissen sind:

1. Das Fehlen oder die Überlastung von Fachleuten, die sowohl über das fachliche Grundwissen als auch über aktuelle Probleme der Pädagogik, Didaktik und Psychologie informiert sind.

2. Die völlige Aus- bzw. Überlastung der Didaktiker mit reiner Lehr- und Ausbildungstätigkeit.

3. Unzureichende Kenntnisse in Statistik und Testtheorie.

4. Mangel an Arbeitsplätzen für qualifizierte Mitarbeiter.

5. Unterbewertung der Fachdidaktik bei der Vergabe von Lehrstühlen.

6. Besonderheiten der Studienvoraussetzungen und des Studienganges bei den Fachdidaktikern. Diese Voraussetzungen schließen oft Lehrerstudium, naturwissenschaftliches Zweitstudium und mehrjährige Unterrichtstätigkeit ein.

7. Fehlen von Forschungsmittel und Geräten (z.B. von Computern zur Auswertung von Untersuchungen) für solche Projekte. [208]

Insgesamt lassen sich die Ergebnisse, die HARBECK [209] aus dem gesamten Unterrichtsfeld des naturwissenschaftlichen Unterrichts zusammentrug, etwa folgendermaßen zusammenfassen:

Auf dem gesamten Gebiet herrscht ein außergewöhnlicher Mangel an Untersuchungen, was im Kontrast zur Bedeutung der Naturwissenschaften steht (vgl. Sp. 3089). Die Ergebnisse solcher Untersuchungen sind zudem recht deprimierend, da viele empirische Erhebungen auf relativ niedrigem testtheoretischen Niveau ansetzen bzw. in dieser Hinsicht unzulänglich sind. Kaum irgendeine - wenn auch noch so banale - Aussage steht zweifelsfrei fest.

Methodenvergleiche führen fast immer zu einer (scheinbaren?) [210] Gleichheit der Effekte (worauf?). Qualifizierte Lehrer (von wem qualifiziert, nach welchen Kriterien?) scheinen zu besseren Ergebnissen zu kommen als weniger gut qualifizierte. Vorbildung, Klassenstärke und Experimente erscheinen als spürbare Einflußvariablen. Der noch wenig untersuchte Interessenbereich scheint von hoher Bedeutung für die Effektivität des Unterrichts zu sein. Untersuchungen zum Medieneinsatz erbrachten Ergebnisse, die bei zu ausgedehntem Filmeinsatz beispielsweise zu einem Leistungsabfall führten.

Die unterschiedliche Wirkung verschiedener Lernprozesse auf verschiedene Lernniveaus der Schüler scheint gesichert zu sein, ebenfalls die Tatsache, daß naturwissenschaftliche Lehrer besonders konservativ (welches Indiz wurde dafür verwendet?) seien und weniger sozial denken als andere.

Bei solchen Resultaten läßt sich wohl kaum von einer koordinierten Unterrichtsforschung im Bereich der Naturwissenschaften sprechen. Der Mangel kann allerdings - und dafür gibt es einige Beweise - auch bei den Autoren dieses Beitrags im Handbuch von GAGE liegen. Auch HARBECK hat bei der Übertragung ins Deutsche wichtige Beiträge wie z.B. den Düker-Tausch-Versuch nicht in sein Konzept einbezogen. Zum Kapitel Auswahlkriterien für den Biologieunterricht finden sich im deutschen Sprachraum keinerlei spezifische Untersuchungen. Eine Anzahl von Aufschlüsselungen, die größtenteils jeweils einem Einzelbereich der "didaktischen Matrix" entsprechen, ist jedoch weiterverstreut in der Zeitschriftenliteratur zu entdecken. Darunter befinden sich Ansätze, die das dreidimensionale Modell erweitern und präzisieren helfen.

Die Konzepte seien an dieser Stelle nur kurz erwähnt.

Eine sehr wertvolle Zusammenstellung von Schritten und Methoden im Prozeß des naturwissenschaftlichen Forschens, Lernens und Erfindens gibt SAXLER (1971). Er erwähnt dabei folgende Tätigkeiten [211]:

1. Beobachten, Sammeln, Ordnen, Vergleichen

2. Einkreisung des Fragwürdigen, der Frage

3. Hypothese (Vermutung)

4. Planen des Experiments

5. Experiment

6. Formulierung der Ergebnisse

7. Planung von Kontrollversuchen

8. Kontrollversuch

9. Auswertung (hierzu könnte man noch die Bewertung der Hypothesen zählen, Verf.)
   Ergänzen ließe sich noch:

10. Übertragung von Erkenntnissen, Regeln, Modellen und "Theorien" [212] (vgl. S. 137 - etwas verändert und vereinfacht).

In ähnlicher Weise beschreibt SAXLER auch den Prozeß technischen Planens.

Wichtige Hinweise zu diesem Gebiet, die sich auch mit den Auffassungen von SCHWAB und BRANDWEIN (1962) decken, gibt THIEL (1971). MASUCH (1970) schlüsselt die Lernziele nach Art der "unifying themes" [213] auf, wobei allerdings der Lernzielbegriff (vgl. S. 491) der Curriculumtheorie hierauf nicht zutrifft. Auf die Ähnlichkeit dieser fachübergreifenden Themen mit dem Ansatz von BEILER (1965) weist BELGARDT (1970) hin. Die Einschränkung BELGARDT's nach dem diese fachlichen Grundthemen nicht auf die schulische Situation in unserem Land übertragen werden sollten, ist mißverständlich. Sie trifft dann zu, wenn versucht werden sollte, den Unterrichtsprozeß danach zu organisieren. Dafür ist die Anwendung dieser Prinzipien der BSCS-Biologie auch gar nicht gedacht (vgl. S. 174). Auf einen anderen, dem anthropologisch-sozialen Niveau fachdidaktischer

Kriterien setzt WELTNER (1971) an. GRAEB (1971) gibt wertvolle Hinweise auf die Zielsetzungen eines naturwissenschaftlichen Vorschulcurriculums (vgl. S. 10). Eine Anzahl von Auswahlkriterien für den Biologieunterricht ergibt sich nicht nur aus der Struktur von Fachinhalten und aus lerntheoretischen Erkenntnissen, sondern auch aus Normen und Globalzielen, unter die man den Biologieunterricht in unserer Gesellschaft stellt. Eine dieser Normen ist mit der Frage nach dem Gesamtziel biologischer Information durch die Schule umschrieben.

3.4 *Fachpropädeutik oder biologische Allgemeinbildung*

Nach der vorausgegangenen Diskussion kann eine Antwort auf diesem hohen Abstraktionsniveau relativ leicht gegeben werden. Erhebliche Schwierigkeiten werden sich allerdings auf dem Gebiet der Realisation, der Curriculumprobleme und der Unterrichtsmethoden ergeben. Normen gesellschaftlicher Art kann die Biologiedidaktik nicht selbst aufstellen. Sie finden sich meist schon in der Diskussion der Pädagogik der jeweiligen Kulturepoche expliziert. Wenn man das Erziehungsziel zum kritischen, mündigen Menschen, der Kulturinhalte und Enkulturationsmuster nicht nur übernimmt, sondern auch produktiv weiterentwickelt [214], das sich gegenwärtig auf breiter Basis allgemein durchgesetzt hat, dann läßt sich für den Bereich der biologischen Information folgendes deduzieren:

Ziel der biologischen Erziehung ist der mündige Mensch, der lebenswichtige bzw. anthropologisch bedeutsame Probleme, Erkenntnisse und Methoden der Biologie verstehen, durchschauen und bewerten [215] kann und damit in der Lage ist, an allen relevanten gesellschaftlichen Entscheidungsprozessen selbstverantwortlich und kritisch teilzunehmen. Eine selbstverständliche Voraussetzung zur Realisation dieser Mündigkeit ist, daß er im Zusammenhang mit biologischen Erkenntnissen und Ergebnissen auch den Prozeß ihres Zustandekommens kennenlernt. Nur dadurch ist es dem Individuum möglich, den naturwissenschaftlichen Erkenntnisvorgang richtig zu bewerten und Ideologisierungsversuche zu erkennen und zurückzuweisen. Diese neue Orientierung naturwissenschaftlicher Unterrichtung am Prozeß der Naturwissenschaft kann man durchaus als das Hauptmovens der Curriculumtheorie bezeichnen. Eine Diskussion des Curriculumbegriffs und seiner Auswirkungen im Gebiet der Schulbiologie ist Hauptgegenstand des folgenden Kapitels.

4. Das biologische Curriculum

4.1 *Der Curriculumbegriff*

Der Begriff "Curriculum" entstammt, wie DOLCH (1965) nachgewiesen hat, dem Vokabular des B a r o c k .

Man verstand zu dieser Zeit so etwas wie Ablauf, Zeitabschnitt, Alljähr-lichkeit darunter. DOLCH führt das Wort seinem Inhalt nach, den es in der damaligen Epoche besaß, auf die zeitbedingte Faszination durch die aufsehenerregenden Objektivationen dieser Zeit, die "Uhr" und die "Mühle" zurück. Ihr gemeinsames Merkmal ist es, daß diese Maschinen Abläufe in kleine gleichmäßige Schritte unterteilen. Im 19. Jahrhundert wandte man sich auf dem europäischen Festland wieder anderen Begriffen zu. Die Ent-wicklung verlief hier vom "Lehrplan" über den "Bildungsplan" der Reform-pädagogik zu den "Richtlinien" der letzten Jahre. Der Curriculumbegriff ge-langte erst in den letzten Jahren aus den angelsächsischen Ländern (mit veränderter Bedeutungsstruktur) wieder zu uns. Interessanterweise ge-schah dies in einer Zeit, welche von den Auswirkungen des Phänomens der elektronischen Datenverarbeitung fasziniert war, die wiederum auf winzigen Teilprozessen - den Binärentscheidungen - aufbaut. Auch einige ähnliche Strömungen - wenn auch auf verschiedenen Gebieten - trugen zur Entwicklung und Stützung des Curriculumbegriffs bei. Unterstützung kam zunächst von der vor einigen Jahren sehr einflußreichen Strömung des "Programmierten Unterrichts" [216], in dem man sich, auf Seiten extremer Vertreter, die Lösung aller oder fast aller Probleme des Unter-richts durch ein Zerlegen der Lernprozesse in winzige Teilschritte ver-sprach [217].

Weiter steuerte die Erkenntnis der letzten Jahre, daß Daten- und Wissens-bestände sich explosionsartig ausweiten und zugleich beängstigend schnell veralten, neue Argumente bei [218].

LOCH (1970) faßt diese Einflußfaktoren so zusammen:
"Die rapide Erneuerung und damit auch Veraltung der Wissensbestände durch die wissenschaftlichen und technischen Entwicklungen und die da-mit zusammenhängende permanente Veränderung der Lebensbedingungen ... machen Revisionsbedürftigkeit zu einem konstitutiven Dauermerkmal des "Curriculum" (S. 7). Der dadurch entstehende "cultural lag" läßt sich "nur über eine Revision der Lehrpläne aufholen" (S. 8). Schon an dieser Stelle kennzeichnet LOCH die Gefahren, die in der Zementierung von Herrschaftsstrukturen durch die Lehrpläne liegen. In "den geltenden Lehr-plänen kommen massive Interessen herrschender Gruppen zum Ausdruck. Lehrpläne reflektieren immer Herrschaftsverhältnisse und sind eines der wichtigsten Mittel, sie zu konservieren" (S. 10). Selbstverständlich ver-ringert sich diese Gefahr nicht durch eine steigende Wissenschaftlichkeit

der Lehrpläne, sie erhöht sich vielmehr durch die damit mögliche Steuerung der Lernprozesse in außergewöhnlichem Umfang.

"Zur Dialektik des menschlichen Lernens gehört, daß es nicht nur ein Potential der Freiheit, der Weg zur Mündigkeit, sondern auch ein Faktum der Unfreiheit ist, weil jeder Lernende sich auf seinem Lernweg notwendig in die Abhängigkeit von Lehrenden begibt. Die im Lerninteresse anthropologisch angelegte emanzipative Tendenz kann von bestimmten die Lehrkapazität beherrschenden Gruppen ihrer ursprünglichen Intention entfremdet, ja paralysiert werden" [219]. An dieser Stelle wird wieder deutlich, daß eine rein technologisch aufgefaßte Reorganisation der Lehrpläne eher zur Fixierung traditioneller Inhalte und Verhaltensmuster führt, als zu einer Verbesserung der schulischen Situation. Dies kann nur unter Beteiligung einer "emanzipatorischen Pädagogik" [220], welche sich dieser Belange annimmt und sie kritisch und unabhängig zur Sprache bringt, gewährleistet werden. Die bedeutendsten Impulse erhielt die Curriculumtheorie aus der Post-Sputnik-Epoche der amerikanischen Erziehungsdiskussion. Sie ist dort insbesondere mit dem Namen BRUNERs verbunden. BRUNER (1970) verstand es, die brennenden Probleme des US-Erziehungswesens gegen Ende der fünfziger Jahre in eine ungewöhnlich dynamische, für diesen Forschungsbereich auch ungewohnt lebendige und verständliche Sprache zu kleiden. Die Hypothesen und Forderungen, die er aufstellte, trafen zudem auf eine kulturelle Situation der Bereitschaft innerhalb der Gesellschaft, das Erziehungswesen gründlich umzuformen und den Anforderungen der Zeit und der Zukunft anzupassen [221].

Alle Curriculumansätze in der Bundesrepublik haben in irgendeiner Hinsicht ihren Ursprung in diesem amerikanischen Ansatz. Zu den Schlüsselbegriffen der Curriculumdiskussion gehören seither die Konstrukte BRUNERs (1970) wie das Denkmodell des "Spiralaufbaues", die Begriffe "Struktur", "Lernstrukturen", "Prozeß", "Konzept" und "Fachdisziplin".

MAGER (1965) steuert, aus dem programmierten Unterricht kommend, den wichtigen Begriff des "Lernziels" bei, den er präzisiert und operationalisiert. Wegen der Bedeutung dieser Ausgangsbasis des Curriculums im amerikanischen Erziehungswesen soll diese zunächst noch eingehender umschrieben werden.

BRUNERs Elementarhypothese besteht darin, daß er den Erkenntnisprozeß, der im Naturwissenschaftler und im Kind abläuft, g l e i c h s e t z t .Der Unterschied besteht lediglich im N i v e a u , nicht in der Art der Tätigkeit (vgl. 1970, S. 27).

Als Auswahlkriterium tritt die Bedeutsamkeit eines Inhalts für die Z u -k u n f t des Schülers hinzu. BRUNER umschreibt dies so:

"Respektiert man die Denkweise des heranwachsenden Kindes, bringt man so viel Höflichkeit auf, den Unterrichtsstoff in die Denkformen des Kindes zu übertragen und kann man ihm genügend Ansporn bieten und es verlocken, Fortschritte zu machen, dann ist es möglich, das Kind in einem frühen Alter in die Begriffswelt und Stilformen einzuführen, die im späteren Leben einen gebildeten Menschen ausmachen. Als Wertkriterium für einen Gegenstand, der in der Grundschule gelehrt wird, können wir fragen, ob er ... verdient, daß ein Erwachsener ihn kennt, und ob er eine Person dadurch zu einem besseren Erwachsenen macht, daß er den Gegenstand schon als Kind kennengelernt hat.

Ist die Antwort auf beide Fragen negativ oder unbestimmt ..., dann bringt der Gegenstand das Curriculum nur durcheinander" (S. 61). Als Voraussetzung ist dazu nötig, daß man etwas vom Fach versteht, je mehr, desto besser.

BRUNER zitiert hierzu PAGE, dessen Aussage über Mathematik ebenso für die Biologie und alle anderen Fächer gilt.
"Ich habe vom Kindergarten bis hin zur Graduate School Unterricht erteilt und die Ähnlichkeit des Intellekts von Menschen auf allen Altersstufen hat mich in Erstaunen gesetzt; allerdings sind Kinder vielleicht spontaner, schöpferischer und energischer als Erwachsene. Nach meinen eigenen Erfahrungen erlernen jüngere Kinder fast jeden Gegenstand schneller als Erwachsene [222], wenn man ihnen diesen in Formen nahebringt, die sie verstehen. Ihnen den Unterrichtsstoff so zu vermitteln, daß sie ihn verstehen, setzt aber interessanterweise voraus, daß man selbst etwas von Mathematik versteht, und je mehr man davon versteht, desto besser kann man sie lehren" (BRUNER, 1970; S. 50). Die hier beschriebene, in ihren Intentionen auch an die Reformpädagogik erinnernde Richtung beruht auf weite Strecken hin auf den Gedanken PIAGETs, die in den USA große Resonanz fanden. Aus der zuvor beschriebenen Hypothese der Gleichheit des menschlichen Intellekts auf allen Stufen der Entwicklung leitet BRUNER die Forderung ab, das Wissen so zu strukturieren und an die im Kind bereits vorhandenen Strukturen anzupassen, daß die Organisation weiteren Wissens ermöglicht wird (vgl. S. 21 f.).

"In Strukturen lernen, heißt lernen, wie die Dinge aufeinander bezogen sind" (S. 22).

An dieser Stelle setzt jedoch die Kritik AUSUBELs (1963, 1968) ein, der zu bedenken gibt, daß diese "kognitive Struktur" individuell geprägt ist und notwendigerweise differiert. Es ist auch keineswegs so, daß ein Kind die gesamte Struktur eines Satzes begriffen haben muß, wenn es ihn in einem vernünftigen Zusammenhang ausspricht. Es hat zumindest Teile internalisiert, ohne daß ihm diese voll bewußt werden. Auf diese Position wird im 5. Kapitel zurückgegriffen.

Das curriculare Denkmodell des Spiralcurriculum nach BRUNER läßt sich graphisch etwa folgendermaßen darstellen (vgl. Abb. S. 84).

Dabei ist die Anordnung von Unterrichtsinhalten so gedacht, daß ein bestimmtes Thema $T_1 \longrightarrow T_n$ (in Abb. 2) zu späteren Zeitpunkten auf jeweils höherem Komplexitätsniveau wieder aufgegriffen und in seiner Struktur fortgeführt wird. Die Problematik des Denkansatzes wird sichtbar, wenn man die Spiralanordnung in eine lineare Form (Abb. 1) überträgt. Woher will man wissen, daß die menschliche Entwicklung im Bereich des Denkens nach Kurve (2) und nicht vielleicht nach (1), (3), (4) oder (5) verläuft.

Mit welcher Berechtigung und nach welchen Kriterien werden die Themen angeordnet? Kann Lernen nicht auch mehrdimensional, sich vielschichtig überlagernd vor sich gehen? Hier wird eine lineare Korrelation zwischen der Komplexität von Denkprozessen, der Struktur von Denkgebilden und dem Verlauf der Denkentwicklung impliziert. Es ist evident, daß dieser Ansatz, ohne daß seine erschließende und katalysierende Funk-

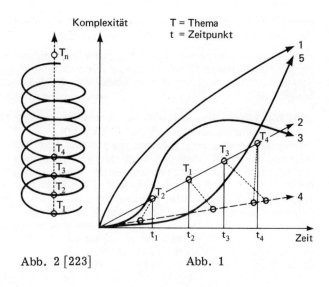

Komplexität   T = Thema
t = Zeitpunkt

Abb. 2 [223]   Abb. 1

tion unterschätzt werden darf, erst noch der stringenten empirischen
Verifikation bedarf! Falsch interpretiert, wird dieser Ansatz ins Gegenteil verkehrt. Themen werden, obwohl sie nur als Ganzes lösbar und zugänglich sind, auf mehrere Jahrgänge verteilt, nur weil das "Curriculum"
es fordert. Das Curriculum-Denkmodell kann jedoch nicht mit "der Struktur" aller Inhalte in allen Fächern identifiziert werden.

Ähnlich wie die schulischen Begriffe der "Ganzheitlichkeit", der "konzen-
trischen Kreise", der "Höhenkonzentration" der älteren Didaktik, besteht
auch beim Denkmodell des Curriculum die Gefahr einer Verabsolutierung,
wenn nicht parallel zur Entwicklung von Curricula die Auswahl-, Inhalts-
und Anordnungsentscheidungen - so weit als nur irgend möglich - durch
qualifizierte empirische Forschung und ständige kritische Hinterfragung
abgesichert werden. Unter gar keinen Umständen darf aus diesen kritischen Einwänden der bequeme Schluß gezogen werden, das Denkmodell
reiche nicht hin, man könne also alles beim alten lassen! Es wird nur
behauptet, daß hier ein ganz intensiver den Lernvorgang betreffender
interdisziplinärer Forschungsprozeß einsetzen müßte. Sehr schnell nimmt
man nämlich solche kritische Anmerkungen dazu her, dem Bereich der
Bildungsplanung und Bildungsforschung - der dafür geradezu prädestiniert
erscheint - auch die viel zu geringen Mittel, die man unter Umständen
dafür vorgesehen hatte, zu kürzen oder wieder zu streichen. Eine Bildungsplanung, die keine intensive Forschung betreiben läßt, erreicht, daß
beide scheitern. Die Mittel, welche in unserem Land für eine aktuelle
koordinierte Lern- und Curriculumforschung ausgegeben werden, sind im
Vergleich zu den bereits abgeschlossenen Projekten in den USA lächerlich
gering. Für manche Fächer, wie für die Biologie, existiert eine solche
Forschung gar nicht oder sie steckt in ihrem allerersten Anfang.

Eine weitere Komponente des BRUNERschen Ansatzes ist der Begriff der
"Struktur der Disziplin". Er soll nach diesem kurzen kritischen
Exkurs beschrieben werden.

Für den Aufbau eines Curriculums ist nach BRUNER vor allem auch die Struktur des Grundlagenfaches Voraussetzung (vgl. S. 42).

Beachtet man dies und stellt man die Struktur in den Auffassungshorizont des Kindes (vgl. S. 44), dann kann nach einer weiteren Hypothese BRU-NERs "jedes Kind ... auf jeder Entwicklungsstufe jeden Lehrgegenstand in einer intellektuell ehrlichen Form erfolgreich gelehrt werden" (S. 44).

Durch Operationen bilden sich beim Kind internalisierte Strukturen aus, mit denen es dann weiter umgehen kann (vgl. S. 47).

Ein weiterer Ansatz, nämlich der zum intuitiven und kreativen Denken findet sich ebenfalls bei BRUNER (vgl. S. 66 ff.). Der Schüler soll Grund-strukturen des Denkens lernen, die ihm Probleme unbekannter Art lösen helfen (vgl. S. 70 f.) [224].

Durch MAGER (1965) kommt die Notwendigkeit präziser Lernzielformu-lierungen in die Curriculumdiskussion.

Folgende Fragen sind dazu von Bedeutung:

1. Was müssen wir lehren?
2. Wie können wir feststellen, ob wir es gelehrt haben?
3. Welches Material und welche Methoden eignen sich am besten, das zu lehren, was wir lehren wollen? (S. IX, Vorwort).

"Wenn klar definierte Ziele fehlen ist es unmöglich, die Wirksamkeit eines Kurses oder Programms zu bestimmen" (S. 3).

Bei unklar strukturierten Programmen und Lehrgängen helfen sich die Schüler mit einem Trick, der allerdings für die weitere Entwicklung ihres Denkens sehr ungünstig ist.

"Es ist allgemein bekannt, daß Schüler häufig einen großen Teil ihrer Zeit und Kraft darauf verschwenden, die Eigenheiten ihrer Lehrer zu studieren und leider ist dieser Einblick dem Schüler oft sehr nützlich. Er kann den Kurs mit Glanz durchlaufen und hat dabei nur Tricks ver-wendet, um dem Lehrer angenehm aufzufallen" (S. 4).

Nach MAGER sind daher Lernziele nach dem e r w ü n s c h t e n   S c h ü l e r -v e r h a l t e n zu beschreiben. "Die Beschreibung des Lernzieles ist in dem Maße nützlich, wie aus ihr genau zu entnehmen ist, was der Lernen-de t u n oder a u s f ü h r e n können muß, um zu zeigen, daß er sein Ziel erreicht hat" (S. 13). Zur Übertragung des Curriculumbegriffs aus dieser seiner Ursprungssituation im amerikanischen Schulwesen auf den gegenwärtigen Stand dieser Diskussion ist es notwendig, ihn zu präzi-sieren und gegenüber dem Lehrplanbegriff abzugrenzen.

4.2 *Curriculum und Lehrplan*

Curricula zeichnen sich, wenn sie ihren neuen Namen verdienen sollen, vor allem dadurch aus, daß sie nicht nur vage inhaltliche Stichwortver-zeichnisse darstellen, was bei Lehrplänen häufig der Fall ist. "Curri-culum" bezeichnet nach ZIMMER (1969) "einerseits den Bildungskanon, zugleich aber auch die Organisation seiner Inhalte und die Methoden ihrer Vermittlung" (S. 32). Die in den letzten Jahrzehnten kaum veränderten Lehrpläne der Bundesrepublik "stellen sich dar als eine Summe von Wertentscheidungen, die nur zum geringsten Teil von uns und in unserer Zeit gefällt worden sind. Sie scheinen erfahrungswissenschaftlich nicht legitimierbar" (S. 33).

Diese Aussage scheint zunächst etwas extrem formuliert zu sein. Sie soll daher an späterer Stelle im Bereich biologischer Lehrpläne untersucht werden. Auf den ersten Blick scheint trotz der obenstehenden Unterscheidung aus der Sicht des Schulpraktikers nicht allzu viel anders geworden zu sein. In allen erreichbaren Veröffentlichungen liest er jetzt statt Lehrplan "Curriculum", und er fragt sich, wozu dieses Monstrum von Wort nütze sein soll, wenn sich die neuen Richtlinien, die sich gern mit curricularen Begriffen umkränzen, bei näherem Hinsehen als völlig unverändert erweisen. Obwohl diese Fehlanwendung des Wortes "Curriculum" evident ist, sollte man sich hüten die das pädagogische Feld erschließende Funktion dieses "Schlagwortes" zu banalisieren.

Sehr deutlich hat WIESER (1970) gezeigt, wie bedeutungsvoll solche Begriffe sind. Sie kommen immer dann in Gebrauch, wenn eine ganz spezifische Kultursituation neue Einsichten erlaubt, die sozusagen "in der Luft" liegen. Er expliziert dies an den Beschreibungsmodellen des Organismus, welche die jeweiligen Epochen verwendeten. Sie reichen von den Maschinenmodellen der Renaissance (GALILEI, DESCARTERS) über die Umwelt-Organismus-Modelle (PAWLOW) bis zu informationstheoretischen und systemtheoretischen Modellen der Gegenwart (BERTALANFFY; vgl. S. 25 ff.). Zu ähnlichen Erkenntnissen kommt auch OPARIN (1971).

Auch andere allgemeine Begriffe wie E v o l u t i o n , K y b e r n e t i k oder I n f o r m a t i o n waren sogenannte Schlagworte. Die heute geläufigen Begriffe Umwelt, Verhalten, Ökologie usw. haben analoge Struktur. Die nicht zu unterschätzende Wirkung solcher Schlagworte liegt darin, daß sie erst die D u r c h s e t z u n g n e u e r I d e e n ermöglichen. Sie bauen Barrieren und Widerstände ab und schlagen gewissermaßen dem zugrunde liegenden "Gedankengefüge" eine Bresche (vgl. WIESER, 1970; S. 56 ff.).

Die große Wirkung, die LORENZ auf die Entwicklung der Ethologie hatte und hat, ist meines Ermessens nicht zuletzt auch darauf zurückzuführen, daß er "Schlagworte" wie Verhaltenslehre, Auslösereiz, Schlüsselreiz, Prägung usw. anwandte und geläufig machte. Natürlich können Begriffe, wie WIESER einschränkt, auch zum Fetischismus führen (vgl. S. 64). Eine ähnliche Tendenz wurde bereits für Denkmodelle nachgewiesen, diese bilden auch oft den Hintergrund solcher "Schlagworte". Auch an dieser Stelle wird die eminente Bedeutung der Sprache wieder deutlich. Die außergewöhnlich erschließende Wirkung des Curriculumbegriffs zeigte sich in den USA während der 60er Jahre, als eine unübersehbare Anzahl von Curricula unter ungeheurem finanziellen Aufwand in kurzer Zeit "aus dem Boden gestampft wurde". Inzwischen hat die Begeisterungswelle in den USA nachgelassen, vor allem als man sah, daß die Curricula, von denen man die Lösung aller möglichen Probleme (- darunter auch gesellschaftlicher und politischer -) erhoffte, diese Erwartungen nicht erfüllen konnten. Weder Armut noch soziale Schichtung, weder Rassismus noch politische und militärische Konflikte waren auf diese Weise zu lösen.

Nach den ersten Erfolgen der curricularen Bildungswelle und den spektakulären Weltraumerfolgen wandte sich daher das öffentliche Interesse wieder den ungelösten Problemen zu. Es ist nicht verfehlt, das Nachlassen der Curriculumwelle in den USA auf diese Weise zu erklären.

In der Zwischenzeit hatte der Curriculumgedanke auch in Europa Fuß gefaßt und insbesondere in England zu formal ähnlichen, inhaltlich aber differenten Projekten geführt [225].

4.3 Tendenzen in der Curriculumforschung

Die erste Generation curricularer Projekte bestand in der Bundesrepublik vor allem in der Übernahme oder Adaptation einzelner amerikanischer Grundschulcurricula wie z. B. des SCIS (Science Curriculum Improvement Study) und des SAA (Science - A Process Approach) [226].

Naturwissenschaftliche Sekundarstufen-Curricula, wie CHEMS, PSCS, ESCP oder das BSCS [227] (Biological Sciences Curriculum Study) wurden in der fachdidaktischen Diskussion in der Bundesrepublik bisher oft nicht einmal in den Anmerkungen von Veröffentlichungen erwähnt.

Zunächst sei kurz ein Blick auf die Curriculumentwicklung in der BRD geworfen. HUBER (1971) gibt dazu einen Überblick. Er schätzt, daß gegenwärtig etwa 40 - 50 Personen in der BRD an Curriculumprojekten arbeiten [228] (vgl. S. 111 ff.).

Die Finanzierung erfolgt weitgehend durch außerplanmäßige Mittel [229]. HUBER stellt fest, daß die erziehungswissenschaftlichen Seminare der Universitäten und Pädagogischen Hochschulen kaum für ihre Lehraufgaben, geschweige denn für irgendwelche nennenswerten Forschungsvorhaben durch reguläre Mittel gerüstet sind (S. 134) [230]. Die Richtlinienerstellung traditionaller Art kennzeichnet er folgendermaßen:

"Die langfristigen Zielaufstellungen und Stoffpläne werden von Gremien in Verfahren festgelegt, die - wenn auch einzelne Wissenschaftler beteiligt sein mögen - nicht wissenschaftlich kontrolliert und nicht demokratisch legitimiert sind. " (S. 109). Den Prozeß, nach dem bisher bei uns Lehrpläne entstehen, vergleicht HUBER mit dem Vorgang der "Osmose", durch den gesellschaftliche Normen, Zeitströmungen und wissenschaftliche Ergebnisse allmählich (unkontrolliert und unkontrollierbar, Verf.) in den Unterricht dringen" (S. 111). Kriterien für ein Curriculum als eine "geordnete Folge von Lernsituationen" (nach S. 111) sind:

1. Operationalisierte Zielangaben,
2. Auswahl und Organisation der Inhalte,
3. Auswahl und Organisation der Arbeitsweisen,
4. Beschreibung der Lehrstrategien,
5. Aussagen über Evaluationsverfahren (nach S. 112 ff.).

"Operationalisierung" bedeutet dabei, "daß die Unterrichtsprozesse angebbar sein müssen, in denen die beschriebenen Lernziele erreichbar sind und daß es Kriterien gibt, nach denen geprüft werden kann, inwieweit die Lernziele erreicht worden sind" [231] (NICKLAS in KLAFKI, u.a.; 1972, S. 7). Als weiteres Kennzeichen traditioneller Lehrpläne, die er als "informierte Willkür" (S. 7) bezeichnet, nennt NICKLAS die Leerformelhaftigkeit der allgemeinen Grundsätze. "Abstrakte phrasenhafte Ziele stehen ... unvermittelt den Stoffangaben gegenüber" (S. 12).

ROBINSOHN (1970) sieht Qualifikationen als die Grundelemente eines Curriculums an. Sie "beziehen sich nicht nur auf Kenntnisse und auf Denkfertigkeiten, sondern auch auf soziale, auf affektive, auf motorische Verhaltensweisen" (S. 288). "Bei der Realisation von Curriculuminhalten muß der Lehrer sowohl die Struktur der Disziplin, als auch die kindliche Entwicklung beachten" (s. ROBINSOHN 1972 in: KLAFKI u.a., S. 10 f.). Als letzter Orientierungspunkt wird die Gesellschaft benannt (vgl. S. 17, 1972) [232]. Die jetzigen Lehrpläne übersehen neben dem kognitiven Bereich noch völlig den affektiven, obwohl er von größter Bedeutung ist (vgl. 1972; S. 16).

Als wesentliches Merkmal eines neuen Lehrplans sieht GEILING (1971) die Forderung nach permanenter Revision an. "Im Sinne des kybernetischen Modells muß eine ständige Rückkopplung zwischen den wissenschaftlichen Ergebnissen und der curricularen Umsetzung stattfinden" (S. 5). Außerdem sollte man von der Mehrdeutigkeit der Lehrplanformulierungen (FISCHER, 1971) und von sogenannten "Plauderthemen" (ALTHERR, 1971) abgehen. KOPP sieht die Schwierigkeiten neuer Lehrplanerstellung bei Schwierigkeiten in der Sache, bei der Stoffauswahl und der Anordnung der Lerninhalte (vgl. S. 140). Über eine außergewöhnlich starke Tendenz zur Fixierung der praktischen Erfahrung im Unterricht berichten SCHULZ und THOMAS (1967). Analysen von Lehrdarstellungen bei PH-Studenten [233] ergaben bei 93,9 % eine Orientierung an traditionellen Themen. 97,6 % setzten den Frontalunterricht als dominierende Methode ein (vgl. S. 65 ff.).

Das Fehlen von Lernzielsystemen moniert ZIMMERMANN (1971, vgl. S. 86). Auch KASPER (1971) wendet sich gegen die heutige Form der "amtlichen Verordnung" von Lehrplänen (vgl. S. 530). Sie schlägt die Entwicklung von Unterrichtseinheiten als basale Curriculumelemente vor (siehe S. 531) [234].

KLEINSCHMIDT (1971) attackiert die übertriebene Betonung des Faktenwissens in den bisherigen Lehrplänen.

Nach NIPKOW (1971) kaschieren konservative Schulpädagogen ihre Arbeit durch eine modernistische Sprache, "während in der "Substanz" alles beim alten bleibt" (S. 10).

SPRECKELSEN (1971) ist der Auffassung, daß zunächst die Entwicklung fachbezogener Teilcurricula Priorität haben sollte und man erst nach Konstruktion solcher Teileelemente integrative Curricula konzipieren könnte (S. VI) [235].

Zur Durchsetzung solcher am Konzept einer Disziplin bzw. am Prozeß naturwissenschaftlichen Denkens orientierter Curricula, wie sie die Übertragungen des SCIS [236] (SPRECKELSEN u.a.) bzw. des SAA [237] (GRIEBEL u.a.) darstellen, ist es in erster Linie nötig, dem Lehrer ausführliche Unterrichtsmodelle [238] an die Hand zu geben (vgl. SPREKKELSEN, 1971; S. X f.).

Solche Konzepte enthalten aber die Gefahr einer monistischen Formalisierung. Sie beschwören insbesondere dann, wenn man nur noch überwiegend allgemeine Denktätigkeiten trainiert - wie z.B. das Klassifizieren an verschiedenen Blättern (vgl. GRIEBEL, Hg., 1971; S. 81 ff.) - eine Strömung der "formalen Bildung" herauf, die man in der Didaktik längst überwunden glaubte. Solch einseitige Programme müssen beim Schüler auf die Dauer außerordentliche Langeweile erzeugen. Es müßte beachtet werden, daß neben dem formalen Denkaspekt eben auch der Aspekt der Fachstruktur, der kindlichen Motivation und der Persönlichkeitsentwicklung zu beachten ist [239].

Die verschiedenen Typen der Curricula lassen sich allerdings nicht immer eindeutig voneinander abgrenzen [240].

Für strukturorientierte Curricula nennen TÜTKEN und SPRECKELSEN (1970) folgende Vorteile:

1. Schlüsselbegriffe helfen dem Kind die Umwelt anspruchsvoll und ökonomisch zu ordnen und zu begreifen.
2. Bessere Speicherung von strukturiertem Wissen.
3. Verringerung der Umlernprozesse;
   Grunderfahrungen veralten nicht so schnell (vgl. S. 15).

Für verfahrensorientierte Curricula geben sie folgende Qualifikationen an:

1. Beobachten
2. Raum - Zeit - Beziehungen gebrauchen
3. Zahlen gebrauchen
4. Messen
5. Klassifizieren
6. Mitteilen
7. Vorhersagen
8. Schlüsse ziehen
9. Daten interpretieren
10. Hypothesen formulieren
11. Variablen kontrollieren
12. Operational definieren
13. Experimentieren (Vgl. S. 18) [241]
    Ergänzen müßte man meines Ermessens z.B. noch:
14. Entscheidungen fällen
15. Entscheidungen begründen (bewerten).

Solcherart konstruierte und fortlaufend korrigierte Curricula sollten nicht nur für einzelne Altersstufen, sondern vom Kindergarten bis zum Abitur auch bei uns konzipiert werden (vgl. KLEINSCHMIDT, 1971; S. 2). Ein Einbeziehen ausländischer Erfahrungen könnte diesen Prozeß bei uns verkürzen und optimieren helfen. Umfassende Curriculumansätze finden sich außerdem noch bei FLECHSIG und Mitarbeitern. Das von ihnen entwickelte LOT-Projekt [242] sammelt Lernziele und befaßt sich mit Entscheidungen, die über diese Lernziele gefällt werden. [243] Das LOT-Projekt ist damit auch ein Evaluationsverfahren. Dies ist beim Standpunkt heutiger Lehrpläne deshalb so wichtig, weil für diese Entscheidungsprozesse charakteristisch ist, "daß weitgehend unbekannt ist, wie sie eigentlich vor sich gehen" (FLECHSIG, 1970; S. 15).

Eine Transparenz der Entscheidungsprozesse über Curriculuminhalte wird gefordert und angestrebt (vgl. S. 6 f.) [244].

Einen ähnlichen Ansatz beschreibt ROYL (1972) im Vorhaben der "Datenbank Kiel". Auch hier versucht man über objektivierte Datenermittlung und Datenspeicherung aus dem Feld schulischer Lernprozesse zu einer permanenten Revision und Optimierung schulischer Lernvorgänge und damit zu permanent korrigierbaren Curricula zu kommen. Fachdidaktische Projektierung, Testservice, Erfolgskontrolle und Evaluierung durch verschiedene Adressatengruppen sollen einen ununterbrochenen Rückkopplungsmechanismus für die Curriculumkonstruktion gewährleisten. Bei diesem Projekt ist der Lehrer direkt in den Entscheidungsprozeß integriert. Die Mängel des Projekts scheinen noch darin zu liegen, daß kein durchlaufendes Beschreibungsmodell für bestimmte Unterrichtsprozesse vereinbart wurde. So ist es denkbar, daß Unterschiede im Lerneffekt von Unterrichtsprozessen lediglich auf die Variabilität nachträglich nicht mehr eliminierbarer Faktoren des unterrichtlichen Beschreibungsverfahrens zurückzuführen sein könnten. Hervorzuheben ist für dieses Modell das emanzipatorische Bestreben, den Lehrer als Evaluator über Lernprozesse einzubeziehen. Anders als vom Schwerpunkt der Evaluation von Curricula versuchen FREY und seine Arbeitsgruppe durch die Entwicklung von Strategien (betreffend Handlungen) zu einer Curriculumtheorie (betreffend Probleme) und damit zu einer empirisch orientierten Curriculum-Konstruktion zu kommen (vgl. FREY u.a., 1971; S. 12). Zur Operationalisierung dieses Konstruktionsprozesses legt FREY ein präzises Blockdiagramm vor, das für die Konstruktion künftiger Curricula eine große Hilfe sein könnte (vgl. S. 14 - 16).

Beiträge, die ebenfalls in die angedeutete Richtung zielen, hat FREY (1969, 1971 a und 1970 in: RÄBER; Hg.) veröffentlicht.

Das Curriculum, das man als strukturierten Lernplan auffassen könnte, umfaßt nach FREY (1969) folgende vier Dimensionen:

1. Funktionen (Bildungsziele, Lernziele),
2. Inhalte (Lerngegenstände, Unterrichtsthemen, Fächer),
3. Inhaltsstruktur (didaktische Struktur, formalisierte Inhalte in Hinsicht auf die Lernziele),
4. Unterrichtsorganisation (Lernverfahren, Hilfsmittel) (s.S. 270 f.).

Mit den bereits angeschnittenen Wertproblemen und Evaluationsverfahren des Curriculums beschäftigen sich im bundesdeutschen Bereich neben den bereits genannten Autoren u.a. auch SCHMIDT (1971), HILGENHEGER (1971), AUFSCHNAITER (1971) und insbesondere WULF (1971). Oft sind solche Evaluationsprobleme auch mit Konstruktions- und Strukturproblemen verknüpft wie z.B. bei ROBINSOHN (1969) oder mit pädagogischen und soziologischen Fragestellungen, wie im bedeutenden Beitrag von BERNSTEIN (1971).

Viele deutsche Ansätze gehen auf Anregungen der amerikanischen Diskussion zurück, die seit etwa 1968 in den USA verstärkt im Gange ist. STAKE (1970), WESTBURY (1970) [245], FRYMIER (1969), BELLACK (1969), GOODLAD (1966) sowie die Namen TABA und WHEELER sind u.a. in diesem Zusammenhang zu nennen. Für die deutschen Verhältnisse sehr bedeutungsvoll ist der Beitrag von WULF (1971) zur "Curriculumevaluation". Diese wichtige Untersuchung gibt eine Definition des Evaluationsbegriffs, nennt Evaluationsfelder [246], wichtige Evaluationsformen und Faktoren und schließt den Problemhorizont durch einen Fragenkatalog auf. Für WULF (1971) erscheint "ein neues Curriculum, über dessen Wert nichts zu erfahren ist, ... wertlos" (S. 176) [247].

"Curriculumevaluation zielt auf die Sammlung, Verarbeitung und Interpretation von Daten mit dem Ziel, Entscheidungen über ein Curriculum zu fällen" (S. 177). Die Evaluation eines Curriculums muß folgende relevanten Faktoren beachten:

- die Personen, die mitwirken,
- die Ziele, die für ihre Arbeit gesetzt werden oder gelten,
- die Verfahren, mit deren Hilfe man die Ziele anstrebt,
- die Programme, von denen man sich dabei leiten läßt,
- die Instrumente, die dabei benutzt werden,
- die Urteile und Wertschätzungen, die die Arbeit steuern ..."
 (s. S. 181).

STAKE schlägt als Bewertungsinstrumente eine Check-Liste mit einer Fünferskala (4 = excellent, 3 = good, 2 = fair, 1 = poor or missing, n. a. = not applicable) vor (vgl. S. 188). Denkbar wäre auch eine Übertragung des 1957 von OSGOOD, SUCI und TANNENBAUM entwickelten räumlichen Skalierungsmodells des "Semantischen Differentials". Bei einer Untersuchung, welche Beurteilungsdaten bei Fachbiologen, biologischen Curriculumautoren und Biologielehrern verglich, stellten TAYLOR und MAGUIRE (1967) die stärksten Differenzen zwischen Fachwissenschaftlern und Biologielehrern fest [248]. Erst wenn man solche Unterschiede kennt und einkalkulieren kann, wird es beispielsweise möglich sein, ein neues Curriculum einzuführen, ohne daß es durch gegenläufige Prozesse inaktiviert oder in eine unerwünschte Richtung gedrängt wird. Es ist sehr schwierig, in kurzer Form einen treffenden Überblick über Curriculumansätze in der Bundesrepublik zu geben. Das liegt - neben weitverstreuter Einzelforschung - vor allem an der Fluktuation der Mitarbeiterkreise, der mangelnden Koordinierung der Projekte und der meist unregelmäßigen, weitverstreuten Information. Für den Ansatz einer biologischen Curriculumforschung ist es wichtig, über den allgemeinen Horizont dieser Forschungsrichtung der Pädagogik bzw. des interdisziplinären Gebietes zwischen Pädagogik und Fachwissenschaft Bescheid zu wissen.

Einen für den b i o l o g i s c h e n B e r e i c h bedeutsamen Ansatz entwickelt gegenwärtig das "Institut für Pädagogik der Naturwissenschaften" (IPN) in Kiel.

Ein Arbeitsteam [249] unter Leitung von SCHÄFER (1971) plant, erprobt, evaluiert und revidiert biologische Unterrichtsmodelle mit zeitgemäßer Problemstellung. Dazu wird ein ähnlicher Revisionszyklus angewandt, wie er aus amerikanischen Projekten, z. B. vom BSCS, bekannt ist (vgl. S. 8).

Zur Modellkonstruktion werden in Erweiterung des HEIMANNschen (1962) und FRANKschen (1969) Konzepts folgende Schlüsselfragen verwendet:

1. Adressatenfragen	("W e r" wird unterrichtet?)
2. Zielfragen	("W o z u" soll unterrichtet werden?)
3. Stoffragen	("W a s" soll unterrichtet werden?)
4. Methodenfragen	("W i e" soll unterrichtet werden?)
5. Zeitfragen	("W a n n" und "w i e l a n g e" soll unterrichtet werden?)
6. Medienfragen	("W o m i t" soll unterrichtet werden?)
7. Milieufragen	("W o" wird unterrichtet?)
8. Personalfragen	("W e r" unterrichtet?)
9. Evaluationsfragen	("W i e e f f e k t i v" ist der Unterricht?)

(Vgl. SCHÄFER, 1971; S. 6 ff.).

Mit diesem von der VW-Stiftung finanzierten Projekt könnte sich - wie die Ansätze zeigen - die Hoffnung auf eine Revision des Biologieunterrichts konkretisieren. Eine Intensivierung dieser Bestrebungen, sowie die Errichtung ähnlicher untereinander kooperierender und Parallelarbeit vermeidender Institutionen könnte - wie Beispiele in den USA zeigen - in relativ kurzer Zeit zu alternativen [250] und abgeschlossenen Konzepten führen [251]. Der Bereich Biologie wäre damit auch für die Unterrichts- und Curriculumforschung leichter zugänglich. Aus dem bisherigen Überblick lassen sich grob folgende Tendenzen oder Strömungen der Curriculumforschung in der BRD kennzeichnen:

1. Die Übertragung bzw. Umarbeitung bereits existenter a u s l ä n d i - s c h e r C u r r i c u l a (z. B. SPRECKELSEN, GRIEBEL).
2. Die Sammlung, Systematisierung und Evaluation von relevanten Lernzielen, Aufstellen von L e r n z i e l -Katalogen (FLECHSIG und Mitarbeiter, ROYL, ROBINSOHN).
3. Die Curriculumentwicklung auf der Basis von U n t e r r i c h t s m o - d e l l e n (z. B. GIEL und HILLER, KASPER).
4. Die Entwicklung von C u r r i c u l u m s t r a t e g i e n (z. B. FREY und Mitarbeiter).
5. D i e B e w e r t u n g von Curricula oder Curriculumelementen (z. B. WULF, ROBINSOHN, FLECHSIG und Mitarbeiter).
6. Die Entwicklung f a c h e i g e n e r C u r r i c u l a (z. B. IPN - Curriculum).

Nach dieser Kurzbeschreibung der Gesamtsituation der Curriculumforschung erfolgt anschließend eine auf den naturwissenschaftlichen und speziell den biologischen Bereich einengende Darstellung von Ansätzen, Problemen und bisherigen Ergebnissen solcher Curriculumansätze.

4.4 *Ansätze naturwissenschaftlicher Curricula*

Die stärksten Impulse zu einer Reform naturwissenschaftlicher Curricula gingen von den Vereinigten Staaten aus. Ursache für ein geradezu schlagartiges Umdenken bei der naturwissenschaftlichen Ausbildung der Schüler war der für die Amerikaner schockierende Start des Sputnik I am 4. Oktober 1957. Dieser technologische Vorsprung wurde von den Amerikanern sozusagen als "nationale Kränkung" empfunden. Zwar hatte schon in den frühen 50er Jahren Kritik an den angeblich am Schülerdenken [252] und noch mehr an den als statisch angesehenen Ergebnissen der Wissenschaft orientierten naturwissenschaftlichen Lehrgängen eingesetzt, doch erst der als "Katalysator" wirkende Sputnikstart verhalf neuen Projekten zum naturwissenschaftlichen Unterricht in kürzester Zeit und mit gewaltigen Finanzmitteln zum Durchbruch (vgl. BUTTS, 1969; S. X).

Man entdeckte die Naturwissenschaften und ihre Bedeutung für das Leben ("Science as a way of life" - vgl. TÜTKEN und SPRECKELSEN, 1970; S. 10). Der sehr vieldeutig gebrauchte Begriff der "Scientific Literacy" [253] setzte sich immer mehr durch. (Eine nähere Beschreibung dieses Begriffes bringt KOLB, 1969; S. 21 f.) Mit Vehemenz setzte eine Strömung ein, die die statische Orientierung des naturwissenschaftlichen Lernprozesses massiv kritisierte. Durch eine statische Betrachtungsweise der Wissenschaften kommt es, wie SCHWAB und BRANDWEIN

(1962) schreiben, zu einer Spaltung zwischen den W i s s e n s c h a f t l e r n , bei denen Zweifel erlaubt, ja geboten sind und der Ö f f e n t l i c h k e i t , die diese naturwissenschaftlichen Aristokraten nicht versteht, da sie in d o g m a t i s c h e r W e i s e erzogen wurde (vgl. S. 8 f.).

Die Folge einer solchen statischen Forschungsauffassung (stable enquiry) ist, daß der Z w e i f e l in den Schulbüchern über Hunderte von Seiten hin unterdrückt wird - kein Wunder, wenn dann die Frage fehlt. Die Auswirkungen gingen so weit, daß man Bücher, die Zweifel zugaben, als schlechte Bücher ansah (vgl. S. 62).

Der naturwissenschaftliche Unterricht darf sich nicht an einer "Rhetorik der Zusammenfassungen" (rhetoric of conclusions) orientieren, er muß unter allen Umständen den fließenden Forschungsprozeß (fluid enquiry) zum Gegenstand haben, wenn er nicht zu statischer Ineffektivität verurteilt sein will. Eine solche Erziehung im Sinne stabiler Erkenntnisse erreicht beim Schüler, der später immer wieder erfahren muß, daß Fakten, die er auf der Schule lernte, permanent ihre Gültigkeit verlieren, schließlich Zweifel in höchstem Ausmaß, die sich aber jetzt als Zweifel a n d e r N a t u r w i s s e n s c h a f t und ihren Ergebnissen überhaupt äussern. Rhetorische Zusammenfassungen des Gegenwartwissens sollten in der Schule überwiegend als Zusammenhänge gesehen werden, die ein großer Teil bedeutender Forscher dieses Gebietes für richtig hält. Andernfalls wird der Laie in die Irre geführt, weil man ihn dazu erzieht, Zweifelhaftes für sicher zu halten [254]. So erscheint in Schul- und Lehrbüchern beispielsweise die Herzfunktion kristallklar! Niemals wird auf den mühevollen Prozeß hingedeutet, der notwendig war, bis man diese Erkenntnisse als einigermaßen sicher ansehen konnte [255].

Viele Schulbücher in unserem Land sind auch heute noch - oft bedingt durch die zugrunde liegenden, am stabilen Faktenwissen orientierten Lehrpläne - an solchem Denken orientiert. Aus dem Grunde ist es gerade im Hinblick auf die Biologie nötig, auf diesen Sachverhalt hinzuweisen. Das gesamte Verfahren schulischer Denk- und Informationsprozesse im naturwissenschaftlichen Bereich muß daher am Prozeß naturwissenschaftlichen Denkens und zugleich an den Strukturen der jeweiligen Fachdisziplin - die ja Manifestationen eben dieses Denkens sind - orientiert werden. Selbstverständlich ist dies ohne Faktenkenntnisse gar nicht möglich. Es bedeutet auch nicht, daß dabei Fakten zu kurz kommen müßten! Abzulehnen sind nur ungeordnete, unverstandene, d.h. unverknüpfte Fakten. Fakten sind daher von Anfang an in sinnvollen und relevanten Z u s a m m e n h ä n g e n zu lehren. Das naturwissenschaftliche Denken ist eben, wie gezeigt wurde, nicht einfach eine Internalisation von Objektdaten, sondern ein Prozeß der S i m u l a t i o n und der schöpferischen K o n s t r u k t i o n [256]. Das Denken beruht nicht auf Fakten, sondern auf ausgewählten Fakten [257]. Erst dadurch wird Denken, Forschen und Verstehen möglich.

FRANK (in FRAZIER, Ed., 1963) bezeichnet ein solches statisches Vorgehen, das nicht daran denkt, sich an den künftigen Bedürfnissen der Kinder zu orientieren als moralisch untragbar [258]. Die direkte Erfahrung, der U m g a n g m i t d e m O b j e k t - die eine selbständige Anwendung von solchen Denkstrategien überhaupt erst ermöglichen - sind aus diesem Grunde Voraussetzung für einen revidierten naturwissenschaftlichen Unterricht (vgl. BUTTS, 1969; S. 29 ff.).

Im Zusammenhang mit der Curriculumentwicklung naturwissenschaftlicher Fächer wurde daher die L a b o r a r b e i t in den Mittelpunkt gesetzt. Anders als bei uns hat man in den USA die außergewöhnliche Bedeutung von Objekt, Material, Ausstattung und Medien nicht nur erkannt, sondern auch praktisch zu realisieren versucht [259].

Zu den Curricula wurden folgende Materialien entwickelt:

1. Textbücher (Schulbücher u. Lehrerbegleitbände)
2. Laboranleitungen
3. Ergänzende Literatur (z. B. für langsame oder besonders interessierte Lerner)
4. Leistungstests
5. Koordinierte Filme (u. anderes AV-Material)
6. Ergänzende Lehrprogramme
7. Lehrerhandbücher
8. Laborapparat - oft in Form von "Kits" (Ausstattungspaketen)
9. Arbeitsbücher mit Übungsanweisungen
10. Lehrerausbildungs- und Informationsprogramme ("news letters")
    (vgl. HURD , Ed. , 1966; S. 19 ff.).

HURD (in: NSTA. CURR. COMM. , 1964)nennt folgende F a k t o r e n, die ein naturwissenschaftliches Curriculum beachten muß:

1. Die Natur der Wissenschaft
   (Struktur, Forschungsprozesse, Konzepte).

2. Die Natur des Lerners
   (Motive, kognitive Stile, emotionaler Hintergrund, intellektuelles Potential).

3. Die Natur des Lehrers
   (Kognitive Stile, Kommunikationsfähigkeit, Kontrollmuster, philosophische Grundlagen, ... Wissenschaftsverständnis ...).

4. Die Natur des Lernens
   (Prozesse, Kontexte, Bedingungen, Zwecke).

5. Die Natur des Curriculums
   (Organisation, Sequenzen, Inhalte, Prozeduren, Einstellungen).

6. Die Natur der Sozialstruktur
   (Soziale und kulturelle Kräfte, ihre Bedürfnisse und Antriebe).
   (Nach HURD, S. 13) [260].

Die Entstehung und Struktur eines solchen naturwissenschaftlichen Curriculums wird später am BSCS näher beschrieben.

Die a l l g e m e i n e n Z i e l e der naturwissenschaftlichen Instruktion gibt HANEY (Ed. , 1966) an:

Er merkt zuvor an, daß diese Ziele sowohl k o g n i t i v e als auch a f f e k t i v e und p s y c h o m o t o r i s c h e Komponenten enthalten müßten.

Als Ziele für den Schüler nennt er:

1. Lernen von Wissen, mit dem er natürliche Phänomene erklären, vorhersagen und kontrollieren kann.
2. Fähigkeiten der Übertragung auf die Situation des täglichen Lebens.

3. Entwicklung und Gebrauch wissenschaftlicher Einstellungen.
4. Verständnis für die vielfältigen Beziehungen zwischen Wissenschaft und Gesellschaft.
5. Erlernen brauchbarer manipulativer Fähigkeiten.
6. Entwicklung vielfältiger Interessen (nach S. 24).

Den in den sechziger Jahren erstellten Science-Curricula werden folgende Wirkungen zugeschrieben:

1. Neue Bücher und neues Instruktionsmaterial wurden konzipiert. Bei traditionellen Autoren führte diese Entwicklung zu einem Revisionszwang. Ergänzungsprogramme wurden entwickelt, Entwicklung von Begleitmaterial wurde in Angriff genommen.
2. Neue Formen und Sozialstrukturen wurden im Zusammenhang mit der Curriculumentwicklung gefunden (z. B. das Phänomen der Summer-Writing-Conference, einem Schreibteam, das in kurzer Zeit erste Curriculumtexte für die erste schulische Evaluationsstufe zusammenstellte).
3. Durch freie Konkurrenz konnten sich nur die besten Curricula durchsetzen.
4. Lehrerinstitute wurden eingerichtet und neue In-Service-Projekte begonnen. Der Ruf nach intensiver Lehrerweiterbildung erhob sich.
5. Die Curricula hatten Auswirkung auf große Schülerpopulationen, ja weltweite Resonanz.
6. Die bisherige Kontinuität wurde durchbrochen, der Begriff des "Fertigseins" fraglich. Neue Termini wie enquiry, process, discovery, concept, conceptual scheme, scientific literacy kamen in Gebrauch und veränderten die unterrichtlichen Grundeinsichten und Denkweisen.
7. Die Notwendigkeit für den Einsatz von Medien und Material wurde gesehen, die Mittel wurden zur Verfügung gestellt.
8. Ein Bedarf an Evaluationsverfahren und Tests entwickelte sich und führte zu Ansätzen einer objektivierten Leistungsmessung.
9. Die Frustration der Schüler aus traditionell arbeitenden Colleges, die sich im Gegensatz zu den nach den modernen Curricula ausgebildeten Schülern an den Universitäten schwer taten, führte zu einem Umdenken auch bei traditionellen Institutionen und verstärkte den Zustrom zu den neuen Curricula.
10. Durch die Erfolge der Curricula insbesondere auf der Sekundarschule kamen andere Schultypen - wie Elementary School, College und Universität unter Pressionen und mußten auch ihre Kurse modernisieren [261].

Nach dem ersten Optimismus [262] traten auch die noch offenen und ungelösten Fragen an den Tag:

1. Berücksichtigte man in ausreichendem Maße Interessen, Bedürfnisse und Fähigkeiten der Schüler?
2. Nach welchen Gesichtspunkten führte man die Auswahl und Zuordnung von Lerninhalten in den verschiedenen Curricula durch?
3. Sollte man wissenschaftliche Curricula separat oder integriert aufbauen, nach der Struktur der Disziplin oder nach dem allgemeinen Wissenschaftsverständnis?

4. Zu welchem Ziel und zu welchen Zwecken soll die praktische An-
   wendungsfähigkeit naturwissenschaftlichen Wissens im Curriculum
   führen?
5. Entsteht ein Konflikt zwischen nationalen und lokalen Kräften?
   (Für die Bundesrepublik kommt statt dessen der Konflikt zwischen
   der Kulturhoheit der Länder und dem Bund zum Tragen).
6. Welche Rolle haben die Schüleraktivitäten in der wissenschaftlichen
   Instruktion?
   Nötige Kosten, Zeit, Arbeitsaufwand und als Gegensatz eine nur be-
   grenzte Schulzeit!
   Wieviel Eigeninitiative und wieviel "Gängelung" sind dabei nötig,
   zumal viele Gegenstände ohne direktes Erfahrungswissen vermittelt
   werden müssen?
7. Welche Rolle und welche Qualifikationen soll der Lehrer in den Naturwissenschaften haben?
   (Vgl. HANEY, Ed.; S. 25 ff. - etwas umformuliert und ergänzt).

Die Kenntnis solcher Probleme und Prozesse ist deshalb für die gegenwärtige Curriculumdiskussion und -situation von so eminenter Bedeutung,
weil bei Beachtung dieser Information viele F e h l e r , U m w e g e u n d
I r r w e g e v e r m i e d e n w e r d e n k ö n n t e n , die aus der Primärsitua-
tion der amerikanischen Projekte notgedrungen entstanden.

Vielleicht können solche Informationen dazu beitragen, endlich auch bei
uns und im Bereich des Biologieunterrichts einen solchen Prozeß des
Umstrukturierens (nicht nur auf dem Verbalniveau) in Gang zu setzen.
Aus diesem Grund sollen vor der Kritik an den deutschen Biologielehr-
plänen kurz die Ansätze im Ausland bzw. auch in der DDR kurz beschrieben werden.

4.5 Biologische Curriculumansätze

4.5.1 Das BSCS in den USA

"Die Biological Sciences Curriculum Study (BSCS) wurde 1958 zur Verbesserung des Biologieunterrichts auf allen Schulstufen etabliert. Als
ein kooperatives Unternehmen zwischen Biologie und Pädagogik [263] hat
das BSCS eine Vielfalt von Materialien produziert, die sowohl auf dem
Sekundarschul- als auch auf dem Collegenniveau eingesetzt wurden"
(KLINCKMANN, Supvervisor, 1970, S. VII, Foreword). Die Planungs-
arbeiten wurden durch das AIBS (American Institute of Biological Sciences) induziert und koordiniert.

Obwohl das BSCS nicht als nationales Curriculum konstituiert worden war,
wurde es ein solches dadurch, daß es sich den Bereich der biologischen
Ausbildung in den USA sozusagen auf dem Feld des Konkurrenzkampfes
"eroberte". Schon bald war auch der nationale Rahmen gesprengt. Bereits 1967 hatten es mehr als 30 Länder in allen Teilen der Welt - mehr
oder weniger verändert - übernommen [264]. Mehr als 40 weitere Länder
stehen in Adaptionsverhandlungen mit dem BSCS [265].

Die folgende Tabelle, welche den Prozentsatz der nach dem BSCS ausgebildeten Schüler in den Anfangssemestern eines College in den USA wiedergibt, zeigt die Entwicklung des BSCS.

1963/64   3 % der Schüler
1964/65   10 %
1965/66   19 %
1966/67   25 %
1970/71 werden 80 % erwartet (zit. n. BIEGLER, 1970; S. 1).

Kennzeichnend für das Führungskomitee des BSCS ist, daß es etwa zu
75 % in den Händen von Fachwissenschaftlern liegt.

Die Schulfachleute gewinnen bei der Erarbeitung der Materialien und
bei der Evaluation an Bedeutung (vgl. BIEGLER, 1970; S. 27).

Die Struktur des BSCS [266]

Um die Gefahr eines einseitigen Biologiecurriculums auszuschalten
wurden gleich zu Beginn von drei voneinander unabhängigen Teams drei
unterschiedliche Versionen des biologischen Curriculums entwickelt:

1. Die blaue Version (blue version)   "Molecules to Man"
2. Die grüne Version (green version)   "High School Biology"
3. Die gelbe Version (yellow version)   "An Inquiry into Life"

Die Schwerpunkte der jeweiligen Version liegen beim zellulären (1.), beim
evolutiv-ökologischen (2.) und beim molekularen (3.) Ansatz in der Biologie. Die drei Teams setzten sich aus Lehrern und Fachleuten an Hochschulen und Universitäten zusammen. Gleich zu Beginn plante man für jede
Version Labor-Arbeitsanweisungen für die Hand der Schüler ein. Diese
wurden zunächst von eigenen Schreibteams später von den Buchteams ver-
faßt. Textbuch und Laborführer bilden inhaltlich eine untrennbare Einheit, da das Experimentieren ein zentrales Anliegen der BSCS-Biologie
ist.

Insgesamt hat das BSCS folgende Materialien entwickelt:

1. Lehrbuch,
2. Laborführer (dazu ein Take Home Laboratory Programm mit
   einfachsten Mitteln),
3. Labor-Blocks (für Eintragungen der Schüler),
4. Vierteljahrestests und Jahresabschlußtests,
5. Lehrerhandbuch (Teachers Guide),
6. Biology Teachers Handbook,

   Special Materials

7. Biological Science - Patterns and Processes
   (vereinfachtes Programm für schwache Lerner),
8. Biological Science - Interactions of Experiments and Ideas für
   besonders Fortgeschrittene (7. und 8. jeweils mit Zusatzmaterial
   wie 1. - 5.),
9. Super-8-Filme (Single topic inquiry films),
10. Diaserien (Inquiry slide sets),
11. Schriftenreihe "Research Problems in Biology" für besonders
    interessierte Schüler,
12. Filme über Labortechniken und über die Entstehung und Entwicklung
    des BSCS,
13. Schriftenreihe "Bulletin Series" und "Special Publikations" als zu-
    sätzliche Information über Unterrichtsmodelle und Teacher-In-
    Service,

14. "Pamphlet Series". Sie informieren Lehrer, interessierte Schüler und Laien über spezielle Forschungsprobleme in der Biologie. Ähnliche Ziele verfolgt die Paperbackreihe "Pegasus Series",
15. BSCS - Newsletters. Regelmäßig erscheinende kostenlose Informationsschrift zum BSCS. Davon erscheint auch eine internationale Ausgabe.

Damit sind noch nicht alle Einzelpublikationen erfaßt. Außerdem werden viele Serien laufend erweitert, so, wie insgesamt das ganze Curriculum auf permanente Revision hin angelegt ist. Grob geschätzt läßt sich sagen, daß zum BSCS bisher mehrere hundert Veröffentlichungen erschienen sind, dazu kommen noch audiovisuelle Medien und Labormaterial.

Die Differenzierung des BSCS in die drei Versionen soll:

1. Flexibilität für Lehrer und Schüler ermöglichen,
2. den unterschiedlichen Aspekten der Biologie gerecht werden, die sich nicht auf eine einzige, allgemeingültige Art beschreiben läßt,
3. Schwerpunkte auf moderne Forschungsansätze legen (vgl. BIEGLER, 1970; S. 31 ff.).

Die Alternativwege ermöglichen weiterhin ein Kürzen bzw. Erweitern, verschiedene Variationen und Medienkombinationen.

Aus dem Projekt lassen sich folgende lerntheoretischen Implikationen isolieren:

1. Lernen wird da bedeutungsvoll, wo die Schüler Einzelfakten in Zusammenhänge bringen können.
2. Schüler lernen durch Erfolgsbestätigung besser.
3. Schüler lernen in einer Atmosphäre von Respekt, Freundschaft und Hilfsbereitschaft besser.
4. Besseres Lernen ist durch Berücksichtigung der Lernvoraussetzungen möglich.
5. Lernen wird besser durch die Aktivierung des Schülerinteresses.
6. Die Lerneffektivität erhöht sich durch Darbieten der gleichen Information durch verschiedene Medien.
7. Die Schüler lernen besser, wenn sie mitbestimmen können über das, was sie lernen (vgl. BIEGLER, S. 74 f.).

Der letzte Punkt weist bereits auf eine Schwäche hin, die diesem sonst so imposanten Projekt innewohnt. Ist hier (Punkt 7!) nur deshalb das Mitbestimmen des Schülers erstrebenswert, weil er - pragmatisch gesehen- mehr lernt? Was lernt er mehr - wofür lernt er? Sollte er nicht eher durch Mitbestimmen das "Selbstbestimmen" lernen?

In solchen Stellen der Diskussion sucht man meist vergeblich nach Auskunft im BSCS-Material. Auch die Relevanz der wissenschaftlichen Biologie wird nirgends kritisch hinterfragt (vgl. BIEGLER, S. 119). Man folgt einfach einer Anpassung an ein "scientific age". Kaum an irgend einer Stelle der zugänglichen Literatur wird der Fächerkanon und -umfang reflektiert. Von daher gesehen ist ein Berufen auf die Struktur der Wissenschaft bequem. Die größte Schwäche liegt demnach in der kritischen Begründung (rationale) des Curriculums. Die Kritik BIEGLERs ist nicht von der Hand zu weisen, daß hinter solch adaptiven Forderungen "letztlich die Absicht (steht) ... den Schüler anzupassen, ihn den Forderungen der Zeit, und das heißt, der Gesellschaft in ihrer jetzigen Beschaffenheit, entsprechend prägen zu wollen. Daß dieses Unternehmen nicht selbstverständlich, sondern aus der Sicht der Pädagogik äußerst fragwürdig ist, muß gesehen werden" (BIEGLER, 1970; S. 119). Das heißt jedoch n i c h t , daß wir uns erlauben könnten, über dieses gewaltige Unternehmen mit seinen vielen positiven Seiten, lediglich aus einem Aspekt heraus den Stab zu brechen. Dieser Mangel kann dann, wenn er erkannt ist auch kompensiert werden!

"Bevor wir jedoch daran gehen, Einzelheiten aus dem neuen Ansatz des BSCS ... in unseren Unterricht zu übernehmen, müßte dieser Ansatz eingehender beleuchtet, und das bedeutet, auch auf seine theoretischen Grundlagen hin untersucht werden. Es besteht sonst die Möglichkeit, daß wir ungeprüft Dinge mit übernehmen, die wir bei einer genaueren Einsicht in diese Zusammenhänge nicht billigen könnten" (BIEGLER, 1970; S. 125).

4.5.2   Die Nuffield Biologie in England

Ein dem BSCS vergleichbares, wenn auch nicht so umfangreiches Currculumprojekt wurde 1964 in England konzipiert. Man begann zu diesem Zeitpunkt mit der "N u f f i e l d   J u n i o r   S c i e n c e" für die Elementarschule. Sie durchlief in ihrer Planung folgende Stadien:

1. P h a s e   V o r o r i e n t i e r u n g durch Klassenarbeit
                (pre-pilot-phase).

2. P h a s e   Z w i s c h e n p h a s e. Testung des Curriculummaterials,
                Rückmeldung an die Projektleitung.

3. P h a s e   M o d i f i k a t i o n und U m a r b e i t u n g des Materials
                (Lehrerausbildungskurse werden durchgeführt)
                (vgl. WASTNEDGE, Ed. , 1970; S. 10).

Nach einem ähnlichen Dreiphasenmodell wurden auch die Materialien für die anderen Schulstufen entwickelt.

Das Gesamtprojekt umfaßt folgende Teilbereiche:

N u f f i e l d   J u n i o r   S c i e n c e

1. T e a c h e r s G u i d e 1 (Lehrerhandbuch):
   Projektbeschreibung und allgemeine Erziehungsphilosophie [267].
   Der Lernprozeß in den Naturwissenschaften.

2. T e a c h e r s G u i d e 2 (Lehrerhandbuch):
   Bericht über erprobte schulpraktische Beispiele.
   Die Struktur des Themas ist meist in Form eines Strukturdiagramms
   aufgeschlüsselt [268].

3. A p p a r a t u s: a Source Book of Information and Ideas.
   Hier wird die Herstellung von Hilfsmitteln, Versuchsgeräten und die
   Beschaffung von Material beschrieben. Wert wird besonders darauf
   gelegt, daß die Hilfsmittel so e i n f a c h w i e m ö g l i c h sein sollen.

4. A n i m a l s a n d P l a n t s: a Source Book of Information and Ideas.
   Hier findet man Hinweise zur Tierhaltung und Tierpflege, Pflanzen-

haltung, Aquarienkunde, ein ausführliches Literaturverzeichnis und ein Verzeichnis der Materiallieferanten.

Daneben existiert eine Reihe von

Teacher's Background Booklets.

Bisher sind erschienen:
1. Autumn into Winter
2. Science and History
3. Mammals in Classrooms [269].

Dieses Nuffield Grundschulcurriculum hat folgende Charakteristika:

1. Es beginnt mit der ersten Schulstufe.
2. Hauptkennzeichen ist der freie und selbsttätige Umgang der Schüler mit dem Material, Bücher spielen auf dieser Stufe eine untergeordnete Rolle.
3. Es ist ein integratives Curriculum.
   An jedem Thema werden die jeweils relevanten wissenschaftlichen Denkprozesse aktiviert.
4. Das Denken und die Entwicklung des Schülers stehen im Mittelpunkt.

WASTNEDGE (1970) beschreibt die Anliegen der "Junior Science" näher: Der Lehrer hat in diesem Curriculum die Hauptaufgabe, Material für die Erfahrungsgewinnung zur Verfügung zu stellen (vgl. S. 14). Dabei wird das selbstgebastelte Material bevorzugt. "Wir bevorzugen nachdrücklich den Gebrauch selbstgebauter Materialien, auch dann, wenn einige Lehrer ihn als "Krimskrams" (gimmick) betrachten mögen und andere Fetischismus damit betreiben" (WASTNEDGE, S. 34).

WASTNEDGE begründet diese Auffassung folgenderweise:

1. Kinder erreichen das größtmöglichste Ausmaß an Verständnis, wenn man sie selbst entwerfen und konstruieren läßt.
2. Vorgefertigtes Material verunmöglicht das eigene Entdecken (Gängelung).
3. Fertige Materialien veralten schnell. Sie restringieren dann den Unterrichtsprozeß.
4. Es entstehen hohe Kosten durch fertige Ausstattungen (S. 34 f.).

Weiter ist man der Meinung, daß die Konzept-Entwicklung beim Schüler Zeit benötigt und Hasten schädlich sei. Die Schule hat diesen Entwicklungsprozeß durch Bereitstellung geeigneten Materials und passender Situationen zu fördern (vgl. S. 16).

Die Vorstellung, man solle das Kind so nehmen, wie es ist "und nicht, wie wir es gerne haben möchten oder wie wir denken, daß es in einem bestimmten Alter sein müsse" ist eine zweischneidige Sache. Man kann auf diese Weise unter Umständen durch allzu guten Willen dem Kind auch schaden, indem man es auf bestimmte Stufen seiner Entwicklung - die es durchlaufen müßte - fixiert.

Die außerordentliche Bedeutung der Sprache [270] für die geistige Entwicklung der Kinder wird in der "Junior Science" erkannt. Der wissenschaftliche Unterricht kann die Sprachentwicklung der Kinder in außergewöhnlicher Weise fördern, indem er den Wunsch nach Gespräch wachruft (durch Probleme und Phänomene, Verf.) und etwas bereitstellt, worüber gesprochen werden kann (vgl. S. 37).

Zeichnen, Malen und Modellieren spielen im Curriculum eine große Rolle. "Kinder malen, zeichnen oder modellieren nicht nur, um zu zeigen, was sie beobachtet haben, sondern auch, um ihr Denken zu ordnen und ihre imaginativen und kreativen Ideen auszudrücken" (s.S. 38).

Auf diese Weise glaubt man die intrinsische Motivation des Schülers zu erreichen. Er soll "Wissenschaft aus erster Hand" (vgl. S. 43) erfahren.

Die ersten Erfahrungen mit dem Junior Science - Programm sowie die Wirkung dieses Vorgehens beschreibt WASTNEDGE so:

"Die Kinder wurden so lebendig und interessiert, mit dem Ergebnis, daß die Eltern die Schulen aufzusuchen begannen, um herauszufinden, was ihre Kinder so begeisterte und um zu fragen, ob sie durch den Kauf von Büchern, naturwissenschaftlichen Materialsammlungen (kits) oder Spielsachen helfen könnten" (S.S. 14).

Die Planung des Unterrichts ist den Intentionen entsprechend, variabel und offen. Sie besteht vor allem in der Diagramm-Aufschlüsselung der Themen.

Dem Junior Science Elementarschulcurriculum liegen folgende "Statements" zugrunde:

1. Praktische Erfahrung ist Voraussetzung des naturwissenschaftlichen Unterrichts, Material und Möglichkeiten muß die Schule bieten.
2. Die Thematik, auf die das praktische, selbständige Problemlösen der Schüler angewandt wird, soll aus der Umwelt der Kinder stammen.
3. Eine anregende Atmosphäre muß geschaffen werden.
4. Im Zentrum stehen übergreifende Curriculumthemen.
5. Die Schüler müssen Ausdrucksmöglichkeiten für ihre Entdeckungen erhalten durch Sprechen, Malen, Zeichnen, Modellieren.
6. Langsames und behutsames Übergehen zu einem abstrakteren Niveau ist nötig.
7. Der Bucheinsatz dient der Erweiterung (vgl. S. 113 f.).

Bewertung der "Nuffield Junior Science"
Sehr deutlich zeigen sich im Nuffield-Elementarschulprojekt Parallelen zur Reformpädagogik, der Kunstpädagogik um die 20er Jahre unseres Jahrhunderts und zu Strömungen wie dem "exemplarischen Lehren" und dem "Gruppenunterricht". Besonders der didaktische Ansatz von WAGENSCHEIN scheint hier in gewissem Umfang realisiert zu werden. Außerdem wirkt die "Projektmethode" DEWEYs nach. Der Lehrer fungiert als vorsichtiger Steuerer und Anreger schöpferischer kindlicher Aktivitäten. In diesem Sinne steht die "Junior Science" konträr zu vielen Curriculumprojekten, z.B. dem BSCS, wo eine außengesteuerte Regelung der Lernprozesse vorherrscht. In einem Curriculum, das allzu stark auf die aktuellen Interessen der Schüler aufbaut, liegt aber die Gefahr der Stagnation [271]. Ein anderer Nachteil dieser Richtung ist der eminent hohe Zeitaufwand bei sehr begrenzter Unterrichtszeit. Zudem gibt es durchaus Strecken im

Instruktionsprozeß, die durch selbsttätiges Hantieren weniger effektiv oder überhaupt nicht zu vermitteln sind.

Die Vorteile des Ansatzes, die in der Beachtung der Kreativität, der Selbsttätigkeit, der Integration der Fächer und der Berücksichtigung des Schülerdenkens liegen, müssen bei der Entwicklung eines biologischen Curriculums der Zukunft unter allen Umständen als Vergleichs- bzw. als Korrekturmaßstab gegen ein zu einseitiges Curriculum - vor allem im Primarbereich - beachtet werden.

Folgende Kurse bauen auf dem Elementarcurriculum auf:

1. Die Nuffield Combined Science
   Ein Kurs mit Text- und Lehrerhandbüchern für die Klassen 6 - 10, der den integrativen Curriculumansatz der "Junior Science" fortsetzt. Themen sind hier beispielsweise:
   Das Wasser (Wasser von verschiedenen Stellen, Wassertiere, Bedeutung für Pflanzen und Tiere, Erhitzen, Gefrieren usw.),
   Kleine Dinge (Mikroben, Hefe, Partikel ...),
   Erde Boden, Zellen, Eier und Samen, Metalle, Oxide usw.),
   Insekten (Heuschrecken, Schmetterlinge, andere Insekten ...),
   Energie (Energie, Energietransfer usw.) [272].

2. Die Nuffield Biology
   Schülerbuch (Textbook) I - V
   dazu Lehrerband (Teacher s Guides I - V).

3. Die Nuffield Advanced Science
   Dieser Kurs führt bis zum Sekundarschulabschluß (Abitur).
   Er besteht aus:
   - Laboratory Guides (Laborführer)
   - Teacher's Guides (Lehrerband zum Laborführer)
   - einem Laborbuch (Laboratory Book), das die Fachausstattung, die Räume, Experimentalanordnungen und die Reagenzien beschreibt sowie Hinweise auf Literatur und Bezugsquellen gibt.
   - Topic reviews - eine fortlaufende anspruchsvolle Reihe für den Schüler mit Beiträgen zu einzelnen Teilgebieten der Biologie (z. B.: Metabolism, Interactions, Control of Breathing, From egg to adult [273], Photosynthesis).
   - Zusatzliteratur - erschienen ist z. B. ein Bestimmungsschlüssel für Tümpelorganismen,
   - einem Studienführer (Biological Science Nuffield Advanced Science. Study Guide. Evidence and Deduction in Biological Science). Dieser Band macht ähnlich dem BSCS-Band "Interactions of Experiments and Ideas" mit Forschungsproblemen der Biologie bekannt.

Zusätzlich dazu existiert weiteres Zubehörmaterial einschließlich audiovisueller Medien. Auch über die Nuffield Biology [274] war bisher in der bundesrepublikanischen Diskussion der Biologiedidaktik so viel wie nichts zu finden. Die einzige Information dazu hat meines Wissens PFEIFFER (Hg.) 1970 vorgelegt, der auch zusammen mit NUSS in einem gesonderten Beitrag über die "Biologie im präzisierten Lehrplan der DDR" berichtet hat (1971).

4.5.3 Der präzisierte Lehrplan in der DDR

Der neue Lehrplan in der DDR ist bezüglich des naturwissenschaftlichen Elementarunterrichts - trotz Eingliederung in den Bereich "Heimatkunde" - überwiegend von systematischen und ökonomisch - wirtschaftlichen Aspekten bestimmt (vgl. PFEIFFER und NUSS, 1971; S. 3). Der Schulgartenunterricht wird als eigenes Fach geführt.

Richtziele des Biologieunterrichts sind z. B.:

- Das Kennenlernen der sozialistischen Heimat, des sozialistischen Vaterlands [275]
- Die Liebe zur DDR
- Das Einwirken auf die staatsbürgerliche Erziehung (vgl. S. 4) [276].

Der Biologielehrplan ist also eindeutig weltanschaulich ausgerichtet. Sehr aufschlußreich ist ein Vergleich der Jahreswochenstunden in Biologie der Klassen 5 - 9 zwischen der DDR und Bayern.
(1 Wochenstunde des bayerischen Lehrplans wird mit 35 [277] Jahreswochenstunden angesetzt.)

JAHRESWOCHENSTUNDEN IN BIOLOGIE:

Klassen	Bayern	DDR
5	35	90
6	35	60
7	35	30
8	35	60
9	35	60
	175 JWST.	300 JWST.

In der DDR wird demnach annähernd doppelt so viel Biologieunterricht erteilt wie in Bayern (und vielen anderen Bundesländern). Die präzisierten Lehrpläne sind durch starke Systematisierung der Inhalte gekennzeichnet. Im 5. Jahrgang herrschen zwar morphologische und anatomische Daten vor, jedoch versucht man in steigendem Umfang auch Prozesse zu berücksichtigen [278].

Die Stoffe der Klassen 6 und 7 lehnen sich stark an die Produktionsbiologie an. Im 8. Jahrgang steht die Physiologie, im 9. der Mensch, im 10. Entwicklungslehre und Genetik im Vordergrund, die auch in der 12. Klasse nochmals in den Vordergrund treten. Insgesamt fällt eine starke an der Systematik der Biologie orientierte Tendenz auf. Weitere Kennzeichen des Plans sind die genauen Stundenvorschriften, die dem Lehrer durch die Reihe "Methodische Hinweise" gegeben werden. Neben spezifischen Lehrerhandbüchern wie z. B. die aus dem Russischen übersetzten Werke von BELJAJEW u. a. (1969) und WSESWJATSKI (1962) gibt der Volk und Wissen Verlag (VEB) in Berlin ein umfangreiches Programm von Schriften für den Lehrer (u. a. PÜSCHEL 1962; BAER und GRÖNKE 1969; HUNDT und KRESSE), eine Anzahl guter Bestimmungsbücher sowie Lesetexte für die Hand der Schüler heraus.

Integrierendes Organ und Diskussionsforum der Unterrichtsbiologie ist die Zeitschrift "Biologie in der Schule" (BioS.). Nach Kenntnis der in diesem Organ - neben der weltanschaulichen Pflichtlektüre -

zahlreich erscheinenden guten methodischen Beiträge zum Biologieunterricht (z. B. der ARBEITSGRUPPE SYMBOLISIERUNG IM BIOLOGIEUNTERRICHT (1969), GEROLD u. BECHMANN (1970), HUNDT (1970), MÜLLER (1969), RÄUBER, H. (1969), RÄUBER, A. u. H. (1970) u. v. a.) muß man den bei dieser knappen Skizzierung leicht entstehenden Eindruck revidieren, der Biologieunterricht in der DDR erschöpfe sich in den ideologischen Globalzielen. Die dortige Fachdidaktik in Biologie befindet sich weithin auf anspruchsvollem fachlichen Niveau. Viele Selbstverständlichkeiten im Biologieunterricht der DDR - insbesondere auf dem Gebiet der Fachräume, der biologischen Grundausstattung und der Unterrichtszeit für Biologie - müssen im unterrichtsbiologischen Bereich der Bundesrepublik weithin erst angestrebt werden.

4.6 Biologische Curriculumansätze in der Bundesrepublik

In der Bundesrepublik existiert - abgesehen von den allerersten Ansätzen durch das IPN in Kiel - kein den bisher geschilderten Projekten vergleichbares Curriculum. Die Unterrichtsbiologie ist Teilbereich der einzelnen Länder-Richtlinien und aus diesem Grund, je nach Bundesland, unterschiedlich ausgeprägt. Diese Länder-Richtlinien sollen gekennzeichnet und an einem Beispiel näher analysiert werden.

4.6.1 Die traditionellen Biologie-Lehrpläne der Bundesländer

Als einer der wenigen Biologiedidaktiker gibt STICHMANN einen kurzen Überblick zu diesem Problemkreis (vgl. S. 32 - 39). Es ist beim heutigen Stand der Dinge überaus schwierig, wenn nicht gar unmöglich, alle geltenden Richtlinien der verschiedenen Bundesländer für eine wissenschaftliche Untersuchung zusammenzubekommen [279]. Trotz stark differierender Anordnung des Inhalts [280] haben fast alle Richtlinien der Bundesländer einen ähnlichen Aufbau. Nach einer allgemeinen Einführung, die oft nur vage Hinweise zum Bildungswert und den Zielen und Methoden des Biologieunterrichts gibt, schließt meist ein Katalog von Inhaltsangaben oder inhaltlichen Stichworten an, der sich manchmal noch in einen verbindlichen und einen nur vorgeschlagenen Teil aufgliedert.

Auf eine nähere Charakterisierung soll an dieser Stelle verzichtet werden, weil das Grundlagenmaterial nicht vollständig ist und unter Umständen die Richtlinien eines Landes kritisiert würden, die bereits inzwischen revidiert wurden. Nach dem vorliegenden Material kann der Gesamteindruck über den gegenwärtigen fachlichen und curricularen Stand der Biologierichtlinien in den Bundesländern nur als sehr ungünstig bezeichnet werden. Im Vergleich zu den Ansätzen anderer Länder und zum gegenwärtigen Stand der Biologie muß man die meisten Richtlinien als überaus rückständig bezeichnen.

Zu den noch am besten strukturierten Plänen zählen die erst vor relativ kurzer Zeit herausgegebenen Richtlinien von Nordrhein-Westfalen (1968, 1969) und Bayern (1970). Die nordrhein-westfälischen Richtlinien nennen - als Novum in deutschen Richtlinien - endlich einmal die Autoren der Pläne. Dieser Brauch, von einer administrativ sanktionierten Anonymität abzurücken, kann nur nachdrücklich begrüßt werden.

Eine beachtenswerte Besonderheit für die Biologie ist die Einrichtung von biologischen Arbeitsgemeinschaften (vgl. 1968, S. B 9/12) [281]. Erstaunlich ist hier das - im Gegensatz zu anderen Fächern - völlige Fehlen von Angaben zur Literatur und über Medien. Im Grundschulband sind solche Angaben vorhanden, aber überuus kümmerlich.

Struktur und Schwächen der bundesdeutschen Richtlinien werden deutlicher und verständlicher, wenn man weiß, wie sie entstehen. Zu diesem Thema ist wenig Literatur zu finden. Neben den kritischen Hinweisen einiger (vermutlicher!) Richtlinien-Mitautoren, die sich verstreut in Verbandszeitschriften finden, gibt die Untersuchung von HALLER (1971) Einblick in diesen Prozeß.

4.6.1.1 Die Entstehung der Lehrpläne

"Die Praxis der Lehrplanentwicklung in der Bundesrepublik (läßt sich) im wesentlichen als ein administratives Verfahren darstellen" (HALLER, 1971; S. 97).

Die Auswahl der Teilnehmer

Sie bleibt meist völlig im Dunkeln. "Die Auswahl der Teilnehmer einer Lehrplankommission ist fast immer dem zuständigen Referenten im Ministerium vorbehalten, der dann auch kaum anders als nach dem Prinzip der persönlichen Bekanntschaft diese Auswahl vornehmen kann" (HALLER, S. 91). Die negativen Folgen eines solchen Vorgehens braucht man nicht näher kennzeichnen. Zwangsläufig muß die fachliche und curriculare Kompetenz solcher Elaborate darunter leiden. Wie leicht erlangen so politische und ideologische Komponenten, überholte Vorstellungen und persönliche Liebhabereien oder Marotten einzelner für den Unterricht eines ganzen Landes "Gesetzeskraft"! Man muß einschränken, daß die Lage der unter solchen Verhältnissen arbeitenden Richtlinienautoren sehr ungünstig ist. Sie sind massiven indirekten Pressionen ausgesetzt. Wenn sie einen Ruf der Administration aus dem Gefühl mangelnder eigener Kompetenz ablehnen wollten, müßten sie das Risiko eingehen, die vorgesetzten Behörden zu verärgern bzw. damit ihre mangelnde Kompetenz eingestehen. Die immense Mehrarbeit solcher Richtlinienautoren erfolgt meist in der Freizeit und ohne besondere Honorierung im Rahmen ihrer normalen Berufsarbeit (vgl. S. 92). Im Gegensatz dazu liegt die Leitung (und damit die Entscheidung) solcher Vorhaben bei den zuständigen Ministerialbeamten, deren berufliche Haupttätigkeit sie darstellt und die meist auch am Tagungsort wohnen.

BARSIG (1971) stellt dazu fest:
"Eines dürfte ein für allemal klar geworden sein: Es ist nicht mehr möglich, einen Lehrplan nebenamtlich tätigen Mitarbeitern erstellen zu lassen, die ihre freie Zeit dafür voll zur Verfügung stellten! (S. 26) [282]. BARSIG plädiert für eine Übernahme dieser Arbeit durch hauptamtliche Kräfte eines speziellen Instituts [283] bzw. für Freistellung von Schulpraktikern, soweit diese herangezogen werden (vgl. S. 26).

Weitere Pressionen kommen noch hinzu! Meist ist Richtlinienautoren bisheriger Prägung die neueste Literatur zum jeweiligen Fachbereich und zu Curriculumproblemen nicht zugänglich (Die mangelhaften bzw. fehlenden Literaturverzeichnisse in den Richtlinien oder in Richtlinienkommentaren belegen diese Vermutung), oder es fehlt neben der Berufsarbeit die Z e i t   z u r   L e k t ü r e . So kommt es, daß sich dann oft jahrelange, aufreibende nebenberufliche Mehrarbeit als Fehlinvestition erweisen kann, weil die konzipierten Auffassungen durch neue Entwicklungen im Gebiet der Didaktik und Unterrichtsforschung bereits ü b e r h o l t sind (vgl. HALLER, S. 92).

Die Lehrpläne anderer Bundesländer sind oft wichtige Unterlagen für Lehrplanautoren. In den meisten Fällen müssen sie sich diese jedoch privat beschaffen (vgl. S. 93 f.).

Die Zusammenarbeit der Kommissionen
Eine Koordination zwischen vergleichbaren Lehrplankommissionen in den verschiedenen Bundesländern besteht praktisch nicht (vgl. S. 93). Mehr noch, die Lehrplankommissionen ein und d e s s e l b e n B u n d e s l a n d e s die in verschiedenen Jahrgängen eines Schultyps und im g l e i c h e n F a c h arbeiten, haben ihre Arbeit, wie sich in den Biologierichtlinien Bayerns zeigt, weder inhaltlich noch formal koordiniert. BERKMÜLLER (1971) merkt mit Recht an: "Wie anders sähe die Planung wohl aus, wenn stattdessen (statt isoliert arbeitender Stufenkommissionen, Verf.) etwa eine Biologiekommission die Unterlagen vom 1. bis zum 9. Jahrgang erarbeitet hätte!" (S. 2).

Kein Wunder, "wenn ein solcher Plan (Richtlinien Bayern 1970, Verf.), der immer noch "Stoffplan" ist, nur wenige der täglich auftretenden didaktischen und organisatorischen Fragen des Lehrers" löst (BARSIG, 1971; S. 153).

Die Einführung der Richtlinien
Sie erfolgt auf rein administrativer Basis in Form eines Ministerial-Erlasses. Meist wird sie dann als Broschüre verteilt [284] (vgl. HALLER, S. 95). Ein intensives Training der L e h r e r , die das neue Konzept durchsetzen sollen, erfolgt in den meisten Fällen nicht.

Die Evaluation der Lehrpläne
Berichte über die Erfahrungen der Schulen werden "von den jeweils zuständigen Referenten eines Ministeriums gesammelt. Es muß allerdings vermerkt werden, daß es sich hierbei nicht um empirische Evaluationsverfahren handelt, da die Wirkungen der Lehrpläne nur über die Meinungen von Lehrers erfaßt werden und da keine systematischen Analysen vorbereitet und durchgeführt werden" (HALLER, S. 95 f.). HALLER schließt seine Untersuchung mit der Feststellung, daß man in der BRD von einer Curriculumentwicklung kaum sprechen könne. Allenfalls einige Ansätze seien vorhanden (vgl. S. 96).

Zusammenfassung
Struktur und Entstehungsweise der traditionellen Richtlinien bzw. Lehrpläne in der Bundesrepublik weisen eine Reihe erheblicher Mängel auf.

1. Richtlinienautoren werden nach unkontrollierbaren Kriterien elegiert oder delegiert.
2. Richtlinienautoren bleiben meist anonym. Sie müssen daher die Ergebnisse ihrer Arbeit nicht rechtfertigen bzw. der in der Wissenschaft üblichen Kritik der Fachkollegen aussetzen.

3. Privatentwürfe von Einzelautoren werden auf diese Weise ohne zureichende Kontrolle und oft unter Zeitdruck bzw. Mangel an echten Alternativen Lehrplanrahmen für ein ganzes Bundesland.

4. Kompetente Fachwissenschaftler und Curriculumfachleute werden - obwohl nur in sehr überschaubarer Zahl vorhanden - nicht in die Lehrplankonstruktion einbezogen.

5. Richtlinienkommissionen stehen weder überregional noch oft genug im gleichen Fach innerhalb eines Bundeslandes miteinander in Kontakt. Eine wirkliche Curriculumkonstruktion wird dadurch verhindert.

6. Es bestehen erst recht keine Absprachen bei der gemeinsamen Planung interdisziplinär bedeutsamer Lernvoraussetzungen.

7. Die Richtlinienerstellung erfolgt nicht in demokratischer Weise.

8. Kennzeichen traditioneller biologischer Richtlinien ist die Zufälligkeit und Unbegründetheit der Stoffzuordnung.

9. Wissenschaftliche Kritik an den Richtlinien ist kaum möglich
a) weil die konstituierenden Prozesse, Bewertungsmaßstäbe, Diskussionsabläufe, Vorformen usw. nicht bekannt sind,

b) weil die Kritik nicht zu einer sachlichen Auseinandersetzung mit einem verantwortlich zeichnenden fachloyalen Partner führt, sondern unter Umständen mit einer gereizt reagierenden Administration, die auf Grund der Anonymität der Richtlinien die Verantwortung für eine von ihr selbst nicht erstellte Sache übernehmen muß.

10. Richtlinien werden oft ohne ausreichenden Informationsaustausch, ohne Entwicklung von Vor- oder Diskussionsformen, ohne v o r a n - g e h e n d e Breitenarbeit in Arbeitszirkeln der Lehrerschaft, der Fachwissenschaftler und der Fachdidaktiker und ohne Analyse der gesellschaftlichen Zukunftsbedürfnisse unter Zeitdruck erstellt.

11. Sie werden ohne Vorbereitungskurse der Lehrerschaft, ohne einen kompletten Material- und Mediensatz, oft ohne jede Vorbereitung in Kraft gesetzt.

12. Schulversuchen mit den neuen Richtlinien fehlt meist ein echter experimenteller und empirischer Charakter. Meinungsberichte, die die Administration von bestimmten Lehrern wünscht, sind dadurch automatisch mit dem Prestige dieser Lehrer verknüpft. Sie werden daher zu einer fast ausschließlich positiven Berichterstattung führen.

13. Nicht-experimentelle Rückmeldungen über Richtlinienwirkungen sind einer empirischen und damit stringenten Analyse nicht zugänglich, da die subjektiven Momente der Beschreibung zu stark streuen.

14. Die Angaben über Lernziele schwanken zwischen globalen, kaum operationalisierbaren Richtzielen (im Sinne von MÖLLER, CHR., 1969) und oft verblüffend engen Feinzielen. Sie entsprechen meist dem Typus des Kollektionscodes nach BERNSTEIN (1971).

15. Logische Gliederungen des Inhalts werden selten verwendet oder durchgehalten. Fachliche Kriterien sind oft einseitig und willkürlich gewählt.

4.6.1.2 Die Struktur der Lehrpläne

"Das Curriculum definiert, was als valides Wissen gilt, Unterrichtsplanung definiert die valide Vermittlung dieses Wissens und die Bewertung dieses Wissens definiert die Kriterien für die Anwendung dieses Wissens durch den Unterrichtenden" (BERNSTEIN, 1971; S. 145). Zugleich aber ist "pädagogisch vermitteltes Wissen einer der Haupteinflüsse für die Strukturierung von Erfahrungen" (S. 145). Das heißt auch eine Strukturierung dessen, welche Erfahrungen eine Gesellschaft machen kann oder darf.

"In jeder Gesellschaft wird das Wissen, das in pädagogischen Prozessen vermittelt wird, nach bestimmten Gesichtspunkten ausgewählt, klassifiziert und bewertet. Die dabei leitenden Prinzipien spiegeln die Machtstruktur und die Regeln sozialer Kontrolle dieser Gesellschaft" (S. 145).

BERNSTEIN unterscheidet zwei Haupttypen von Curricula:

    1. das integrative Curriculum
       (mit offenen Beziehungen)   und

    2. das Kollektions-Curriculum
       (mit geschlossenen Beziehungen) (vgl. S. 146 f.).

Dabei läßt sich differenzieren zwischen einem offenen Code (vgl. 1.) mit vielen Freiheitsgraden, emanzipatorischem Interesse und der Absicht, "die Einsicht dahin zu fördern ..., wie Wissen und Erkenntnisse zustande kommen (S. 162), und einem geschlossenen Code, der die Isolation, den Lehraspekt, die Disziplin betont (vgl. 2.). Dieser Code erfordert strenge "Grenzwächter" und starke Macht des Lehrenden (vgl. S. 149).

Nach BERNSTEIN (1971) läßt sich zur Unterscheidung der beiden Curriculumtypen folgendes Diagramm ableiten (zusammenfassende Darstellung der BERNSTEINschen Hypothesen) (vgl. S. 109):

Dieses Klassifikationsschema von BERNSTEIN ermöglicht die Einteilung auch der biologischen Richtlinien nach ihrer gesellschaftlichen Funktion. Allerdings fehlt dem Schema noch die konkrete Basis der Operationalisierung, wie sie beispielsweise die BLOOMsche Taxonomie besitzt. Im Falle einer solchen Konkretisierung, welche auf einem niedrigeren Abstraktionsniveau diejenigen Merkmale identifizieren müßte, die den jeweiligen Curriculumtyp eindeutig kennzeichnen [285], ließen sich nicht nur wie bisher kognitive und psychomotorische Effekte von Lernprozessen registrieren, sondern man könnte darüber hinaus feststellen, welchem gesellschaftlichen Zweck bzw. Ziel, welchen sozialen Konstellationen und welchen Machtpositionen sie dienen.

Eine solche Analyse wäre auch für die Konstruktion biologischer Curricula [286] von elementarer Bedeutung.

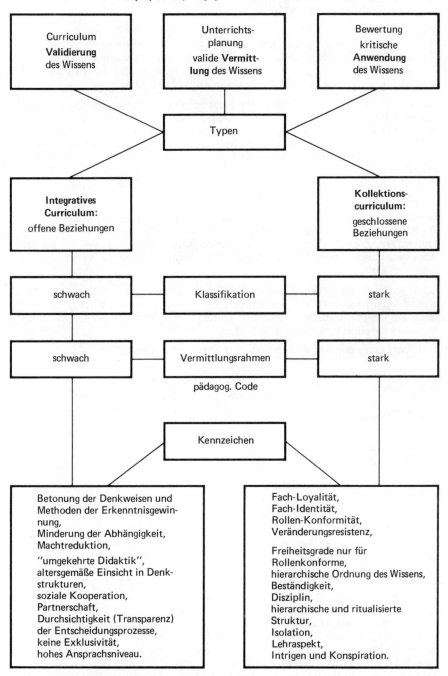

Hauptsysteme pädagogisch vermittelten Wissens

Curriculum **Validierung** des Wissens	Unterrichts-planung valide **Vermittlung** des Wissens	Bewertung kritische **Anwendung** des Wissens

Typen

Integratives Curriculum: offene Beziehungen	Kollektions-curriculum: geschlossene Beziehungen

schwach	Klassifikation	stark

schwach	Vermittlungsrahmen	stark

pädagog. Code

Kennzeichen

Betonung der Denkweisen und Methoden der Erkenntnisgewinnung,
Minderung der Abhängigkeit, Machtreduktion,
"umgekehrte Didaktik",
altersgemäße Einsicht in Denkstrukturen,
soziale Kooperation,
Partnerschaft,
Durchsichtigkeit (Transparenz) der Entscheidungsprozesse,
keine Exklusivität,
hohes Ansprachsniveau.

Fach-Loyalität,
Fach-Identität,
Rollen-Konformität,
Veränderungsresistenz,

Freiheitsgrade nur für Rollenkonforme,
hierarchische Ordnung des Wissens,
Beständigkeit,
Disziplin,
hierarchische und ritualisierte Struktur,
Isolation,
Lehraspekt,
Intrigen und Konspiration.

(Vgl. BERNSTEIN, B. 1971, S. 145 - 173).

4.6.1.3 Untersuchung zum Lehrplan (Beispiel: Lehrplan '70 in Bayern [287])

Die Wirkung von Lehrplänen läßt sich - ebenso wie deren permanente Revision mit dem Ziel der Optimierung - nur dann steuern bzw. einer wissenschaftlichen Kontrolle mit der Implikation der Voraussage unterwerfen, wenn die Strukturen solcher Lehrpläne bekannt oder wenigstens einer wissenschaftlichen Analyse zugänglich sind.

Nach den vorstehenden Kennzeichnungsversuchen ist eine solche Analyse überaus schwierig durchführbar, weil der Lehrplan selbst gar nicht auf einen derartigen Anspruch hin konstruiert wurde. Es soll damit gesagt werden, daß die hier angeführte Form einer Untersuchung - nach Kriterien einer Inhaltsanalyse - lediglich als "pilot-study" zu verstehen ist, der noch Elemente der Unsicherheit und der Subjektivität anhaften, daß sie aber zu einer Entwicklung der Analyse von Fachlehrplänen beitragen könnte.

Die Untersuchung bezieht sich nicht auf den ganzen Lehrplan, sondern lediglich auf die Biologielehrpläne der Primarstufe (Klasse 1 - 4), der Orientierungsstufe (Klasse 5 - 6) und der Hauptschule (Klasse 7 - 9). Die drei genannten Stufenpläne zeichnen sich schon im äußeren Aufbau durch Heterogenität aus.

Während man im Grundschulplan [288] curriculare und lerntheoretische Erkenntnisse einzuarbeiten versuchte (diese Richtlinien sind auch der noch am besten gelungene Teil der Stufenpläne), sind die beiden anderen Pläne reine Stoffkataloge.

Der Untersuchung sei eine Stundenübersicht vorangestellt.

Jahrgang	Unterrichtszeit/Woche Min.	% der Unterrichtszeit
1	27	3,1 [289]
2	36	3,8
3	45	4,3
4	45	4,3
5	45	3,2 [290]
6	45	3,2
7	45	3,2
8	45	3,2
9	45	3,1 [291]
Durchschnitt 1 - 9	42 Min.	3,5 %

Der Biologieunterricht erhält an Grund- und Hauptschulen in Bayern einen Zeitanteil von durchschnittlich 42 Minuten, das entspricht einem Prozentsatz von 3,5 % an der gesamten Unterrichtszeit. Da Chemie/Physik einen Anteil von 4,6 % erhalten, verfügt der gesamte naturwissenschaftliche Unterricht an diesem Schultyp in Bayern über nur 8,1 % der gesamten Unterrichtszeit!

Kennzeichnung der biologischen Fachinhalte auf der Primarstufe (Kl. 1 - 4).

In den Vorbemerkungen zur Grundschulbiologie finden sich folgende Statements [292]:

1. Kennenlernen typischer Pflanzen und Tiere der Umwelt.
2. Morphologische, biologische und ökologische [293] Grundkenntnisse.
3. Einsicht in einfache biologische Zusammenhänge.
4. Abbau von Vorurteilen.
5. Anbahnung von verantwortlichem Verhalten.
6. Gesundheitserziehung - eine wesentliche Aufgabe.
7. Ergänzen [294] des zufälligen Wahrnehmens durch gezieltes Betrachten, Beobachten, Untersuchen und einfache Formen des Experimentierens.
8. Notwendigkeit des Hilfsmitteleinsatzes und fachspezifischer Formen des Darstellens.
9. Abbau von Anthropomorphismen und falscher Kindertümelei, Versachlichung der Naturerfassung, Anleitung zur Überprüfung der Aussagen.
10. Kindgemäßer aber auch richtiger Einsatz der Unterrichtssprache.
11. An der Wirklichkeit gewonnene Erfahrungen stehen im Mittelpunkt.
12. Sekundärerfahrungen (durch Medien) dienen zur Klärung, Ergänzung oder Vorbereitung der Realerfahrung.
13. Einzel- oder Gruppenbeobachtungen an Naturobjekten sind durchzuführen.
14. Bei Beobachtungsaufgaben sind Mittel zu ihrer Bewältigung bereitzustellen.
15. Begegnung mit der Natur bei Großstadtkindern besonders wichtig.
16. Hauptverfahren in 1./2. Klasse:
Ordnen der Erfahrungen, Übergang zu detaillierter Objekterfassung, einfache Zusammenhänge, einfache Experimente.
17. In der 3./4. Klasse: Experimente und Dauerbeobachtungen verstärkt. Verständnis mehrgliedriger und verborgener Zusammenhänge. Überlegte Verallgemeinerung der Einsichten.
18. Einsatz fachspezifischer Techniken und Geräte (Lupe, Nadel, Schere, Messer, Mikroskop und Demonstrationsgeräte) dem Erkenntnisstand der Schüler entsprechend.
19. Erklärungsversuche, Hypothesenbildung, Bewertung der Hypothesen und Erkennen der Ergänzungsbedürftigkeit.

Einer Vielzahl dieser Feststellungen kann man ohne Einschränkung zustimmen. Sie verstärken den Eindruck, daß es in diesem Teilplan gelungen ist, zumindest Ansätze zu einer modernen Konzeption des Biologieunterrichts im Primarbereich zu realisieren.

Die überwiegend akzeptablen Statements der Vorbemerkungen werden jedoch nur dann für den Unterricht wirksam, wenn sie den nachfolgenden Stoffkanon von innen her bestimmen, d.h. wenn sie die effektiven Grundkriterien für Auswahl und Anordnung dieser Inhalte darstellen.

Der Lehrplan der Grundschulbiologie verwendet folgende Grobzielmatrix zur Inhaltsstrukturierung:

Verbindliche Lehraufgaben	1. Jg.	Jahrgang 2. Jg.	3. Jg.	4. Jg.
1. Kennenlernen der Formenvielfalt der lebenigen Natur.				
2. Erfassen von Lebensvorgängen u. biologischen Zusammenhängen.				
3. Verstehenlernen der Beziehungen des Menschen zur lebendigen Natur.				
4. Elementare Gesundheitslehre und Menschenkunde.				

Auch der Versuch des Einsatzes einer solch einfachen Matrix ist für Lehrpläne in der BRD bereits außergewöhnlich. Da die 4 Grobziele noch sehr vage sind, kann lediglich die Analyse der Einzelthemen näheren Aufschluß über qualitative Merkmale des Planes geben.

Anmerkungen zu den Einzelthemen des Grundschullehrplans in Biologie
Als ersten curricularen Hinweis findet man im Lehrplan (KITZINGER u.a., 1971; S. 260) folgenden Themenaufbau:

Beispiel 1
1. Klasse: Blätter, Früchte und Samen einiger Bäume
2. Klasse: Erkennen der Formenvielfalt von Samen
3. Klasse: Kennübungen im Wald zu verschiedenen Jahreszeiten
4. Klasse: Sträucher und ihre Früchte

Das zweite Beispiel von "curricularer Anordnung:"

Beispiel 2
1. Klasse: Obstarten und Obstsorten
2. Klasse: Gemüse und Obst
3. Klasse: Getreide, Kartoffeln, Rüben
4. Klasse: Kleine Pilzkunde

Wenn auch KOZDON (1972) dieses zweite Beispiel als Beleg für eine spiralige Anordnung der Themen ansieht, so muß doch gefragt werden, was an solchen Beispielen "spiralig" sein soll?

Eine derart permanente Wiederholung von für den biologischen Denkprozeß im Grunde oft nebensächlichen morphologischen Einzelfakten hat mit einer curricularen Auffassung, die beim Schüler immer umfassendere Denkstrukturen ausbilden will, absolut nichts zu tun. Hier scheint vielmehr die Samen- und Früchtemanie ausgebrochen zu sein! Was aber der Lehrer jeweils mit diesen vagen, auf allen Stufen identischen Stich- worten anfangen soll, welche Probleme er sehen soll, welche Verfahren und fachbiologischen Arbeitsweisen, welche Medien er einsetzen soll, wie und warum er seine Schüler für gerade diese Thematik interessieren soll, das alles wird nicht gesagt. Wenn s o l c h e Stoffthemen nicht auf die Dauer Überdruß und Langeweile beim Schüler erzeugen, dann tun es keine. In ganz ähnliche Richtung geht auch die Kritik von BERKMÜLLER (1971), der den hier entwickelten "Spiralaufbau" als "brüchig" bezeichnet und beim Thema "Eichhörnchen" eine "glatte Wiederholung des Lernziels" im 2., 4. und 7. Jahrgang belegt (vgl. S. 2). Er vermißt vor allem eine "exakte Fixierung" der Lehraufgaben (s.S. 2).

Die Reihe der analogen Beispiele könnte noch enorm ausgeweitet werden.

Ähnlich wie in Beispiel 1 und 2 den Samen und Früchten, ergeht es auch den Blumen und den Pflanzenteilen. Sie werden in nur wenig veränderter Form über mehrere Jahrgänge hinweg wiederholt - um dann später in der Oberstufe wieder aufzutauchen!

Ein anderes auffallendes Merkmal ist das A u s e i n a n d e r r e i ß e n v o n s a c h l i c h u n t r e n n b a r e n I n h a l t e n.

So findet man im Lehrplan 70 (S. 62) folgende Anordnung:

B e i s p i e l 3
2. Klasse: Betreuung eines Aquariums
3. Klasse: Enten und Fische als Schwimmtiere

Es ist unverständlich, aus welchem Grund man in der 2. Klasse ein Aquarium einrichten soll, wenn die darin beobachtbaren Abläufe nicht auch im Unterricht auftreten dürfen [295].

Kennzeichnend ist in diesem Plan leider immer noch der Gegensatz von viel zu vagen und äußerst eng formulierten Themen, die oft unvermittelt nebeneinander stehen.

B e i s p i e l 4

Globalthemen:	enge Themen:

- Tiere auf der Wiese
- Kriechtiere und Lurche
  Fische
- Kleine Pilzkunde
- Blumen auf der Wiese
- Blick ins Innere des
  Körpers (Die wichtig-
  sten Organe) (! Verf.)
	- Unterscheiden von männlichen
	  und weiblichen Tieren; ihre Na-
	  men
	- Der Sportangler - Er überlistet
	  die Fische
	- Bedeutung der Knochen
	  Knochenbruch
	- Mauerpfeffer und Heidekraut
	  als Trockenpflanzen

Was soll der Lehrer beim "Blick ins Innere des Körpers" tun - wenn dazu noch "die wichtigsten Organe" angegeben sind? Welches Organ ist nicht wichtig? Wo soll er die Grenze ziehen, wieviel Unterrichtszeit darauf verwenden? Dieses zweifellos außerordentlich wichtige Thema verliert seinen Wert durch die Globalität seiner Formulierung. Die engen Themen werden nicht kritisiert, w e i l sie eng definiert sind, sondern, weil sie unverbunden im Plan stehen und den Anspruch erheben, das Thema einer Unterrichtseinheit darzustellen.

Gewiß kann man auch aus dem "Überlistungsvermögen des Sportanglers" eine Stunde machen (Dieses Thema ist übrigens ein heimlicher Anthropomorphismus), mit den modern formulierten Vorbemerkungen des Planes hat ein solches Unterfangen aber nichts mehr gemein.

Ohne Zweifel enthält der Lehrplan auch eine Reihe guter, ja hervorragender Themen, die ein Einüben biologischer Denk- und Arbeitsweisen ermöglichen.
- Von der Blüte zur Frucht
- Einfache Düngeversuche
- Detailbeobachtungen (warum nicht Experimente?) beim Aufgehen (warum nicht "Keimen"?) des Samens
und ähnliche sind Beispiele dafür!

Leider drängt man viele dieser zeitraubenden und anspruchsvollen Themen im 4. Jahrgang zusammen und blockiert damit ihre Wirksamkeit. Hierbei hätte man curricular vorgehen sollen!

Zur Verdeutlichung der Inhaltsstruktur des Grundschullehrplans wurden alle im Plan genannten Einzelaufgaben danach klassifiziert, ob sie überwiegende Informationen über
- Pflanze
- Tier
- Mensch [296]
brachten.

Die folgende Graphik zeigt die Verteilung botanischer, zoologischer und menschenkundlicher (bzw. den Menschen betreffender) Lerninhalte im Biologielehrplan der Grundschule (Kl. 1 - 4) in Bayern.

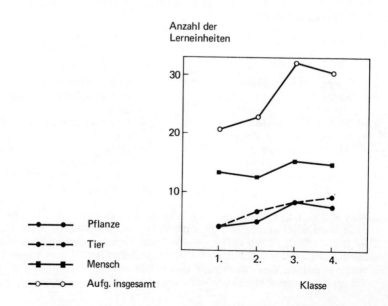

Die Graphik belegt zumindest eine Tendenz, die Anzahl der Aufgaben dem Alter anzupassen. Die hohe Aufgabenzahl in der 3. Klasse ist nicht einzusehen. Es wäre günstiger, in umgekehrter Weise als bisher vorzugehen, und die formalen Grundstrukturen des Plans z u e r s t festzulegen (z. B. Aufgabenzahl je Klasse!).

Wie weit die Inhalte der Lernaufgaben curricularen Vorstellungen entsprechen, ist auf diesem Weg nicht feststellbar.

Zu diesem Zweck wurde jedes Thema des gesamten Biologielehrplans nach einem von GALL (1970) entwickelten Kategorienschema aufgeschlüsselt [297]. Das Schema wurde noch durch einige für die Biologie interessante Angaben erweitert. Ein großer Teil der sehr umfassenden Daten dieses Schemas ließ sich nachher leicht in die Stufen der BLOOMschen TAXONOMIE übertragen [298].

Beispiel eines Kategorisierungsschemas

(Angaben aus der 5. Klasse)

Rahmen-thema	Unt. Zeit geschätzt (t)	Grundwissen Hinweise	Überblick kursorisch (Ü)	Fakten-wissen (FW)	Analytisches Denken Vergleichen (AD)	Kreatives Denken Synthese (KD)	Evaluatives Denken Kritisches Denken (ED)	Emotionaler Bereich (EmB)	Morpholog. Daten (M)	Physiolog. Daten (Ph)	Experiment. Verfahren (Ex)	Zusammen-hänge (Z)	Monografien (Mo)	Mensch Tier Pflanze (MTP)
Körper-haltung	1	Überblick über Wirbelsäule, Schultergürtel, Arm- und Beinskelett, Brustkorb	/	/	/				/					M
Sport	2	Arbeitsweise von Muskeln, Lunge und Herz Richtiges Atmen	/	/			/		/	/				M
Ernäh-rung	2	Richtige u. falsche Ernährung	/	/	/		/							M
Genuß-mittel	1	Überblick über den Verdauungsapparat	/	/					/					M
	1	Lage der inneren Organe	/	/					/			/		M

Die Auswertung des gesamten Datenmaterials ergab folgendes Bild:

1. Die wesentlich vager formulierten Hauptschulthemen führten in fast allen Kriterien zu einer doppelt so hohen Datenmenge wie die Grundschulthemen.
2. Die Form der Verteilung der Einzelkriterien ist in Grund- und Hauptschule fast völlig gleich.
3. Leichte Unterschiede gibt es bei den Unterkriterien
   - Denken in Zusammenhängen
     (in der Hauptschule etwas stärker betont)
   - Experimentieren
     (Möglichkeiten bei Hauptschulthemen etwas größer)
   - Emotionaler Bereich
     (Einstellungen, Haltungen, Wertentscheidungen leicht umfangreicher als in der Grundschule)
   - Planendes, entdeckendes, kreatives Denken
     (Mehr Möglichkeiten bei den Hauptschulthemen)
4. Alle anderen Bereiche (z.B. Sammeln, Ordnen, Faktenwissen, Überblickwissen, morphologische Kenntnisse, Verständnis, Anwendung, analytisches Denken, instrumentelle Ziele, monografische Behandlungsweise) sind in der Form der Verteilung in beiden Schulstufen nahezu identisch. Die interne Struktur der biologischen Inhalte ist also in Grundschule und Hauptschule in etwa gleich.
5. Denkweisen und Denkmethoden, die in der Grundschule vernachlässigt werden, bleiben dies in den meisten Fällen auch in der Hauptschule. Denkformen, die bereits in der Grundschule überbetont werden, bleiben dies im gleichen Umfang auch später.
6. Es sei noch angemerkt, daß die nach dem Kategorienschema aufgeschlüsselten Daten lediglich die in den Lehrplanthemen liegenden maximalen Möglichkeiten umfassen, die aber in der realen Unterrichtssituation meist in diesem Umfang gar nicht ausgeschöpft werden können.
   Das Bild der im Biologieunterricht eingesetzten Denkweisen und Methoden wird sich dadurch wahrscheinlich noch stark zum Negativen hin verschieben.

Die folgende Tabelle gibt dazu einen gerafften Überblick. Das Kategorienschema stammt weitgehend von GALL (1970). Die Querverbindungen zu BLOOM (Ed.) 1968 sind angegeben.

Aufschlüsselung der biologischen Lehrplanthemen von Klasse 1 - 9

GALL (1970)		Faktenwissen	analytisches Denken	kreativ-operationales Denken	emotiv-evaluativer Bereich
Lernformen		Datensammeln Registrieren Merkwissen Überblicks-information Kennenlernen	Zusammenhänge aufgliedern Analysieren Anwendung von Erkenntnissen	Synthetisches Denken Übertragen Planen Problemlösen	Haltungen Einstellungen Entscheiden Bewerten
BLOOM (1968)	Anzahl der Themen	1. Wissen 2. Verständnis	3. Anwendung 4. Analyse	5. Synthese	6. Bewertung u. KRATHWOHL (1968)
Klasse					
1.	21	36	4	2	8
2.	23	32	16	3	6
3.	33	36	18	2	15
4.	31	40	10	4	12
5.	33	81	44	8	26
6.	34	84	54	22	19
7.	35	82	64	24	19
8.	27	66	65	27	17
9.	20	48	46	11	27
Grundschule $\overline{X}$	27	36	12	2,75	10,25
Hauptschule $\overline{X}$	29,8	72	56,6	18,4	29,2

$\overline{X}$ = Durchschnittswert

Der pragmatisch-instrumentelle Bereich wurde wegen starker Überschneidungen nicht berücksichtigt.

Struktur der Lehrplanthemen in Biologie in den Richtlinien 1970 von Bayern.

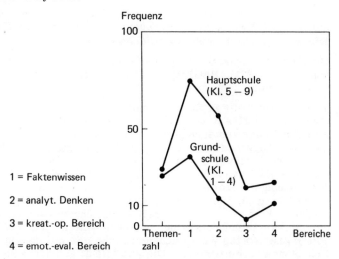

1 = Faktenwissen

2 = analyt. Denken

3 = kreat.-op. Bereich

4 = emot.-eval. Bereich

Die vier Bereiche stellen eine Zusammenfassung der Unterkriterien nach dem Schema von GALL (1970) dar.

Es fällt auf, daß sich beide Verläufe fast nur durch die Datenmenge, nicht aber in ihrer inneren Struktur unterscheiden.

Erstaunlich ist auch die gleichbleibende Zahl von Aufgaben bzw. Themen auf fast allen Altersstufen.

Noch deutlicher wird die Tendenz zur Faktenvermittlung, wenn man die Kategorien Faktenwissen und analytisches Denken - die vor allem den

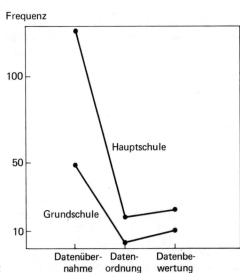

Die Verteilung sieht dann so aus:

Bereich der Datenübernahme und Datenaufgliederung abdecken - dem Bereich der Datenverarbeitung und der Bewertung gegenübergestellt.

Das außergewöhnliche Überwiegen der Datenübernahme fällt besonders auf. Auf die Konsequenzen im Zusammenhang mit dem Entwurf von BERNSTEIN (1971) muß hingewiesen werden.

Die hier vorgetragenen Zusammenhänge werden durch die Untersuchungen von THEIN (1971), HEGER, U.(1971), HEGER, O. (1971) und HANNIG, A. (1970) gestützt.

THEIN entwickelte in Zusammenarbeit mit dem Verfasser ein an GALL (1970) angelehntes Kategorienschema zur systematischen Erfassung von allen im Biologieunterricht vorkommenden Arbeitsaufträgen und den ihnen zugrunde liegenden Lernzielkategorien. Sie analysierte danach zwei bayerische Schulbuchwerke vom Jahr 1956 und 1970 auf die in den Arbeitsaufgaben realisierten Denkverfahren hin. Obwohl sich die Werke in ihrer Aufmachung außerordentlich unterschieden, war die interne Struktur völlig identisch. Diese Tatsache wurde darauf zurückgeführt, daß die Grundstruktur der Lehrpläne seither gleichgeblieben ist und der Filter der ministeriellen Zulassung von Schulbüchern (in der bisher geübten Praxis) nur solche Werke passieren läßt, die mit dem Stoffkatalog der Lehrpläne übereinstimmen. Die von THEIN gefundene Struktur ist, wenn man sie in das Kategorienschema der vorstehenden Verteilungen transponiert, diesen in auffallender Weise ähnlich (vgl. THEIN, 1971; S. 172).

Otto und Ursula HEGER (1971) haben in einer umfassenden empirischen Erhebung an nahezu 600 Schülern von der Vorschule bis zur 9. Klasse die Struktur des menschenkundlichen Wissens und Interesses sowie die Einstellung der Schüler zu menschenkundlichen Fragen untersucht. Sie konnten feststellen, daß bei Schülern vor allem in den Klassen 3 - 8 das reproduktive, unverknüpfte und unverstandene Einzelwissen einigermaßen geordnete Vorstellungen bei weitem übertraf, und daß die Schule auf diesem Sektor während der ganzen Schulzeit kaum eine Änderung der inneren Struktur des Wissens herbeiführt. Wie sehr die Schule solche Änderungen herbeiführen könnte, zeigen die folgenden Daten aus der dritten Klasse. Durch Fragebogen wurde das aktuelle Wissen und das aktuelle Interesse der Schüler festgestellt. Klasse A hatte einige Wochen zuvor einen Kurs in Sexualkunde mit dem in die Altersstufe transformierten Thema "Wie ein Mensch entsteht" durchlaufen, Klasse B nicht. Folgende Prozentsätze des gesamten Wissensbestandes bezogen sich auf den sexualkundlichen Kurs:

	Kenntnisse	Interesse
Klasse A	39 %	58 %
Klasse B	0,5 %	1 %

(nach HEGER, U. , 1971, S. 62 ff.)

Diese Angaben zeigen einmal die außergewöhnliche Beeinflußbarkeit des Wissens durch die Schule, aber auch den Zusammenhang zwischen Wissen und Interesse. Der Schüler kann auf diese Weise natürlich stark manipuliert werden. Es wird aber zugleich auch deutlich, daß diese Manipulation nicht durch empirische Unterrichtsforschung geschieht - sie ist vielmehr völlig unkontrolliert bereits vorhanden - sondern, daß sie durch Empirie erst aufgedeckt wird. Somit kann Empirie zu einem scharfen und wirksamen Instrument einer emanzipatorischen Pädagogik und einer verantwortlich betriebenen Curriculumforschung und Fachdidaktik zugleich werden.

Anne HANNIG (1970) konnte durch eine empirische Untersuchung in 3., 6. und 9. Klassen zeigen, daß die Beurteilung von Tieren durch Schüler eher durch zufällige Einflüsse als durch Wirkung des Biologieunterrichts zustande kommt (vgl. S. 55 ff.).

Auf die bedeutsamen Ergebnisse dieser Untersuchungen wird an anderer Stelle nochmals zurückgegriffen. Zunächst soll jedoch die Inhaltsstruktur des Biologielehrplans der Hauptschule (5 - 9) näher untersucht werden.

Der Lehrplan der Orientierungsstufe (5. und 6. Klasse) ist in die zwei Spalten R a h m e n t h e m e n und G r u n d w i s s e n u n d H i n w e i s e gegliedert. Die Themenfolge und die vage Formulierung der Lernstoffe kennzeichnen diesen Plan als stichwortartigen Stoffkatalog.

So werden beim
R a h m e n t h e m a :   folgende H i n w e i s e gegeben:
Ernährung   Richtige und falsche Ernährung,
Genußmittel   knapper Überblick über den Verdauungs-
    apparat, Lage der inneren Organe
(Vgl. S. 159, Richtlinien '70).

Soll der Lehrer hier die Nahrung und ihre Zusammensetzung oder den Verdauungsvorgang behandeln?

Was ist genauer unter "richtig" oder "falsch" zu verstehen? Soll er in diesem Zusammenhang auf Folgeerscheinungen von Über-, Unter- oder Mangelernährung eingehen oder nicht? Was soll die L a g e der inneren (welcher?) Organe, ohne Kenntnis von deren Funktion? Was bedeutet bei diesem Thema "Überblick"?

Man muß schon bei diesem Einzelthema feststellen, daß der Lehrplan den Lehrer gerade dort im Stich läßt, wo er ihm helfen sollte. Der einzelne Lehrer soll - jeder in eine andere Richtung - den schwierigsten Teil der Aufschlüsselung übernehmen, während der Lehrplan selbst, der doch von Fachleuten konzipiert werden sollte, diese Aufgabe nicht bewältigen konnte.

Durch die Zufälligkeiten, die durch solche Pläne in den Unterricht geraten, ist der Aufbau zusammenhängender, sich erweiternder und aufeinander aufbauender Denkstrukturen beim Schüler gar nicht möglich, da ihm im Grunde nur wenig oder gegensätzlich geordnete Datenmassen vorgesetzt werden, während man das Wichtigste, das O r d n e n selbst, dem Schüler überläßt. Einige Auszüge aus dem Plan sollen zeigen, daß das eingangs angeführte Beispiel kein Einzelfall ist.

Lehrstoff	Grundwissen und Hinweise
andere Haustiere	Ü b e r b l i c k
Maulwurf	A n p a s s u n g an das Leben im Boden
Fledermaus	A n p a s s u n g an das Leben in der Luft, Orientierung
	A r t t y p i s c h e s Verhalten
Ausländische Säugetiere, Raubtiere	Ü b e r b l i c k

Elefanten	Ü b e r b l i c k
Menschenaffen	Intelligenzleistungen bei Tieren (S. 160)
Vögel	Fortpflanzung und Brutpflege
andere Vögel	G e l e g e n t l i c h e H i n w e i s e. Vergleich der Baupläne von Vogel und Säugetier
Krokodile, Schildkröten andere Schlangen	G e l e g e n t l i c h e H i n w e i s e
Kröten, Molche, Salamander	Ü b e r b l i c k
	(S. 161)

Was soll denn der Lehrer mit den ständigen Ü b e r b l i c k e n und g e -
l e g e n t l i c h e n H i n w e i s e n anfangen? Wie soll ein solcher Unterricht aussehen? Wie wird er auf die Schüler wirken und wie - in Rück-
wirkung - auf den Lehrer?

Mit Plänen dieser Art hat man es sich gar zu leicht gemacht! Sie sind
geradezu das G e g e n s t ü c k eines Curriculums. Die Kritik am Lehrplan in Biologie soll hier nicht der Kritik willen geübt werden, sondern
deshalb, w e i l P l ä n e d i e s e r ü b e r k o m m e n e n A r t a u s d e r
S i c h t d e s h e u t i g e n S t a n d e s d e r C u r r i c u l u m t h e o r i e e i n -
f a c h w e d e r u n v e r m e i d l i c h , n o c h v e r a n t w o r t b a r s i n d .

Der Lehrplan der Hauptschuloberstufe (7. - 9. Klasse) ist ähnlich konstruiert wie der Plan der Orientierungsstufe. Eine Ausnahme bildet ein
Großteil des Lehrplans in der 9. Klasse. Dieser Plan ragt durch die
zeitgemäße Problematik einer Reihe seiner Themen heraus. Hier ist es
lediglich die vage Formulierung, welche die Effektivität des Planes behindert. In den anderen beiden Jahrgängen wird in

L e h r s t o f f und H i n w e i s e

gegliedert.

Auch hier wird, wie bei der Orientierungsstufe, ständig auf A n p a s -
s u n g s e r s c h e i n u n g e n hingewiesen. Überblicke werden z. B. bei
F o r s t i n s e k t e n (von denen es eine ungeheure Zahl von Arten gibt!)
[299] verlangt.

A n p a s s u n g e n werden zwar sehr häufig konstatiert, nirgends aber
wird verlangt, daß sie auch e r k l ä r t werden müssen. Nach den Erfahrungen des Verfassers in Schule und Lehrerausbildung herrscht ganz
überwiegend eine l a m a r c k i s t i s c h e und t e l e o l o g i s c h e D e u t u n g
solcher Anpassungen im Biologieunterricht der Klassen 1 - 9 vor.

Auf S. 245 und 246 des Lehrplans wimmelt es von Begriffen wie B a u ,
Z u s a m m e n s e t z u n g , B e d e u t u n g und F u n k t i o n , ohne daß meist
nähere Angaben folgen:

B e i s p i e l e :

L e r n s t o f f	H i n w e i s e
Knorpel, Gelenke, Knochen	Bau und Bestandteile
Skelett, Muskeln	Bau und Funktion

Die Leber	Funktionen
Herz und Blutgefäße	Bau und Funktion Bedeutung des Blutkreislaufs
Die Haut	Bau der Haut
Das Hören	Bau des Ohres - Hörvorgang
Das Sehen	Bau des Auges Vorgang des Sehens Leistungen der Augen
Gehirn	Aufbau, Leistung
Nerven	Aufbau, Leistung
Rückenmark	Funktion.

Wenn man z. B. zum Thema Gehirn n i c h t m e h r a n g e b e n k a n n, als daß es einen A u f b a u und eine L e i s t u n g hat und beim Rückenmark nur, daß es eine Funktion hat (es hat übrigens nicht nur eine!), dann ist jeglicher weitere Kommentar überflüssig.

Ohne, daß weiter in die Breite gegangen wird, soll die folgende Kritik in die Form eines Katalogs von Empfehlungen gebracht werden, die man bei einer curricularen Überarbeitung der Biologiepläne beachten sollte.

4.6.1.4 Kritik der biologischen Lehrpläne

Eine Neubearbeitung der Biologiepläne, die unverzüglich begonnen werden müßte, sollte folgende Faktoren beachten:

1. Das Curriculum sollte einen logischen, fachorientierten, sowie neue Erkenntnisse der Lern- und Entwicklungsforschung berücksichtigenden Aufbau erhalten.
2. Die einzelnen Lernziele sollten festgelegt, überprüft und ständig revidiert werden. Eine empirische Unterrichtsforschung ist zu fordern.
3. Selbständigkeit und schöpferische Freiheit des Lehrens sollten durch Angabe von Alternativthemen gesichert werden und nicht durch Vermeiden jeglicher Festlegung.
4. Im Interesse eines geregelten Aufbaus von Lernstrukturen und sowohl facheigenen, als auch anthropologisch bedeutsamen Einsichten beim Schüler, sollte das Curriculum - nach mehrfacher Revision - stärkere Verbindlichkeit in den dann operational formulierten Lernzielen erhalten.
5. Die grundlegenden Normen und Ziele des Lehrplans sind ständig zu überprüfen und zu revidieren.
6. Das Curriculum muß in Form eines wissenschaftlich kontrollierten Rückkopplungsprozesses von allen am Lehrprozeß Beteiligten in demokratischer Weise erstellt werden [300].
7. Dazu sind die aktuellen und künftigen gesellschaftlichen Notwendigkeiten und Bedürfnisse im Hinblick auf die biologische Information zu erforschen.
8. Das Curriculum muß Angaben über Fachliteratur, Fachmethoden, Medien und Lernmaterial in detaillierter Form enthalten.
9. Der Plan muß von der Vielzahl heterogener Aufgaben und von ideologischen Komponenten entlastet werden.

10. Die Namen der Curriculumautoren sollten veröffentlicht werden. Dies sollte nicht nur geschehen, um eine faire wissenschaftliche Kritik der Curricula zu ermöglichen, sondern auch um die Anerkennung der persönlichen und fachlichen Leistungen von Curriculumautoren nicht zu unterschlagen.

11. Die Lernziele sind logisch zu ordnen und zu hierarchisieren. Es darf nicht mehr Wichtiges u n v e r b u n d e n neben Banalem, Umfassendes g l e i c h w e r t i g neben Details stehen.

12. Die Curricula sind - um der Schule eine r u h i g e K o n s o l i d i e -r u n g und der Forschung eine Phase der Ü b e r p r ü f u n g zu ermöglichen - für einen bestimmten Zeitraum festzulegen (z. B. 5 Jahre) [301]. Während dieser Zeit ist durch besondere Institutionen bereits wieder eine Revisionsform zu entwickeln, die nach Ablauf der Frist voll einsatzfähig ist. (Einschließlich der Bücher, Medien und Vorbereitungskurse für Lehrer). Die Lehrmittelgrundausstattung wird an die Neubaukosten gekoppelt.

13. Die Lehrer sind durch Kurse an besonderen Instituten und/oder durch Einsatz eines Fernstudiums, das als Medienverbundsystem konzipiert wird, auf die Revisionen inhaltlich intensiv vorzubereiten. Freiwillig erbrachte Zusatzqualifikationen werden durch eine Leistungszulage honoriert.

14. Das Curriculum beachtet in stärkerem Umfang das Prinzip der denkenden Verarbeitung. Methodenmonismus wird nach Möglichkeit ausgeschaltet.

15. Die volle Professionalisierung des Biologielehrers in fachlicher, pädagogischer und lerntheoretischer Hinsicht auf das Feld seiner Unterrichtstätigkeit ist anzustreben.

16. Das biologische Curriculum definiert den Biologieunterricht als dynamischen Prozeß. Es orientiert sich an den Denkmethoden der biologischen Wissenschaft und transponiert diese in die Ebene des Schülers (Hypothesen bilden, Planen eines Experiments, Auswerten und Bewerten von Daten usw.).

17. Das biologische Curriculum ist nicht einseitig kognitiv ausgerichtet. Es weiß um die große Bedeutung affektiver und instrumenteller Lernziele, versucht diese zu operationalisieren und leitet die Schüler zur Verantwortung und zur positiven Einstellung zu allen Organismen an.

18. Das biologische Curriculum muß das Anforderungsniveau des Kindes treffen, aber auch übersteigen.

19. Das biologische Curriculum muß besonderen Wert auf facheigene Arbeitsweisen (Beobachten, Experimentieren, Verbalisieren, Fachsprache aufbauen ... usw.) legen und diese in altersgemäßer Weise einführen bzw. fördern.

20. Das Fach Biologie ist entsprechend seiner anthropologischen Bedeutung für die Zukunft des Menschen im Fächerkanon a u f z u w e r -t e n. Es ist durch die ganze Schulzeit hindurch 2 - s t ü n d i g zu erteilen. Davon wird der Bereich Menschenkunde - einschließlich Gesundheitserziehung und Sexualkunde - durch alle Jahrgänge hindurch als eigener Kurs geführt. Es bleibt aber i n t e g r a t i v e r Bestandteil des biologischen Curriculums. Die Ökologie (Umweltlehre) ist vom ersten Jahrgang an in altersspezifischen Modellen besonders zu beachten.

21. Das biologische Curriculum versucht den Unterricht von Primärer-

fahrungen (Laborarbeit) her aufzubauen. Die M e d i e n werden als
integrative Bestandteile des Lernprozesses gesehen und nicht nur
unter dem Aspekt des "Enrichment" definiert.

22. Die Informationsbasis eines biologischen Curriculum ist permanent
zu erweitern.
Die Entwicklung der ausländischen Curriculumforschung ist zu beachten und - soweit übertragbar - einzubeziehen.

23. Unterrichtszeit und Themenwahl sind in vernünftiger Weise zu
koordinieren. Für zeitaufwendige Objekterkundungen (Unterrichtsgänge) sind die nötige Unterrichtszeit und die unumgänglichen
Voraussetzungen (Verkehrsmittel, Versicherungsschutz usw.) zur
Verfügung zu stellen.

24. Bei der Konstruktion des Curriculums ist u m g e k e h r t wie bisher
zu verfahren:
- Alle wichtigen Grundbegriffe werden klar definiert.
- Es wird auf Übereinstimmung und Realisierbarkeit zwischen
Richt-, Grob- und Feinzielen geachtet.
- Die beim Schüler anzustrebenden Denktätigkeiten, Grundfertig-
keiten und Einstellungen werden explizit formuliert und vorher
festgelegt. Sie müssen in den konkreten Lernzielen wieder erscheinen.
- Die Auswahlkriterien sowie die Grob- und Richtziele werden begründet.

25. Die neuesten Erkenntnisse benachbarter bzw. relevanter Wissenschaften sind zu berücksichtigen.

26. Die Lernbedingungen, Lernstrukturen und Lernvoraussetzungen der
Schüler sind zu erforschen. Das Curriculum ist dem neuesten Stand
dieser Forschung sukzessive anzupassen.

Es sei ganz offen zugestanden, daß das so beschriebene Unternehmen
eines Curriculum einen ganz anderen Aufwand an wissenschaftlichen und
finanziellen Potenzen erfordert, als man bisher dafür zu investieren bereit war. Ob dieses Umdenken r e c h t z e i t i g geschieht, davon wird Erfolg oder Mißerfolg solcher Projekte weit gehend abhängen. Nach welchen
Gesetzmäßigkeiten unterrichtliche Information gegenwärtig noch stattfindet zeigt der folgende Abschnitt.

4.6.2 Lehrplanstruktur und Schülerwissen

Ein biologisches Curriculum muß neben fachlichen und logischen Gesichtspunkten auch die P e r s o n d e s L e r n e n d e n berücksichtigen. Nur
wenn es gelingt, die Interessen, Motive und Bedürfnisse sowie das Niveau
der kognitiven Entwicklung zu treffen, kann ein Curriculum seine optimale
Wirksamkeit entfalten, ohne den jungen Menschen in eine bestimmte Richtung festlegen zu wollen.

Einer der wichtigen Punkte zu diesen Überlegungen ist die Frage des
kindlichen Interesses für biologische Inhalte. Biologische Sachverhalte
gehören zu den Eindrücken, die das Kind schon in frühester Jugend fas-
zinieren. Diese Begeisterung hält bis weit in die Schulzeit hinein vor.

PLÖTZ (1963) berichtet über eine Untersuchung von KRETSCHMANN,
nach der 21,4 % von 451 analysierten spontanen Kinderfragen (und damit

der höchste Anteil für ein Fach) für die Biologie gestellt wurden (vgl. S. 20).

WIESENHÜTTER (1961) fand den höchsten Prozentsatz von s p o n t a n e n S c h ü l e r ä u ß e r u n g e n mit 5, 71 % (!) im Biologieunterricht (vgl. S. 51). Auch LESCHIK (1970 a) berichtet von einer Bevorzugung der Biologie im Interesse der Schüler (vgl. S. 32 f.).

Nach SCHRÖTER (1962) nimmt das Interesse an der Biologie allerdings von bis zu 30 % in Klasse 5 und 6 bis auf 3 % (9. Kl.) ab (s.S. 47). Die Biologie wird in den höheren Klassen von 36, 5 % abgelehnt, weil der Unterricht zu l a n g w e i l i g i s t (zweithöchster Prozentsatz aller Fächer) und von 36, 5 % weil die Schüler k e i n I n t e r e s s e haben (höchster Prozentsatz) (s.S. 61).

Auch SEELIG (1968) weist diese steigende Ablehnung der Biologie durch die Jugendlichen empirisch nach (vgl. S. 200 f.). Er führt sie darauf zurück, "weil sie (die Biologie, Verf.) das den Schülern zum Problem gewordene Gebiet menschlicher Sexualität weitgehend ausklammert" (S. 2o1) [302].

Ein fehlender Experimentalunterricht spielt nach SEELIG ebenfalls eine große Rolle: "die vom Schüler s e l b s t ä n d i g durchgeführten Experimente sind noch immer selten, der Lehrervortrag und das Theoretische scheinen noch immer zu überwiegen. Wo aber experimentiert wird, geschieht dies genau nach den Anweisungen des Lehrers, in g e n a u v o r g e z e i c h n e t e n B a h n e n, mit erwartetem Ergebnis und also ohne daß Forschungsergebnisse zutage treten, die sich die Schüler als junge Forscher wünschen würden" (S. 203) [303].

Im Gegensatz dazu wird zwar der Biologieunterricht von 19, 5 % aller Lehrer erteilt, aber n u r 9, 8 % bezeichnen Biologie als ihr Neigungsfach (vgl. SETZEN, 1971; S. 256 ff.). Aus diesem Grund ist dringend eine Erteilung des Biologieunterrichts durch f a c h l i c h v o r b e r e i t e t e L e h r e r zu fordern.

In einer sehr interessanten Studie hat DYLLA (1972) gezeigt, wie stark Biologielehrer der 5. und 6. Klassen an Gymnasien den Biologieunterricht nach v o r g e f a ß t e n M e i n u n g e n prägen.

Die folgenden Gebiete wurden von ihnen im angegebenen Prozentsatz bevorzugt bzw. abgelehnt:

Morphologie	+ 91 %	Systematik	+ 32 %
Verhaltenslehre	+ 62 %	Physiologie	+ 13 %
Anatomie	+ 59 %	Abstammungslehre	- 41 %
Ökologie	+ 44 %	Vererbungslehre	- 64 %

(Vgl. S. 37) [304].

In Unterrichtsbeispielen zeigt DYLLA, daß Schüler gerade die von den Lehrern a b g e l e h n t e n Bereiche vorziehen und auch bewältigen können. Er bedient sich bei vielen seiner Unterrichtseinheiten des Konzepts der "d e f i n i e r t e n U n t e r r i c h t s r e i h e", einem der vielversprechendsten Ansätze der neuen Biologiedidaktik [305]. Hierbei wird der Unterricht über größere Bereiche hinweg in Z u s a m m e n h ä n g e n geplant und empirisch k o n t r o l l i e r t (vgl. S. 39 ff.).

126

In diesem Konzept werden wichtige Forderungen wie die des strukturierten Lernens von BRUNER (1970) und die Beachtung der Lernvoraussetzungen und Lernbedingungen nach GAGNE (1969) erfüllt bzw. angestrebt. Eine optimale Auswahl und Anordnung relevanter Lernsequenzen setzt auch nach PLÖTZ (1963) valide lernpsychologische Erkenntnisse voraus (vgl. S. 7).

Eine empirische Erfassung der Schülereinstellung auf verschiedenen Altersstufen könnte Hinweise zur Placierung von Inhalten im Curriculum geben. Nicht nur dies! - sie ermöglicht auch die Feststellung von Einstellungsänderungen und deren Richtung durch Unterrichtsprozesse. Dies hat Anne HANNIG (1971) bei der Untersuchung der Einstellungen von Schülern zu Tieren nachgewiesen. Für den Lehrer ist es dadurch, daß er geeignete Testaufgaben konstruiert bzw. anwendet, möglich zu prüfen, ob die Klasse die zuvor festgelegten affektiven Lernziele e r r e i c h t hat oder nicht.

Die folgende Grafik zum Thema "Hamster" (s. Abb.u.) zeigt oben den all-

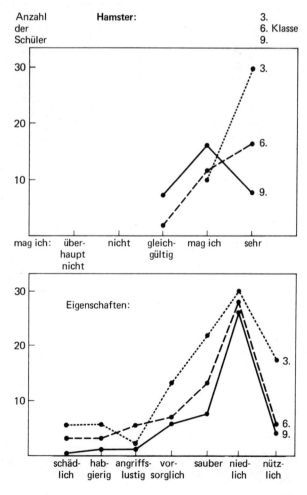

127

gemeinen Trend der Einstellung zu diesem Tier und die Veränderung der Einstellungen in verschiedenen Jahrgängen. Nach diesem Diagramm wäre der optimale Ort, den Hamster im Biologieunterricht einzusetzen, der 3. Jahrgang, der ungünstigste der 9. Jahrgang. Die genauere Skala (unten) [306] zeigt, daß sich die Einstellung immer mehr auf den Anthropomorphismus "niedlich" hin fixiert.

Die Tendenz wäre schon im 3. Jahrgang bewußt zu korrigieren (vgl. HANNIG, A., 1971; S. 57).

Eine Verschlechterung der Einstellung im höheren Alter zeigt das Beispiel "Spinne" (aus HANNIG, A., 1971, S. 62) (s. Abb. u.). Auch hier deutet sich bei der Einschätzung der Eigenschaften eine zunehmend negative bzw. fixierende Tendenz mit steigendem Alter an. Eine Korrektur sollte daher bereits im 3. Schuljahr oder früher einsetzen.

Spinne:

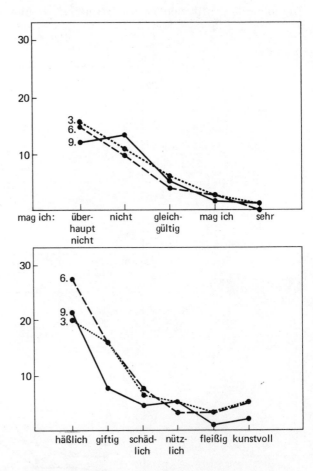

Die folgende Grafik zeigt den Verlauf und die Struktur kognitiver Daten im Bereich des menschenkundlichen Denkens.

128

Die Daten der Untersuchungen von Otto und Ursula HEGER (S. 100 ff. bzw. S. 87 ff.) [307] wurden zusammengefaßt. Die Stichprobe umfaßt ca. 600 Schüler von der Vorschule bis zur 9. Klasse.

Der Test über menschenkundliches Wissen und Interesse wurde von der Vorschule bis einschließlich 2. Klasse in E i n z e l u n t e r s u c h u n g e n durchgeführt.

S t r u k t u r u n d E n t w i c k l u n g m e n s c h e n k u n d l i c h e n W i s s e n s
v o n d e r V o r s c h u l e b i s K l a s s e 9

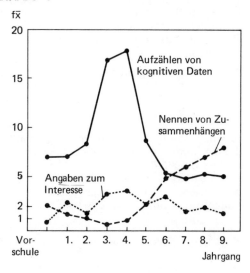

Für den Bereich Menschenkunde lassen sich folgende Tendenzen nachweisen:

1. Bis zum 4. Jahrgang steigt das Aufzählen unverbundener Einzelfakten außerordentlich stark an.
2. In den 2., 3. und 4. Klassen der Grundschule nimmt die Fähigkeit zur Darstellung zusammenhängender Aussagen laufend a b .
3. Im 5. Jahrgang beginnt ein steiler A n s t i e g von zusammenhängenden Aussagen, der sich weiter fortsetzt. Er ist - nach den vorliegenden Unterlagen - vor allem auf den Einsatz einiger f a c h b i o l o g i s c h e r D e n k - u n d A r b e i t s w e i s e n zurückzuführen, da der eigentliche Fachunterricht auf dieser Schulstufe einsetzt.
4. Durch die zeitraubende Darstellung von zusammenhängenden Aussagen nimmt die A n z a h l der Einzelnennungen ab. Diese werden also mit höherem Alter immer mehr strukturiert.
5. Das I n t e r e s s e nimmt nach dem 4. Schuljahr l a u f e n d a b .

Es läßt sich mit einiger Berechtigung feststellen, daß die Schüler, vor allem in der Unterstufe, mit einem Ballast von Einzelwissen traktiert werden. Man versäumt es, ihnen Denk- und Ordnungsmodelle zu vermitteln, mit deren Hilfe sie sich in dieser Vielfalt der Einzelheiten orientieren können. Ein fachorientiertes und auf die Denkentwicklung der Schüler hin konzipiertes durchgängiges Curriculum muß aufgrund dieser empirischen Daten mit Nachdruck gefordert werden.

5. Der Lernprozeß in Biologie

Es wäre für einen einzelnen ein unlösbares Unterfangen, die gigantische Menge an Untersuchungen, Strömungen und Erkenntnissen über den Bereich des menschlichen Lernens überblicken, geschweige denn auf den Bereich der im Biologieunterricht ablaufenden Lernprozesse übertragen zu wollen.

Man muß jedoch gleichzeitig konstatieren, daß es eine Modernisierung des Biologieunterrichts ohne Berücksichtigung der modernen Lernforschung nicht geben wird. Aus diesem Grunde soll versucht werden, einige R i c h t u n g e n aus dem unübersehbaren Bereich der Lernforschung anzudeuten. Eine Einbeziehung dieses Forschungsfeldes in ein Curriculum der Biologie wird allerdings nur möglich, wenn man Fachvertreter des genannten Forschungsbereichs v o n A n f a n g a n in ein sich bildendes Curriculumteam integriert, damit sich ihr Interesse auch auf die facheigenen Denkprozesse der Schüler richten kann. Dadurch würde vermieden, daß man lernpsychologische Erkenntnisse einem Curriculumentwurf einfach a u f s t ü l p t .

5.1 *Lernforschung*

Die im Biologieunterricht ablaufenden Lernprozesse unterscheiden sich - abgesehen von facheigenen Strukturen und Denkmodellen - p r i n z i p i e l l nicht vom menschlichen Erlernen anderer Sachverhalte. Die grundlegenden Erkenntnisse der gesamten Lernforschung haben daher auch für den Biologieunterricht volle Gültigkeit, seien es Probleme der Gedächtnisforschung (z. B. UNDERWOOD, EBBINGHAUS, MELTON), Einsichten in Response-Faktoren (MANDLER) des menschlichen Lernens, das Transferproblem (MANDLER, ELLIS u. v. a.), der Aufbau von Lernstrukturen (MANDLER, BRUNER, GAGNÉ, PARREREN, AUSUBEL, HARE u. a.), das Gebiet des Identifikationslernens (BANDURA u. a.), des programmierten Lernens (SKINNER, CROWDER, MAGER u. a.), der Bereich des Lernmaterials (PHILLIPS u. a.), das Feld der Lernmotivation (FREUD, RAPAPORT, TOMAN, ESTES, BROWN u. v. a.), der kognitiven Entwicklung (PIAGET u. a.), der Lerntheorien (z. B. HULL). Im deutschen Sprachraum sind z. B. STERN, BÜHLER, THOMAE, FOPPA, GUYER, TAUSCH, TOMAN, ROHRACHER zu nennen. Es ist unmöglich, auf knappem Raum auch nur einigermaßen zu differenzieren bzw. die Bedeutung der verschiedenen Richtungen und ihre Vertreter näher zu kennzeichnen. Daher sollen anschließend nur einige wenige solcher Strömungen der lerntheoretischen Forschung kurz in ihrer Bedeutung für den biologischen Lernprozeß dargestellt werden. Die wenigen Vertreter, die im folgenden genannt werden, wurden deshalb ausgewählt, weil sie nachdrücklichen Einfluß auf die Entwicklung der Curriculumtheorie hatten bzw. haben.

5.1.1 Bedingungen menschlichen Lernens (Gagné)

GAGNÉ (1969) bezeichnet L e r n e n "als eine Änderung in menschlichen
Dispositionen und Fähigkeiten, die erhalten bleibt und nicht einfach dem
Reifungsprozeß zuzuschreiben ist" (S. 10). Die erfolgreiche Planung von
Lernvorgängen ist nur dann effektiv, wenn man die Lernstruktur des betreffenden Stoffes beachtet und gleichzeitig die Lernvoraussetzungen des
Schülers im Auge hat (vgl. S. 26). "Ein Schüler ist bereit, etwas Neues
zu lernen, wenn er dessen Voraussetzungen gemeistert hat; das heißt,
wenn er die notwendigen Leistungsmöglichkeiten durch vorausgehendes
Lernen erworben hat" (S. 26). Dabei kann man sich nicht auf die Ausrede
zurückziehen, der Schüler sei nicht "reif" genug (vgl. S. 26). Es ist daher unter allen Umständen zu analysieren, welche Lernarten beim Aufbau
bestimmter Lernleistungen beteiligt sind. Der Schüler ist erst dann fähig
weiterzulernen, wenn er diese Lernvoraussetzungen gemeistert hat (vgl.
S. 26).

U n t e r r i c h t e n heißt daher, "die Bedingungen des Lernens, die außerhalb des Lernenden bestehen zu arrangieren" (S. 27). Die Medien sind
deshalb "im Lichte ihrer Lernfunktion" zu prüfen (S. 28). GAGNÉ (1969)
unterscheidet 8 Arten des Lernens (S. 31 ff.), die sich zwar abgrenzen
lassen, aber alle miteinander verknüpft sind. Keiner der folgenden Lerntypen läßt sich nach GAGNÉ aufbauen, wenn die vorausgehenden Lerntypen nicht zur Verfügung stehen.

GAGNÉs 8 L e r n t y p e n sind:

1. Das Signallernen
2. Das Reiz-Reaktionslernen
3. Die Kettenbildung
4. Die sprachliche Assoziation
5. Die multiple Diskrimination
6. Das Begriffslernen
7. Das Regellernen
8. Das Problemlösen

Durch diese Hierarchisierung der Lerntypen ist es möglich, unterrichtliche Inhalte und Methoden, Medien und Arrangements zu untersuchen,
wie weit sie bestimmte T y p e n d e s L e r n e n s fördern bzw. ihre Bewältigung voraussetzen. Es wird klar, daß damit ein sehr bedeutsamer
Beitrag zum Aufbau von Curricula, die über effektiv angeordnete Lernsequenzen verfügen würden, geleistet würde. Verständlich wird allerdings
auch die umfassende und t i e f g r e i f e n d e B l o c k i e r u n g effektiven
Lernens durch Lehrpläne, die diesen Anforderungen nicht entsprechen.
Auf die Möglichkeit, daß die Struktur und Effektivität des Schülerwissens
sehr weitreichend durch die L e h r p l a n s t r u k t u r beeinflußt sein könnte, weist auch BLOOM (1971) hin. So lange wir nicht wissen, unter welchen Bedingungen bestimmte Lernleistungen, beispielsweise im Biologieunterricht, zustandekommen, ist es unmöglich, ein Curriculum so zu
organisieren, daß der Aufbau angestrebter Denkstrukturen nicht zugleich
schon gestört wird. Es ist nämlich viel leichter "etwas Neues zu lernen,
als eine Reihe bereits gelernter Verhaltensweisen aufzugeben und sie
durch andere Verhaltensweisen zu ersetzen" (vgl. BLOOM, 1971; S. 239).
Solche I n t e r f e r e n z e r s c h e i n u n g e n müßten bei der Konstruktion
eines biologischen Curriculums beachtet werden, und zwar im Hinblick
auf alle Niveaus des Lernens.

GAGNÉ und BLOOM stehen mit dieser Einbeziehung des Strukturbegriffs auch dem Konzept BRUNERs (1970) nahe und stützen dieses.

5.1.2 Lernen in Strukturen (Bruner)

BRUNERs Ansatz wurde bereits mehrfach skizziert und einer kritischen Betrachtung unterzogen. "Die Struktur lernen, heißt lernen, wie die Dinge aufeinander bezogen sind" (BRUNER, 1970, S. 22). Aus diesem Strukturbegriff heraus, den er auf die bereits etablierten Wissenschaften überträgt ("Structure of the discipline", vgl. S. 42), entwickelt BRUNER das imposante Denkmodell des Spiralcurriculums. Allerdings gibt es noch immer erstaunlich wenige Untersuchungen darüber, "wie adäquate Lernepisoden für Kinder verschiedenen Alters und für verschiedene Lehrgegenstände am besten zu konstruieren wären" (S. 59). Diese Aufgabe einer Unterrichtsforschung bzw. deren Berücksichtigung bleibt auch dem Biologieunterricht nicht erspart. Das soll nicht bedeuten, daß Effektivität der einzige und höchste Grundsatz der Lernens sein dürfe - dies wurde bereits ausführlich dargestellt [308]. Argumente für den BRUNERschen Ansatz bringen auch BUSER und ROOZE (1970) [309].

Eine ähnliche Auffassung einer allgemeinen Lernstruktur vertreten BEINER und BUSSMANN, die mit Hilfe der GAGNÉschen Lerntypen eine Hierarchie operationalisierter Lernzieldefinitionen für die Physik aufzubauen versuchen (vgl. S. 37 ff.) [310]. Diese Arbeit ist nur durch mühevolle Detailarbeit durchführbar (vgl. S. 39 und S. 43). Belege für die Existenz von Lernstrukturen bringt auch FOPPA (in RÄBER, Hg., 1970; S. 97 ff.). Die große Bedeutung der Ähnlichkeit beim Transfer, wie sie ELLIS (1965) beschreibt, gibt ebenfalls Hinweise auf die Bedeutung der Struktur (vgl. S. 19 f.). Gerade in der Ablösung von personengebundenem Lernen (BANDURA, et al., 1963) und einer Hinwendung zu anderen Motivations- und Lernformen liegt nach ROSENFELD (1966) die Aufgabe der Schule (vgl. S. 119).

Neben den Faktoren Gegenstand, Medium und Sprache, die in die Muster und Rollen einer Kultur eingebettet sind (vgl. BRUNER et al., 1967; S. 2 ff.), ist auch der Faktor des Individuums beteiligt. PARREREN (1966) macht darauf aufmerksam, daß eine Lernleistung - z.B. ein Rechenvorgang - auch durch verschiedene Handlungsstrukturen [311] erreicht werden kann (vgl. S. 23 ff.). Auch KLOTZ (1971) beschreibt, daß individualisierter Unterricht nur dann stattfindet, wenn verschiedene Faktoren der Individualität berücksichtigt werden (vgl. S. 71 ff.). Diese individuellen Determinanten tauchen besonders in der HARLOWschen Version des "learning-set" auf (HARLOW, 1949).

5.1.3 Lernvoraussetzungen und learning sets (Harlow)

HARLOW (1949) definiert die Formation von "learning sets" als "das Lernen effektiven Lernens" (vgl. S. 51) [312]. Er betont die Bedeutung emotionaler, personaler und intellektueller Faktoren des Individuums beim Zustandekommen dieser "learning sets". Bei BRUNER und GAGNÉ rückt der ähnliche Begriff der Lernstruktur und der Lernvoraussetzungen in die Nähe allgemeiner Regeln und im Wissen bereits vorhandener Organisationsformen. Gewiß zeigen sich hierin Einflüsse des bahnbrechenden Experiments von NEWELL, SHAW und SIMON (1958), denen es nach der Analyse von Problemlösungsstrategien an einer Menschengruppe und durch Eingabe dieses Organisationsmusters, das sie "Logic Theorist" nannten, in einen Computer gelang, nachzuweisen, daß der Computer durch Eingabe des "Logic Theorist" als Steuerprogramm zu den gleichen Resultaten kam, wie die Versuchspersonen. Mit diesem Simulationsexperiment [313] läßt sich die Vermutung bestärken, daß menschliches Problemlösen mit Hilfe eines ähnlichen Programms erfolgen könnte (vgl. S. 153 ff.).

Wie stark dennoch bei diesem Vorgang noch subjektive Komponenten enthalten sind, zeigt sich in einem Experiment von FAUST und ANDERSON, welche die Information in einem Lernprogramm einmal durch Unterstreichen der neuen Wörter strukturierten, einer Vergleichsgruppe aber unstrukturiert boten. Die Gruppe o h n e die strukturierenden Unterstreichungen lernte w e s e n t l i c h b e s s e r , da ihre Aufmerksamkeit nicht durch die Hervorhebungen eingeengt worden war (vgl. ANDERSON, 1970; S. 350 ff.). Damit ist bereits ein Hinweis auf die Position AUSUBELs gegeben, der einer der heftigsten Kritiker des BRUNERschen Ansatzes ist.

5.1.4   Der Begriff der kognitiven Struktur (Ausubel)

Dem mehr sachlogisch orientierten Begriff der Lernstruktur BRUNERs setzt AUSUBEL den Begriff der individuell geprägten "kognitiven Struktur" entgegen, den er als die "vorherrschende Organisation (sform), Klarheit und Stabilität des Wissens eines Individuums in einem gegebenen Gegenstandsbereich" definiert (AUSUBEL, 1963; S. 2). Das Wissen des Individuums wird durch "Organisatoren" (Überblicke, Zusammenfassungen, Unterteilung, Gruppieren usw.) strukturiert bzw. erleichtert (vgl. 1968, S. 331 ff.).

Er sieht auch das Denkmodell des BRUNERschen S p i r a l c u r r i c u l u m s als einen solchen "O r g a n i s a t o r" an, der dazu dienen sollte, die logische Struktur des Wissens zu erleichtern. Das Spiralmodell darf aber nach AUSUBEL (1968) keineswegs mit der l o g i s c h e n S t r u k t u r d e r I n h a l t e verwechselt werden, was zu einer Einengung der möglichen Strategien führen müßte. Ernstzunehmen ist auch die Kritik AUSUBELs an übertriebenem P r o b l e m l ö s e n und falsch betriebener L a b o r - a r b e i t ("forschendes Lernen"). Meist wird der Schüler dabei verwirrt und überfordert, weil er oft ohne jegliche vorgängige Anleitung (und damit ohne Transfermöglichkeit, Verf.) [314] a l l e i n g e l a s s e n wird. Zudem gibt es eine Reihe von Lernabläufen, für die z.B. die v e r b a l e Präsentation die optimal angemessene ist. Ähnlich ist es beim s e l b - s t ä n d i g e n F o r s c h e n , das ebenfalls übertrieben werden kann und das dort, wo andere Methoden in k ü r z e r e r Zeit zum gleichen Ziel führen können, abgelöst werden muß (vgl. 1968, S. 345).

Die große Bedeutung der S p r a c h e beim Aufbau kognitiver Strukturen wird von AUSUBEL betont (1968, vgl. S. 521).

Trotz dieser Einwände AUSUBELs hat sich der BRUNERsche Strukturbegriff weithin durchgesetzt, insbesondere deshalb, weil er eine weit-

reichendere Verallgemeinerung und damit eine leichtere Anwendung auf
schulische Lernprozesse erlaubt [315].

Starke Unterstützung erhielt der BRUNERsche Strukturbegriff durch die
Beiträge von MAGER und BLOOM.

5.1.5 Lernziele (Mager) und Taxonomie (Bloom und Krathwohl)

MAGER (1965) hat durch seine Forderung, daß Lernziele als Schüler -
verhalten definiert werden müßten, das Feld schulischer Lernprozesse einer operationalen Definition zugänglich gemacht.

Im Zusammenhang mit der Entwicklung von Klassifikationsmustern in
Form hierarchisierter Lernzieltaxonomien für den kognitiven und effektiven Lernbereich durch BLOOM (Ed., 1968) und KRATHWOHL (1968)
wurde so eine Entwicklung eingeleitet, die annähernd alle bereits existie-
renden Curricula beeinflußt hat und künftige Projekte beeinflussen wird
[316].

In der Bundesrepublik ist seit etwa 1969 eine heftige Diskussion über die
Vor- und Nachteile von Lernzieltaxonomien im Gange [317]. Deutsche
Übertragungen der Taxonomie sind inzwischen in mehreren Werken erschienen [318]. Die Diskussion kann im vorliegenden Zusammenhang nicht
näher beschrieben werden. Viele der bei dieser Diskussion auftretenden
Argumente sind im übrigen bereits innerhalb der Anwendung der anthropologischen Fragestellung mitdiskutiert bzw. einbezogen worden.

5.2 Das Objekt im Biologieunterricht

Obwohl das Objektfeld als Anwendungs- und Anregungsbereich menschlichen Denkens von außergewöhnlich hoher Bedeutung für das menschliche
Lernen ist, darf die Objektwirkung nicht verabsolutiert werden. Nicht
die Objektpräsenz ist das wichtigste Merkmal menschlichen Lernens,
sondern die Ablösung [319] vom Objekt durch einen Prozeß der Abstraktion und der Symbolisierung.

Auch Tiere sind häufig von den gleichen Objekten umgeben und ihre ner-
vösen Zentren sind in den Elementarfunktionen denen des menschlichen
Gehirns ähnlich - trotzdem ist ihnen der typisch menschliche Bereich
der Reizverarbeitung, des Denkens, der Sprache und der Kultur völlig
verschlossen. Der Unterschied kann demnach nicht beim Objekt, sondern
muß beim menschlichen Verarbeitungs- und Kommunikationssystem liegen.

Objekte sind für den Unterricht nur dann interessant, wenn an ihnen die
dem Menschen eigenen Denkverfahren, Methoden, Strategien und Prozesse durchgeführt, vermittelt und eingeübt werden können.

Der traditionelle Biologieunterricht begeht darin einen Kardinalfehler,
wenn er meint, möglichst häufige und naturnahe Objektpräsentanz
schon mit einem guten Biologieunterricht gleichsetzen zu können.
Hier wird die Komplexität und Vielschichtigkeit menschlicher Lernprozesse auf das Anschauen möglichst vieler Naturobjekte verkürzt, wo-

bei man im Vertrauen auf eine von selbst einsetzende Organisation solcher kognitiven Strukturen glaubt, den Aufbau und die Steuerung der L e r n s t r u k t u r e n sich selbst überlassen zu müssen. Die später noch zu belegende Zufälligkeit, Unsicherheit und Desorganisation biologischen Wissens und der Mangel an O r g a n i s a t o r e n eben dieser Denkprozesse ist mit Sicherheit eine der negativen Folgen einer derartigen Auffassung vom menschlichen Lernen. Wie anders als durch eine solche durch "Sichselbst-überlassenbleiben" einsetzende Desorganisation biologischen Denkens sollte man Aussagen wie diese erklären: "Wir brauchen das Herz, es pumpt die Luft ein damit wir leben können (9. Kl., weibl.). "Die Nieren scheiden die unverdauten Speisen aus" (9. Kl., weibl.).

"Geschlechtsorgane des Mannes: Harnblase, Harnröhre, Glied" (9.Kl., männl.). "Der Mensch hat flüssiges Eisen im Blut ... Das Fleisch hat Poren durch denen die Haut atmet" (7. Kl., männl.) [320].

Diese wenigen Beispiele von 13 - bis 15-jährigen Schülern der Hauptschule mögen als Illustration an dieser Stelle genügen. Gewiß sind dies Extreme, das empirische Material zeigt jedoch, daß sie u n e r w a r t e t h ä u f i g auftreten. Wenn Schüler bereits in der 3. Klasse überzeugt sind, daß in unserem Körper die eine Hälfte des Herzens b l a u , und die andere r o t ist [321], dann kann dies nicht der mangelnden Reife oder gar der Dummheit des Kindes angelastet werden, sondern es stellt ein e k l a t a n t e s V e r s a g e n der schulischen Information dar.

Es genügt nicht, den Schülern nur Objekte zu zeigen, Medien, Filme und Bilder vorzuführen und a l l e s ü b r i g e i h n e n z u ü b e r l a s s e n . Lehrer, die in der Lage wären, diese Fehlentwicklung einer rein physiologisch verstandenen "Anschauung" zu kompensieren, müßten neben sicheren Fachkenntnissen auch über valide Einsichten in die Struktur und Entwicklung des m e n s c h l i c h e n w i e d e s f a c h e i g e n e n L e r n e n s u n d D e n k e n s verfügen. Sie müßten offen genug sein, unter Einsatz empirischer Verfahren, die ihnen von der Fachdidaktik und der Psychologie zur Verfügung gestellt werden müssen, den jeweiligen Kenntnisstand der Schüler zu ü b e r p r ü f e n und bereit sein, die hierbei sich zeigenden Lücken und Fehlvorstellungen im weiteren Verlauf des Instruktionsprozesses aufzugreifen und zu k o r r i g i e r e n . Diese Kompensation ist nicht möglich ohne einen reflektierten Sprachgebrauch. Vernünftige Organisation biologischen Wissens ist demnach ohne Berücksichtigung einer U n t e r r i c h t s s p r a c h e , die s c h r i t t w e i s e in die biologische Fachsprache überleitet, nicht denkbar.

5.2.1 Der Objektbegriff und seine ideologischen Komponenten

ZENKER (1970) zeigt, daß viele Generalisierungen und Erfahrungssätze des naturwissenschaftlichen Unterrichts, wie die der anschaulichen Repräsentation, der Grundsätze vom Leichten zum Schweren, vom Konkreten zum Abstrakten, von der Nähe zur Ferne usw. eigentlich nie kontrolliert werden (vgl. S. 424 ff.). Sie werden oft ohne jegliche Kritik hingenommen, als sei es gar nicht nötig, sie empirisch zu belegen. Der im heutigen Biologieunterricht sowie in der Sprache der Lehrpläne und der fachdidaktischen Literatur vorherrschende Objektbegriff betont mit außerordentlichem Nachdruck immer wieder den U m g a n g m i t d e m n a t ü r -

lichen Objekt. Allen anderen Möglichkeiten wird - wie ebenfalls fast alle biologischen Lehrpläne in der BRD beweisen - im höchsten Falle sekundäre, bereichernde und ergänzende Funktion zugeschrieben. Man übersieht dabei völlig, daß die verschiedenen Medien, die Sprache sowie verschiedene Symbole oder Graphen - aber ebenso auch das Objekt eine ganz bestimmte, bei Veränderung der Lernsituation und der Lernziele sich auch ändernde und verlagernde relative Funktion besitzen. Das Objekt erhält nicht von daher schon sein "Gütesiegel", daß es eben das Objekt ist, sondern allein von daher, welchen Beitrag es beim Aufbau menschlicher Denkprozesse im Rahmen der Enkulturation des Heranwachsenden zu leisten imstande ist. Die einseitige Betonung der bloßen Objektpräsentation in den gegenwärtigen biologischen Lehrplänen und die demgegenüber weit unterschätzte und verzerrt dargestellte Funktion der Medien, besonders der Sprache, liegt die Vermutung nahe, daß diese Bevorzugung dem ideologisch verengten Naturbegriff einer romantischen Naturbetrachtung, wie LOCH (1963, S. 68) sie beschreibt, entspringt, nicht aber den anthropologischen Erfordernissen der Zeit und des Faches.

Im Biologieunterricht klingen stärker als anderswo Relikte einer volkstümlichen Bildungsideologie nach, die dem "Volk" etwas fürs "Gemüt" lassen will, die biologische Information auf die Vermittlung von Kuriositäten [322] oder das Staunen einengt und es darin bewenden lassen will [323]. Allenfalls gesteht man der Mehrheit der Bevölkerung neben solchem "Quizwissen" noch die Hobbyfunktion der Biologie [324] zu. Sie kann dann zwar dem Schrebergärtner, Imker, Kleintierzüchter, Blumenfreund und dem Naturwanderer einige Tips und Ratschläge geben - den jungen Menschen langsam in ein biologisch richtiges Weltverständnis und zu Einsichten in Vorgänge und Verhaltensweisen einzuführen, die ihn durch verantwortliche Mitbestimmung an vielen den Menschen bedrängenden anthropologischen Entscheidungen und Existenzfragen teilhaben lassen, das kann sie mit diesen Methoden nicht!

Das Erstaunliche ist immer wieder, daß es auch eine ganze Reihe von Kennern und Vertretern des biologischen Unterrichtswesens gibt, die es für ausreichend halten, das Kind - vor allem in der Grundschule, aber auch in der Orientierungsstufe - mit einer Bioästhetik, mit Werten der Gemütsbildung und mit einer überwiegend die Sinneswahrnehmung fördernden Betrachtung und Beobachtung in Kontakt zu bringen. In späteren Jahren erwartet man dann mit einem Male stillschweigend die Existenz hochkomplexer facheigener Strukturen, deren Aufbau und Weiterentwicklung dem Schüler niemals zusammenhängend ermöglicht wurde. Hier muß man nachdrücklich an BRUNER (1970) erinnern, der es nicht nur für empfehlenswert hält, sondern als ein Anrecht des Kindes bezeichnet, auf allen Stufen seiner Entwicklung mit allen relevanten Problemen in altersgemäßer und wissenschaftlich einwandfreier Weise konfrontiert zu werden. Das Postulat belegt den Respekt, den BRUNER dem Kind auf allen Stufen seiner Entwicklung uneingeschränkt entgegenbringt.

Auf diesen pädagogischen Elan geht vermutlich auch die Durchschlagskraft zurück, die der BRUNERschen Auffassung des Curriculums eigen ist.

5.2.2   Objekt und Methoden im Biologieunterricht

Originale Objekte lassen sich auf methodisch sehr verschiedenartige
Weise in den Biologieunterricht einbeziehen.

1. Durch Aufsuchen der Objekte in ihrer natürlichen Umwelt
   z. B. bei
   - Unterrichtsgängen
   - Schullandheimaufenthalten
   - durch Beobachtungsaufträge
   - Schulwandertagen
   - Schulgartenarbeit

Diese Form der Erkundung ist ausschließlich in Form der Exkursion
zugänglich. Die Richtlinien in Bayern (1970) setzen voraus, daß solche
Exkursionen mehrfach im Jahr stattzufinden haben (vgl. S. 62). Die
Bedeutung eines solchen Naturkontakts wird besonders für die Großstadt-
kinder betont (vgl. S. 61).

Auch in der Orientierungsstufe und der Hauptschule werden solche Exkursionen ausdrücklich verlangt, bzw. sie ergeben sich aus dem Stoffkanon
(vgl. S. 159, 242 ff.). Bei allen sich bietenden Gelegenheiten werden die
unübertrefflichen Vorteile dieser Methode ausdrücklich hervorgehoben.
Die Begeisterung geht sogar so weit, daß man allen Ernstes vorschlägt,
zur Unterstützung des Unterrichts in der Ersten Hilfe eine Unfallstation
im Krankenhaus zu besichtigen [325]. Neben den vielen Zufälligkeiten,
der äußerst umfangreichen Vor- und Nacharbeit, dem organisatorischen
Aufwand, der Störung des Schulbetriebs in der bisherigen Form, den
Unfallgefahren und vielen anderen erschwerenden Momenten ist diese
Methode durch einen außerordentlichen Zeitaufwand gekennzeichnet. Die
Beschreibung der Nachteile dieses in den Lehrplänen so gelobten Verfahrens sucht man vergeblich, ebenso auch Hinweise, wie sie überwunden
werden könnten.

Natürlich haben Exkursionen eine Vielzahl unaufgebbarer Vorzüge,
die sie - wenn sie richtig durchgeführt werden - vor allen anderen Wegen
auszeichnen. Es bleibt aber eine Farce, wenn man Exkursionen ständig
empfiehlt, obwohl man weiß, daß sie im täglichen Unterrichtsbetrieb
unseres gegenwärtigen Schulwesens gar nicht oder nur ganz selten durchführbar sind [326]. Dazu kommt noch die Stoffülle der Lehrpläne, die den
Lehrer, der Unterrichtsgänge durchführt, in noch stärkerem Maße unter
Druck setzt. Zur Klärung dieser Fragen könnte eine empirische Untersuchung des Phänomens "Unterrichtsgang" gewiß interessante Ergebnisse beisteuern [327].

Andere Möglichkeiten der Objekterkundung sind:

2. Das Beobachten, Betrachten und Untersuchung mitgebrachten
   Materials.
3. Das Halten von Zimmerpflanzen und Versuchspflanzen sowie das
   Pflegen von Tieren in Vivarien [328].
4. Die Laborarbeit (das Experimentieren [329]).
   Sie ist oft mit den Methoden 1 - 3 verknüpft.

5.2.3 Objekt und Unterrichtszeit

Allen genannten Verfahren ist ein enormer Z e i t a u f w a n d für Vorbereitung, Durchführung und Auswertung gemein, die den Biologielehrer
außerordentlich belasten, zumal das benötigte Instrumentarium einer
experimentellen G r u n d a u s s t a t t u n g einschließlich der Räume fast
nirgends existiert [330].

Eine überaus drängende Voraussetzung für eine Revision des Biologieunterrichts ist daher ganz ohne Zweifel - neben der Lehrerausbildung
und der Neuentwicklung des Curriculums - die biologische Grundausstattung. In einem sinnvollen und sorgsam eruierten Einsatz der biologischen Laborarbeit muß einer der Schwerpunkte künftiger biologischer
Unterweisung liegen. Die ausländischen Erfahrungen und die Argumente
AUSUBELs (1963, 1968) müssen dabei beachtet werden. Die Medien haben
demgegenüber k e i n e s w e g s e i n e s e k u n d ä r e , sondern allenfalls
eine andersartige Funktion in biologischen Lernprozessen.

5.3 *Medien im Biologieunterricht*

Die Unterteilung in p r i m ä r e Objekterfahrung und s e k u n d ä r e (mittel-
bare, ergänzende, bereichernde, im Notfall einspringende) Erfahrung
durch Medien ist lerntheoretisch l ä n g s t ü b e r h o l t. Wir müssen uns
abgewöhnen, den Instruktionsprozeß und Informationsprozeß von e i n -
z e l n e n M e d i e n her zu definieren. Dadurch wird eine angemessene
Sicht der menschlichen Kommunikations- und Lernprozesse nur verstellt.
F a s t n i e m a l s kann am Objekt allein gearbeitet werden, ohne Medien
irgendwelcher Art (seien es Lupen, Ferngläser, Käfige, Pinzetten,
Mikroskope usw.) zu verwenden, und ein rein auf Medien aufgebauter
Unterricht muß ebenfalls scheitern. Ein moderner Biologieunterricht
wird vielmehr versuchen, ganz spezifische Techniken und Verfahren
der Objekterkundung und ganz spezifische Medien so zu arrangieren und
zu kombinieren, daß ihre relative Einzelfunktion in diesem Medienverbund optimal zum Tragen kommt.

Voraussetzung dafür ist allerdings,
- daß man über die geeigneten Objekte und Medien verfügt,
- ihre spezifische Wirkung im Lernprozeß empirisch untersucht,
- ihre Wirkungen steuern lernt,
- Beschreibungsmodelle für Unterrichtseinheiten entwickelt und
  deren Verlaufsstrukturen zu planen lernt.

Die empirische Forschung dieses Sektors im Biologieunterricht muß eine
kaum überschaubare Anzahl von Medien- und Materialfaktoren in ihre
Untersuchung einbeziehen.

Der folgende Katalog ist nur eine unvollständige Gedächtnisstütze.

5.3.1 Medienkatalog

Es gibt eine Reihe von Möglichkeiten, Medien zu ordnen und zu gruppieren. Am häufigsten findet man eine Aufgliederung zwischen k o n k r e t

und a b s t r a k t , deren Fehlermöglichkeit darin liegt, daß man die Medien in dieser Reihenfolge meist auch b e w e r t e t . Möglichst konkrete Medien - im günstigsten Falle das Objekt - werden durch eine solche unreflektierte Auffassung als w e r t v o l l e r angesehen als abstraktere. Symbole und Sprachgebilde nehmen schließlich den niedrigsten Platz dieser Rangskala ein. Eine solche Einstufung ist grundsätzlich und als Ganzes abzulehnen, wenn sie sich nicht empirisch verifizieren läßt (was zweifelhaft ist!). Eine solche Gliederung der Medien findet man bei DALE (1946 und 1969). Er nennt sein Ordnungsschema, in dem er alle audiovisuellen Beeinflussungsmöglichkeiten und Medien von der "direkten, absichtlichen Erfahrung" (Kegelbasis) bis zu "verbalen Symbolen" (Kegelspitze) gliedert, den "Kegel der Erfahrung" (cone of experience) [331]. GREETSFELD (1970) wendet sich gegen die Aufstellung von "Ranglisten der Anschauung" oder "Kegeln der Erfahrung" (DALE), da ... "Wirklichkeitsnähe im Sinne naturgetreuer Ähnlichkeit nicht das einzige Kriterium didaktischer Wertigkeit ist" (S. 46) [332, 333].

MEMMERT (1970) differenziert in E r f a h r u n g s h i l f e n (Mittel zur Erweiterung des Erfahrungsbereiches) und A n s c h a u u n g s m i t t e l (Hilfen zur Bildung von Anschauungen) [334]. MEMMERT hat damit e i n e n e u e B e t r a c h t u n g s w e i s e der Medien in die Biologiedidaktik eingebracht. In einer Matrix schließt er die Medien nach den Bereichen ihrer Wirklichkeitsrepräsentation weiter auf (vgl. 1970, S. 59). Medien bereiten also Erfahrung in gewissem Sinne bereits auf. Sie sind nach BRUNER (1970) bereits s t r u k t u r i e r t e E r f a h r u n g (vgl. S. 88). In dieser Eigenschaft liegen ihr Wert und ihre Gefahr. Medien können den Transfer und damit die Generalisierung ganz außerordentlich beschleunigen bzw. erweitern. Man kann sie im Sinne AUSUBELs (1968) auch als O r g a n i s a t o r e n bezeichnen. Nur ist dabei zu beachten, daß vor der Übertragung strukturierter Erfahrungen die grundlegende "kognitive Struktur" (AUSUBEL) beim Lerner aufgebaut wurde, die "learning sets" (HARLOW) sich gebildet haben und die entsprechenden Lernvoraussetzungen und Lernbedingungen (GAGNÉ) herrschen.

Diese Voraussetzungen reichen von der Kenntnis, daß Farben im Trickfilm nur symbolisieren, schematisieren und vereinfachen, bis zur Beherrschung von Symbolen und Formeln, die Grundlagen für die Übertragung ganzer Theorien bzw. ihrer Denkmodelle sind. Medien erhalten somit - je abstrakter sie werden - immer mehr Ähnlichkeit mit dem M o d e l l b e g r i f f . Medien können neben ihrer Informationswirkung auch strukturieren, interpretieren, modifizieren, motivieren, manipulieren und dramatisieren [335]. ZIFREUND weist auf die Verschleierungstaktik hin, das Versagen des Menschen den Medien zuzuschieben [336] (vgl. ZIFREUND, 1966; S. 5).

Die folgende Medienaufzählung stellt weder irgend eine Wertung dar, noch ist sie vollständig.

1..D y n a m i s c h e a u d i o v i s u e l l e b z w . a u d i t i v e u n d v i s u e l l e V e r f a h r e n
   - F i l m e (Stumm-, Ton-, Farb-, Farbton-, Trickfilm usw.).
   - F e r n s e h e n (einschließlich der verschiedenen Methoden der Speicherung, Abtastung und Wiedergabe).
   - T e c h n i s c h e Methoden zur Erweiterung des Erfahrungsbereichs (Mikroskop, Fernglas, Mikroprojektion u. ä.) haben ne-

ben der Objektpräsentation auch audioviduelle Komponenten. Allerdings ermöglichen sie zum Teil darüberhinaus auch Manipulationen am Objekt.
- Tonträger (Tonband, Schallplatte, Radio).

2. Statische audiovisuelle Verfahren
   - Dias,
   - Overheadprojektor-Folien (sie können auch durch Polarisation dynamisiert werden),
   - Bilder, Fotos, Wandtafeln, Karten, Zeichnungen, Skizzen, Symbole.

3. Präparate und Relikte

   Stopfpräparate, konservierte Objekte oder Teile davon (enge Beziehung zum Objektbereich).

4. Modelle (technische Modelle)
   - Strukturmodelle mit Vereinfachungs- und Vergrößerungs- oder Verkleinerungsfunktion.
   - Funktionsmodelle (Bezug zu Analogie und Denkmodell) (Raumwirkung!).

5. Verbale Verfahren und Symbole
   - visuelle Symbole aller Art
   - Texte, Bücher, Arbeitsblätter, Zeitschriften usw.
   - Optische und akustische Kommunikation
   - Unterrichtssprache.

6. Technische Verfahren
   - Verfügbarmachen und Erweitern des Objektbereichs (Mikroskop, Lupe ... Vivarien, Tafel, Hafttafel usw.).
   - Manipulation am Objektbereich Experimentalausstattung (Glasgeräte, Meßgeräte usw.).

7. Dramatisierende Verfahren
   - Spiele
   - Lernspiele
   - Lehrererzählungen
   - auch viele AV-Medien.

8. Instruktionsverfahren
   (fallen schließlich mit Methoden zusammen)
   - Lehrprogramme
   - Lehrmaschinen
   - Unterrichtsgänge
   - Ausstellungen.

Schon dieser geraffte Überblick zeigt, wie bedeutsam die Rolle der biologischen Grundausstattung ist.

5.3.2 Die biologische Grundausstattung

BREUER (1971) nennt folgende Voraussetzung für einen zeitgemäßen Fachunterricht in Biologie (S. 544):
"eine angemessene Unterrichtszeit
ein gut ausgebildeter Lehrer

ein zeitgemäß eingerichteter Fachraum
eine ausreichende Ausstattung an Lehr- und Lernmitteln."

Wenn man dazu noch "ein fundiertes und revidierbares Curriculum" und den "Einsatz der Unterrichtsforschung in der Biologie" ergänzt, dann kann man dieses Problemfeld kaum komprimierter umschreiben. Die Diskussion um die biologische Grundausstattung hat erst vor wenigen Jahren eingesetzt. Sie verstärkt sich gegenwärtig laufend [337]. Im Zusammenhang mit einem biologischen Curriculum wird das Problem noch drängender werden.

Wenn schon die allgemeine Situation der Schule in Bezug auf Medien deprimierend ist [338] - Lehrmittelmessen verstärken diesen Eindruck noch- dann kann man die Lage des hierin extrem vernachlässigten Biologieunterrichts ohne Übertreibung als k a t a s t r o p h a l bezeichnen. Was sich einem in den Lehrmittelzimmern an biologischen Hilfsmitteln darbietet, ist in unserem Zeitalter einfach eine Zumutung und ein Skandal [339]. Diese starken Worte sind hier keineswegs fehl am Platze! Der bereits einmal gemachte Vorschlag, Medienkosten an die B a u s u m m e v o n n e u e n S c h u l e n z u k o p p e l n und lieber auf anderen Gebieten des Schulbaues zu sparen, sei hier nochmals nachdrücklich wiederholt. Was Medien im Biologieunterricht vermögen, belegt die Curriculumsituation in den USA, wo sich der Biologieunterricht ganz überwiegend in gutausgestatteten Laborräumen abspielt und innerhalb der Gesellschaft in hohem Ansehen steht.

Eine ganz ausgezeichnete Zusammenfassung über die Bedingungen eines guten naturwissenschaftlichen Unterrichts gibt eine Broschüre der NSTA [340] (1970). Sie sollte auch bei einer Neukonzipierung des Biologieunterrichts bei uns beachtet werden.

Sehr hilfreich wäre es, wenn an neuen Schulen in Zusammenarbeit von Lehrern, Fachwissenschaftlern und Lehrmittelfirmen Modellräume für Biologie eingerichtet, erprobt und bei anderen Schulbauten ständig verbessert würden. Den Ausstattungskatalog mit Kostenangaben könnte man zur Erleichterung der Einrichtung solcher Fachräume in anderen Schulen vervielfältigen und Interessenten zugänglich machen.

5.3.3   Medien als Objektersatz?

Die vorausgegangene Erörterung hat gezeigt, daß eine solche Einschätzung der Medien weder ihre eigentliche Bedeutung erfaßt noch der Schule und dem Unterricht nützt. Eine solche vortheoretische und unbegründete Auffassung verhindert vielmehr einen der spezifischen und relativen Funktion der Medien im Lernprozeß entsprechenden Einsatz. Daneben führt er zu einer übertriebenen allumfassenden Wertung des Objekts.

Von großem Interesse ist in diesem Zusammenhang die Frage, welche Medien Biologielehrer im Unterricht einsetzen und unter welchen Gesichtspunkten sie dies tun.

5.3.4   Lehrerausbildung und Medieneinsatz

Der Lehrer hat die entscheidende Rolle bei der Organisation der Lernprozesse und damit auch beim Einsatz der Medien. Eine Anzahl von Autoren weist darauf hin, daß der Einsatz der Medien mit der Form der Lehrerausbildung zu tun haben könnte. NEALE (1967) berichtet über die Ergebnisse einer Untersuchung von GOULD [341], der feststellte, daß Schüler diejenigen Observationsmedien bevorzugten, in denen sie die meiste Erfahrung hatten. Ebenso hat LYSAUGHT (zit. nach ZIFREUND in DÖRING, 1971 a) nachgewiesen, daß Lehrer, die eine Ausbildung in praktischer Unterrichtsprogrammierung erhalten hatten, einen signifikant größeren Gebrauch davon im Unterricht machten [342] (s. DÖRING, Hg., 1971 a, S. 57). Zu dem Problem, in welcher Weise Hilfsmittel im Biologieunterricht eingesetzt werden, wurde vom Verfasser in den Jahren 1970 und 1971 eine empirische Untersuchung durchgeführt. Die Versuchspersonen waren 20 Biologiestudenten (Pädagogikumskandidaten) an der Universität Erlangen-Nürnberg [343], 50 Studenten an der PH Bamberg (Erstsemester = Abiturienten) und 27 PH-Studenten der gleichen Hochschule aus mittleren und höheren Semestern. Die überaus interessanten Ergebnisse sollen nur knapp beschrieben werden.

Den Versuchspersonen wurde eine Skala von 56 zufällig angeordneten "Anschauungs" - bzw. Hilfsmitteln und Medien des Biologieunterrichts vorgelegt, aus der sie diejenigen dem Rang nach anzuordnen hatten, den diese Medien in dem von den Vpn [344] e r l e b t e n Unterricht hatten. Bei einem zweiten Durchgang wurden die von den Vpn für ihren eigenen Unterricht (als Lehrer) e r w ü n s c h t e n Medien in eine Rangreihe gebracht [345]. Die Fragestellung richtete sich also auf den Unterschied zwischen erfahrenen und erwünschten Hilfsmitteln im Biologieunterricht.

Das Experiment erbrachte folgende Ergebnisse:
Die R a n g r e i h e der erfahrenen M e d i e n bei Biologiestudenten sah folgendermaßen aus:

1. Schulbuch
2. Lehrerzeichnung
3. Anschauungstafel
4. Modelle
5. Filme
6. Dias
7. Präparate
8. Mikroskop
9. Exkursion
10. Schülerversuch

Die R a n g r e i h e der vor dem Examen für das Biologielehramt stehenden Kandidaten in Bezug auf die von ihnen für den eigenen Unterricht e r w ü n s c h t e n M e d i e n ist - mit Ausnahme der Anschauungstafel, die auf Platz 8 gesetzt wird und der dadurch eintretenden Verschiebung der Reihe um einen Platz - der Rangreihe der im gesamten bisherigen Biologieunterricht e r f a h r e n e n Medien (bis Platz 7) völlig identisch [346].

Kurz, die künftigen Biologielehrer werden - unabhängig von inzwischen entwickelten neuen Medien - biologische Hilfsmittel genau so einsetzen, wie ihre ehemaligen Lehrer. Es läßt sich vermuten, daß der Einsatz von Medien während des h e u t i g e n B i o l o g i e s t u d i u m s sich nicht oder kaum von dem vor 20 - 40 Jahren unterscheidet. Die angehenden Lehrer werden also im Medieneinsatz geradezu vorprogrammiert. Die Rangreihe der PH-Studenten in Bezug auf die erwünschten Hilfsmittel war auf den ersten 5 Plätzen ähnlich. Bei den anderen zeigten sich starke Verschiebungen. Bei diesem Personenkreis fielen neben einer stärkeren Streuung auch hohe g e s c h l e c h t s s p e z i f i s c h e Unterschiede auf. Weibliche Versuchspersonen bevorzugen in starkem Maße verbale Methoden und Medien, sie bewerten Präparate und technische Medien weitaus ungünstiger als männliche Vpn.

Das Verhältnis von lehrerbezogenen und schülerbezogenen Hilfsmitteln sieht folgendermaßen aus:

P e r s o n e n g r u p p e	V e r h ä l t n i s lehrerbezogen - schülerbezogen		
von allen Gruppen erfahren	9	:	1
von Biologiestudenten erwünscht	4	:	1
von PH-Studenten erwünscht	1,5	:	1
von PH-Studentinnen erwünscht	1,3	:	1

Bei PH-Studenten zeigt sich wesentlich stärker das Bestreben, den Medieneinsatz in Beziehung zum Schüler zu sehen, als bei den rein fachlich ausgebildeten Biologiestudenten.

5.4 Untersuchungen zu Medien- und Methodeneffekten in Biologie

Empirische Erhebungen über Medien- und Methodenwirkungen im Biologieunterricht sind im anglo-amerikanischen Sprachraum Legion.

Über ihre Fragestellung und ihr testtheoretisches Design äußert sich WEINERT (1970) alles andere als positiv:

"Es gibt hunderte von Untersuchungen, die mit Hilfe eines Pretest-Posttestplanes lediglich feststellen wollten, ob denn die Kinder durch die Darbietung eines Filmes oder einer Fernsehsendung oder eines Tonbandes irgend etwas gelernt haben. Nun, ich kann Sie beruhigen, solche Untersuchungen zeigen stets, wenn nur der Pretest und Posttest geschickt genug gestaltet ist, daß die Kinder immer etwas von etwas lernen" [347]. WEINERT führt dieses Ergebnis darauf zurück, "daß die Variationsbreite zwischen Lehrer A und dem Lehrer Z mindestens ebenso groß ist, wie die Variationsbreite zwischen verschiedenen Filmen" (S. 19). Diese Überlagerung verschiedener Faktoren ist im Grunde die Ursache für die meist festgestellte "Gleichgültigkeit" der Methoden. Den Lernprozeß hemmende und anregende Variablen der einen wie der anderen Methode bleiben dabei unentdeckt und heben sich gegenseitig auf.

Ein Ausweg aus dieser verfahrenen Situation scheint nur der zu sein, daß man die Medienwirkung mit bestimmten klar formulierten Lernzielen in Beziehung setzt [348] und sie in ein Lernsystem integriert (vgl. S. 24) [349].

Im deutschen Sprachraum kann man die Arbeiten von DÜKER und TAUSCH (1957, nachgedruckt 1966 und 1971) und von HORN (1972) als die im Hinblick auf die Biologiedidaktik bedeutsamsten bezeichnen.

5.4.1 Der Düker-Tausch-Versuch [350]

Die 1957 erstmals veröffentlichte Untersuchung der beiden Autoren kann im deutschen Sprachraum durchaus als Pionierleistung gelten, die in ihrem Design von vielen weit später angesetzten Experimenten nicht erreicht wird. Das Hauptverdienst der Arbeit liegt darin, daß sie den Problemkreis "Messen der Unterrichtseffektivität" aufreißt. Da sie sich mit biologischen Lernsequenzen beschäftigt, ist sie im vorliegenden Kontext besonders interessant. Überraschend ist nun, daß dieses bedeutende Experiment bisher innerhalb von fast 15 Jahren meines Wissens keine wiederholende Überprüfung von anderen Autoren erfuhr. Das Ergebnis blieb somit bisher unüberprüft und im Falle von Mängeln auch unkorrigiert. Des öfteren findet man Hinweise auf diese Untersuchung, die mit einer nahezu an Selbstverständlichkeit grenzenden Sicherheit [351] die Ergebnisse des DÜKER-TAUSCH-Versuches als unumstößliche Erkenntnisse darstellen. "Daß die Veranschaulichung im Bereich der Biologie den Unterrichtserfolg erhöht, ist von Düker und Tausch nachgewiesen". So formulieren beispielsweise WELTNER und WARNKROSS (1969; S. 553). GRUPE (1971) berichtet analog über eine andere Quelle zum gleichen Problem [352].

Hinweise auf die Untersuchung finden sich auch bei FAECKE (1971; S. 5 f.). Die Gefahr besteht für den Bereich der Unterrichtsforschung und die Unterrichtspraxis darin, daß die Ergebnisse solcher "pilot-studies" und empirischer Experimente oft von einer breiten wissenschaftlichen "Konsumentenschicht" mit Begeisterung aufgegriffen und in falscher Ehrfurcht vor empirischen Erkenntnissen unkritisch und ungeprüft zur Stützung der eigenen Konzepte und Vorstellungen über den Lernprozeß verwendet werden.

FESTINGERs Theorie der "kognitiven Dissonanz" [353] gibt ein gutes theoretisches Erklärungsmodell über Ablauf und Richtung solcher Selektionsprozesse, bei denen mit Vorliebe solche Fakten beachtet werden, die bisherige Auffassungen (besonders im Feld der Schulpraxis) untermauern, während diesen widersprechende und damit Dissonanz auslösende Ergebnisse übergangen werden [354]. Weiterhin kann schon im Begriff der "Veranschaulichung" ein zusätzlicher Unsicherheitsfaktor liegen, da dieser ominöse Begriff - wie MEMMERT (1969, Diss.) gezeigt hat - angefangen von optischen Sinneseindrücken über Vorstellung, Wahrnehmung, Empfindung, Interesse bis hin zum Theoriebegriff alle denkbaren terminologischen Schattierungen annehmen kann. Neben diesen terminologischen Unklarheiten ist heute auch zu fragen, wie weit die Ergebnisse des D.-T.-Versuches aus der Sicht des gegenwärtigen Standes der Lern- und Curriculumforschung noch relevant sind. Die Bedeutung der D.-T.-Untersuchung wird dadurch, daß man sie einem weiteren Prüfprozeß unterwirft, in keiner Weise gemindert - im Gegenteil, es ist geradezu ein qualitatives Merkmal, wenn ein solches Experiment den Forschungsprozeß vorantreiben kann.

Eine kurze Beschreibung der D.-T.-Untersuchung sei vorangestellt.

Kennzeichnung des DÜKER-TAUSCH-Experiments

Die erste Studie dieser Art führten DÜKER und TAUSCH an einer homogenisierten Stichprobe von 110 Schülern aus 5. Klassen durch.

Aufbau (Design):

1. Einstimmendes Gespräch 5 - 10 Min.
2. Informationstext über die Küchenschabe (Blatta orientalis) und den Rückenschwimmer (Notonecta glauca) als Tonbandwiedergabe.
Dauer: 9 Minuten.
3. Die Experimentalgruppe hörte das Tonband und erhielt dazu ein Präparat der Insekten.
4. Die Kontrollgruppe hörte nur das Tonband.
5. Ausschaltung von Kurzgedächtnis-Effekten durch Vorführen des Films "Stadtmaus und Feldmaus". (In der Informationstheorie wird dieser Prozeß als "Rauschen" bezeichnet).
6. Leistungsmessung
Durch einen nicht publizierten offenen Fragebogen von 20 Items [355]
- Antwortzeit: 15 Min.
- Bewertung: je Frage 1 Punkt [356]
- Gesamtpunktzahl: 29.
7. Homogenität
- Zufallsauswahl
- Paar-Rang-Anordnung nach dem Mittelwert der Rechen- und Deutschnote.
8. Ergebnisse:
Die Experimentalgruppe zeigt eine um 33,2 % größere Behaltensleistung ($p = 0.001$).

In einer zweiten Untersuchung wurde versucht, den Lernzuwachs genauer zu spezifizieren (vgl. DÜKER und TAUSCH in DÖRING 1971 a, S. 123 ff.) Den Experimentalgruppen wurden hierbei als optische Zusatzinformation Bilder (Fotos), "Modelle" [357] (Stopfpräparate) und lebende Objekte (Meerschweinchen) gegeben. Dies führte bei den Experimentalgruppen zu folgendem Lernzuwachs (bezogen auf Kontrollgruppe = 100 %):

Gruppe "Bild"	+ 9,5 % ($p = n. s.$)
Gruppe "Modell"	+ 20,0 % ($p = 0.005$)
Gruppe "realer Gegenstand"	+ 40,7 % ($p = 0.01$) [358]

Aus diesen Ergebnissen verallgemeinern die Autoren, daß die Anschauung in der jeweiligen Variante den aufgezeigten Lernzuwachs erzeuge. Sie versuchen dies dadurch zu erklären, daß Schüler mit Hilfe der Anschauung (im Sinne von "anschauen") den Sinnzusammenhang besser erfassen (vgl. 1971 a, S. 128) und dadurch auch das Interesse angeregt werde (vgl. S. 129). Die Wirkung des "Modells" führen sie auf seine "Dreidimensionalität" zurück (vgl. S. 129). Die weit höheren Ergebnisse durch das lebende Objekt beziehen die Autoren auf das noch stärkere Interesse der Schüler, obwohl ihrer Meinung nach "hinsichtlich der Erkennbarkeit dieser (der beobachtbaren, Verf.) Eigenschaften" zwischen "Modell" und "Realobjekt" [359] kein Unterschied besteht (129 ff.).

Noch weiter geht DÜKER (in DÖRING, 1971 a, S. 133 - 141), der den beschriebenen Versuchsansatz nochmals in der Klassensituation überprüft.

Er stellte allein durch Einsatz eines Fischotterskeletts während des Unterrichts über den Fischotter einen Lernzuwachs von 38 % ($p = 0.01$) fest [360] (s. S. 134).

Die Gleichheit der Information glaubte DÜKER dadurch sichergestellt zu
haben, daß er alle Unterrichtseinheiten von e i n e m Lehrer halten ließ
(vgl. S. 134). [361] U n b e f r i e d i g e n d ist die Auffassung von U n t e r -
r i c h t und L e r n e n in dieser Untersuchung.

"In bezug auf die Wissensvermittlung ist demnach der Unterricht am er-
folgreichsten, der das Behalten des vermittelten Stoffes am meisten fördert. Das Behalten kann daher als Indikator für den Unterrichtserfolg
herangezogen werden" (S. 134).

Wissen wird hier auf unkritische und unstrukturierte Übernahme von Ge-
dächtnisinhalten reduziert. Die "kognitive Struktur" des Schülers als
Individuum bleibt völlig ausgeklammert. Der Unterrichtsprozeß wird
weder in seiner Struktur noch im Verlauf weiter beschrieben, sondern
lediglich mit der Bemerkung abgetan: der Lehrer trug "den Stoff in üb-
licher Art vor" (S. 135).

Weiter werden auch die verwendeten Fragebogen nicht veröffentlicht.
Der "Unterricht", der unter dem Anspruch, die normale Klassensituation
darzustellen, auftritt, läuft folgendermaßen ab:

1. 10 Minuten Unterricht über den Flußaal [362]
2. Vortest
3. Überleitung zum Unterricht über den Fischotter [363]
4. Behandlung des Fischotters in 20 - 25 Minuten [364]
5. Erzählen einer Tiergeschichte von R. Kipling (als "Rauschen")
6. Test 25 Min. über Aal (20 Fragen) und Fischotter (37 Fragen)
   (vgl. S. 136 f.).

In dieser Untersuchung von DÜKER (in DÖRING 1971 a) wird eine völlig
überholte und einseitige Form von Wort- und Faktenvermittlung als "d e r
Unterricht" ausgegeben. Die Ergebnisse stützen demnach die Tradierung
solcher Fehlformen, da sie zu deren Rechtfertigung herangezogen werden
können. Man könnte sich durchaus einen Unterricht vorstellen, in dem
weniger Fakten vermittelt werden, daneben aber einige R e g e l n , wie
man Fakten sammeln, ordnen oder bewerten könnte. Ein solcher Unterricht wäre aus der einseitigen Sicht der Gedächtnisleistung unter Umständen weniger effektiv und damit abzulehnen, obwohl er anthropologisch
und in bezug auf andere Niveaus des Lernens gesehen, weitaus wertvoller
wäre. Gegen die vorschnelle Verallgemeinerung von DÜKER:

"Diese Untersuchung hat sogar gezeigt, daß sich "die" Veranschaulichung
im Klassenunterricht noch weit günstiger auswirkt als in den Laborato-
riumsversuchen. Es lassen sich demnach die in diesen Versuchen gewon-
nenen Ergebnisse verallgemeinern, indem wir feststellen: Der veran-
schauliche Unterricht ist in hohem Maße erfolgreicher als der nicht ver-
anschaulichte" (S. 139) - muß daher schon auf der Stufe der oben genannten Vorüberlegungen Einspruch erhoben werden.

Gilt dies für j e d e n Unterricht, für jeden Zusammenhang, für jedes
Lernziel, für alle Lernvoraussetzungen [365], für alle Alters- bzw. Ent-
wicklungsstufen? [366]

Es ist noch eine Fülle weiterer Fehlerfaktoren oder unkontrollierter
Variablen denkbar, welche die Ergebnisse zumindest relativieren. Ge-
wicht haben solche Einwände aber nur dann, wenn sie ebenfalls empirisch nachgewiesen werden.

Der Verfasser führte daher in den Jahren 1969/70 ein Parallelexperiment zum DÜKER-TAUSCH-Versuch durch.

5.4.2 Parallelexperiment zum Düker-Tausch-Versuch

Die Stichprobe wurde analog zur D.-T.-Stichprobe homogenisiert, so wie auch insgesamt versucht wurde, alle Faktoren des D.-T.Experiments nachzustellen. Hierbei zeigte sich ein Nachteil der Versuchsbeschreibung von DÜKER und TAUSCH besonders deutlich, nämlich die unvollständigen Angaben der Meßverfahren (Tests, Tonbandprotokoll). Bei solchen Untersuchungen sollten vor allem die Prüfverfahren genauestens angegeben werden, weil ohne sie eine Kontrolle nicht oder nur unvollkommen möglich ist.

Beschreibung der Informationsstruktur des Experiments

Die Sprachstruktur des Tonbandtextes wurde der des D.-T.-Versuches angepaßt, soweit dies aus der Beschreibung beider Autoren ersichtlich war.

Sie umfaßt in analoger Weise verschiedene Daten über den "Goldhamster". Der Text lehnt sich eng an die Monografie von KITTEL (1967) an.

Die Informationseinheit besteht aus 110 Informationsdaten. Die Laufzeit des Tonbands beträgt 9 Minuten.

Die folgende Seite zeigt das Strukturdiagramm der Einheit. Das Wortprotokoll, der Fragebogen und ein Überblick zum Design des Versuchs schliessen sich an.

Tonbandtext "Der Goldhamster"

Anstelle eures Lehrers hört ihr heute über den Lautsprecher des Tonbandgerätes etwas über das Leben des Goldhamsters.

Vielleicht habt ihr schon einmal eines dieser Tierchen gesehen oder von ihm gehört. Die Geschichte aber, die ich euch jetzt über ihn erzählen will, ist doch recht seltsam.

Schon sein Name ist ungewöhnlich: "Gold-Hamster". Er hat ihn nicht etwa davon, weil er Gold hamstert, sondern, weil sein Fell eine goldähnliche Farbe besitzt.

Erst sehr spät, im Jahre 1839, also vor 1 3 0 J a h r e n , wurde der Goldhamster zum ersten Mal durch einen englischen T i e r f o r s c h e r - oder Zoologen, wie man auch sagt - entdeckt und beschrieben. Dann fand fast 1 0 0 J a h r e l a n g n i e m a n d mehr den Goldhamster lebend wieder. Es gab zwar Gerüchte, daß das hübsche Tierchen mit dem goldfarbenen Fell in Syrien ein seltsam verborgenes Leben führen sollte, aber niemand konnte es aufspüren.

Erst im Jahre 1930 glückte es einem Z o o l o g e n aus J e r u s a l e m , den Goldhamster lebendig zu fangen.

Dieser Forscher, mit dem Namen Aharoni, befand sich auf einer Forschungsreise durch N o r d s y r i e n in der Nähe der Stadt A l e p p o , als ihm ein Teilnehmer berichtete, in der Nähe des Lagers sei ein kreisrun-

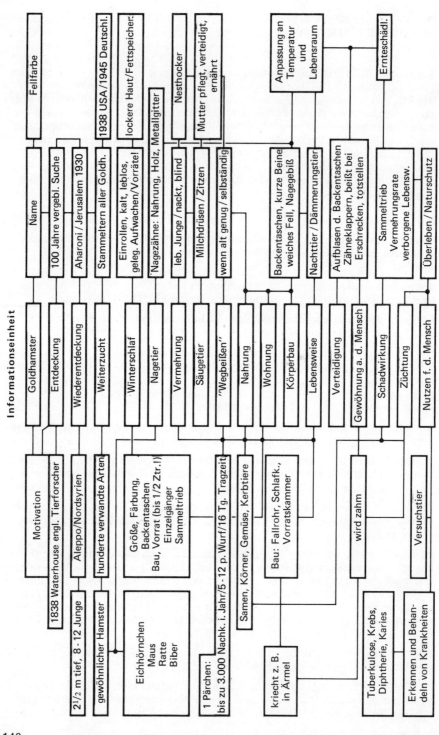

Informationseinheit

148

des, senkrecht in die Tiefe führendes Loch, sicher der Bau eines Tieres, gefunden worden.

A h a r o n i wußte natürlich, daß in dieser Gegend vor etwa 100 Jahren der erste Goldhamster gefunden worden war. Er interessierte sich daher sofort für die Nachricht und ließ die Stelle a u s g r a b e n. In 2 1/2 m Tiefe stießen seine Helfer auf eine kleine, ausgepolsterte Höhlung. Sie trauten ihren Augen nicht, als sie darin ein lebendes Goldhamsterweibchen mit 12 etwa 3 cm großen Jungen fanden. Aharoni war begeistert. Er hatte als erster den geheimnisvollen Goldhamster lebend gefunden.

Er nahm die Tierchen auf die weitere Reise mit und es gelang ihm, sie im Juni 1930 lebend nach Jerusalem zu bringen.

Bereits im August darauf hatten sich die Hamster wieder vermehrt und einige Weibchen je e t w a 8 - 10 J u n g e zur Welt gebracht. Die Nachkommen dieser ersten Goldhamster gelangten 1938 nach Amerika und 1945 nach D e u t s c h l a n d.

A l l e G o l d h a m s t e r, die es heute auf der Welt gibt, stammen von d i e s e n e r s t e n T i e r e n a b.

Seither ist es auch niemandem mehr gelungen, einen wildlebenden Goldhamster lebend zu fangen.

Der Goldhamster ist nicht der einzige Hamster, den es gibt. Man kennt m e h r e r e h u n d e r t A r t e n v o n H a m s t e r n. Auch bei uns kommt einer wild vor - der g e w ö h n l i c h e H a m s t e r. Er ist wesentlich g r ö ß e r als der Goldhamster und hat d u n k l e F l e c k e n a n d e r B r u s t. Dort, wo er häufig vorkommt, richtet er vor allem in Getreidefeldern g r o ß e n S c h a d e n an. Mit seinen großen B a c k e n t a s c h e n trägt er große Mengen von Getreidekörnern in die V o r r a t s k a m m e r n seines B a u e s. Man hat in solchen Kammern schon mehr als 1/2 Zentner G e t r e i d e gefunden.

Du kannst dir denken, daß der Hamster bei dieser großen Nahrungsmenge in der freien Natur ein E i n z e l g ä n g e r sein muß. Würde er in großer Zahl ein enges Gebiet bewohnen, oder in Herden leben, dann könnte er diese lebensnotwendigen Vorräte gar nicht anlegen.

Der Name H a m s t e r kommt von dieser S a m m e l g e w o h n h e i t. Auch der Goldhamster besitzt sie.

Du wirst dich fragen, wozu braucht denn ein so kleines Tier so viel Nahrung?

Der Goldhamster fällt, wie alle Hamster, im Winter in einen Schlafzustand, den sogenannten W i n t e r s c h l a f. Er rollt sich dabei zusammen und fühlt sich k a l t und l e b l o s an. Manchmal wacht er kurz auf, läuft zur Vorratskammer und frißt, um gleich danach wieder einzuschlafen. Auch der Körper des Goldhamsters s p e i c h e r t N a h r u n g s v o r r ä t e für die Ruhezeit. Wenn du ihn anfaßt, dann fühlt sich seine H a u t ganz l o c k e r an - wie ein viel zu großes Kleid. Sie läßt sich leicht h i n - u n d h e r s c h i e b e n. Im Herbst setzt sich nun unter der Haut F e t t an, von dem er während des Winterschlafes lebt.

Der Goldhamster besitzt im Ober- und Unterkiefer je 2 l a n g e s c h a r f e Z ä h n e, mit denen er h a r t e N a h r u n g zerbeißen, sich aber auch durch H o l z w ä n d e oder gar durch D r a h t g i t t e r n a g e n kann. Wie das Eichhörnchen, der Biber, Mäuse und Ratten, gehört er zur Tierfamilie der Nagetiere.

Das Weibchen wirft fünfmal im Jahr - je etwa 8 - 10 Junge, die sich nach 6 Wochen selbst wieder vermehren können. Ein einziges Hamsterpärchen kann so - zusammen mit den Jungen - in einem einzigen Jahr 3000 Nachkommen haben. Die Jungen reifen im Leib des Muttertieres in der unglaublichen kurzen Zeit von 16 Tagen heran. Sie werden lebendig geboren und sind zunächst nackt und blind. Sie können das Nest aus Haaren und Fasern, das ihnen die Mutter gebaut hat, nicht verlassen. Man nennt solche Tiere Nesthocker. Sie werden von der Mutter gepflegt, verteidigt und ernährt.

Als Nahrung saugen sie Milch, die aus Milchdrüsen des Muttertieres austritt.

Die Hamster gehören also zu den Säugetieren.

Sobald die Jungen groß genug sind, beißt die Mutter sie so lange, bis sie das Nest verlassen und selbst auf Nahrungssuche gehen.

Sie leben von Körnern und Samen aller Art, von Gemüse, z. B. von Kohlarten, aber auch ab und zu von Insektenlarven.

Die Nahrung wird selten sofort gefressen.

Meist stopft der Hamster seine großen Backentaschen voll und trägt die Nahrung in den Bau, den er sich bis zu 2 m tief in den Boden gegraben hat. Dieser Bau enthält ein Eingangsloch, eine Schlaf- und eine Vorratskammer.

Jetzt verstehst du auch, warum der Hamster ähnlich wie der Maulwurf so kurze Beinchen hat - lange wären ihm beim Graben und Kriechen durch die Gänge hinderlich.

Tagsüber schläft der Hamster meist. Erst gegen 17 bis 22 Uhr, während der Nacht und am frühen Morgen wird er lebendig und geht auf Nahrungssuche.

Wenn er dabei von Gefahren überrascht wird, dann bläst er seine Backentaschen mächtig auf, faucht, wirft sich auf den Rücken und klappert mit den Zähnen. Die meisten Feinde lassen sich dadurch abschrecken. Wenn das nichts hilft, dann stellt er sich tot. Er läßt dann mit sich machen was man will. Viele Tiere verlieren dann das Interesse an der Beute und lassen sie liegen. Trotz der kurzen Beine ist der Hamster recht flink. Er kann sogar Sprünge bis 30 cm Höhe ausführen. In einem Käfig gehalten, gewöhnt er sich sehr bald an den Menschen. Vor allem wenn er erschreckt oder gequält wird, kann er dir mit seinen Nagezähnen tiefe Bißwunden am Finger beibringen.

Sonst aber läßt er sich anfassen und streicheln.

Besonders gern kriecht er in Jackentaschen und Ärmelöffnungen - sicher kannst du dir denken warum - er hält sie für Eingänge zu seinem Bau.

Wegen seiner großen Nachkommenschaft, der kurzen Vermehrungszeit und seines Sammeltriebes könnte der Hamster, wenn er bei uns f r e i g e l a s s e n würde, zu einem großen E r n t e s c h ä d l i n g werden. Laß also niemals einen Hamster ins Freie entkommen.

Warum hat man ihn dann überhaupt gezüchtet? Einmal, damit ein seltenes, fast ausgestorbenes Tier ü b e r l e b t und dann, weil man ihn ähnlich wie R a t t e n , weiße M ä u s e , K a n i n c h e n und M e e r s c h w e i n c h e n als Versuchstier hält. Auf diese Weise können die M e d i z i n e r g e f ä h r - l i c h e K r a n k h e i t e n e r f o r s c h e n und b e k ä m p f e n . Besonders bei der Erforschung der T u b e r k u l o s e , der D i p h t e r i e , des K r e b - s e s und der K a r i e s dient der Goldhamster als V e r s u c h s t i e r . So trägt dieses hübsche kleine Nagetier dazu bei, daß wir Menschen gefähr-liche Krankheiten bekämpfen können und ihnen nicht zum Opfer fallen.

F r a g e n d e s " o f f e n e n F r a g e b o g e n s " z u m T h e m a " G o l d h a m s t e r "

1. Besitzt du einen Goldhamster oder hast du schon einmal einen ge-halten?
2. Was weißt du schon alles über ihn?
3. Nenne die Heimat des Goldhamsters:
4. Erkläre den Namen "Goldhamster":
5. Was weißt du über die Entdeckungsgeschichte des Goldhamsters?
6. Gibt es noch andere Hamsterarten? Wieviele?
7. Gibt es bei uns einen wildlebenden Hamster?
8. Was weißt du über ihn?
9. Erkläre, warum Hamster Einzelgänger sind und nicht in Herden leben können:
10. Was frißt der Goldhamster alles?
11. Wie übersteht er den Winter?
12. Welche Besonderheiten hat sein Gebiß?
13. Wie nennt man Tiere mit einem solchen Gebiß?
14. Welche anderen dir bekannten Tiere gehören zu dieser Tierfamilie?
15. Wieviele Nachkommen kann ein einziges Hamsterpärchen zusammen mit seinen Jungen in einem einzigen Jahr haben?
16. Wie kommen die Hamsterjungen auf die Welt?
17. Wie nennt man sie daher?
18. Wovon leben sie in der ersten Zeit?
19. Wie nennt man solche Tiere?
20. Beschreibe, wie sich der Goldhamster verteidigt:
21. Wie sieht sein Bau aus?
22. Was würde geschehen, wenn man den Goldhamster bei uns freiließe?
23. Warum wird der Goldhamster von uns Menschen gezüchtet?
24. Erkläre, warum der Hamster gern in Ärmelöffnungen und in Jacken-taschen kriecht?
25. Wieviele Junge etwa wirft das Hamsterweibchen jedes Mal?
26. Was möchtest du noch gerne über den Goldhamster erfahren?

Die Fragen 1 und 26 des Tests wurden nicht gewertet.

Im Test konnten maximal 24 Punkte erreicht werden. Jede richtig be-antwortete Frage wurde mit 1 Punkt, jede teilrichtige mit 1/2 Punkt ge-wertet.

Diese Tests wurden innerhalb eines Seminars an der PH Bamberg von mehreren Teilnehmern unabhängig durchbewertet. Auf die Unvollkommen-

Das Design des Experiments

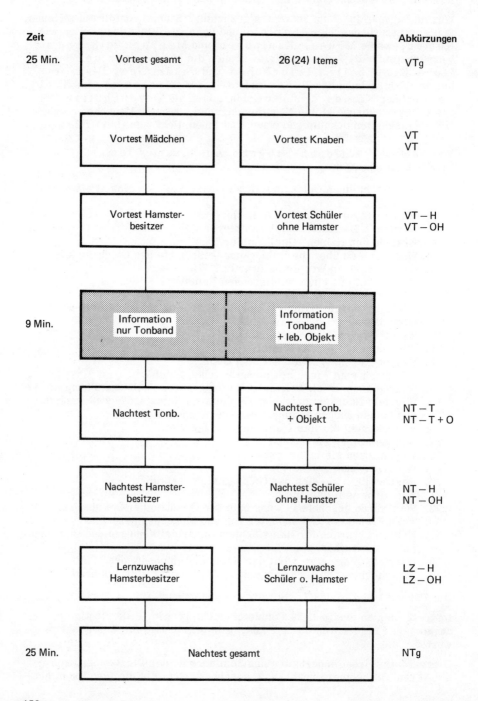

152

heit der offenen Fragebogen im Zusammenhang mit der Leistungsmessung, die HORN (1972) nachgewiesen hat, sei trotz der geschilderten Vorsichtsmaßnahmen schon an dieser Stelle hingewiesen.

Der Fragebogen wurde in dieser Form deshalb gewählt, um die Ergebnisse mit dem D.-T.-Versuch vergleichen zu können.

Die Tabelle der nächsten Seite zeigt die Ergebnisse des Parallelversuchs.

5.4.3 Ergebnisse und Kritik

Die Untersuchung wurde nach dem t-Test [367] ausgewertet [368]. Sie brachte folgende Ergebnisse:

1. Vortest und Nachtest unterscheiden sich unter beiden Testvarianten (Ton und Ton + Objekt) signifikant (p = 0.01).
2. Beim Vortest zeigen sich k e i n e geschlechtsspezifischen Unterschiede.
3. Hamsterbesitzer haben eine signifikant h ö h e r e Vortestleistung (p = 0.01) als Nicht-Hamsterbesitzer.
4. Die Testleistung der Versuchsgruppe (Tonband + lebendige Hamster) unterscheidet sich nicht von der der Kontrollgruppe) [369].
5. Nachtestleistung und Lernzuwachs zwischen Hamsterbesitzern und Nicht-Hamsterbesitzern unterscheiden sich n i c h t signifikant.
6. In e i n e r Klasse (Bamberg) zeigte sich sogar eine auf dem 5 %-Niveau signifikante (p = 0.035) Verringerung der Testleistung bei der Versuchsgruppe (Tonband + Tier) gegenüber der Kontrollgruppe (nur Tonband). Da jedoch in diesem Falle der "Klasseneffekt" (vgl. ECKEL, 1969; S. 97 ff.) eine große Rolle spielen kann, wurde das Ergebnis nicht berücksichtigt.

Eines aber kann gesagt werden:

Die Ergebnisse des D.-T-Versuches sind n i c h t a u f a l l e F ä l l e d e r "V e r a n s c h a u l i c h u n g" ü b e r t r a g b a r .

Zur Messung müssen - wie HORN (1972) gezeigt hat - andere Instrumente herangezogen werden als der dafür w e n i g g e e i g n e t e offene Fragebogen.

Die Untersuchung wird nur dann in Grenzen verallgemeinerungsfähig, wenn sie in den Rahmen einer T h e o r i e eingeordnet wird. Die Unterrichtssituation ist d i f f e r e n z i e r t e r zu sehen. Die Begriffe "Veranschaulichung" und "Lernerfolg" sind klar zu d e f i n i e r e n . Die Lernleistungen sind mit bestimmten L e r n z i e l e n (z.B. nach BLOOM) in Beziehung zu setzen. Die Unterrichtsprozesse sind genau zu p l a n e n und zu s t r u k t u r i e r e n .

5.4.4 Andere Untersuchungen

FRIEDE, MERKENS und OLBERTZ (1971) konnten nachweisen, daß es eine Hierarchie von audiovisuellem, visuellem und auditivem Lernen nicht gibt (s.S. 251). Vielmehr muß künftig "von Fall zu Fall untersucht werden, bei welchem Reizmaterial sich Unterschiede zeigen" (S. 251).

Nr.	1	2	3	4	5	6	7	8	9	10	11	12
Bezeichng. Meßwerte	VTg	VT	VT	VT−H	VT−OH	NT-Tonb.	NT−T+O NT.g	NT−T+O NTg	NT−H	NT−OH	LZ−H	LZ−OH
N	63	26	37	21	42	34	29	63	21	42	21	42
ΣX	648	283	365	266	383	893	736	1629	562	1061	302	679
ΣX²	8348	3757	4591	3864	4483	24807	20414	45221	15514	28723	5116	12751
Σx	1682.86	676.65	990.32	494.67	990.4	1352.62	414	3099.71	473.81	1920.12	772.95	1773.83
$\bar{X}$	10.29	10.88	9.86	12.67	9.12	26.26	25.38	25.86	26.76	25.26	14.38	16.17
Vergleich	1:8	2:3	4:5	1:6	1:7	4:9	5:10	6:7	9:1	11:12		
M Diff.	15.57	1.02	3.55	15.97	15.09	14.09	16.14	0.88	16.47	1.79		
σ Diff.	1.107	1.338	1.344	1.203	1.083	1.519	1.300	1.360	1.292	1.727		
dF	124	61	61	95	90	40	82	61	82	61		
t	14.071	0.762	2.641	13.276	13.932	9.279	14.415	0.647	12.745	1.037		
p.	0.01	−	0.05	0.01	0.01	0.01	0.01	−	0.01	−		

Den Vorteil des mehrkanaligen Lernens sehen sie in der Erleichterung der "Superzeichenbildung". Es ist auch weniger ermüdend, weil der jeweils optimale Kanal gewählt werden kann, der durch den oder die anderen Kanäle gestützt werden kann. Hier zeigen sich Querverbindungen zu den Auffassungen von PIAGET und AEBLI (1963). Allerdings können sich die beiden Kanäle aber auch gegenseitig behindern, wenn die Information kontrastiert. Diese Interferenz kann auch durch differierende Strukturen bzw. Lernvoraussetzungen auftreten.

Eine solche Interferenz scheint im D.-T.-Versuch beim lebenden Tier aufzutreten. Bei der Experimentalgruppe war zu beobachten, wie geradezu eine emotionale Blockierung eintrat, die die Aufnahme der Tonbanddaten behinderte. (Falls diese nicht ganz synchron laufen!) Auf solche Interferenzphänomene weisen auch BLOOM (1971; S. 239), GLOGAUER (1970; S. 123 ff.) [370] und CALDER (1967) zit. nach POPHAM (1969; S. 322) hin. SERVIN (1967) konnte nachweisen, daß Toninformation mit ungeordneten Bildern die schlechtesten Ergebnisse in der Lernleistung brachte (S. 386 ff.).

Somit kann ungeordnete Mehrkanalinformation ungünstiger sein als Einkanalinformation. Die Lerneffektivität bei mehrkanaligen audiovisuellen Kontextmodellen hat RUPRECHT (1968) beschrieben. Hemmend ist für dieses Verfahren der unangemessen hohe Zeitaufwand bei der Modellkonstruktion.

Weitere Hinweise zu Medieneffekten finden sich bei ISSING und ROTH (1969).

Nach ISSING (1971) scheint die mehrkanalige Informationsdarbietung ... der einkanaligen Informationsdarbietung überlegen zu sein, wenn sich die Hinweisreize in den beiden Kanälen ergänzen (S. 32).

Andernfalls tritt Interferenz ein (vgl. S. 32, S. 37).

Wichtig ist nach ISSING nicht das Medium an sich, sondern eine medien- und lernadäquate didaktische Struktur des Lernprozesses (vgl. S. 135).

Den Zusammenhang "Variation der Informationsdichte durch verschiedene Kommentarfassungen" haben DIEKMEYER u.a. (1971) untersucht. Der besser synchronisierte Stichwortkommentar erwies sich als überlegen (vgl. S. 24). In die gleiche Richtung weist auch die Untersuchung von BAER u.a. (1970). Hier zeigte sich die Sachform eines Filmes dessen Spielform überlegen (vgl. S. 29). Auf die stärkere emotionale Wirkung des Films gegenüber dem Tonband weist SCHEFFER (1970) hin (vgl. S. 66 ff.).

Die Erhöhung der Lernleistung durch Informationskommentare gegenüber Motivationskommentaren belegt auch LÜCKERT (1968).

Über Unterschiede in der Wirkung von Arbeitsabläufen und deren audiovisueller Darbietung berichtet HOUSEHOLDER (1968).

Bei SAMUELS (1970) finden sich ebenfalls Hinweise über die mögliche Interferenzwirkung zwischen Medien und Informationsstruktur (vgl. S. 400). Aus der Fülle der Untersuchungen zum Methodeneffekt seien zwei herausgegriffen, weil sie eine abschließende Kritik und weiterführende Hinweise erlauben.

HEANEY (1971) untersuchte in einer sehr sorgfältigen Studie die Wirkungen der Entdeckungsmethode (heuristic: guided discovery) (1), der Rezeptmethode (cook-book) (2) und der Frontalmethode mit Demonstrationen (didaktic-with-demonstrations) (3) auf den Biologieunterricht. Die außerordentliche Überlegenheit der Methode (1) konnte sowohl im Hinblick auf Problemlösen als auch auf Gedächtnisinhalte und praktische Tätigkeit nachgewiesen werden. Dadurch konnte die Hypothese BRUNERs empirisch verifiziert werden (vgl. S. 222 f.).

WILTON, WHITTLE und TEATHER konnten in ihrer Vergleichsuntersuchung: biologische Lehrprogramme versus traditioneller Unterricht lediglich einen signifikanten Unterschied (p = 0.001) zwischen verschiedenen Schulen feststellen. Die Studie weist eine Anzahl von Mängeln auf, die gleichzeitig als Hinweis für die bei solchen Experimenten zu beachtenden Faktoren dienen sollen.

1. Zu kleine Stichprobe.
2. Zu kurze Lernepisode.
3. Novitätseffekt des programmierten Unterrichts nicht ausgeschaltet.
4. Test wurde nicht publiziert.
5. Es wurden lediglich Fakten abgefragt (vgl. S. 181).
6. Der Vortest wurde ohne Prüfung als Nachtest verwendet.
7. Die situations- und klassenabhängige Lehrervariable wurde nicht kontrolliert.
8. Der t - Test wurde auf nicht geeignetes Datenmaterial angewendet.
9. Lernebenen, Lernziele und semantische Struktur der Information sind nicht angegeben.
10. Lernvoraussetzungen wurden nicht beachtet.
11. Verlaufsprotokoll fehlt.
12. Einsatzort und -zeit der Instruktionsmedien werden nicht angegeben.
13. Unterschiede in der "Schulatmosphäre" werden nur angedeutet.
14. Der Zeitfaktor variiert unkontrolliert bei beiden Methoden.
15. Der traditionelle Unterricht wurde nach dem Lehrprogrammtext konstruiert.
16. Es fand kein Vortraining im Programmierten Unterricht statt.
17. Es wären Langzeitversuche nötig (vgl. S. 181 ff.).

Bei Untersuchungen zum Medieneffekt audiovisueller Verfahren müßten z.B. folgende weiteren Faktoren beachtet werden:

- Informationsdichte
- Informationsmenge
- Informationsstruktur
- Redundanz, Wiederholung
- Sprachstruktur des Kommentars
- Motivationsstruktur
- Qualität des Mediums
- Nebeneffekte (Geräusche, Verdunkelung usw.)
- Länge der Information
- außerschulische Erfahrung

- Vorwissen
- Lernvoraussetzungen
- Einstellungen
- Interesse
- Aufmerksamkeit
- Art der Darbietung
- beherrschte Sprachform
- Konzentrationsfähigkeit
- Ermüdung
- Interferenzwirkung
- Objektwirkung
- Identifikation
- emotionale Grundstimmung
- curricularer Kontext
- Novitätsgrad
- Sachgehalt
- Struktur der Lernsequenz
- dramaturgische Momente.

5.4.5 Gesamtkritik

Empirische Verfahren der Lern- und Unterrichtsforschung müßten künftig wesentlich d i f f e r e n z i e r t e r und anspruchsvoller kontruiert werden. Sie sind stets in einem t h e o r e t i s c h e n Z u s a m m e n h a n g einzuordnen bzw. aus ihm abzuleiten. Ergebnisse und Methoden sollten v o l l s t ä n d i g m i t g e t e i l t werden.

6. Die Sprache im Biologieunterricht

Schon mehrfach ist im Verlauf der vorliegenden Untersuchung die Bedeutung der Sprache für den naturwissenschaftlichen Lernprozeß und speziell für den Biologieunterricht angedeutet worden. Biologieunterricht läßt sich in gewissem Umfang zur Not auch mit einer geringeren Anzahl von Medien, mit einer Reduzierung experimenteller Verfahren noch einigermaßen vernünftig durchführen - ohne Beteiligung der Sprache ist er gänzlich undenkbar. Dies gilt nicht nur für ihn, sondern für jegliche höhere Form menschlicher Kommunikation. "Man kann kaum eine Theorie entwickeln oder ein Forschungsvorhaben auf dem Gebiet des menschlichen Verhaltens planen, ohne einige Annahmen über menschliche Kommunikation zugrundezulegen" (SCHRAMM, Hg., S. 10). Das für den Menschen wichtigste Kommunikationsmittel ist nun eben ohne jeden Zweifel die Sprache. Das Problem naturwissenschaftlichen Lernens oder naturwissenschaftlicher Erfahrung ist nach HENNINGSEN (1970) zwangsläufig und vor allen Dingen ein Sprachproblem (vgl. S. 152).

Eines der Probleme des Biologieunterrichts - wie auch sonst zwischen Laie und Naturwissenschaft - ist das zwischen Alltagssprache und Fachsprache.

6.1 *Alltagssprache – Fachsprache – Fachdenken*

Ist es für den Wissenschaftler die Alltagssprache, welche die Phänomene seines Fachbereichs zu verstellen scheint, so erscheint diese dem Laien wie eine v o r der Natur aufgebaute Barriere (vgl. WAGENSCHEIN, 1971; S. 498). Damit wird das Phänomen der Popularisierung tangiert. Ohne eine solche am Kenntnisstand des Adressaten und an den Fachstrukturen und Fachinhalten orientierte Elementarisierung wissenschaftlicher Aussagen, zu deren Bewältigung die Alltagssprache herangezogen werden muß, ist weder eine Information der Gesellschaft, des sogenannten "Laien", noch überhaupt Unterrichtung möglich.

Nach der Meinung von WAGENSCHEIN wird der Laie "von der Dürre naturwissenschaftlicher Sprache, von gespenstischen Begriffen, abgekapselten Apparaten ..." (S. 497) abgeschreckt. Er hat den Eindruck, "diese Naturwissenschaft habe mit der Natur nur noch wenig zu tun und mit dem natürlichen Denken und Reden auch" (S. 497).

Wissenschaftsfeindlichkeit und Wissenschaftsgläubigkeit können die gegensätzlichen Folgen dieser Erscheinung sein (vgl. S. 497). WAGENSCHEIN (1971) ist mit dieser einseitig pessimistischen Deutung der Fachsprache ganz sicher nicht dem grundlegenden Problem gerecht geworden. Fachsprachen sind ohne die Alltagssprache gar nicht denkbar. Nur aus ihr hervor und in ständiger Kommunikation mit dieser konnten sich Fachsprachen überhaupt entwickeln. Sie können sich auch nur deshalb erhalten, weil sie durch die Alltagssprache, die in einem stetigen Prozeß von der Fachsprache abgelöst wird, ihren eigenen Nachwuchs in die präziseren und den Sachproblemen des Faches besser angemessenen Sprachformen, Codes und Regeln der fachlichen Fragestellung einführen.

Ohne Fachsprache ist auch ein damit in enger Korrelation stehendes Fachdenken gar nicht möglich.

Zumindest dieser Aspekt der Fachsprache müßte bei der Diskussion dieses Problemfeldes stärker berücksichtigt werden. Das Anliegen WAGENSCHEINs ist allerdings in anderer Hinsicht berechtigt, nämlich, so weit es die Information des Heranwachsenden über fachliche Ergebnisse und Problemstellungen betrifft. Hier muß sich "zwischen beiden (Fachsprache und Alltagssprache, Verf.) kontinuierlich fortschreitend, ... der Verstehensprozeß ..." (S. 506) vollziehen. Noch deutlicher drückt dies HENNINGSEN (1970) aus: "Eine wissenschaftliche Aussage kann "richtig" sein - sie bleibt steril, solange sie nicht, sich darstellend, den Weg in ein anderes Bewußtsein findet. Dieses Bewußtsein bringt einen erworbenen Wissenszusammenhang mit, eine sprachlich erschlossene Erfahrung".

Das bedeutet, daß sich das Elaborationsniveau der Fachsprache jeweils dem Adressaten anzupassen hat. Fachinhalte, die bestimmte Gruppen oder der Gesellschaft als Ganzem zugänglich gemacht werden sollen, müssen deren Sprachformen und Codes, deren semantische und syntaktische Regeln und deren Lexikon beachten. Worauf es dabei - etwa im naturwissenschaftlichen Unterricht der Schule - in höchstem Maße ankommt, umschreibt HENNINGSEN (1970) in treffender Weise. "Ohne die geniale Mausefallendemonstration Wagenscheins und Habers scheint eine Kettenreaktion kaum erklärbar zu sein - bleibt man an den Mausefallen hängen, ist eine Kettenreaktion nicht erklärt.

Man muß den Mond am Gummiband kreisen und das Gummiband anschliessend wieder verschwinden lassen können. Wer beides einlöst, hat das Problem des Lehrens von Naturwissenschaft gelöst" (S. 152).

Fachsprache muß sich also ständig umformen können, sie muß ihren diachronischen Aufbauprozeß (vgl. DE SAUSSURE, 1967, S. 119), den historischen Prozeß ihrer Entstehung und Entwicklung, immer wieder in synchronischer Sicht (vgl. S. 119) aktualisieren können. Sie muß Motive, Emotionen, Strukturen und Lexika der Individuen, der Gruppen und sozialen Systeme und der Gesellschaft kennen, beachten, an diese anknüpfen, aber sie auch übersteigen.

Die Beispiele zum teleologischen Denken, die geschilderten Fehlanwendungen von Metaphern, Analogien und Denkmodellen in den Eingangskapiteln haben eindringlich gezeigt, in welchem Umfang falsch oder einseitig angewandte Sprache eine sachangemessene Entwicklung des Denkens hemmen, ja völlig unmöglich machen kann.

Dies wird bisher im Bereich des Unterrichts weithin weder erkannt noch beachtet. Das Forschungsfeld, das sich als "Sprachgeschehen des Unterrichts" (PRIESEMANN, 1971; S. 33 f.) umschreiben läßt, wurde bisher nicht nur im Hinblick auf den Biologieunterricht, sondern auch im Zusammenhang mit Didaktik, ja Erziehung insgesamt viel zu wenig beachtet.

"Die erzieherische Arbeit vollzieht sich sehr weitgehend in Formen sprachlichen Kontaktes. Dabei erweist sich die Sprache als unabdingbares Mittel, ein notwendiges Organ der Erziehung, eine maßgebende Erziehungsmacht. Ja es zeigt sich bei näherem Hinsehen, daß sie eine entscheidende Bedingung der Möglichkeit von Erziehung überhaupt darstellt. Ohne Sprache - sowohl als objektiv gegebenes Kulturmedium wie auch als subjektive Äußerung des Sprechens - kann die Enkulturationshilfe, die wir Erziehung nennen, überhaupt nicht durchgeführt werden" (LOCH, 1966; S. 24).

LOCH (1970) sieht eines der Hauptprobleme dieses Bereichs in "einer weitgehenden Differenz zwischen den kognitiven und den emotiven, den operativen und den kommunikativen Formen der Sprache" (S. 8) [371]. Es ist in erster Linie auch das Auseinanderfallen in diese Einzelfunktionen, das die Wirksamkeit und die das Bilden facheigener Strukturen im Biologieunterricht erst konstituierende Funktion einer unterrichtlichen Fachsprache außerordentlich behindert.

LURIJA und JUDOWITSCH (1970) haben die Bedeutung des Zusammenwirkens der drei genannten Funktionen in einer eindringlichen Studie belegt (vgl. S. 91 ff.). [372]

Aufbau und Organisation einer Sprache und Fachsprache ist - wie MANDLER (1967) zeigt - trotz Begrenzung des Kurzzeitgedächtnisses erst dadurch möglich, daß diese Items auch Komplexe oder Kategorien sein können, "innerhalb derer Items aufbewahrt und erinnert werden. Dieser Organisationsfaktor (der Sprache, Verf.) - die subjektive Organi-

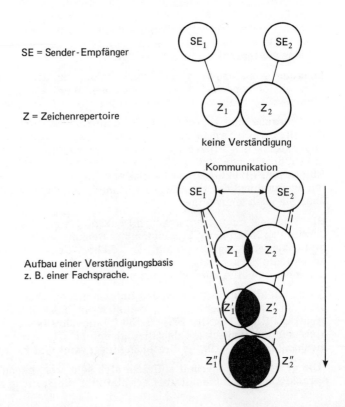

SE = Sender-Empfänger

Z = Zeichenrepertoire

keine Verständigung

Kommunikation

Aufbau einer Verständigungsbasis z. B. einer Fachsprache.

160

sation von Input - ist für die Ausweitung des Gedächtnisses über die Grenzen des unmittelbaren Gedächtnisses hinaus verantwortlich" (MANDLER, 1967; S. 13) [373]. Daß sprachlich eingeschliffene Bahnen des Denkens auch den gegenteiligen Effekt haben können, indem sie Versuchspersonen für kreative, alternative Lösungsweise "blind" machen, erwähnt HEBB (1967; S. 318) [374].

Ohne einen gemeinsamen Zeichenvorrat (lexikalische Dimension), ohne Kenntnis der Bedeutungsstrukturen (semantische Dimension) dieser Zeichen und ohne Kenntnis ihrer Verknüpfungsregeln (syntaktische Dimension) ist jeglicher Unterricht, ja ist Verständigung überhaupt unmöglich.

Dieser Sachverhalt ließe sich - in Anlehnung an WYGOTSKI (1964) etwa folgendermaßen darstellen (vgl. Abb. S. 160):

Das Problemfeld der Fachsprache [375] läßt sich somit folgendermaßen abgrenzen:

1. Fachsprache umfaßt das Inventar aller Sprachmittel, die in Fachtexten vorkommen (vgl. BENEŠ, S. 126).
2. Fachsprachen stehen in Austausch mit der Grundsprache. Sie bilden ein Untersystem der Grundsprache (vgl. S. 127).
3. Fachsprachen sind dann übertragbar, wenn die Kodifizierung bekannt ist (vgl. S. 127).
4. Fachsprachen streben Vollständigkeit, Eindeutigkeit, Genauigkeit und Standardisierung des Ausdrucks an (vgl. S. 128 f.).
5. Fachsprachen bevorzugen bestimmte Wendungen, Idiome und syntaktische Regeln (vgl. S. 128 ff.).
6. Fachsprachen unterliegen der Normierung und dienen somit auch der Stabilisierung von Verhaltenserwartungen [376] (vgl. BAUSINGER, 1971; S. 56).
7. Sie reduzieren die Unsicherheit und damit die "kognitive Dissonanz" (s.S. 56).

6.2 Die Vernachlässigung der Sprachvariablen

Obwohl - wie vorstehend nur angedeutet werden konnte- die Sprache einen überragenden Anteil an der Genese facheigener Denkweisen auch des Biologieunterrichts und hier wiederum in Form der biologischen Fachsprache und der Unterrichtssprache hat, wird dieser Faktor bisher kaum erwähnt, geschweige denn erforscht. Empirische Untersuchungen zum Unterrichtsprozeß, die die Sprachvariable ausklammern ohne sie zu kontrollieren, entwerten schon damit die Relevanz der späteren Ergebnisse. Erst durch "Einsichten in die sprachlichen Ausgangsbedingungen und die Vollzugsformen des Spracherwerbs wäre allgemein eine sachgemäßere Unterrichtsplanung möglich" (PREGEL, 1969; S. 328).

Nur unter Einbeziehung des Sprachfaktors kann auch die Entwicklung eines biologischen Curriculums sinnvoll betrieben werden.

Erste Ansätze zu einem solchen Unternehmen in der Biologiedidaktik finden sich bei MEMMERT (1970, S. 40 ff.). MEMMERT versucht hierbei u.a. das Konzept einer formalisierten Sprache, das KAMLAH und LORENZEN (1967) entwickelt haben, auf die biologische Unterrichtssprache zu übertragen. Hinweise, mehr im Sinne einer Sprachpflege, bringt auch GRUPE (1971, S. 156 ff.). Er fordert an anderer Stelle, daß Schüler sofort mit A r t b e g r i f f e n in Kontakt zu bringen sind, anstelle der aussageschwachen Gattungsbegriffe (vgl. 1970, S. 124). Die bedeutende Rolle eines rechtzeitigen Aufbaues der Fachsprache betont auch AUST (1969, S. 807 f. und 1970, S. 206 f.). GARBE und SOMMERFELD (1970) haben in k e i n e r der von ihnen besuchten Biologiestunden "eine Anleitung zum Gliedern einer Aussage, zum Herausfinden des Wesentlichen, zur Arbeit mit Stichwortsammlungen" (S. 469) gefunden. Sie fordern daher s p r a c h - l i c h e A r b e i t a l s g e p l a n t e n B e s t a n d t e i l d e r U n t e r r i c h t s - a r b e i t (s.S. 470).

Oft werden zwar Begriffe vermittelt, eine Prüfung aber, ob die Schüler diese aber auch inhaltlich richtig gefüllt haben, fehlt (vgl. S. 471). Sprachmängel im Hinblick auf den Biologieunterricht zeigen sich insbesondere in folgenden Bereichen:

1. Im Gebrauch der Unterrichtssprache durch den Lehrer [377].
2. In der mangelnden Übung und Förderung richtigen fach- und sachangemessenen Sprechens beim Schüler.
3. In der vagen und unpräzisen Sprache der Lehrpläne [378].

6.3 Fehlvorstellungen als Ergebnis unpräzisen Sprechens im Biologieunterricht

Nach den vorstehenden Feststellungen ist es keineswegs verwunderlich, daß es beim Schüler kaum zu geordneten Vorstellungen und Denkstrukturen im biologischen Unterricht kommt.

STAECK (1972) berichtet über die Gewohnheit, die schon bei Lehranfängern einsetzt, nicht auf Schülerantworten zu warten, sondern die beginnende Denktätigkeit durch Zusatzfragen zu stören (vgl. S. 109). Diese "negativen Frage- und Impulskumulationen" (S. 109) verunsichern und verwirren die Schüler. Als weitere Mängel in der Lehrersprache kritisiert STAECK (1972):

- Suggestivfragen
- Lehrerecho (Wiederholung der Schülerantwort durch den Lehrer, Verf.)
- zu enge Fragen
- zu enge Determination der Antwort
- das Fehlen übergreifender Denkmodelle
- motivarme und undurchsichtige Einzelfragen (vgl. S. 1o9).

Im Schülerwissen und in seinem Verständnisvermögen müssen Lücken bleiben,

- wenn der Lehrer Ausdrücke verwendet, ohne zu kontrollieren, ob dem Schüler ihre B e d e u t u n g klar ist (s e m a n t i s c h e D i s s o n a n z),

- wenn er Idiome und G r a m m a t i k r e g e l n verwendet, die den Schülern nicht vertraut sind bzw. die eine negative schichtenspezifische Ladung besitzen [379] (s y n t a k t i s c h e D i s s o n a n z),

162

- wenn er völlig neue Wörter verwendet, die in die kognitive Struktur der Schüler nicht oder noch nicht eingeordnet werden können (lexikalische Dissonanz).

Man ist immer wieder erschüttert, wenn man beobachtet, daß die meisten Schüler der Hauptschuloberstufe mit 13, 14 und 15 Jahren im Biologieunterricht nicht in der Lage sind, einfachste unterrichtliche Zusammenhänge und Ergebnisse in einigen vernünftigen und einfachen Sätzen zu formulieren.

Im Unterricht begnügte man sich über viele Jahre hinweg oft mit unzusammenhängenden, meist emotional getönten Wörtern oder Einzelbegriffen in den Antworten der Schüler. Eine solche Methode dient eher der De-kulturation des Schülers, als seiner Enkulturation.

Wann soll er je mündig werden, wenn er nicht konsequent und in fachangemessener Sprachform wenigstens in einige elementare, für ihn bedeutsame Zusammenhänge eingeführt wird?

Die folgenden Antworten von Schülern aus den Untersuchungen von HEGER und HEGER (1971) sollen diese Behauptungen belegen.
(w = weiblich, m = männlich, Ziffer = Jahrgang)
Die Zitate erfolgen in der Originalform.

"Wenn das Hirn drei Minuten nicht mit Blut durchströmt ist stirbt man. ... Im Magen sind die Därme" (6; m).

"Die Nierenorgane sind fast ganz schwarz und es sind zwei Leberorgane" (6; m).

"Der Mensch hat 7 Wierbelsäulen" (6; m).

"Wenn das Kind nach 9 Monaten auf die Weld kommen soll drücken die venen sich zusammen und stosen das Kind oder Seugling aus" (6; m).

"Der Mensch hat auch viele Atern wie der Dickdarm u. Dünndarm" (7; w).

"Ein Mann der mit einer Frau zu tun hat, den sein Urin der wird zu Samen" (7; w).

"Der Mensch besteht aus 70 % Kalk und 30 % Knochen" (8; w).

"Im Bauch befinden sich die wichtigsten Organe. Das Herz, die Leber, die Sehnen usw." (8; m).

"Der Mensch besteht aus 70 % Knorbel 30 % Kalk" (8; m).

"Der Körper besteht hauptsächlich aus Knochen u. Geknörbel. Er besteht aus 30 % Kalk und 10 % Knörbel" (8; m).

"Bei der Frau weiß ich noch, die Frau braucht den Bauchnabel, der muß später aufgeschnitten werden, damit das Kind raus kann" (1. Kl.).

"Im Magen ist Leber, Galle, Herz, Blase, Blinddarm, Lunge. ... Das Herz arbeitet wie ein Ölofen. ... Die Knochen halten das Fleisch zusammen" (5; m).

"Unten im Magen sind viele Därme" (5; w).

"Die Bauchknochen schützen unser Herz, Leber, Niere und usw. An unsere Bauchknochen schließen sich unsere Hände an. Unsere Armknochen bestehen aus Strecker und Beuger" (8; m).

"Das Männliche Becken des Mannes ist breiter als das weibliche" (8; m).

"Beim Mann ist der Wurmvorsatz vorhanden bei der Frau nicht" (8;m).

"Im Körper des Jungen sind Eierstöcke, Samen. Beim Mädchen Eileiter, ... Beim Jungen das Glied, Eierstöcke" (9; w)

"Das innere des Oberkörpers besteht aus den Eingeweiten, z.B. Herz, Lunge, Nieren usw." (9; w).

Interessant ist auch, was die Schüler an Biologie (Menschenkunde) interessiert. Hierzu einige Beispiele:

"... bei der 6. Klasse war ein junger Lehrer der wollt die Kl. aufklären das erfuhr eine Lehrerin eine alte Brautjunfer die sich sogleich dagegen streubte und alles abgeblasen wurde" (8; m).

"Mich würde das Gehirn des Menschen Interessieren. Die Vorgänge die sich darin abspielen. Aber es grenzt ans phanthastische zu glauben, daß man so etwas in der Volksschule lernt" (9; m).

"Warum kam meine Krankheit so plötzlich?" (3. Kl.).

"Warum können nur Frauen Kinder bekommen?" (4. Kl.).

"Warum muß man sterben?" (4. Kl.).

"Es würde mich interessieren wie der Mensch entstanden ist, die einen sagen die ersten Menschen waren Adam und Eva die einen meinen wir stammen vom Affen und die anderen sagen unsere Vorfahren waren zuerst kleine Insekten die immer größer geworden sind und wen soll man da glauben. Ich möchte sehr gerne das richtige wissen" (8; w).

"Wieso kommt der Mensch auf die Welt, wenn er wieder sterben muß?" (6; w).

"Wieso sind die Menschen auf die Fortpflanzung gekommen?" (7; m).

"Ich habe keine Frage, da ich alles weiß. Ich bin aufgeklärt (7; w.).

"Ich möchte gerne wissen wie die Krankheiten entstehen. ... In der Schule haben wir noch nie darüber gesprochen" (7; m).

"Ich möchte gerne wissen wieso ich wenn ich wenig esse dick werde, und mein Bruder der viel ist nicht dick wird sondern ganz dünn ist" (7; w).

"Mich interessieren mehrere Vorgänge. Ich weiß aber nicht wie ich mich ausdrücken soll" (5;w).

"Ich möchte alles erfahren. Denn ich weiß fast über hauptnichts weiß" (5; w).

"Wieso ist die Frau organischer als der Mann" (5; m).

6.4 „Pilot-study" zur Wirkung der Sprachvariablen

Wenn die angeführten Beispiele tatsächlich in erster Linie auf die Wirkungen der Unterrichtssprache zurückgehen, dann müßte bei Beachtung dieser Variablen eine deutliche Leistungssteigerung, vor allem auf höheren kognitiven Niveaus empirisch beobachtbar sein.

Zu diesem Zweck wurde vom Verfasser in vier Versuchsklassen [380] (im Januar 1972) das folgende Experiment als "pilot-study" durchgeführt.

Dabei sollten folgende Lernziele erreicht werden:

1. Die Schüler sollen in eine einfache und einwandfreie Form tierischer Verhaltensbeschreibung (Aufstellen eines Ethogramms) eingeführt werden.
2. Dabei soll die Notwendigkeit objektiver, nicht vorschnell wertender Beschreibung eingesehen werden.
3. Die Schüler sollen diese Methode auf ihnen unbekannte Tiere anwenden lernen.

Die Experimentalgruppen wurden folgenden Vorbedingungen unterworfen:

Gruppe A (Kontrollgruppe)
Kein zusätzliches Training
keine Objekte oder Medien

Gruppe B Lebende Goldhamster [381] wurden präsentiert, mit dem Auftrag, ihr Verhalten bei der Futteraufnahme so genau wie möglich zu beschreiben.

Gruppe C Ein Film (Super-8-Farbe) [382] über die Futteraufnahme des Goldhamsters. Dauer 3 Minuten. Der Film wurde bei jedem Szenenwechsel - insgesamt 10 mal - angehalten [383].
Die Schüler sollten während der Pausen die vorgeführte Kurzszene so genau und objektiv wie möglich beschreiben. Im Anschluß an diesen Teil lasen 2 Vpn ihre Niederschriften vor. Diese wurden kritisch begutachtet und durch die Protokolle der anderen Schüler korrigiert.

Gruppe D sah den Film 2 mal ohne Unterbrechung mit dem Auftrag, ihn anschließend genau zu beschreiben.

Die so vortrainierten Gruppen wurden nun mit dem Auftrag, ein genaues Ethogramm zu erstellen in je 5 Untergruppen zu je 4 Teilnehmern im Biologieseminar der PH Bamberg vor folgende Versuchstiere gesetzt:

1. Moderlieschen (Leucaspius delineatus)
2. Schwertträger (Xiphophorus maculatus)
3. Meerschweinchen (Cavia aperea porcellus)
4. Segelflosser (Pterophyllum scalare)
5. Guppys (Poecilia reticulata).

Das durch die Versuchsklasse selbst korrigierte Protokoll sei anschliessend mitgeteilt.

Wir beobachten genau, wie sich ein Goldhamster beim Futtersammeln verhält:

1. Er schaut vorsichtig aus seinem Bau, schnüffelt, richtet die Ohren auf und bewegt die Schnurrhaare.
2. Nach kurzer Zeit verläßt er den Bau.
3. Er bewegt sich, vorsichtig nach allen Seiten hin schnuppernd, von seinem Bau herab zum Futtertrog.
4. Er hüpft in den Trog.

5. Körner v e r s c h w i n d e n hastig in seinem Mund. Dabei s c h n u p - p e r t er ständig.
6. Jetzt w e n d e t er sich einem Apfelstück zu. Er b e k n a b b e r t es etwas und schiebt es dann ganz in seine rechte Backe, die dadurch ganz a u f g e b l ä h t w i r d . Beim Hineinstopfen h i l f t er mit den Vorderpfoten nach.
7. Mit vollen Backen l ä u f t er schnuppernd zum Bau zurück.
8. Er w a r t e t kurz am Baueingang, s c h n ü f f e l t und läßt sich dann h i n e i n f a l l e n .
9. Trotz voller Backen läßt er sich mit einem großen Apfelstück noch- mals aus dem Bau l o c k e n .
10. Er p a c k t es mit den Zähnen und z i e h t es, ruckartig rückwärts- kriechend in den Bau hinein.

Auswertung

Alle Verben, die eine beobachtbare Tätigkeit oder Verhaltensweise präzis und sachlich (objektiv) wiedergaben, wurden mit 1 Punkt bewertet (im Bei- spielsprotokoll unterstrichen).

Die Ethogramme der Schüler wurden mit einem vom Verfasser zuvor für jede Tierart erstellten Ethogramm verglichen und wie das Beispieletho- gramm ausgewertet. Dabei erreichten die Gruppen folgende Werte (Durch- schnittswerte = X; Interesse = Mittelwert auf einer 5er-Rangskala):

Gruppe	Interesse vorher	X Ethogramm versch. Tiere	Interesse nachher
A (Kontrollgr.)	2,3	6,4	2,0
B Leb. Hamster	2,1	6,8	1,8
C Film u. Sprach- training	2,5	13,2	1,4
D Film ohne Sprachtraining	2,6	7,1	1,9

Obwohl das Experiment in dieser Fassung keinerlei Anspruch auf Gene- ralisationsfähigkeit erhebt und nur zum Zwecke der Demonstration bzw. als Impuls für weiterführende empirische Forschung mitgeteilt wird, fällt die bedeutende Mehrleistung der Gruppe C ins Auge. Die Erhöhung der Transferleistung im Vergleich zum Vor-Ethogramm in Gruppe C wird ganz überwiegend in den Sprachvariablen vermutet. Die Schüler dieser Gruppe erhielten als einzige ausreichend Gelegenheit, die für das Er- stellen eines Ethogramms günstige Sprachform zu erkennen, zu korri- gieren und einzuüben.

D a h e r l ä ß t s i c h d i e w e i t e r f ü h r e n d e H y p o t h e s e a u f s t e l - l e n :
Schüler lernen im Biologieunterricht dann s i g n i f i k a n t m e h r im Hin- blick auf genau zu spezifizierende L e r n z i e l e , wenn eine m e t h o d e n - a d ä q u a t e S p r a c h f o r m eingeführt und trainiert wird.

Ein solcher Ansatz erscheint ergiebiger als g e n e r e l l e M e t h o d e n - v e r g l e i c h e .

6.5 Ansätze zu einer Theorie der Unterrichtssprache

Die beschriebene Voruntersuchung zum Problem der biologischen Unterrichtssprache zeigt die enorme Bedeutung, die eine Theorie der Unterrichtssprache einschließlich der verschiedenen Fach-Unterrichtssprachen haben müßte. Sie würde nicht nur Lernprozesse durchsichtiger machen, die Einzelvariablen des Unterrichtsprozesses präziser steuern und korrigieren helfen, sondern auch eine kompetentere Planung, Organisation und Leistungsmessung des Unterrichts ermöglichen. Ihre hohe anthropologische Bedeutsamkeit läge darin, daß sie über einen r e f l e k - t i e r t e r e n G e b r a u c h der Sprache zu einer umfassenderen S p r a c h - k o m p e t e n z [384] beim Lernenden führen und damit seine emanzipatorische Enkulturation erst ermöglichen würde. Ein solches Forschungsunternehmen ist erst in Ansätzen erkennbar. Hierzu sind vor allem PRIESEMANNs (1971) Entwurf "Zur Theorie der Unterrichtssprache" und SPANHELs (1971) Arbeit "Die Sprache des Lehrers" zu nennen.

PRIESEMANN (1971) unterscheidet dabei zwischen f a c h b e z o g e n e n und v e r s t ä n d i g u n g s b e z o g e n e n Funktionen des Sprechens (vgl. S. 83 ff.), während SPANHEL versucht, das Problemfeld der Unterrichtssprache zu operationalisieren, in dem er verschiedene Sprachformen der Lehrersprache aus konkreten Unterrichtssituationen isoliert, sie damit erst dem systematischen Zugriff zugänglich macht (vgl. S. 236 ff.). Diese setzt er mit dem theoretischen Konzept von GAGNÉ (1969) in Beziehung (vgl. S. 193 ff.).

Neben der operativen Funktion der Lehrersprache expliziert SPANHEL (1971, 1971 a) deren m a n i p u l a t i v e F u n k t i o n , bzw. die Möglichkeit eines derartigen Mißbrauchs [385].

Wie sinnlos oft Unterrichtszeit vergeudet wird um dem Schüler nur ein bestimmtes Wort des Lehrers - unter Auslassung aller brauchbaren Synonyma - zu entlocken, belegt SPANHEL eindringlich (s. S. 132).

6.6 Emanzipative und dogmatisierende Wirkungen der Unterrichtssprache

Diese bereits vorstehend erwähnte Möglichkeit, Kenntnisse über die Lehrersprache im Instruktionsprozeß sowie über andere sprachliche Formen schulischer Interaktion [386] zur Restriktion, Manipulation und Dogmatisierung der Lernprozesse und damit des Menschen zu mißbrauchen, darf jedoch keineswegs übersehen werden.

SPANHEL (1971 a) hat diese Ambivalenz deutlich beschrieben: "Die gleichen anthropologischen Funktionen, auf denen die Bedeutung der Sprache in Erziehung und Unterricht beruht, ermöglichen es, die Sprache sowohl als Instrument der Repression sowie auch als solches der Emanzipation zu gebrauchen" (S. 204).

Bei der Konstituierung einer Theorie der Unterrichtssprache - die das unterrichtliche Sprechen im Biologieunterricht impliziert - müssen aus diesem Grunde unter allen Umständen auch die von KOKEMOHR (1971) dargelegten Gefahren von Anfang an gesehen und damit kompensiert werden, nämlich, daß die Dogmatisierung der Unterrichtssprache (durch eine enge, restriktive Theorie, Verf.) nicht "in eine Dogmatisierung durch Unterrichtssprache einmündet." [386]

7. Unterrichtsplanung und Curriculum

7.1 *Mitteilungsformen schulischer Lernprozesse*

Ein den fachlichen Begriffssystemen, dem Lernen und der Denkentwicklung angemessener Unterrichtsverlauf verlangt eine genaue Kenntnis und Einplanung aller wichtigen, diesen Prozeß konstituierenden Variablen und Faktoren.

Es ist daher ein Unterfangen von erstrangiger Bedeutung, Mitteilungsformen zu entwickeln, die eine möglichst genaue Wiederholung der beschriebenen Lernprozesse, aber auch deren permanente Korrektur ermöglichen. Unterricht wird im folgenden als S i m u l a t i o n s p r o z e ß [387] verstanden und zwar in der Weise, daß der Lehrer versucht, während seiner Planung die individuellen, sozialen, anthropologischen und fachimmanenten Faktoren und Voraussetzungen so in den Konstruktionsprozeß eines Unterrichtsmodells [388], einer Lerneinheit oder einer Curriculumsequenz einzubeziehen, daß weder die sachrelevanten Strukturen noch die Ansprüche des Individuums übergangen oder blockiert werden.

Die Ergebnisse des Unterrichts geben ihm - falls eine objektive Leistungsmessung [389] hinzutritt - die Möglichkeit, den abgelaufenen Lernprozeß zu prüfen, die n e u e n Lernvoraussetzungen zu erfassen, an diese anzuknüpfen, Lücken zu erkennen und zu kompensieren, um auf diese Weise zu einem reflektierten, immer wieder neu gesteuerten Lernprozeß zu kommen.

Lediglich diesem Anliegen soll auch das anhand von Beispielen mitgeteilte Konzept eines unterrichtlichen Strukturdiagramms [390] dienen, das der Verfasser entwickelt und seit 1967 in der praktischen Lehrerausbildung [391] erprobt hat.

Im Aufbau ergeben sich eine Reihe von Ähnlichkeiten mit dem kürzlich publizierten Verfahren des IPN-Curriculums (1971).

7.2 *Das Konzept eines strukturierten Unterrichtsplans*

Das Strukturdiagramm wird in folgendes Planungsgitter zur Vorbereitung einer biologischen Lerneinheit eingeordnet:

1. Die Stellung des Sachproblems innerhalb des Curriculumabschnitts (Begründung, Placierung, Querverbindungen).
2. Analyse des Sachzusammenhangs (Fachstrukturen, hypothetische Lernstruktur, Lernvoraussetzungen bei den Schülern, ev. Vortest-Einsatz).

3. Die unterrichtlichen Hilfsmittel, Medien und Materialien (Katalog, Überlegungen zu Funktion und Einsatzort).
4. Interesse der Schüler und Motivationsabsichten des Lehrers (Motivationsanalyse).
5. Analyse des Erziehungszusammenhangs (gesellschaftliche Bedeutung, lebenspraktischer Bezug, Erziehungsabsichten).
6. Kennzeichnung der Übungs- und Einprägungsformen.
7. Lernziele der Unterrichtseinheit.
8. Strukturdiagramm des Unterrichtsverlaufs.
9. Literaturangaben (bei schriftlichen Vorbereitungen).
10. Kritik und Korrektur der Lerneinheit. (Veränderungen im Strukturdiagramm, Planung von Alternativwegen, evtl. Nachtest).

Es ist selbstverständlich nicht nötig, dieses komplexe und umfassende Modell für jede Unterrichtsstunde und in allen Unterpunkten schriftlich zu fixieren. Das würde jeden Lehrer überfordern. Hat man aber einige Male nach dieser Strategie gearbeitet, dann kann es genügen, einige Punkte lediglich zu durchdenken oder sich knappe Notizen zu machen und lediglich die Punkte 7, 8 und 10 ausführlicher zu planen.

Im "Strukturdiagramm" (s. Nr. 8) werden folgende Faktoren erfaßt:

1. Der Zeitfaktor
   Durch Abschätzen und Korrektur der Schätzwerte läßt sich nach und nach der Zeitverlauf einer Lerneinheit besser voraussehen und berücksichtigen.
2. Lehreraktionen
   Hierbei sind, wie bei Schüleraktionen, alle denkbaren Instruktions- und Kommunikationselemente gemeint. Die beiden miteinander korrespondierenden Spalten dürfen keineswegs als bloßes Lehrer-Schülergespräch mißverstanden werden.
3. Schüleraktionen
4. Die Lernziele
   Damit wird der vermutete Ort ihrer Realisation fixiert.
5. Arbeitsweisen, Medien und Material

Erläuterungen zum Ansatz des "Strukturdiagramms"

Die vorstehend angeführten fünf Faktoren haben sich bei der schulpraktischen Erprobung des Ansatzes in den Jahren 1967 - 1972 als bedeutungsvoll für die Beschreibung biologischer Unterrichtsprozesse erwiesen. Die in Anmerkung [390] genannten Richtungen bzw. Entwürfe berücksichtigen diese Faktoren in ganz unterschiedlicher Weise und Bewertung. Die Kombination der ausgewählten fünf Faktoren in der nachfolgend an Beispielen illustrierten Darstellungsform des "Strukturdiagramms" ermöglicht (nach den Erfahrungen der bisherigen Erprobungsphase) eine relativ knappe und übersichtliche Beschreibung biologischer Lernsequenzen.

Wichtige Strukturelemente zeigen sich in ihrer gegenseitigen Abhängigkeit. Auf diese Weise wird der Unterrichtsverlauf exakter mitteilbar und somit leichter wiederholbar. Änderungen im Unterrichtsablauf sowie deren Folgen (1) lassen sich im Plan besser voraussehen bzw. nachträglich einfügen. Damit wird eine laufende Korrektur und Verbesserung der Unterrichtsabläufe erleichtert. Das Planungsmuster läßt sich auch zur P r o t o k o l l i e r u n g des Unterrichtsprozesses (2) verwenden. Dem Studierenden, der Lerneinheiten oft nur in Form eines Lehrer-Schüler-Gesprächs plant, wird so die Komplexität, Vielgestaltigkeit und Beeinflußbarkeit unterrichtlicher Lernprozesse (3) leichter einsichtig. Im Gegensatz zum stark formalisierten Ansatz der I n t e r a k - t i o n s a n a l y s e (vgl. FLANDERS, 1971 und ZIFREUND, 1971), bleiben bei der hier geschilderten Form der Unterrichtsbeschreibung Elemente der I n h a l t s d i m e n s i o n von Lernprozessen erhalten.

Das Modell erleichtert nach einer relativ kurzen Einübungsphase die Planung und Protokollierung von Unterrichtsverläufen. Es sei aber nochmals mit Nachdruck darauf hingewiesen, daß dieses Konzept - wie jedes andere - dann zum Schematismus erstarrt, wenn die einzelnen Faktoren z u e n g aufgefaßt werden bzw. wenn man andere bedeutsame Faktoren und Bereiche, die nicht ausdrücklich im Schema genannt sind (z. B. Begründung, Rechtfertigung), völlig aus den Überlegungen ausklammert.

Die nachfolgend mitgeteilten Beispiele aus der Erprobungsphase des Konzepts erheben keineswegs den Anspruch, d i e optimale Verlaufsstruktur aller denkbaren Alternativverläufe darzustellen. Sie dienen der Illustration und sollen zur Diskussion und Verbesserung der Entwürfe anregen.

7.3 Planungsbeispiel: Woraus besteht eine Pflanze

Dieses Modell wurde in drei 3. Klassen und vier 7. Klassen vorerprobt. Der anschließende lernzielorientierte Test (LZO-T) diente neben dem Erfassen kognitiver Strukturen auch der Motivationsanalyse (Aufgaben 11 - 20).

Während der Erprobung zeigte sich, daß bei der hier vorgeschlagenen Version Schüler der 7. K l a s s e (die keinerlei Vorerfahrung mit biologischen Experimenten dieser Art besaßen) gegenüber denen der 3. K l a s s e zwar einen signifikanten aber numerisch erstaunlich geringen Vorsprung in der Nachtestleistung erreichten.

In allen Klassen zeigte sich eine außerordentlich starke Erhöhung des S c h ü l e r i n t e r e s s e s am Biologieunterricht.

Auch in diesem Falle ist die Wirkung des K l a s s e n e f f e k t s [392] noch so groß, daß die Ergebnisse nicht verallgemeinerungsfähig sind.

L e r n z i e l e z u m T h e m a : W o r a u s b e s t e h t e i n e P f l a n z e

S c h l ü s s e l f r a g e (n. Mager): "Was soll der Schüler am Ende der Lernheit tun können?"

K o g n i t i v e L e r n z i e l e

K 1. Die Schüler sollen die wichtigsten m o r p h o l o g i - s c h e n Pflanzenteile: Wurzel, Stengel, Blatt, Blüte an einer vorgelegten Pflanze r i c h t i g b e n e n n e n können.

K 2. ... durch Vergleich mit Bestandteilen des Tierkörpers (z. B. Fleisch) die Problemstellung nach den Bestandteilen der grünen Pflanze s e l b s t e r k e n n e n .

K 3. ... selbst H y p o t h e s e n b i l d e n , was man mit der Pflanze alles machen könnte, um das Problem zu lösen (zerschneiden usw. ...).

K 4. ... einen E x p e r i m e n t a l p l a n entwerfen.

K 5. ... begründen können, warum die Untersuchung wichtig ist.

K 6. ... brauchbare Hilfsmittel prüfen und auswählen lernen.

(I) K 7. ... sich die Namen (Begriffe) Reagenzglas, Reagenzglashalter, Reagenzglasständer, Gasbrenner, Experiment einprägen.

(A) (I) K. 8. ... das Experiment selbst durchführen und Sicherheitsvorschriften beachten können.

(I) K 9. ... das Experiment beobachten und protokollieren können.

K10. ... das Experiment zusammenfassend beschreiben können.

K11. ... weitere Fragen über die Pflanze stellen.

Instrumentelle Lernziele

(A, K) I 1. ... mit den Geräten richtig und vorsichtig umgehen lernen.

(K) I 2. ... Beobachtungen notieren lernen.

(K) I 3. ... eine Zusammenfassung des Experiments in Form eines vervielfältigten Arbeitsblattes richtig beschriften können.

Affektive Lernziele

A 1. ... nach der Berechtigung eines Experiments mit einem Lebewesen (Pflanze) fragen lernen.

(K) A 2. ... einsehen, daß nur genaue und geduldige Beobachtung zum Ziel führt.

A 3. ... Rücksicht auf andere Gruppenmitglieder nehmen,
a) Mitschüler den Versuch auch durchführen lassen,
b) Mitschüler nicht gefährden.

Organisationsplan zum Thema
Woraus besteht eine Pflanze

Zeit	Instruktion Lehreraktionen	Schüleraktionen	Lern-ziele	Arbeitsweisen Material
2	Vorzeigen einer Calla I: Bitte sagt mir, welche Teile einer Pflanze ihr schon kennt!	 1 Blatt 2 Blüte 3 Stengel 4 Wurzel	K.1.	Zimmerpflanze z.B. Calla Tafelanschrift $(TA)_1$
5	I: Vielleicht möchtet ihr noch mehr über die Pflanze wissen Herausgreifen einer geeigneten Frage: z.B.: F 3	Schülerfragen z.B. F 1: Wo sie wächst F 2: Warum sie so heißt F 3: Woraus sie gemacht ist F 4: F 5: F 6:	K.11.	TA_2
3	Wenn nicht, dann I: Bei Tieren könnt ihr mir leichter sagen, woraus sie bestehen?	Knochen, Fleisch, Blut ...	K.2.	Analogie-schluß
10	Woraus aber besteht dann die Pflanze? I: Wie könnten wir mehr darüber herausbringen? Was könnte man alles mit der Pflanze machen?	Saft "Pflanzenfleisch"		Hypothesen-bildung
	Auf 1,2,3 kurz eingehen 5,6,7 im anschließenden Experiment durchführen.	1. zerdrücken 2. zerschneiden 3. riechen 4. lecken - Gefahr 5. kochen 6. erhitzen 7. verbrennen	K.3. K.6.	Hypothesen-vorprüfung Experiment

Zeit	Instruktion Lehreraktionen	Schüleraktionen	Lern-ziele	Arbeitsweisen Material

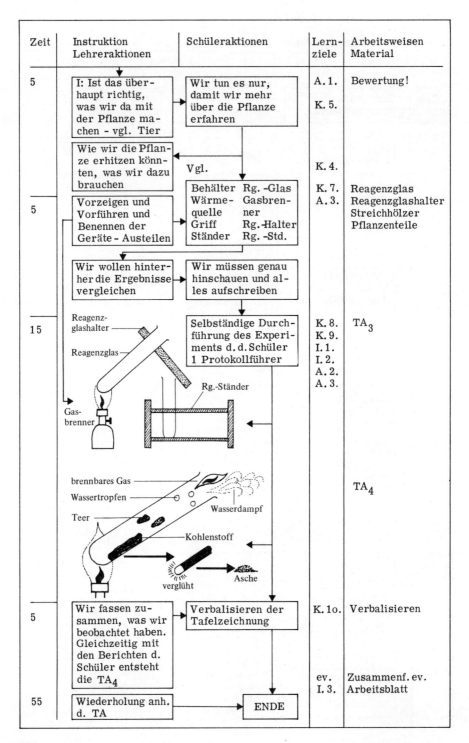

| | I: Ist das über-haupt richtig, was wir da mit der Pflanze ma-chen - vgl. Tier | Wir tun es nur, damit wir mehr über die Pflanze erfahren | A. 1. K. 5. | Bewertung! |

Zeit 5: I: Ist das überhaupt richtig, was wir da mit der Pflanze machen - vgl. Tier → Wir tun es nur, damit wir mehr über die Pflanze erfahren — A. 1. / K. 5. — Bewertung!

Wie wir die Pflanze erhitzen könnten, was wir dazu brauchen — Vgl. — K. 4.

Zeit 5: Vorzeigen und Vorführen und Benennen der Geräte - Austeilen →
Behälter Rg. -Glas
Wärme-quelle Gasbren-ner
Griff Rg.-Halter
Ständer Rg. -Std.
— K. 7. / A. 3. — Reagenzglas, Reagenzglashalter, Streichhölzer, Pflanzenteile

Wir wollen hinterher die Ergebnisse vergleichen → Wir müssen genau hinschauen und alles aufschreiben

Zeit 15:
Reagenz-glashalter
Reagenzglas
Rg.-Ständer
Gas-brenner
→ Selbständige Durchführung des Experiments d. d. Schüler. 1 Protokollführer — K. 8. / K. 9. / I. 1. / I. 2. / A. 2. / A. 3. — TA₃

brennbares Gas
Wassertropfen
Teer
Wasserdampf
Kohlenstoff
verglüht
Asche
— TA₄

Zeit 5: Wir fassen zusammen, was wir beobachtet haben. Gleichzeitig mit den Berichten d. Schüler entsteht die TA₄ → Verbalisieren der Tafelzeichnung — K. 1o. — Verbalisieren — ev. I. 3. — Zusammenf. ev. Arbeitsblatt

Zeit 55: Wiederholung anh. d. TA → ENDE

Biologie

LZOT 1

PH Bamberg

Biol. Sem.

Thema:
Grundbestandteile
der grünen Pflanze

Schule . . . .
Klasse . . . Alter . . . Jahre
Name . . . . Vorname. . . . .
Datum . . . .

Du erinnerst dich vielleicht noch an den Unterricht, in dem wir
eine Pflanze untersuchten! Heute möchten wir wissen, was du
davon alles noch weißt. Damit es schneller geht, haben wir diesen Fragebogen gemacht. Der Fragebogen ist keine Probearbeit.
Du erhältst keine Note. Bitte schreib nicht ab! Wir möchten
wissen, was du dir noch gemerkt hast!

Bitte bearbeite den Fragebogen so gut wie möglich. Es ist
leichter als du denkst! Bitte lies jede Aufgabe ganz genau durch,
bevor du antwortest.

Zuerst ein Beispiel:

Beispielaufgabe:

Eines der folgenden Tiere ist ein Fisch. Kreuze das Kästchen hinter der richtigen Antwort an!

Forelle ist die richtige
Lösung. Nur sie ist von den
vier Tieren ein Fisch. Der
Seehund und der Fisch-
otter sind Säugetiere und
der Fischreiher ist ein
Vogel.

Seehund   ☐

Fischotter   ☐

Forelle   ☒

Fischreiher   ☐

Beantworte die folgenden Fragen ähnlich!

Bei manchen Aufgaben mußt du auch schreiben.

1. Wenn wir ein Teil von einer
   Pflanze in einem feuerfesten   ankreuzen
   Glas (Reagenzglas) erhitzen,

   ---   dann können wir erkennen, daß die   ☐   1.1
           Pflanze aus Wurzeln und anderen
           Teilen besteht.

   ---   dann können wir etwas über ihre   ☐   1.2
           inneren Baustoffe erfahren.

   ---   dann bekommen wir mehr über die   ☐   1.3
           grüne Farbe der Pflanze heraus.

   ---   dann sehen wir, wie der Stengel   ☐   1.4
           innen gebaut ist.

   ---   dann wissen wir, warum die Pflan-   ☐   1.5
           ze wachsen kann.

2. Was könntest du über die Pflan-   nicht
   ze herausfinden, wenn du sie   ankreuzen

   --- zerschneidest? 2.1
   --- zerquetscht? 2.2
   --- kochst? 2.3
   --- beriechst? 2.4
   --- in eine Flamme hältst? 2.5
   --- in einem Glas erhitzt? 2.6

3. Du möchtest herausfinden, aus   Zutreffen-
   welchen Baustoffen ein Kaktus   des
   besteht.   ankreuzen

   Welche der angegebenen Möglichkeiten
   würdest du auswählen. Kreuze an und
   schreibe daneben, was du alles tun
   würdest?

. . . .
. . . .
. . . .
. . . .
. . . .

□ 3.1

. . . .
. . . .
. . . .

□ 3.2

. . . .
. . . .
. . . .
. . . .

□ 3.3

. . . .
. . . .
. . . .
. . . .

□ 3.4

. . . .
. . . .
. . . .
. . . .

☐ 3.5

4. **Eine vollständige Pflanze besteht aus mehreren Teilen.**

ankreuzen

Kreuze die richtige Zusammenstellung an.

Stamm, Zweige, Blätter, Blüten ☐ 4.1

Äste, Blätter, Stengel, Blütenblätter ☐ 4.2

Wurzeln, Stengel, Blätter, Blüten ☐ 4.3

Wurzeln, Seitenwurzeln, Blütenblätter ☐ 4.4

Blätter, Knospen, Wurzeln, Stengel ☐ 4.5

5. **Durch das Erhitzen hat sich das Pflanzenblatt verändert**

nicht ankreuzen

Dabei sind verschiedene Stoffe entstanden. Kennst du noch alle? Beschrifte die Zeichnung!

☐ 5.1
☐ 5.2
☐ 5.3
☐ 5.4
☐ 5.5
☐ 5.6

177

6. Beschrifte die folgenden Zeichnungen richtig

Du darfst dazu nur die folgenden Wörter verwenden:

Blüte, Blätter, Stengel, Wurzel

nicht
ankreuzen!

① _ _ _ _ _ _ _ _ _ _

② _ _ _ _ _ _ _ _ _ _

③ _ _ _ _ _ _ _ _ _ _

☐ 6.1

④ _ _ _ _ _ _ _ _ _ _

① _ _ _ _ _ _ _ _ _ _

☐ 6.2

② _ _ _ _ _ _ _ _ _ _

① _ _ _ _ _ _ _ _ _ _

② _ _ _ _ _ _ _ _ _ _

☐ 6.3

③ _ _ _ _ _ _ _ _ _ _

④ _ _ _ _ _ _ _ _ _ _

7. Dürfen wir Pflanzen für Experimente verwenden oder nicht? Schreibe dazu deine Meinung. Kreuze das zutreffende Kästchen an!

ankreuzen

Ja, wir dürfen sie verwenden, weil . . .

. . . .   ☐ 7.1

. . . .

. . . .

Nein, wir dürfen sie nicht verwenden, weil . . . .

. . . .   ☐ 7.2

. . . .

. . . .

8. Das Experiment mit der Pflanze hat mir

ankreuzen

sehr gut	☐	8.1
gut	☐	8.2
mittelmäßig	☐	8.3
wenig	☐	8.4
überhaupt nicht	☐	8.5

gefallen.

9. Entscheide dich für einen der folgenden Sätze, den du für den richtigsten hältst. Kreuze ihn an!

ankreuzen

Die Pflanze darf man ohne weiteres erhitzen. Sie spürt es nicht.   ☐ 9.1

Die Pflanze ist ein Lebewesen, daher darf man sie nicht erhitzen.   ☐ 9.2

Pflanzen spüren Schmerzen wie wir.   ☐ 9.3

Pflanzen darf man dann zerschneiden oder erhitzen, wenn wir dadurch etwas lernen.   ☐ 9.4

Pflanzen darf man auf keinen Fall abreißen.   ☐ 9.5

10. Du bekommst folgende Geräte mit nach Hause

1 Reagenzglas
1 Gasbrenner

1 Reagenzglashalter
1 Reagenzglasständer

Was würdest du zu Hause alles damit
untersuchen?: . . . .

nicht
ankreuzen

. . . .

. . . . ☐ 10.1

. . . .

Wie würdest du die Untersuchung durchführen . . . .

. . . .

. . . . ☐ 10.2

. . . .

. . . .

11. Über Pflanzen, Tiere und über   ankreuzen
    meinen Körper möchte ich

    so viel wie möglich   ☐ 11.1

    viel   ☐ 11.2

    mittelmäßig   ☐ 11.3

    wenig   ☐ 11.4

    garnichts   ☐ 11.5

    erfahren.

12. Am meisten interessieren mich   ankreuzen

    Pflanzen   ☐ 12.1

    Tiere   ☐ 12.2

    der Mensch   ☐ 12.3

13. Schreibe in das Kästchen hinter
    dein allerliebstes Schulfach eine
    1, hinter dein zweitliebstes
    Schulfach eine 2 und hinter dein
    drittliebstes Schulfach eine 3   1, 2 oder 3
                                      eintragen

    Lesen   ☐ 13.1

    Schrift   ☐ 13.2

    Aufsatz   ☐ 13.3

    Rechtschreiben   ☐ 13.4

    Sprachlehre   ☐ 13.5

Rechnen	☐ 13.6
Erdkunde	☐ 13.7
Geschichte	☐ 13.8
Sozialkunde	☐ 13.9
Naturlehre (Physik und Chemie)	☐ 13.10
Biologie (Naturkunde)	☐ 13.11
Musik (Singen)	☐ 13.12
Zeichnen	☐ 13.13
Werken	☐ 13.14
Handarbeit	☐ 13.15
Religion	☐ 13.16
Englisch	☐ 13.17
Turnen	☐ 13.18
	☐ 13.19

14. Welcher der folgenden Berufe
würde dir am besten gefallen.   ankreuzen
Du darfst nur einen ankreuzen.

Ingenieur (Ingenieurin)	☐ 14.1
Automechaniker (Automechanikerin)	☐ 14.2
Pfarrer (Ordensschwester)	☐ 14.3
Lehrer (Lehrerin)	☐ 14.4
Arzt (Ärztin)	☐ 14.5
Bauer (Bäuerin)	☐ 14.6
Arbeiter (Arbeiterin)	☐ 14.7
Naturwissenschaftler (Naturwissen-schaftlerin)	☐ 14.8
in einem Büro arbeiten	☐ 14.9
in einer Fabrik arbeiten	☐ 14.10
im Freien arbeiten	☐ 14.11
Polizist (Polizistin)	☐ 14.12
Hilfsarbeiter (Hilfsarbeiterin)	☐ 14.13
Künstler (Künstlerin) (Musiker, Kunstmaler, Artist, Schriftsteller)	☐ 14.14
Schauspieler (Schauspielerin)	☐ 14.15

15. Wenn du unter den folgenden
    Büchern eines auswählen dürftest,   ankreuzen
    welches würdest du wählen?
    Kreuze es an!

    Eine Bibel   [ ] 15. 1

    Ein Abenteuerbuch   [ ] 15. 2

    Ein Märchenbuch   [ ] 15. 3

    Ein Tierbuch   [ ] 15. 4

    Ein Blumenbuch   [ ] 15. 5

    Ein Fußballbuch   [ ] 15. 6

    Ein Weltraumbuch   [ ] 15. 7

    Ein Buch über den menschlichen Körper   [ ] 15. 8

    Ein Buch über Fotografieren   [ ] 15. 9

    Ein Buch über Indianer   [ ] 15.10

    Ein Buch darüber, wie ein Kind entsteht   [ ] 15.11

    Ein Buch über fremde Länder   [ ] 15.12

    Ein Buch über Rätsel und Spiele   [ ] 15.13

    Ein Witzbuch   [ ] 15.14

    Ein Kochbuch   [ ] 15.15

    Ein Buch über das Mikroskop   [ ] 15.16

16. Hältst du dir zuhause ein   Zutreffen-
    Tier?   des
                                           ankreuzen

                        nein   [ ] 16. 1

                        ja   [ ] 16. 2

    wenn ja, welches? . . . . . .
    wenn nein, würdest du dir eines
    halten?
                        nein   [ ] 16. 3

                        ja   [ ] 16. 4

    welches? . . . .

    warum? . . . .

             . . . .

17. Schreibe alle Pflanzennamen
auf, die dir einfallen:

1.	11.	21.
2.	12.	22.
3.	13.	23.
4.	14.	24.
5.	15.	25.
6.	16.	26.
7.	17.	27.
8.	18.	28.
9.	19.	29.
10.	20.	30.

nicht
ankreuzen

☐ 17.1

18. Welche Sendung über Pflanzen oder Tiere hast du zuletzt
im Fernsehen gesehen?

Sie hieß . . . .

. . . .

nicht
ankreuzen

☐ 18.1

19. Nenne Namen von Personen,
die Tiersendungen im Fernsehen
machen . . . .

. . . .

nicht
ankreuzen

Du warst sehr tüchtig, wenn du bis hierher durchgehalten hast!
Beantworte bitte noch eine letzte Frage:

20. Der Fragebogen war für mich

zu schwer

schwer

mittel

leicht

zu leicht

Er war

interessant

langweilig

ankreuzen

☐
☐
☐
☐
☐

☐
☐

Lies bitte den ganzen Fragebogen noch
einmal genau durch und gib dann ab!

Vielen Dank!

7.4 Lernsequentierung als Voraussetzung einer biologischen Curriculumkonstruktion

7.4.1 Lernvoraussetzungen und Unterrichtserfolg

Unterricht ist nur dann erfolgreich, wenn er die Lernvoraussetzungen und die Lernbedingungen des Schülers trifft und diese weiterführt. Es gibt unter einer Vielzahl möglicher Alternativen zu Verlaufsplanungen und Lehralgorithmen vermutlich nur eine sehr b e g r e n z t e A n z a h l von Modellen, die unter bestimmten relativen, aber beschreibbaren Bedingungen im Sinne eines Curriculums optimal sind.

Diese gilt es aufzudecken, zu konstruieren, zu korrigieren und in wiederholbarer Form mitteilbar zu machen.

7.4.2 Entwicklung von Alternativstrukturen

Zur Vermeidung von Einseitigkeit und vorschneller Festlegung sollten generell Alternativstrukturen gesucht und erprobt werden. Damit ließen sich Modelle gegenseitig abgrenzen und revidieren. Erst eine Langzeiterprobung präzis beschriebener und empirisch kontrollierter Curriculumsequenzen kann im Endeffekt zu einer konkreten Curriculumkonstruktion führen.

7.5 Planungsbeispiel: Wie wir hören

Die nachstehend beschriebene Curriculumsequenz wurde in zwei 3. Klassen [394] und in einer 5. Klasse [395] vorerprobt.

Es zeigte sich, daß die Lernziele dann, wenn die f ä c h e r ü b e r g r e i f e n d e S t r u k t u r eingehalten wurde, sehr weitgehend und unter lebhaftem Interesse der Schüler erreicht werden konnten, während sie bei einer i s o l i e r t e n E i n z e l s t u n d e über das "Ohr" durch die Menge von Fakten und den mangelnden Aufbau von Strukturen überfordert und wenig motiviert waren.

Folgende integrative Struktur wurde eingehalten:

1. Stunde P h y s i k	Schallentstehung
2. Stunde P h y s i k	Schallausbreitung
3. Stunde B i o l o g i e	Bau des Ohres, Hörvorgang
4. Stunde B i o l o g i e	Richtungshören
5. Stunde B i o l o g i e (Hygiene)	Schutz und Pflege des Ohres

W i e w i r h ö r e n

1. A n m e r k u n g e n z u r d i d a k t i s c h e n u n d m e t h o d i s c h e n S t r u k t u r d e r L e r n e i n h e i t

Bei dieser Formulierung des Themas wird der H ö r v o r g a n g im Zentrum der Unterrichtseinheit stehen. Etwas anders ausgedrückt würde es heißen: "Wie ist es möglich (bzw. wie geht es vor sich), daß wir überhaupt hören können."

Der Sachzusammenhang erscheint für eine 3. Klasse reichlich schwierig. Er ist auch zu schwierig, wenn man lediglich versuchen würde, ein etwas "verdünntes" Oberstufenthema daraus zu machen.

Wir wissen beim heutigen Stand der Curriculumforschung bei weitem noch nicht zu sagen, welche Themen wir welchen Altersstufen zuordnen können und welche Struktur diese Einheiten jeweils haben müßten. Aus diesem Grund ist jede der vielen denkbaren Alternativplanungen zu diesem Thema als Experiment zu sehen, das möglichst genau beschrieben und möglichst objektiv in seinen Auswirkungen überprüft werden sollte. Erst die Überprüfung mehrerer Ansätze gibt die Möglichkeit zu einer laufenden Verbesserung der Lernergebnisse.

In einer Erprobungs- bzw. Überprüfungsphase eines Lehrplans ist die Forderung, Unterrichtspraxis im wissenschaftlichen Sinne als Experiment zu sehen, von höchster Bedeutung.

Andernfalls käme man leicht in Versuchung, Lerninhalte, Lernziele und Lernverfahren willkürlich (nach subjektiven Kriterien) zu verteilen, weil man nicht imstande ist, das Leistungsfeld des Schülers abzustecken.

Eine kritische und nicht allzu subjektiv gefärbte Bewertung von Unterrichtsabläufen wird beim Beobachter selbst anfangen müssen. Er muß sich darüber im klaren sein, daß er selbst als langjähriger "Konsument von Unterricht" eine ganz bestimmte Vorstellung von dem was Unterricht sei, geradezu einprogrammiert erhielt.

Er mißt, meist unbewußt, jeglichen ablaufenden Unterricht an diesem sehr stabilen Erfahrungsschema.

Entspricht der ablaufende Prozeß nicht dieser fixierten Vorstellung, dann ist man sehr leicht geneigt, solchen Unterricht gefühlsmäßig vorschnell abzulehnen, obwohl er sich unter Umständen bei einer objektiven Lernkontrolle dem geprägten Unterrichtstypus als weit überlegen erweisen könnte.

2. Zur Sachstruktur

Der Lehrplan '70 umreißt das Thema mit der vieldeutigen Aussage: Leistung der Ohren - einfache Gehörübungen.

Ein curriculares Denken, das den Schüler in allen Altersstufen in erster Linie in das "Denken in Zusammenhängen" einführen will, wird versuchen, echte altersspezifische Probleme zu stellen. Selbstverständlich kann der Hörvorgang hier nicht in seiner ganzen physiologischen Komplexität Gegenstand sein. Er wird vereinfacht, erweiterungsfähig und sachlich richtig sein müssen.

3. Lernvoraussetzungen

Eine sinnvolle Auseinandersetzung mit dem Thema setzt voraus, daß dieses in einem größeren Zusammenhang geplant wird.

Folgende Themenkreise sollten vorausgegangen sein bzw. folgen:

3.1 Wie Töne und Geräusche entstehen (Physik)

Die Schüler versuchen hier, mit verschiedenartigsten Gegenständen und auf jede denkbare Weise Töne bzw. Geräusche zu erzeugen (Kamm, Gummiring, Lineal, Papierblatt, Pfeife, Glasröhrchen, Luftballon, Stimmgabel usw.). Dabei sollen sie in kreativer Weise selbst erfahren, daß Schall immer dann entsteht, wenn ein Gegenstand in Schwingungen gerät. Begriffe wie Ton, Geräusch, Schall, Schwingung werden hier abgegrenzt und eingeführt.

3.2 Wie der Schall sich ausbreitet (Physik)

(Korrespondierende physikalische Lerneinheit: E c h o !)
Hier soll eine weitere Serie von Schüler- und Lehrerexperimenten klären (vgl. Oldenbourg Sachbuch 3. Jg., S. 94), daß Schall sich in allen Medien (unterschiedlich) ausbreiten kann (Perlonfaden - Telefon, Metallstab, Holzstab, Bank, Körperschall, Wasserleitungsrohre, Luft, Flüssigkeit). Einfache Gehörübungen (Überprüfung der Hörfähigkeit) könnten bereits hier durchgeführt werden.

3.3 Thema der Demonstrationsstunde (Biologie)

Gegenstand soll hier der Hörvorgang selbst sein. Das Thema kann auf sehr verschiedenartige Weise motiviert und eingeleitet werden.

3.3.1 Ein Schüler erhält Watte in die Ohren und hält sie außerdem noch zu. Der Lehrer gibt der Klasse Anweisungen zu bestimmten Tätigkeiten, welche die Versuchsperson nicht nachvollziehen kann.
Anschließend: Die Bedeutung des Hörens im Alltag, im Straßenverkehr usw.

3.3.2 Den Schülern wird ein Stummfilmausschnitt von einer sprechenden Person gezeigt. ("Wir würden gerne wissen, was er sagt!")

3.3.3 Verschiedene Töne und Geräusche werden geboten. Die Frage, wie es kommt, daß wir sie hören können, schließt sich an.

3.3.4 Es werden verschiedene Sinnesreize (o p t i s c h : Blitzlicht a k u s t i s c h : Geräusch   t a k t i l : Schmerz durch Bleistiftspitze) geboten und dem jeweiligen Sinnesorgan zugeordnet. Die Tatsache, daß wir die Reize auch verstehen, läßt den Schüler auf die Mitwirkung des Gehirns und der Nerven schließen.

4. Z u m H ö r e n g e n ü g t a u c h e i n O h r (Biologie)

(Experimente zum Richtungshören)

5. P f l e g e u n d S c h u t z d e r O h r e n (Biologie - Hygiene)

Das folgende Planungsmodell wendet eine Kombination der Problemstellungen 3.3.3 und 3.3.4 an.

L e r n z i e l e d e r S t u n d e

(k)   1. Die Schüler sollen erkennen, daß zum Hören und zum Verstehen des Gehörten mehr gehört, als nur die sichtbaren Teile des Ohres.

(k, i) 2. Die Schüler sollen mit Hilfe eigener Erfahrungen auf den vermutlichen Bau des Ohres schließen (z. B. Wattestäbchen - Trommelfell!).

(k, i, a) 3. Die Schüler sollen erkennen, daß Modelle nicht mit den wirklichen Verhältnissen identisch sind (Farbe, Vereinfachung, Vergrößerung).

(k, i) 4. Sie sollen die Fachbegriffe Ohrmuschel, Gehörgang, Trommelfell, Gehörknöchelchen, Nerv, Gehirn, äußeres Ohr, Mittelohr, Innenohr der Tafelanschrift, dem Arbeitsblatt und dem Modell richtig zuordnen und mit den Begriffen richtig umgehen können.

(k, i) 5. Die Schüler sollen den vereinfacht dargestellten Hörvorgang sprachlich darstellen und wiedergeben können.

(k) 6. Sie sollen fehlerhafte Darstellungen im Arbeitsblatt erkennen können.

(i, k) 7. Sie sollen einen Filmausschnitt richtig interpretieren und kommentieren können.

(a, k) 8. Sie sollen lernen, Hilfsmittel (Abzüge, Modelle ...) zum Erwerb von Kenntnissen und Erkenntnissen einzusetzen.

(a, k) 9. Den Schülern soll klar werden, welch kompliziertes und wichtiges Organ das Ohr ist.

(a) 10. Sie sollen eine richtige Einstellung zu Schutz und Pflege der Ohren gewinnen.

a = affektive Komponente des Lernziels
i = instrumentelle - " -
k = kognitive - " -

ORGANISATIONSPLAN

THEMA: Name: . . . .

Schule: . . . .

Wie wir hören Klasse: 3 Datum: . . . . .

Zeit: . . . .

Zeit (Min.)	Instruktion (=gepl. Lehreraktionen)	Schüleraktionen	Material Arbeitsweisen Bemerkungen	Lernziele
	L. demonstriert Geräusche mit einer Schallplatte	spontane Äußerungen	Schallplatte	1 (k)
	(quietschende Bremsen, Tisch-tennisspiel ...) →	der Schüler: Das ist ...		
5	Woher wißt ihr das?	Das war ... Das hab ich schon einmal gehört!	Ton → (Ohr → Gehirn TA	Gehirn
	Ihr könnt mir auch sagen, womit ihr die Geräusche gehört habt. →	Mit den Ohren	TA_1: Ohrmuschel	
-	L. meint ihr, daß die Ohrmuschel uns sagen kann, daß es Bremsen ... waren?		Ohrmuschel	4(k, i)
		Meinungen d.Schüler Nein - das kennen wir von früher Gedächtnis, Gedanke, Gehirn.	Problemstellung 1	
2	Jetzt könnt ihr mir schon etwas sehr Wichtiges sagen:	Mit dem Gehirn verstehen wir das, was unser Ohr hört	TA_1 ergänzen: als Wort oder Zeichnung	1(k)

Zeit	Instruktion	Schüler-aktionen	Material Arbeitsweisen Bemerkungen	Lern-ziele
5	(L. erläutert Sachverhalt) Verbindung zum Mund. Luft drückt ans Trommelfell. Hinter Trommelfell eine Höhle. In dieser Höhle bildet sich manchmal eine gefährliche Ohrkrankheit. → Mittelohr-entzündung		Anhaften des Mittelohr-teiles	8(a, k) 9(a, k) 10(a)
3 –	Ihr wißt jetzt auch einen Namen für diesen Teil des Ohres! - - - - - - - → Mittelohr/äuß. Ohr			
	Und für den ersten Teil?	S. ergänzt TA$_2$		4(k, i)
	Ihr sagtet am Anfang, daß zum Hören auch Nerven und das Gehirn gehören! Wie wird es wohl weitergehen?	S. -Vermutungen	Hypothesen-bildung	
10	(evtl. L. -Information) ergänzt Gehörknöchelchen und führt die Schallleitung im Modell vor L. Hier müßte doch irgendwo der Nerv sein!	S. zeigen vermutliche Stellen	TA$_2$ Funktions-modell ergänzen Mod.	1(k)

Zeit	Instruktion	Schüler-aktionen	Material Arbeitsweisen Bemerkungen	Lern-ziele
5	Ich muß es euch genauer sagen. Der Nerv liegt in einem schnek-kenhausähnlichen Gebilde (Schnecke), das mit Flüssig-keit gefüllt ist. Er ist dort gut geschützt. Denkt an den Versuch mit dem wasser-gefüllten Luftballon!	S. verfolgen die Informa-tion am TA S.: hat auch den Ton wei-tergeleitet	überwiegend L.-Informa-tion	9(a, k)
	Jetzt könnt ihr auch erklären, wie der Ton zum Nerv gelangt. Name für diesen Teil.	→Innenohr	TA ergänzt	3(k, i, a)
3	(Luftballon wird ins Modell gefügt, das Modell be-wegt) (L. ergänzt TA Nerv, Gehirn)	S. vergleichen mit dem Ab-zug aus dem Sachbuch	Textabzug Analogie	8(a, k)
5	Jetzt wissen wir, wie unser Ohr arbeitet (L. zeigt Ohrmodell)	S. benennen die Teile und beschreiben ihre Funktio-nen	Ohrmodell verbalisieren	5 (k, i)
10	(L. führt S 8 Film vor) "Schallüber-tragung im Mittel-ohr"	S. interpretie-ren den Film	Film interpretieren kommentieren	7(i, k)
60	Hausaufgabe. Arbeitsblatt wird verteilt und bis z. nächsten Std. be-arbeitet	→Ende	Verteilen des Arbeitsblattes (Hausaufgabe)	8(a, k) 6(k)

Zeit	Instruktion	Schüler-aktionen	Material Arbeitsweisen Bemerkungen	Lern-ziele
	Wie soll denn der Ton zum Gehirn kommen?	Hypothesen der Schüler: ... Nerven	Hypothesen-bildung	2(k, i)
5	Wir wollen uns jetzt genau den Weg des Schalls (Ton, Geräusch) überlegen		Demonstration Handtrommel	8(a, k)
		S. interpretie-ren u. ergänzen die Skizze.	TA_2 wird erweitert	
		Der Ton kommt durch die Luft ans Ohr		
-	Überlegt, wie es dann weitergeht. Denkt ans Reini-gen der Ohren!			
		Loch Gang Gehörgang Ohrgang... tut weh	Ergänzen der TA	3(k, i, a)
5		Trommelfell	Haftmodell	8(a, k) 4(k, i)
	L.: Vgl. mit Handtrommel! Haftmodell wird bis Trommelfell an der Tafel auf-gebaut	Erläuterun-gen der Schü-ler		5(k, i)
-	Hört es jetzt auf?		weiterführen-des Experi-ment	
2	Haltet euch die Nase zu und schluckt kräftig.	Sch. berichten: "komisches Geräusch"		

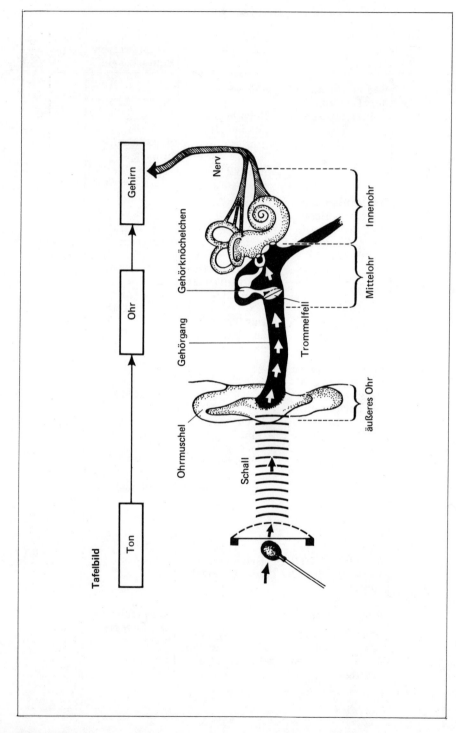

Tafelbild

Ton → Ohr → Gehirn

Schall

Ohrmuschel
Gehörgang
Gehörknöchelchen
Nerv
Trommelfell

äußeres Ohr
Mittelohr
Innenohr

PH Bamberg
Biol. Seminar

Thema:

Wie wir hören

Name . . . .

Vorname . . . .

Schule . . . .

Klasse . . . Alter . . . Jahre .

Datum . . . .

Bitte beantworte die folgenden Fragen so gut du kannst. Rechts neben jeder Aufgabe steht in einem Kästchen, was du tun sollst. Lies die Aufgabe immer erst ganz genau durch! Kreuze die Ziffern an, die hinter der richtigen Lösung der Aufgabe stehen!

1. Damit wir Töne und Geräusche aus unserer Umwelt hören und verstehen können, brauchen wir:

   Bitte kreuze nur die beste Antwort an ↓

   Ohrmuschel und Trommelfell, Gehörnerv und Gehirn ☐ 1.1

   Ohrmuschel und Gehörnerv ☐ 1.2

   äußeres Ohr und Mittelohr ☐ 1.3

   Ohr und Gehirn ☐ 1.4

   Ohr und Gehörnerv ☐ 1.5

   Innenohr und Gehörnerv ☐ 1.6

   Ohrmuschel und Gehörknöchelchen ☐ 1.7

   Ohr, Gehörnerv u. Gehirn ☐ 1.8

   Trommelfell und Schnecke ☐ 1.9

2. Eine der folgenden 6 Zeichnungen vom Ohr ist ganz richtig! Kreuze sie an!

   Die richtige Zeichnung ankreuzen

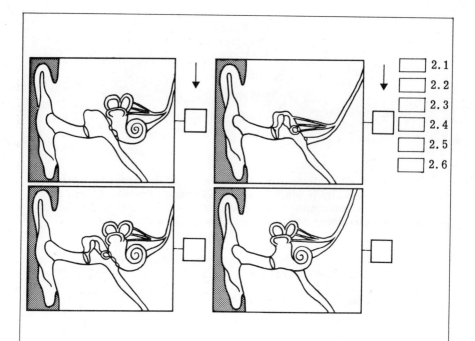

2.1
2.2
2.3
2.4
2.5
2.6

3. In der folgenden Zeichnung sind Fehler enthalten. Jeder richtige Teil des Ohres hat eine Nummer. Kreuze die Nummer des Teiles an, der falsch gezeichnet ist.

Die Nummer der Teile ankreuzen, die falsch eingezeichnet sind

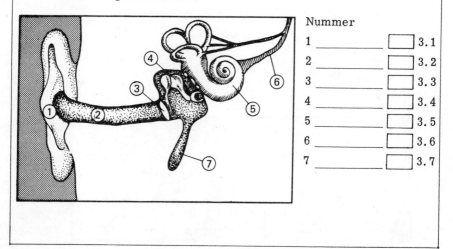

Nummer

1 _____   3.1
2 _____   3.2
3 _____   3.3
4 _____   3.4
5 _____   3.5
6 _____   3.6
7 _____   3.7

4. Töne, die wir hören, können wir oft verstehen oder wieder-erkennen.

Kreuze die richtige Lösung an ↓

Wir verstehen sie mit

dem Gehörnerv ☐ 4.1

dem Trommelfell ☐ 4.2

den Gehörknöchelchen ☐ 4.3

dem Gehirn ☐ 4.4

der Ohrmuschel ☐ 4.5

dem Gehörgang ☐ 4.6

dem Innenohr ☐ 4.7

5. Die Zeichnung ist unvollständig! Ergänze sie! Zeichne alle Teile fertig und schreibe die folgenden Namen neben die Nummern:

Ergänze die Zeichnung und ordne die Namen den Nummern zu

Gehörnerv
Schnecke
Ohrmuschel
Gehörgang
Gehörknöchelchen
Trommelfell
Ohrtrompete

☐ 5.1
☐ 5.2
☐ 5.3
☐ 5.4
☐ 5.5
☐ 5.6
☐ 5.7

6.

Schreibe neben die
folgenden Zeichnun-
gen was in ihnen
fehlt

↓

Es fehlt (fehlen):

1. _____ ☐ 6.1

2. _____

1. _____ ☐ 6.2

2. _____

1. _____ ☐ 6.3

2. _____

1. _____ ☐ 6.4

2. _____

196

7. Einige der folgenden Wörter haben mit dem normalen Hören nichts zu tun. Streiche sie durch.

unpassende Wörter durchstreichen!

☐ 7.1
☐ 7.2
☐ 7.3
☐ 7.4
☐ 7.5
☐ 7.6
☐ 7.7
☐ 7.8
☐ 7.9
☐ 7.10
☐ 7.11
☐ 7.12
☐ 7.13
☐ 7.14

1 Ohrmuschel   8 Gehirn
2 Ohrschmerz   9 Ohrschützer
3 Gehörnerv   10 Mittelohr
4 Gehörgang   11 Ohrhörer
5 Hörapparat   12 Ohrreiniger
6 Geräusche   13 Schnecke
7 Mittelohr   14 Gehörknöchelchen

8. Kreuze die Dinge an, die deinen Ohren gefährlich werden können.

Gefährliche Dinge ankreuzen

↓

Donner _____ ☐ 8.1

Hinfallen _____ ☐ 8.2

lautes Rufen _____ ☐ 8.3

Reinigung mit Wattestäbchen _____ ☐ 8.4

Verstopfen der Ohrgänge mit Watte_____ ☐ 8.5

Entzündung im Mittelohr_____ ☐ 8.6

Ausschlag an der Ohrmuschel_____ ☐ 8.7

Ohrfeige_____ ☐ 8.8

Reinigung mit Haarklammer_____ ☐ 8.9

Ohrwurm ("Ohrhöhler")_____ ☐ 8.10

9. Kreuze die Beschreibung an, die den Hörvorgang vollständig richtig wiedergibt.

richtige Beschreibung ankreuzen

↓

1. Der Schall bringt das Trommelfell zum Schwingen. Es überträgt die Schwingungen durch die Gehörknöchelchen auf den Gehörnerv. Im Gehirn verstehen wir den Ton.   ☐ 9.1

2. Der Schall wird von der Ohrmuschel auf-
gefangen und zum Trommelfell geleitet.
Dieses bringt die Gehörknöchelchen zum
Schwingen. Sie bewegen sich so stark, daß
das Gehirn den Ton hören kann.   9.2

3. Wenn der Schall durch den Gehörgang
zum Trommelfell kommt, wird er im Mittelohr durch einen schmalen Gang in den Mund-
raum geleitet und dort verstärkt. Von hier
aus leitet ihn der Gehörnerv zum Gehirn,
das ihn erkennt.   9.3

4. Die Ohrmuschel leitet den Schall zum
Trommelfell, das ihn über die Gehörknöchelchen zur Schnecke leitet. In ihr liegt in
einer Flüssigkeit der Hörnerv. Er spürt den
Ton und leitet ihn zum Gehirn, das ihn versteht.   9.4

7.6 Denkmodelle und Curriculum

Vor allem das Unterrichtsmodell "Wie wir hören" macht deutlich, daß es nötig und möglich ist, von reiner Faktenvermittung abzugehen und Zusammenhänge in altersspezifischen Formen zugänglich zu machen. (Hier z. B. erfolgt eine einfache Einführung in ein Organismus-Umwelt-Modell: Reizrezeptor (Ohr) - Verarbeitungssystem (Gehirn), das später zu einem Regelkreismodell ausgebaut werden kann.)

Es ist durchaus denkbar, auch andere umfassende Denkmodelle ("Organisatoren") zu entwickeln und diese dann im Verlauf der Schulzeit immer weiter zu präzisieren. Aber nur so, daß dabei das Grundmodell richtig bleibt und nicht später wieder verworfen werden muß.

7.7 Das Ziel eines integrativen Curriculums

Auf diesem Wege deutet sich - wie das Beispiel zum Hörvorgang ebenfalls zeigt - die Möglichkeit an, Curricula nicht mehr nur fachorientiert, sondern fächerübergreifend zu organisieren. Dabei braucht auf die Fachstrukturen gar nicht verzichtet zu werden - sie sind nur in der Weise anzuordnen, daß die verschiedenen Fächer die jeweils benötigten Lernvoraussetzungen für den Aufbau von Denkmodellen in der jeweils richtigen Reihenfolge beisteuern. Das Ziel dieser Entwicklung wäre ein integriertes Curriculum zumindest zwischen sich gegenseitig bedingenden Fächern.

8. Zusammenfassung und Ausblick

Es wurde versucht, den Prozeß naturwissenschaftlichen Denkens und Vorgehens aus wissenschaftstheoretischer Sicht darzustellen und im Sinne BRUNERs als Grundforderung auf den Lernprozeß im Biologieunterricht zu übertragen.

Der Biologieunterricht wurde zu seiner Basalwissenschaft in Beziehung gesetzt und die anthropologische Dimension dieses Problemfeldes einer Analyse unterzogen. Die Charakterisierung der Gegenwartssituation des Biologieunterrichts führte zur Forderung nach einem noch zu konstruierenden biologischen Curriculum. Der Curriculumbegriff wurde expliziert und über die wichtigsten ausländischen Curriculumansätze in Biologie wurde berichtet. Eine Analyse biologischer Lehrpläne sollte deren Strukturen beschreiben und die Forderung nach ihrer Revision belegen.

Eine Darstellung der Objekt-Medium-Sprache-Relation, einschließlich einiger empirischer Ansätze schloß sich an. Abschließend wurden einige praktische Ansätze zur biologischen Unterrichtsplanung mitgeteilt. [396]

Wenn es gelingen sollte, einige Impulse zur Entwicklung eines biologischen Curriculums zu geben, wäre das Anliegen der Arbeit erreicht.

Anmerkungen und Literatur

Anmerkungen

[1] Die "zwei Kulturen", die SNOW (1961) als Ergebnis des dualistischen Denkens identifiziert, sollte man im Hinblick auf ihre den gesellschaftlichen Enkulturationsprozeß eher blockierende Wirkung besser "Subkulturen" nennen.

[2] S.a.GLOGAUER, 1967. Auf S. 7 ff. identifiziert GLOGAUER zwölf verschiedene Auffassungen von Didaktik.

[3] Vgl. z.B. KLAFKI in: HEILAND (Hg.) (1968); WENIGER (1962).

[4] Hierbei fällt aber der Begriff "Lerntheorie" der "Berliner Schule" keineswegs mit dem in der Psychologie gebräuchlichen Terminus zusammen. "Lerntheorie" hat hier vor allem die Funktion, den Ansatz der "Berliner Schule" gegenüber ideologischen Konzepten innerhalb der Didaktik abzugrenzen (vgl. BLANKERTZ, 1969, S. 108).

[5] KLAFKI definiert z.B. Bildungsinhalt als "bildende Elemente eines Inhaltes, das an ihm, was zur Bildung werden kann" (KLAFKI, 1963,S.129).

[6] Zuletzt in einem Interview mit HENDRICKS, in dem er die unkritische Übernahme des Konzepts als Grund für dessen Scheitern angibt. Bei dieser Gelegenheit warnt KLAFKI vor der totalen Gängelung durch detaillierte Curricula. Seiner Meinung nach könnte die "Didaktische Analyse" heute als "Kern der Curriculumentwicklung" (S. 145) dienen (HENDRICKS,1972).

[7] Allerdings scheint die Ursache dafür eher in der stark schulbezogenen Sprachstruktur der Einzelfragen der "Didaktischen Analyse" zu liegen. Dazu kommt noch, daß KLAFKI den für den Lehrer so wichtigen Umsetzungsprozeß in die Praxis kaum erwähnt (vgl. KLAFKI, 1963, S. 143). Die Beispiele "Didaktischer Analysen" (S. 145 ff.) induzieren geradezu die Auffassung des Entwurfs als methodisches Konzept.

[8] Erst seit etwa zwei bis drei Jahren läßt sich im Verband Deutscher Biologen (VDB) unter dem Vorsitz von HAUPT ein ständig zunehmendes Interesse an Problemen der Schulbiologie feststellen.

[9] Gegenwärtig wird noch ein hoher Anteil biologischer Unterrichtsstunden in Gymnasien von Nicht-Fachlehrern erteilt. In Grund- und Hauptschulen vieler Bundesländer erteilen heute noch Lehrer den Biologieunterricht, die für diese Aufgabe fachlich in keiner oder in völlig unzureichender Weise vorbereitet wurden.

[10] Dabei sei an die Entwicklung neuer fachdidaktischer Curricula in den Fächern Mathematik, Chemie und Physik und Geographie erinnert. In der Biologie zeigen sich erst in allerletzter Zeit Ansätze zu einer empirisch begründeten Curriculumentwicklung (vgl. DER BIOLOGIE-UNTERRICHT 4/1971).

[11] Die Faktoren werden ohne Rangordnung und ohne Anspruch auf Vollständigkeit aufgezählt.

[12] LEINFELLNER schreibt dazu erläuternd: "Die wissenschaftliche, theoretische Erkenntnis ... kann als das Ergebnis eines Spiels des Menschen gegen die Natur ... aufgefaßt werden, die Strategien fallen mit den Methoden zusammen" (S. 16).

[13] Vgl. CARNAP (1969); S. 28 f.

[14] Diese beiden Grundannahmen entsprechen zwei der sieben "Spielregeln" der Wissenschaft, die KAUFMANN (1970) aufstellte (s.S. 23 ff.).

[15] HARTMANN (1965) bezeichnet dieses Postulat als metaphysische Voraussetzung der induktiven Methode (vgl. S. 52 ff.).

[16] Die absolute Annahme radikalen Zweifelns und die Annahme eines fertigen Erkenntnissubjekts zählen nach HABERMAS (1969) zu dieser Kategorie (s.S. 23 ff.).

[17] Die Hauptaufgabe, die es im Hinblick auf dieses Ziel zu erreichen gilt, besteht nach HABERMAS darin, das erkenntnisleitende Interesse in ein emanzipatorisches Interesse überzuleiten (vgl. S. 236 ff.).

[18] Vgl. hierzu SCHLEGEL, 1969; S. 15. Es dürfte allerdings zweifelhaft sein, ob sich die Pragmatik der Methodenabgrenzung, wie SCHLEGEL meint, lediglich auf das Interesse der Fachleute zurückführen läßt und nicht auch von den Objektbeziehungen abhängt.

[19] Vgl. HARTMANN, 1965; S. 41.

[20] Dieser Ansicht ist auch AUTRUM (1970); vgl. S. 124.

[21] Man könnte sagen, daß die Stärke der Naturwissenschaft gerade in ihren Grenzen, oder besser gesagt in ihren G r e n z z i e h u n g e n liegt.

[22] Vgl. die didaktischen Grundannahmen KUHNs (1966, 1967) und HÖRMANNs (1956).
Die Strömung ist außerdem in einer Vielzahl biologischer Schulbücher vergangener Jahre, in zahlreichen schulpraktischen Aufsätzen zum Biologieunterricht, in praxisbezogenen Lehrerzeitschriften, in der Sprache und im Stoffrahmen der Lehrpläne sowie im praktifizierten Biologieunterricht vor allem der Grund- und Hauptschule noch vertreten. In der Philosophie steht u.a. HEITLER (1970) dem Vitalismus nahe.

[23] Siehe auch HÖNIGSWALD (1966): "Anschaulich" sind gewisse Bestimmungselemente des Objektes, nicht aber dieses selbst. Das "Objekt" als solches schon ist, seinem Begriff nach betrachtet, Relation." (S. 16).

[24] Der von H. MARGENAU entwickelte Terminus beschreibt die Beziehungen zwischen physischem Objekt und der Idee (vgl. SCHLEGEL, 1969, S. 20).

[25] Dieser Auffassung ist auch HABERMAS (1969; S. 144).

[26] Vgl. LEINFELLNER (1967; S. 103).

[27] Hier deutet sich noch eine weitere Eigenschaft der Wissenschaft an, die der K u m u l a t i o n , d.h. Wissenschaft muß nicht immer erneut am Nullpunkt beginnen! (S.a. KAUFMANN 1970; S. 23 ff.).

[28] Z.B. neue empirische Gesetze (s.CARNAP, 1969; S. 229 ff.).

[29] Siehe KAUFMANN (1970), S. 28.

[30] Auf diese oft übersehene Tatsache weist vor allem AUTRUM (1970) hin (vgl. S. 13).

[31] So deutet auch HELMHOLTZ (1968) die Funktion eines Gesetzes (s.S. 39).

[32] Vgl. hierzu auch BOLTZMANN in: HUNGER (1966; S. 107 f.).

[33] Ähnlicher Auffassung ist auch LITT (1964; S. 18 ff.).

[34] Hierbei muß zwischen Modell und Denkmodell unterschieden werden. In der Biologie werden z.B. Modelle verwendet, um die Funktionen eines komplexen Originals zu simulieren (etwa Funktionsmodell der Impulsleitung im Nerv). Hier ist das Modell "die analoge Abstraktion eines Originals" (NACHTIGALL 1972, S. 132). Anders das Denkmodell. Es ist im Idealfall "die praktikable Kurzfassung der vollkommenen Kenntnis von einem System" (s.S. 148).

[35] Hervorhebungen vom Verfasser.

[36] Dieses außergewöhnlich bedeutsame Denkmodell wurde von BERTA-LANFFY (1970) schon in den dreißiger Jahren entwickelt.

[37] Das Ausgangsmodell, die Metapher des "Steuermanns", ist hier der Navigation entlehnt.

[38] Hier hat eine Vielzahl "weltanschaulicher Entgleisungen" positivistischer, idealistischer, phänomenologischer und ontologischer Herkunft ihren Ursprung (s. HARTMANN 1965; S. 31).

[39] Für REICHENBACH (1968) ist auch der Begriff der Ontologie lediglich eine Metapher. "Die Beziehung zwischen Form und Materie kann man für viele Analogien gebrauchen, ohne daß man damit eine Erklärung gibt" (S. 25).

[40] Zum Begriff der Leerformel siehe TOPITSCH (1966; s.S. 27).

[41] Hierher gehört auch der Einwand von ALBERT (1966) gegen die "Wesensfrage", die für ihn, im Forschungsbereich der empirischen Wissenschaften gestellt, entweder eine mißverstandene Formulierung empirischer Probleme oder eine pseude-objektive Frage darstellt (vgl.S.189 f.).

[42] Siehe hierzu auch BUCK u.a. (1969; S. 18).

[43] MEMMERT hat erstmals versucht, den hier weiter explizierten Bereich des Zusammenhangs zwischen Erfahrung und Theorie präziser auf den Bereich der Biologiedidaktik zu übertragen. Es gelingt ihm auch, ausgehend vom sprachtheoretischen und sprachpädagogischen Konzept LOCHs, einen ersten Ansatz zur Neubewertung der Sprache im Biologieunterricht zu entwickeln.

[44] Meist werden wohl beide Effekte zusammenfallen!

[45] Für GEHLEN (1958) ist der Mangel an Verhaltensfixierung einer der virulenten Faktoren der Kulturentwicklung. Das drückt sich besonders in GEHLENs Begriff des "Mängelwesens" aus (S. 21). Die Entwicklung der Natur als "zweite Natur" (S. 40) erzeugt einen "Leerraum" (S. 49) oder "Hiatus" (S. 362), der eine "Umkonstruktion" (S. 314) der Umwelt erst ermöglicht.

[46] Durch die Saarbrücker Rahmenvereinbarung der Kultusminister vom 29. September 1960, die trotz heftiger Proteste bis heute noch nicht revidiert wurde.

[47] Siehe WERNER (1971), S. 7 - 17.

[48] Hervorhebung vom Verfasser.

[49] Vgl. dazu: KLINCKMANN (Superv.) (1970); FALK (1971); SCHWAB/BRANDWEIN (1962).

[50] Ein ausgezeichneter Überblick der Entwicklung des Biologieunterrichts, der diese These belegt, findet sich bei KLAUSING (1968), S. 85 - 134.

[51] Auch MEMMERT (1970) neigt zu dieser Auffassung (vgl. S. 10).

[52] Einschließlich der jeweils übergeordneten Gebiete.

[53] BAUER (1970) moniert die Überbetonung der Soziologie im Ansatz von KLAUSING und sieht dahinter einen "Modetrend" (S. 45).

[54] Mit dieser Formulierung müßten alle H u m a n w i s s e n s c h a f t e n (oder sog. "Geisteswissenschaften") der Biologie subsumiert werden.

[55] Der letzte Satz ist ebenfalls unklar. Ist hier der Körper des Menschen mit seinen Funktionen gemeint? Seine Psyche? Läßt sich dann im zweiten Falle der Mensch isoliert von der Gesellschaft definieren?

[56] Von großer Bedeutung ist vor allem auch der historische Teil der Arbeit, während gegen die Vorschläge KLAUSINGs zur Verteilung der Lehrplaninhalte an anderer Stelle erneut Einspruch erhoben werden muß.

[57] TIGER meint hierbei speziell die ethologische Untersuchung sozialer Rangstrukturen, für deren Existenz er auch beim Menschen eine genetische Disposition vermutet (vgl. S. 160). Die Frage der Beeinflußbarkeit solcher Strukturen, die eine hohe anthropologische Relevanz besitzt, sollte beide Wissenschaftsbereiche interessieren (vgl. S. 161).

[58] Zum Beispiel NACHTIGALL (1972). Seiner Meinung nach besteht die relative Eigenständigkeit der Biologie lediglich in der Verwendung adäquater Methoden (vgl. S. 47).

[59] Trotzdem differenzieren sie sie unter Beachtung des funktionalen Aspekts (vgl. S. 17, Abb.) in 13 biologische Hauptarbeitsgebiete (S. 17 f.).

[60] Als Beleg für "Innerlichkeit" beschreibt PORTMANN die Regeneration am Regenwurm. "Ich schneide einen Wurmkörper in zwei Teile ... Dann bildet der Vorderteil ein neues Hinterende, der hintere Teil aber formt bei dieser Regeneration einen neuen Kopf und damit auch ein ganzes, neues Gehirn" (S. 19). Er zieht daraus folgenden Schluß: "das System "Wurm" baut sich sein Gehirn selbst auf; sein Führungsorgan ist Glied eines übergeordneten höheren Leitsystems" (S. 19).
Das Beispiel zeigt deutlich, daß PORTMANN hier den Bereich der Naturwissenschaft verlassen hat.

[61] Auch diese Formulierung zeigt in die Richtung der ontologisch-idealistischen Morphologie (Vitalismus).

[62] ZIMEN merkt an, daß diese Gebiete nicht fest abgrenzbar sind.

[63] LOHMANN (1970) ist im Gegensatz dazu der Meinung, daß die konven-

tionelle Physik erweitert werden müsse, "um grundlegenden Lebenserscheinungen gerecht zu werden" (S. 18). WIESER (in: LOHMANN; 1970)
sieht in der Biologie einen "Sonderfall der Wissenschaft von den offenen
Systemen" (S. 94).

[64] Ähnlich versucht übrigens auch HEITLER (1970) die "Existenz des
seelischen Seins" dadurch zu beweisen, daß sich eine eigene Wissenschaft,
die Psychologie (! Verf.) damit befaßt (vgl. S. 9).

[65] Allerdings deutet BEILER anschließend die Probleme des Forschungsfeldes Biologie noch differenzierter (vgl. S. 11).

[66] Die Abgrenzung zur unbelebten Wirklichkeit ist jedoch nicht, wie
MEMMERT meint, durch das Gegensatzpaar "tot - lebendig" möglich,
da "tot" nur eine Eigenschaft lebender Systeme ist (s.S. 9).

[67] The structural complexity of the organisms themselves, the multi-
plicity of occurring simultaneously in any one of them, and the inter-
relationships of the organisms with their environment have led to methods
of study uninque to this particular science (S. 1.).

[68] Diese neue Richtung der Humanethologie wurde in neuester Zeit insbesondere durch EIBL-EIBESFELDT konstituiert. Sie hat ihre Wurzeln
in der Ethologie aber auch in Psychologie, Enthologie und Kulturanthropologie und belegt damit auch die zunehmende Konsolidierung eines neuen
anthropologischen Ansatzes interdisziplinären Charakters (vgl. EIBL-
EIBESFELDT; Die !Ko-Buschmanngesellschaft. Gruppenbindung und
Aggressionskontrolle. Elementare menschliche Verhaltensweisen - erste
Forschungsergebnisse der neuen Wissenschaft Humanethologie. München
1972).

[69] Die steigende Tendenz zur Quantifizierung läßt sich zum Beispiel
an den Publikationen von TINBERGEN (1966), HOLST (1969 und 1970),
TEMBROCK (1968), DETHIER/STELLAR (1964) und STOKES (1971)
verifizieren. HAINSWORTH (1967) überträgt·diesen Ansatz auf die Schulbiologie.

[70] Siehe hierzu: SCHWERDTFEGER (1963 und 1968), GEILER (1971),
BATES (1967), UEXKÜLL (1970), STRENZKE (1963), TISCHLER (1963).

[71] Vgl. KLAUSING (1968) S. 23 ff.

[72] Der Anthropomorphismus von der "Zellstadt" (S. 9), den SIMONIS
hier zur Erläuterung anfügt, wäre entbehrlich!

[73] Schreibweise nach Simonis.

[74] Die hier vorgelegte Aufzählung ist gekürzt und leicht verändert.

[75] Vgl. BRUNER (1970), S. 42.

[76] Vgl. BRUNER (1970), S. 44.

[77] Vgl. NACHTIGALL (1972), S. 52 ff.

[78] NACHTIGALL (1972) deutet diesen Vorgang als einen Regelkreis
zwischen Objekt und Beobachter (s.S. 52).

[79] Der folgende Abschnitt lehnt sich teilweise eng an die Ausführungen
von NACHTIGALL an, der als einer der wenigen Biologen den Prozeß der
biologischen Forschung zum Gegenstand einer Abhandlung machte (vgl.

S. 56 ff.). Dieses Werk wird künftig jeder beachten müssen, der den Prozeß biologischen Denkens zum Gegenstand seiner Überlegungen macht.

[80] Methoden sind dann a d ä q u a t , wenn sie
a) den Vorgang am genauesten registrieren
b) die am weitesten führenden Schlüsse erlauben,
c) den zu messenden Vorgang möglichst wenig stören
d) möglichst geringen Aufwand erfordern (vgl. S. 66).

[81] Vgl. NACHTIGALL (S. 131 ff.), gekürzt und verändert.

[82] Erstaunlich ist, daß GLOMBECK quantifizierende, kausale Verfahrensweisen für den 5./6. Jahrgang ausklammert (vgl. S. 30).

[83] Die für die Kollegstufe postulierten biologischen Fertigkeiten werden allerdings nur durch ein durchgängiges biologisches Curriculum (Kl. 1 - 13) erreicht werden können.

[84] BELGARDT betont den anthropologisch-gesellschaftlichen Aspekt wesentlich stärker. Dazu wäre anzumerken, daß der anthropologische Aspekt bei der Auswahl der Inhalte und ihrer Bewertung eine große Rolle spielen kann, daß aber Fachinhalte und facheigene Denkoperationen nicht mit anthropologisch-soziologischen Methoden, sondern nur mit fachorientierten Verfahren zugänglich werden.

[85] In diesem Reader des Arbeitskreises Grundschule e.V. wird die Problematik ausführlich diskutiert.

[86] STICHMANN merkt durchaus richtig an, "daß das Feld der Schulbiologie keineswegs mit dem der wissenschaftlichen Biologie deckungsgleich ... ist" (S. 9). Im weiteren Verlauf beschreibt er, daß der Lehrer jede Grenzüberschreitung über den Fachrahmen hinaus kenntlich machen muß (vgl. S. 53). Weiterhin zeigt er, wie gerade Anthropomorphismen bei Tieren durch facheigene Einsichten in die Verhaltenslehre abgelöst werden müßten (vgl. S. 53).

[87] KLAUSINGs Vorschläge zum Bildungskanon der allgemeinbildenden Schulen sind sehr vage und statisch formuliert (S. 174 ff.). Seine Verteilung biologischer Inhalte - für die Hauptschule überwiegend "angewandte Biologie" - führt unweigerlich zu einer Manifestierung schichtenspezifischer Vorstellungen (s.S. 189!).

[88] Ganz im Widerspruch zu dieser häufig zu hörenden Betonung der außergewöhnlichen Bedeutung der Biologie steht die Tatsache, daß für promovierte und diplomierte Biologen in unserer Gesellschaft überaus wenige geeignete Arbeitsplätze zur Verfügung stehen. Der Bedarf der Industrie ist gering, der größte Teil der Biologen ergreift den Lehrerberuf am Gymnasium, der Rest arbeitet an der Universität.

[89] Bei HABERMAS ist die Biologie im Konzept des "erkenntnisleitenden Interesses" des naturwissenschaftlichen Verfahrens insgesamt mit eingeschlossen.

[90] Vgl. LOCH (1963), S. 14.

[91] Durch diese Operationalisierung wird der Bereich der Pädagogik für die anthropologische Fragestellung erstmals systematisch aufgeschlossen (vgl. LOCH; 1963, S. 83 ff.).

[92] BOLLNOW zit. nach LOCH (1963), S. 14.

[93] Vgl. LOCH (1963), S. 12 ff.

[94] Hervorhebung durch LOCH.

[95] Dabei sollte aber die "Form" der Gesellschaft, die, wie der Mensch selbst, niemals endgültig sein kann, nicht so absolut gesehen werden. Die Biologie könnte daran die Frage über die Entstehung und die biologisch-ökologischen Auswirkungen solcher Erscheinungen interessieren.

[96] Das Wissen um diese Tatsache enthebt ihn nicht von der Verantwortung für sein Tun, vielmehr wird so klar, daß er für unmenschliches Verhalten keine biologischen Entschuldigungen vorbringen kann (vgl. TIGER; 1971, S. 166).

[97] Vgl. auch BOLLNOW (1965), S. 17.

[98] Solche Zusammenbrüche sind auch bei tierischen Populationen beschrieben worden, z. B. bei Mäusen, Heuschrecken, Lemmingen (vgl. AUTRUM, 1970). Allerdings sind hier die Auswirkungen überwiegend autökologischer Natur. Sie werden durch ein übergreifendes synökologisches System meist recht schnell wieder kompensiert. So zieht eine Massenvermehrung von Mäusen sowohl einen durch Streßfaktoren und Nahrungsmangel verursachten Zusammenbruch der Population nach sich, als auch gleichzeitig eine Zunahme auf Seiten der Konsumenten (z. B. bei Greifvögeln, dem Fuchs usw.).

[99] Hierbei sind vor allem Praktiken wie die Verfütterung von Hormonen und die Behandlung von zusammengepferchten Tierbeständen durch Antibiotika gemeint, Praktiken, die bisher kaum kontrollierbar, in unglaublicher V e r a n t w o r t u n g s l o s i g k e i t die Gesundheit der Menschen gefährden, nur um größere Profite zu ermöglichen. Auf das Problem der Resistenz sei nur hingewiesen.

[100] Siehe ENGELHARDT (1969), S. 72.

[101] Diese Forderung stellt HAGEL (1972) auf.

[102] MEBES ist derzeit Biologiestudent. Es spricht für das Verantwortungsbewußtsein und die Fähigkeit zur kritischen Emanzipation bei der jungen Generation und gleichzeitig für die Integrität und die Aufgeschlossenheit gegenüber gesellschaftlichen Problemen auf seiten der Leitung des Verbandes Deutscher Biologen, daß dieser Beitrag erscheinen konnte.

[103] Vgl. MEBES (1972), S. 856 ff.

[104] Gemeint ist natürlich eine legale, aber intensive politische Aktivität.

[105] Vgl. auch dazu SIMONIS (1967) S. 5, S. 18; STEINBUCH (1970) S. 13.

[106] Demnach ist ein antikes Gemälde unserer gegenwärtigen Gesellschaft doppelt so viel wert wie der gesamte Naturschutz des Landes in einem Jahr!

[107] Vgl. KORTE u. a. (1970).

[108] Auch hierbei müßte man nach wirksamen Kommunikationsmedien (z. B. Einschaltung der Massenmedien) suchen, um das Anliegen der ganzen Öffentlichkeit vorzutragen.

[109] Resolution der GESELLSCHAFT FÜR ÖKOLOGIE in Mitteilungen

des VDB, S.853. Beilage der Zeitschrift "Naturwissenschaftliche Rundschau" 1/1972.

[110] Vgl. BUTTS (1971), S. 6; etwas verändert.

[111] Der vorstehende Abschnitt lehnt sich an die Ausführungen von BUTTS (1971) S. 6 f. an.

[112] Der letzte abstoßende Mißbrauch der Biologie datiert in der Zeit des NS-Regimes.

[113] In der Zeitschrift "Biologie in der Schule", die in der DDR erscheint, sind geradezu regelmäßig Artikel, die in diese Richtung zielen, zu finden.

[114] Siehe KUHN (1966, 1967, 1967 a).

[115] Vgl. KUHN (1967 a), S. 15 ff.

[116] KUHN (1967 a), S. 9 f., 1966, S. 7 - 10, S. 18 - 23.

[117] Dies wäre aber nötig, wenn keine einseitige weltanschauliche Festlegung erfolgen sollte! Die hier vorgebrachte Kritik richtet sich ausschließlich gegen die weltanschauliche Färbung biologischer Themen bei KUHN, nicht aber gegen seinen fachbiologischen Ansatz, der insbesondere in seiner unlängst (1972) vorgelegten Publikation - bei der eine starke Reduktion der weltanschaulichen Komponente gegenüber früheren Werken festzustellen ist - außerordentlich positiv zum Tragen kommt.

[118] Diese "Hindernisse" werden allerdings nicht näher bezeichnet.

[119] HEITKÄMPER macht darauf aufmerksam, daß eine Ideologie nicht der Wahrheit einer I d e e entspricht. Als Haupteigenschaften der Ideologie nennt er Anhängerschaft und unbedingte Nachfolge. Immer stellt eine Ideologie auch einen Absolutheitsanspruch (vgl. HEITKÄMPER, 1970, S. 166).

[120] ASCHER (1970) definiert Ideologie "als ein mit Anspruch auf Wissenschaftlichkeit auftretendes wirklichkeitsinadäquates System von Anschauungen ... deren Wirklichkeitsinadäquatheit ... auf einer Befangenheit beruht, die sich als methodenmonistische Wirklichkeitsbetrachtung und Absolutsetzung von Teilaspekten darstellt ..." (S. 185). Es sollte jedoch bei dieser Definition noch einschränkend angemerkt werden, daß nicht jede tatsachentranszendierende Deutung als Ideologie bezeichnet werden kann und ein Allsatz dieser Art sich selbst unter Ideologieverdacht stellt (vgl. dazu auch ZIECHMANN, 1969, S. 321 ff.).

[121] Vgl. dazu BÜNNING (1970) S. 759.

[122] Insbesondere S. 34 ff. Allerdings erkennt ANTHES, daß die Unterrichtsmethode der Biologie in gewisser Hinsicht mit der wissenschaftlichen Forschungsmethode der Zeit koordiniert werden muß (vgl. S. 34).

[123] Dieses Unterfangen kann auch nicht im Interesse einer sinnvollen religiösen Erziehung liegen, da es dieser im Grunde weit mehr schadet als nützt.

[124] Dies fordert eindringlich GRASSE (1971), S. 807.

[125] PORTMANN hat sich damit, wie ehedem DRIESCH, und andere außerhalb des Fragehorizonts der Biologie begeben. Dies schmälert nicht seine großen Verdienste in anderen Gebieten, z.B. in der Anthropologie.

[126] LOHMANN (1970) identifiziert den Mechanismus als einen Pseudo-vitalismus (vgl. S. 18 ff.). Mit gleichem Recht kann man den Vitalismus auch als P s e u d o m e c h a n i s m u s bezeichnen. Immer wird zunächst der Organismus in anthropomorphistischer Sicht als hochkomplexes Gebilde gedeutet, das überaus zweckmäßig und geregelt abläuft wie ein Uhrwerk.
Die Evolution wird dabei völlig außer acht gelassen. Dann schließt man in Übertragung menschlicher Verhältnisse weiter, daß für dieses "Uhrwerk" auch ein "Uhrmacher" existieren müsse, der nach Ansicht des Vitalismus Gott ist. Die Biologie als Wissenschaft kann diese religiöse Aussage weder belegen noch ablehnen. Sie m u ß es aber ablehnen, wenn sie als biologische Aussage ausgegeben wird.

[127] Gemeint ist: eine Folge des Windes.

[128] Hervorhebung vom Verfasser.

[129] Dieses Beispiel zeigt auch besonders klar die außergewöhnliche Leistung der Sprache für das menschliche Denken.

[130] Im Sinne eines ständig sich korrigierenden Komplexes.

[131] Vgl. LOCH (1963), der eine ausführliche Charakterisierung und Wertung dieser Richtung gibt (vgl. S. 46 f.).

[132] Siehe GADAMER u. VOGLER (Hg. 1972) 2 Bde. WURST und HARTMANN (1971), S. 234 ff.

[133] Angemerkt seien als Beispiele nur DAVIS (1971), GALLUP jr. (1971), KURTH (1971), TIGER (1971).

[134] Vgl. WURST u. HARTMANN (1971).

[135] Vgl. LOCH (1968).

[136] Siehe auch WURST/HARTMANN (1971), S. 243.

[137] Das bedeutet nicht, daß andere Kulturbereiche, sobald ihre Fragestellung relevant wird, dabei nicht auch mitwirken könnten und müßten. Es schließt aber aus, daß andere Bereiche die eigenständige naturwissenschaftliche Fragestellung ignorieren und den naturwissenschaftlichen Unterricht ihren Zwecken subordinieren.

[138] Vgl. TOPITSCH (1966).

[139] Praxis wird hier im Sinne eines empirisch greifbaren Handlungsfeldes gesehen.

[140] Selbstverständlich sind die Beiträge dieser Bereiche nur als konstruktive Teilbeiträge zu verstehen, die nicht verabsolutiert werden dürfen, sondern im Sinne einer integrativen Anthropologie verarbeitet werden müssen (vgl. LOCH, 1963, S. 102 ff.).

[141] Davon lassen sich in der Entwicklungspsychologie mehr als 50 verschiedene Phasen verschiedener Autoren identifizieren, deren Abgrenzungen sich meist überschneiden und widersprechen. Belege dazu finden sich vor allem bei OERTER und CORRELL.

[142] Paradebeispiele lassen sich in den Werken von HUNZINGER (1959), STURM (1960) und WILLI (1964) finden.

[143] Z.B. bei HÖRMANN (1956) und WILLI (1961).

[144] Vgl. dazu auch das sonst überwiegend einwandfreie Arbeitsheft von MERX (o. J.) aus dem Baumann Verlag Kulmbach. Vor allem Heft 4.

[145] Nährstoffe wie z. B. Glucose, Fette, Eiweißkörper usw. entstehen erst als primäre bzw. sekundäre Pflanzenstoffe im Anschluß an die Photosynthese.

[146] Damit ist nichts gegen die Anwendung der Analogie überhaupt ausgesagt, sondern nur gegen inkompetente und später kaum mehr korrigierbare Fehl-Analogien.

[147] Ausgabe des Safari Verlags, (1964) Berlin, Bd. IV, S. 228 ff.

[148] Das Zitat soll nur die Meinung der volkstümlichen Bildung belegen. FICKENSCHER wendet sich an dieser Stelle durchaus zu Recht gegen stumpfsinnige Kreidebiologie.

[149] In: DANIELSEN (Hg.), 1954, S. 150 - 162.

[150] Fehlformen eines Pädagogismus im Biologieunterricht finden sich in dem von DIETRICH (1962) herausgegebenen Band. Siehe vor allem die Beispiele von SCHEIBNER S. 34, SCHARRELMANN S. 48 ff. und COLLINGS S. 89 ff. Vor allem bei COLLINGS, der das DEWEYsche Konstrukt der Projektmethode ad absurdum führt, indem er mit Schülern eine Exkursion zu einem Typhuskranken unternimmt, bei der die mögliche Ursache der Infektion untersucht werden soll, wird diese Hypertrophierung einer pädagogischen Methode deutlich.

[151] BEILER (1965) hat an anderer Stelle als einer der wenigen Biologiedidaktiker versucht, den Biologieunterricht nach biologischen Grundsachverhalten zu ordnen (vgl. S. 20 ff.).

[152] Im Sinne einer unreflektierten, handwerklich betriebenen Lehr- und Lernpraxis.

[153] Mit dieser Beschreibung soll keineswegs die Idylle eines vollkommenen Biologieunterrichts gezeichnet werden. Probleme des Unterrichtsalltags und der Wirkung verschiedenster den Erfolg blockierender Variablen sind dem Verfasser aus eigener Unterrrichtsarbeit vertraut.

[154] Hier sind in erster Linie die Lehrpläne für Grund- und Hauptschulen gemeint.

[155] Wer je eine biologische Exkursion organisiert hat, die fachlichen und didaktischen Ansprüchen gleichermaßen genügen sollte, kennt den immensen Aufwand.

[156] Vgl. WERNER (1971), S. 15.

[157] Eine umfassendere Beschreibung findet sich in WERNER (1971).

[158] Hektographiertes Manuskript des Arbeitskreises Wissenschaftspolitik im Verband der chemischen Industrie (14 Seiten), 1970.

[159] Bereits ein Jahr vorher war ein Test an 200 Studienanfängern mit ähnlichen Ergebnissen durchgeführt worden (s.S. 1).

[160] Veröffentlicht in Mitteilungen des Verbandes Deutscher Biologen e.V. Nr. 178, Beilage zur "Naturwissenschaftlichen Rundschau" 3/1971, S. 863 - 866.

[161] Vgl. MEBES (1972) und GRASSE (1971).

[162] Sie ist im Entwurf ausdrücklich erwünscht!

[163] In dieses Anliegen wird noch eine immense Arbeit zu investieren sein, wenn der Vorschlag Chancen haben will, die gesamte biologische Information von Klasse 1 - 13 zu verändern.

[164] Dieser Auffassung liegt die Vorstellung von Schulexperimenten zugrunde, die dem Schüler lediglich fertige oder komplexe Ergebnisse, nicht aber den Prozeß des Experimentierens selbst zeigen will, die des Demonstrationsexperiments. Dazu stellt HURD (1967) fest: "The tradional school "experiment" set to give predetermined data is unknown to the scientist. An experiment should be an exercise in disziplining thinking, not a routine without chance of error. How can a student develop confidence in his own learning, when the unexpected is always a "wrong answer"? (S. 121). Für ein solches Experiment liegen die einzigen Spannungsmomente darin, ob es klappt oder nicht (vgl. URSCHLER, 1970, S. 81). Der Lehrer bemerkt bei diesen Experimenten allerdings bald erstaunt, "daß sie (die Schüler, Verf.) keine Ahnung davon haben, was mit dem Experiment eigentlich gezeigt werden soll" (S. 81).

[165] Vgl. FRAZIER (Ed. 1963), HANEY (Ed. 1966), S. 2; S. 24, BRANDWEIN (1967), S. 21, BUTTS (Ed. 1969), S. X, KOLB (1969), S. 20 ff.

[166] Diese Argumentation deckt sich auch mit der Auffassung von MOLLENHAUER (1970). Für ihn ist "die Mitteilung sogenannter "Ergebnisse der Wissenschaft", ihr angesammelter Datenschatz, am wenigsten geeignet ... jene Rationalität zu vermitteln" (S. 46). Die praktische Frage der Erziehungswissenschaft lautet für ihn: "Wie ist das pädagogische Feld zu strukturieren, damit die Vernünftigkeit der zu erziehenden Subjekte nicht verhindert, sondern gefördert werde?" (S. 70).

[167] Vgl. dazu LEE (1967), der 16 solcher Fehlvorstellungen von der Biologie zusammengestellt hat.

[168] Siehe Heft 4/71 der Zeitschrift "Der Biologieunterricht" Thema: IPN - Curriculum - Entwicklung.

[169] Vgl. dazu die Vorschläge des VDB (1972), die noch einer gründlichen Diskussion unterworfen werden müssen.

[170] Vgl. dazu FRYMIER (1969).

[171] Vgl. zu diesem Punkt u.a. ROTH (1971), S. 20 ff.; LOCH (1969), S. 164 ff.; LOCH (1970), S. 234 ff.; BOLLNOW (1969), S. 22.; GRAEB (1971), S. 7; BERNSTEIN (1971), S. 145 - 173; WIESE (1970), S. 312; REITZ (1969), S. 142; SCHLEIERMACHER (1965), S. 20; STEINBUCH (1970), S. 10; LANGEVELD (1965), S. 166; SCHÄFER (1970), S. 6; und STRZELEWICZ (1970).

[172] Vgl. vor allem NYSSEN (1970), S. 170 ff., FURCK (1965), S. 80, BERNSTEIN (1971) sowie die stringente und deprimierende empirische Analyse von HURRELMANN (1971).

[173] So werden neuerdings die Lehrstühle für "Allgemeine Didaktik" an den Pädagogischen Hochschulen bezeichnet.

[174] Z.B. SIEDENTOP (1964): "Methodik und Didaktik des Biologieunterrichts" und HÖRMANN (1956), die den gleichen Titel verwendeten.

[175] Obwohl hier auch didaktische Probleme diskutiert werden.

[176] KOLBE wiederum beschreibt unter dem Terminus "Fachdidaktik" ganz überwiegend Probleme der Methodik.

[177] Dies ist wiederum nicht ohne Berücksichtigung der Pädagogik möglich!

[178] Hierbei ist der gesamte Prozeß der Enkulturation des einzelnen wie der Gesellschaft angesprochen. Diese Fragestellung kann daher nur interdisziplinär angegangen werden. Sie kann nicht eine explizit didaktische oder fachdidaktische sein, was aber nicht bedeutet, daß sie nicht a u c h eine didaktische sein könne.

[179] Von BLANKERTZ hervorgehoben.

[180] Insbesondere, falls damit eine geometrische Placierung zwischen diesen beiden Positionen gemeint sein sollte.

[181] Zielgerichtetheit ist bei WINNEFELD n i c h t im Sinne der "Teleologie" zu verstehen, obwohl er dieses Wort verwendet. Es entspricht vielmehr inhaltlich der T e l e o n o m i e .

[182] Wissenschaft wird damit von KLAFKI nicht von ihrem P r o z e ß her, sondern statisch gesehen (vgl. S. 70).

[183] Was ist die L e b e n s w i r k l i c h k e i t ? Die "reale Objektwelt" kann keine Auswahlkriterien liefern! Ist die G e s e l l s c h a f t gemeint, die K u l t u r ? Dann allerdings ist auch Wissenschaft ein K u l t u r p r o d u k t und man muß ihr wenigstens eine Beteiligung bei der Auswahl und Bewertung ihrer Inhalte zugestehen.

[184] Auch WELTNER (1971, S. 114) versucht eine solche Explikation!

[185] Es wird hier völlig übersehen, daß es für jede Wissenschaft das Ende bedeutet, wenn sie a u s s c h l i e ß l i c h analytisch vorgeht und nie zu einer Synthese ihrer Erkenntnisse - in Form einer Theorie gelangt.

[186] Auch gegen dieses Werk wurde heftige Kritik erhoben! Vgl. z.B. ZIFREUND (1970) und MOSER (1971).

[187] Vgl. dazu NORTHEMANN und OTTO (1969).

[188] GLOGAUER (1967) unterscheidet 12, DEBL (1968) 10 verschiedene Hauptströmungen.

[189] Im SS 1967 gab es in der BRD nur 0,2 % d i d a k t i s c h ausgerichtete Veranstaltungen bei den Naturwissenschaften i n s g e s a m t (vgl. RICHTER; 1969)!

[190] Es sei schon hier darauf hingewiesen, welche Bedeutung diese Erkenntnis bei der K o n s t r u k t i o n n e u e r C u r r i c u l a erreichen muß, wobei je nach Methodeneinsatz ganz u n t e r s c h i e d l i c h s t r u k t u r i e r t e Lehr- bzw. Lerngänge entstehen!

[191] Knapp aber deutlich bringt dies auch HENNINGSEN (1968) mit folgendem Satz zum Ausdruck: "Wir geben natürlich keine Rezepte, wurde Kernsatz aller Schriften mit kleinen Auflagen (Rezeptesammlungen haben grössere)" (S. 72).

[192] Diese Matrix wird meist in Form eines Würfels dargestellt. Eine solche Darstellungsform wählt auch KNOLL (1972) in einem hektographierten Manuskript, Nürnberg 1972, S. 11.

[193] Soweit es sich um den kognitiven Bereich handelt.

[194] Vgl. dazu FALK (1971) die eine Aufschlüsselung des biologischen Wissens mit Hilfe der BLOOMschen Taxonomie durchführt (s. S. 29 ff. und 227).

[195] In Anlehnung an FALK (1971) und die BSCS-Terminologie (nach KLINCKMANN, Superv., 1970).

[196] Siehe hierzu auch SIMONIS (1967).

[197] Nach der Taxonomie von BLOOM (1968). Diese Aufteilung gilt nur für den kognitiven Bereich!

[198] Lernzielformulierung in Anlehnung an MAGER (1965).

[199] Wissen (knowledge) wird bei BLOOM (1968) durch die R e p r o d u k - t i o n (r e c a l l) von Fakten, Begriffen, Methoden und Prozessen, Mustern, Strukturen und Festsetzungen gekennzeichnet. Der Unterschied zum Begriff Verständnis (comprehension) liegt darin, daß das Individuum hier in der Lage sein muß, die Fakten bzw. Informationen innerhalb des Kommunikationsprozesses zu identifizieren. Kurz, er muß wissen, was gemeint ist (vgl. KRATHWOHL, 1968, S. 186 und 190).

[200] Eine ausgezeichnete Hilfe zur Entscheidung über Lernziele im kognitiven Bereich der BLOOMschen Taxonomie gibt HORN (1972) S. 40.

[201] Vgl. hierzu FALK (1971), S. 227 - 249. FALK verwendet das der BSCS entlehnte Grundmodell zur Konstruktion informeller, lernzielorientierter Tests im Biologieunterricht. Sie beschreibt einige Aufstellungsregeln und Auswertungsverfahren.

[202] Denkbar sind ähnliche Kategoriensysteme prinzipiell für alle Unterrichtsfächer. Selbstverständlich werden sich diese im Fachbereich unterscheiden. Ein Vergleich auf dem Lernzielniveau wäre aber in vielen Fällen möglich. Somit ergibt sich dadurch auch ein Ansatzpunkt für den Aufbau fachübergreifender, integrierter Curricula.

[203] Dies wurde bereits im 1. Kapitel herausgearbeitet.

[204] Die Ähnlichkeit besteht darin, daß der Begriff fallengelassen wird, bevor er zu konkreten Ergebnissen geführt hat.

[205] Wie wenige auch nur einigermaßen akzeptable Untersuchungen über die praktischen und wissenschaftstheoretischen Probleme des naturwissenschaftlichen Unterrichts auf internationaler Ebene vorliegen, hat HARBECK (1971) beschrieben. In der deutschen Übertragung des "Handbook of Research on Teaching" von N. L. GAGE (Ed.) sind weniger als 5 % der Seiten des Bandes (Band III) den Problemen des naturwissenschaftlichen Unterrichts gewidmet. Nur ein winziger Bruchteil darunter betrifft die Biologie. Fast alle Ergebnisse sind amerikanischer Provenienz.

[206] "Anthropologisch" deshalb, weil diese Rechtfertigung aus der Sicht des Menschen (sowohl als Individuum, als auch als Glied der Gesellschaft) geleistet werden muß.

[207] Selbst in der sehr umfangreichen Bibliographie der erst vor kurzem

erschienenen "Biologiedidaktik" von GRUPE (1971), die man als das gegenwärtig umfassendste Werk dieser Art bezeichnen kann, finden sich nicht einmal als Unterbereiche Begriffe wie "Biologisches Curriculum", "Curriculum", "Lerntheorie", "Unterrichtsforschung". Ausländische Curricula in Biologie werden überhaupt nicht erwähnt.

[208] Vgl. HARBECK (1971), Spalte 3089 - 3151.

[209] Zu ähnlichen Ergebnissen kommt HARBECK (1971), Sp. 3090 f. Er bemerkt noch, daß in diesen Fächern der Blick fast ausschließlich auf reproduzierbares Wissen gerichtet sei (Sp. 3090). Dies dürfte im Hinblick auf die Intentionen amerikanischer und englischer Curricula dort nicht mehr so ausschließlich der Fall sein.

[210] Anmerkungen in Klammern vom Verfasser.

[211] Vgl. dazu auch SAXLER (1970).

[212] Ähnlich, z.T. ausführlicher gliedert auch KLEIN (1972) auf.

[213] In die gleiche Richtung zielt die Aufgliederung von GLOMBECK (1971; vgl. S. 29 f.). Auch er setzt die "Funktionsziele" mit "Lernzielen" gleich. Dazu eignen sich diese vagen Begriffe keineswegs! (vgl. S. 30).

[214] Vgl. dazu LOCH (1968), S. 161 - 178 und (1970), S. 229 - 251.

[215] Darunter ist auch die Einsicht in biologisch richtiges Umweltverhalten und die Realisation dieses Verhaltens gemeint.

[216] MÖLLER (1966) beispielsweise versteht seine Unterrichtsmodelle lediglich als Übergangskonstruktion zu einem totalen und ideal gesetzten "Programmierten Unterricht" (vgl. S. 178).

[217] Inzwischen hat diese auf SKINNER zurückgehende Richtung wieder ihre Priorität verloren. Bedeutenden Einfluß hat der PU vor allem noch auf die gegenwärtige Lernzieldiskussion.

[218] Dieser Tatsache wurde man sich in den USA schlagartig durch den sog. "Sputnikschock" bewußt.

[219] Aus: LOCH (1969): Grundfragen der Pädagogik (Arbeitspapier) Erlangen 1969.

[220] Hauptvertreter dieser Richtung sind vor allem MOLLENHAUER, BLANKERTZ und GAMM.

[221] Bedauerlich ist nur, daß solche Reformen von Anfang an unter dem Aspekt der "Nationalen Sicherheit" standen, wie sie im "National Defense Educ. Act" niedergelegt sind. (Vgl. McKIBBEN und M. LAWLER in Bulletin 3 (NDEA) S. 66 ff.; s.a. BIEGLER, U. 1970; S. 117). In unserem Land war bisher allerdings nicht einmal dies ein auslösendes Motiv.

[222] Diese Erfahrung kann der Verfasser durch folgenden Vorfall bestätigen: Gemeinhin wird das Mikroskop als so kompliziert und schwierig bedienbar dargestellt, daß man es im Unterricht gar nicht oder nur dann einsetzt, wenn die Schüler vierzehn oder mehr Jahre alt sind. Für die Volksschule wird es meist abgelehnt, obwohl fast alle Biologie-Lehrpläne Hinweise auf das Mikroskopieren enthalten.
Um diesen Sachverhalt zu überprüfen, wurde in den Jahren 1968 und 1970 im Biologieseminar der Pädagogischen Hochschule Bamberg folgendes Experiment durchgeführt. Jedem Studierenden eines Mikroskopierkurses

wurde ein 10- bis 11-jähriger Schüler zugeteilt, den er in das Mikroskopieren einweisen sollte. Die Schüler saßen an eigenen Mikroskopen und
erhielten die gleiche Information wie die Studenten.
Schon nach wenigen Stunden äußerten die Studierenden die Bitte, die Schüler nur alle 14 Tage zuzuziehen, damit sie sich selbst wenigstens einen
kleinen Vorsprung gegenüber den Schülern herausarbeiten könnten. Obwohl
auf Seiten der Studenten eine größere Belastung (durch den Lehrkontakt)
vorlag, kann als erwiesen gelten, daß Schüler dieses Alters ohne besondere Schwierigkeiten das Mikroskop bedienen lernen. Sie tun dies zudem
mit außergewöhnlicher und anhaltender Begeisterung.

[223] Eine ähnliche Darstellung wie Abb. 2 wählt KNOLL (1972) in einem
hektographierten Manuskript S. 4.

[224] Es muß angemerkt werden, daß ein von Anfang an ungeleitetes Herum-
probierenlassen des Schülers auch bedenklich sein kann. Der Schüler kann
auch dadurch ein Problem lösen, Erfolge erreichen, indem er Problemlösungsstrategien übernimmt und unbewußt bzw. unreflektiert anwendet.

[225] Insbesondere durch die finanzielle Unterstützung der NUFFIELD
FOUNDATION in England.

[226] Vgl. TÜTKEN u. SPRECKELSEN (1970). Amerikanische Grund-
schulprojekte beschreiben auch KLEINSCHMIDT (1971) und GRIEBEL
(Hg., 1971).

[227] Einen ausgezeichneten Überblick über die Curriculumprojekte der
USA gibt UNRUH (Ed.), 1965.

[228] Bereits der Mitarbeiterstab eines e i n z i g e n US-Curriculums umfaßt in der Regel ein M e h r f a c h e s dieser Mitarbeiterzahl.

[229] Z.B. durch finanzielle Unterstützung der VW-Stiftung.

[230] Für didaktische Seminare des naturwissenschaftlichen Unterrichts
an Pädagogischen Hochschulen kann man einen regulären Jahresetat
von DM 1.000.-- bis DM 2.000.-- angeben. Aus diesem Betrag müssen
alle denkbaren Ausgaben, z.B. auch die Erweiterung von Sammlungen,
Anschaffung von Experimentiermaterial, Medien usw. bestritten werden.

[231] NICKLAS sieht dabei aber auch die Gefahr, daß Lehrpläne dadurch
zu einem technokratischen Steuerungsinstrument von hoher Effektivität,
aber geringer demokratischer Substanz werden könnten (S. 9).

[232] Dabei ist auf die dysfunktionale Wirkung der Emanzipation zu achten,
die verhindern muß, daß es zu einer Konservierung schichtenspezifischer
Modelle und Zwänge kommt (S. 17, 1972).

[233] Wobei zu beachten ist, daß diese Personengruppe noch am ehesten
mit neuen Richtungen und Methoden in Kontakt kommt, sich aber wahrscheinlich am B e w e r t u n g s s y s t e m d e r P r ü f e r i n d e r S c h u l -
p r a x i s o r i e n t i e r t.

[234] Das Kapitel über Formen der Unterrichtsdokumentation ist leider
enttäuschend vage (s. S. 540 f.)!

[235] Wie wichtig eine solche fächerübergreifende Integration von Lernvoraussetzungen ist, zeigt das Beispiel: "Wie wir hören" S. 230 ff.

[236] Science Curriculum Improvement Study.

[237] Science - A Process Approach

[238] Nach FRYMIER (1969) ist der Lehrer die weitaus bedeutsamste
Variable im Lernprozeß (vgl. S. 23).
ALEXANDER (1964) macht darauf aufmerksam, daß Curricula nicht durch-
setzbar sind, wenn man nicht die Lehrer gewinnt. "The teacher can make
only the changes he understands and wills to make" (S. 16). Von größter
Bedeutung für diese Bereitschaft des Lehrers, Innovationen durchzuhal-
ten bzw. sie überhaupt anzustreben, ist die Wirkung der e i g e n e n A u s -
b i l d u n g . Er wird Widerstand leisten, wenn er nicht auf den Wechsel hin
ausgebildet wurde. ALEXANDER sieht in der Tatsache, daß man mit einer
a l t e n Lehrerausbildung n e u e Inhalte und Methoden schulischer Information für die Schüler zu erreichen versucht, einen eklatanten Widerspruch (vgl. S. 16 f.).
Er fordert daher eine Professionalisierung des Lehrens (vgl. S. 17).
Auf die Auswirkung zu wenig pragmatischer Lehrerinformation bei curricularen Projekten geht POPHAM (1969) ein: "The educational reformer,
who eloquently urges classroom teachers to change their practices may
receive the accolades of the educational community, but the educational
reformer who provides a set of usable curriculum materials for the
teacher is more likely to modify what goes on in the classroom" (S. 319).

[239] Vgl. dazu die scharfe Pro- und Contra-Diskussion verschiedener
Autoren im Reader von SCHWARTZ (Hg. , 1971).

[240] K o n z e p t - o r i e n t i e r t e Curricula müssen ebenso den P r o z e ß
der Wissenschaft in ihr Programm einbeziehen, wie v e r f a h r e n s o r i e n -
t i e r t e Curricula die S t r u k t u r d e r D i s z i p l i n nicht völlig ausklammern können.

[241] Vgl. dazu HANEY (Ed.), 1966, S. 4. Er unterteilt diese Qualifikationen in elementare (1-8) und integrative (9-13).

[242] LOT = Lernziel - Orientierte - Tests.

[243] Hier zeigen sich Querverbindungen zum ROBINSOHNschen Konstrukt
der "Qualifikationen".

[244] Weitere Arbeitskreise zur Curriculumforschung haben sich u.a.
auch um BLANKERTZ (1971) und um KLAFKI (1972) gebildet.

[245] Die Zeitschrift "Review of Educational Research" widmete 1970 dem
Diskussionspunkt "Evaluation" - erstmals auf diesem amerikanischen
Literatursektor - ein ganzes Heft.

[246] Nach ALKIN, zit. n. WULF

[247] WESTBURY (1970) definiert Curriculumevaluation als "ein methodologisches Instrumentarium, das der Forderung "wir müssen bewerten"
einige systematische Grundlagen gibt" (vgl. S. 240).

[248] Nach Angaben von STAKE (1970), S. 196.

[249] Mitarbeiter in diesem Team sind: BITTERLING, BOCK u. POLACH,
DYLLA, EULEFELD, FULDA, KATTMANN, LUCHT, MENZEL, STANGE.
Außerdem wirken eine Reihe von Lehrerarbeitskreisen am Projekt Biolo-
gie mit (vgl. dazu Heft 4/1971 der Zeitschrift "Der Biologieunterricht"
Thema: IPN-Curriculum-Entwicklung; S. 124).

[250] Analog zur "Blue, green und yellow Version" der BSCS-Biologie. Jede Version legt dabei einen anderen fachlichen Schwerpunkt zugrunde.

[251] "Abgeschlossen" ist hier im Sinne von "als Ganzes publiziert" gemeint. Erst wenn dies der Fall ist, kann sich z. B. die Lehreraus- und -weiterbildung danach richten.

[252] In Wirklichkeit setzte man hierbei - wie auch oft noch bei uns - das als Maßstab, wovon man g l a u b t e , es entspreche dem Schülerdenken. Das eigentliche Schülerdenken wurde also bestenfalls nach einer "Hypothese über Schülerdenken" ausgerichtet.

[253] Der Ausdruck läßt sich vielleicht mit "Wissenschaftsfähigkeit" oder "wissenschaftlicher Mündigkeit" übersetzen. Er soll bedeuten, daß der einzelne nicht mehr nur Konsument der Naturwissenschaften sein, sondern auch ihre Wirkung und ihren Prozeß beurteilen können soll (vgl. KOLB in: BUTTS, 1969, S. 20).

[254] "A rhetorc of conslusions, then, is a structure of discourse which persuades men to accept the tentative as certain, the douptful as the undoupted, by making no mention of reason or evidence for what it asserts, as if to say; "T h i s " everyone of importance knows to be true" (SCHWAB u. BRANDWEIN, 1962, S. 24).

[255] It is impossible for the student to grasp what was required by way of meticulous observation, guesswork and inference, and cross checking of guesses, inferences and observations, before biologists were reasonably certain about what seems so simple in the textbook" (SCHWAB u. BRANDWEIN, 1962, S. 53).

[256] "A fresh line of scientific research has its origin not in objective facts alone, but in a conception, a construction of the mind. And on this conception, all else depends" (SCHWAB u. BRANDWEIN, 1962; S. 12).

[257] Diese Aussage stützt sich ebenfalls auf SCHWAB und BRANDWEIN (S. 14): "Hence the scientific knowledge on any given time rests not on t h e facts, but on s e l e c t e d facts - and the selction rests on the conceptual prinziples of the enquiry."

[258] Wörtlich schreibt er: "So long as we insist that children learn so much that is already obsolete to prepare them for a world that no longer exists, we are handicapping human intelligence and by so much are sabotating our human potentialities (S. 36)."

[259] Zur Bedeutung der Laborarbeit schreibt HURD (in NSTA CURR. COMM. , 1964): "The data of an experiment remain inert facts until rational thinking makes something more of them. It is at this point that work in the laboratory has its greatest educational value" (S. 14).

[260] Auf die Ähnlichkeit bzw. Übereinstimmung vieler dieser Faktoren mit denen des HEIMANNschen Konzepts sei hingewiesen.

[261] Diese Zusammenstellung lehnt sich an die Ausführungen von ALEXANDER (1964), S. 12 ff. und von HANEY (Ed. , 1966), S. 1 ff. an.

[262] ALEXANDER kritisiert hier vor allem, daß der Sputnikschock zunächst jegliche berechtigte Kritik an den Projekten hinwegspülte (vgl. S. 12).

[263] Wörtlich: biologischen und pädagogischen Gemeinschaften.

[264] Darunter z.B. auch Japan, Israel und Brasilien. Neuerdings erscheinen adaptierte Ausgaben vor allem der blauen Version des BSCS auch in der UDSSR und in England (vgl. NANSON, 1971).

[265] Vgl. WILLIAM (1967): Biology and Internationalism. In: BSCS - Newsletter 31, S. 1 f. (zit. n. BIEGLER, 1970; S. 1).

[266] Die anschließende Kennzeichnung lehnt sich an die Beiträge folgender Autoren an: BIEGLER (1970), NANSON (1971), HANEY (1966), KLINCKMANN (1970), FALK (1971), sowie an das Material der einzelnen Versionen.

[267] Vgl. WASTNEDGE (Ed.) 1970, S. 11.

[268] Vgl. WASTNEDGE, S. 11.

[269] Die NUFFIELD JUNIOR SCIENCE ist durch die Nuffield Foundation, W. Collins Sons and Co. Ltd., London, Glasgow 1970 zu beziehen.

[270] Vgl. auch WASTNEDGE, S. 18, S. 29, S. 32.

[271] Der Aufbau s y s t e m a t i s c h e r L e r n g ä n g e , die ein Einführen in elementare Zusammenhänge und Begriffe naturwissenschaftlicher Fächer ermöglichen, wird durch das Eingehen auf das jeweilige Schülerinteresse erschwert oder verhindert. Zudem wird die M o t i v a t i o n durch vorausgehende I n f o r m a t i o n zumindest beeinflußt.

[272] Vgl. NUFFIELD COMBINED SCIENCE TEACHER'S GUIDE II.

[273] Dieser und der folgende Titel sind vorgesehen.

[274] Die weiterführenden Kurse "Nuffield Biology" und "Nuffield Advanced Biology" zeichnen sich durch einen steilen Anstieg des Anspruchsniveaus aus, das einen Grad erreicht, der in unserem Land erst angestrebt werden müßte.

[275] Ziele des Plans sind Schüler, "die der Deutschen Demokratischen Republik, ihrem sozialistischen Vaterland, treu ergeben sind und bereit sind, sie zu stärken und zu verteidigen." (Zit. n. S. 37).

[276] "Der Biologieunterricht muß die Erziehung der Schüler zur Begeisterung und Parteinahme für die Sache des Sozialismus, zur Unduldsamkeit gegenüber feindlichen Ideologen unterstützen und dazu beitragen, daß die Schüler die wahren Feinde der Menschheit erkennen" (zit. n. S. 38).

[277] Man rechnet oft mit 40 Jahreswochenstunden, die sich aber durch Ausfälle - z.B. Feiertage - verringern!

[278] Vgl. dazu BIOLOGIE 5 - Von Pflanzen und Tieren - Ein Lehrbuch für die 5. Klasse Volk und Wissen, Berlin 1967.

[279] Der Verfasser hatte ursprünglich eine umfassende Analyse dieser Richtlinien im Hinblick auf den Biologieunterricht vor. Das Vorhaben mußte nach 1 1/2 jährigen Bemühungen aufgegeben werden. Alle Kultusministerien der Bundesrepublik wurden zweimal um Information über ihre Richtlinien angeschrieben (einmal durch den Verfasser, einmal durch die Bibliothek der Pädagogischen Hochschule Bamberg). Nur ein Teil der geltenden Richtlinien ging, z.T. in Ablichtungen, wofür den be-

treffenden Ministerien an dieser Stelle nochmals gedankt sei, ein. Ein Teil konnte über benannte Verlage beschafft werden. Andere Ministerien teilten mit, die Richtlinien seien vergriffen, überholungsbedürftig bzw. mit weitverstreuten Ergänzungen versehen oder in Bearbeitung. Manchmal waren nur Richtlinienausschnitte bzw. Richtlinien bestimmter Schultypen zu erhalten. Man fragt sich, wie neu in den Dienst tretende Lehrer in diesen Ländern arbeiten sollen, wenn die Richtlinien nach denen sie arbeiten sollen, vergriffen sind.

[280] Die Kriterien der Auswahl werden oft nicht angegeben und wenn, dann nicht begründet.

[281] Im Literaturverzeichnis unter: DER KULTUSMINISTER VON NORDRHEIN-WESTFALEN (1968) zu finden.

[282] Bei BARSIG durch Fettdruck hervorgehoben.

[283] Ein solches Institut, das "Institut für Schulpädagogik" (ISP) ist inzwischen in München gegründet worden.

[284] Für Bayern muß moniert werden, daß die neuen Richtlinien 1970 zwar im November bei einem Festakt Vertretern der Öffentlichkeit überreicht wurden, den Pädagogischen Hochschulen aber, welche neue Lehrer ausbilden und ihren Lehrbetrieb danach umstellen müssen, erst wesentlich später. In einem belegbaren Fall erst gegen Februar 1971. Ganz abgesehen davon, daß die Mehrzahl der sowieso geringen Anzahl von Fachdidaktikern von jeglicher Diskussion und Mitwirkung am neuen Richtlinienkonzept ihres Fachgebiets völlig ausgeschlossen war.

[285] Hierbei könnten, neben anderen Methoden auch Polaritätenprofile analog zum "Semantischen Differential" eingesetzt werden.

[286] Auf diesem Wege ließe sich auch die Gefahr einer Okkupation biologischer Inhalte und Lernprozesse durch ideologische Strömungen leichter umgehen bzw. ausschalten.

[287] Im Literaturverzeichnis unter "SCHULREFORM" zu finden.

[288] Bei diesem Plan wurde auch vor der Konzipierung e r s t m a l s versucht, Fachleute um ihre Stellungnahme zu bitten.

[289] Die Gesamtstundenzahl des Fachunterrichts der Kl. 1 - 4 wurde durch die Zahl 5 dividiert, d.h. durch die Zahl der Unterbereiche (vgl. SCHULREFORM 1970, S. 50).

[290] Die Zahl von 2 Biologiestunden in Klasse 5 und 6 (entsprechend der Gymnasialregelung) wurde inzwischen in der Hauptschule auf 1 Stunde reduziert. Die Schüler der Hauptschule erhalten dafür 1 Stunde Religion mehr, so daß das Wochenstundenmaß von 31 Stunden für alle beiden Schulgattungen zutrifft (vgl. SCHULREFORM, S. 114).

[291] Diese Zahl kommt durch das in der 9. Klasse um 1 Stunde erhöhte Wochenstundenmaß zustande.

[292] Abgekürzt nach der Fassung des Kommentars von KITZINGER (1971, S. 259), der einige kleinere Revisionen zur Ausgabe 1970 enthält. Es wird neu durchnumeriert.

[293] Diese Aufgliederung ist eigenartig, da die biologischen Grundkenntnisse die morphologischen und ökologischen umfassen.

[294] Besser wohl: "überleiten"!

[295] Von einigen solcher Ungereimtheiten ist der Lehrplan jedoch inzwischen befreit worden. Auch die unbiologische Zusammenfassung von Fisch und Ente wurde fallengelassen.

[296] Darunter wurden auch Themen aus den anderen Bereichen mit für den Menschen relevanter Problematik gezählt.

[297] Die Untersuchung ist ein erster, noch relativ subjektiv beeinflußter Ansatz, der aber nach einer weiteren Objektivierung neue Zugänge zu einer Lehrplananalyse ermöglichen könnte.

[298] Dabei werden alle denkbaren bzw. als durchführbar erachteten Aspekte zu erfassen versucht.

[299] Vgl. BRAUN (1964): Taschenbuch der Waldinsekten, Stuttgart 1964 mit 817 Seiten.

[300] Vgl. Vorschläge des Verfassers (1971), S. 14, und die Vorschläge von FRYMIER, (1969).

[301] Vgl. dazu WERNER (1971), S. 14.

[302] Als Erklärung läßt sich dabei die Theorie der "kognitiven Dissonanz" von FESTINGER (1957) heranziehen.

[303] Hervorhebungen vom Verfasser.

[304] Man beachte die außerordentliche Betonung der Gebiete (Morphologie, Anatomie, Systematik), in denen die Lehrer an der Universität intensiv ausgebildet wurden! Die Folgen auf das Schülerinteresse sind voraussagbar.

[305] Solche aus überprüfbaren Unterrichtsmodellen bestehende Reihen können - wie das IPN-Projekt Biologie zeigt - Ausgangsbasis für ein biologisches Curriculum werden.

[306] Die Bewertungsmerkmale wurden bei einer V o r u n t e r s u c h u n g an einer ähnlichen Schülerstichprobe aufgefunden und dann zur Konstruktion von Testaufgaben verwendet.

[307] Die beiden Arbeiten gehen auf einen freiwilligen Arbeitskreis zurück, aus dem noch einige Untersuchungen zum menschenkundlichen Curriculum hervorgingen. Für die Durchführung und Auswertung des äußerst umfangreichen Datenmaterials standen keinerlei finanzielle Mittel zur Verfügung. Der Verfasser möchte daher an dieser Stelle den beiden oben genannten Mitarbeitern sowie den Damen und Herren EICHHORN, HAFENECKER, LOHNERT, SCHOBER und SCHÜLLNER vielmals danken.

[308] Vgl. auch MACDONALD und WOLFSON (1970), die auf die Tendenz der Selbstvalidierung bei der rein technologischen Rationalität hinweisen (vgl. S. 126). Dadurch würde Lernen restriktiv (S. 127).

[309] "Unrelated facts are as meaningless as non-sense syllabels, and generalizations are hazardous if pupils do not have the concept and the facts on which the generalizations are based" (S. 129).

[310] Der Verfasser schließt sich dieser Auffassung insoweit an, als erst nach der Konstruktion von Lerneinheiten eine konkrete Kritik mög-

lich wird. Eine Metakritik, die bereits Modelle kritisiert, bevor sie überhaupt erprobt wurden, dient eher der Verhinderung eines Curriculums.

[311] Der Begriff erhält dadurch Ähnlichkeit mit dem des A l g o r i t h m u s !

[312] HARLOW hat "learning sets" beim Experimentieren mit Affen entdeckt.

[313] Auf solche Simulationsprogramme beim Organismus macht auch SHUBIK (Hg.), 1965, aufmerksam (vgl. S. 79).

[314] Vgl. ELLIS (1965).

[315] Was allerdings noch nicht seine Validität beweist!

[316] Eine Übertragung biologischer Lernziele in die BLOOMsche Taxonomie versucht FALK (1971), S. 29 ff.

[317] Vgl. dazu: MESSNER (1970), MÖLLER (1969 a u. b), ZIFREUND (1970), DE CORTE (1971), MOSER (1971), RUMPF (1971), COMBE und RIESS (1972).

[318] Zum Beispiel bei BLANKERTZ (1969), in MÖLLER CHR. (1969; Hier findet sich auch je eine Kurzfassung der Taxonomien von KRATH-WOHL und von GUILFORD); bei MESSMER und RUMPF (1971) und bei MÖLLER, B. und CHR. (1966 a).
Eine deutsche Übersetzung der Taxonomie im kognitiven Bereich erschien 1972 im Beltz-Verlag, Weinheim.

[319] Dieser Ansicht ist auch MEMMERT (1970) S. 56 f.

[320] Die Beispiele sind der Untersuchung von HEGER (1971) S. 105 ff. entnommen.

[321] Aus: HEGER, U., (1971), S. 95.

[322] Diese Strömung unterstützen auch biologische Fernsehsendungen, die eine Vielfalt h e t e r o g e n e r Fakten zu einer einzigen Sendung konglomerieren.

[323] Vgl. dazu die teleologische Richtung im Biologieunterricht.

[324] KLAUSINGs (1968) Einengung auf eine angewandte Biologie im Bereich der Volksschule könnte in diese Richtung mißverstanden werden.

[325] Siehe BARSIG in KITZINGER (Hg.): Erläuterungen und Handreichungen zum Lehrplan für den 9. Schülerjahrgang der Hauptschule. Donauwörth 1969; S. 246. Die pädagogischen, hygienischen und psychologischen Wirkungen eines solchen Unterfangens sind leicht vorstellbar. Diese Methode wird wohl jedes Krankenhaus ablehnen.

[326] Vgl. dazu STICHMANN (1970), der die Exkursion "als prägnantes Beispiel für die gewaltige und fortwährende Diskrepanz zwischen der Theorie und der pädagogischen Praxis" bezeichnet (s. S. 140 ff.).

[327] Wagt es der Biologielehrer dennoch, z. B. einen Lehrgang in den Wald durchzuführen - wobei dann evtl. Bodenproben entnommen, Pilze, Blätter und Früchte gesammelt werden - dann tritt meist folgende Situation ein: Das Material ist schon nach zwei Tagen verdorben, die nächste Biologiestunde aber findet erst eine Woche später statt.

[328] Siehe u. a. SIEDENTOP (1964), S. 87 ff.

[329] Vgl. dazu beispielsweise GRUPE (1971), S. 329 ff., STICHMANN (1970), S. 161 ff., SIEDENTOP (1964), S. 97 ff.

[330] Siehe WERNER (1971) S. 14 ff.

[331] Vgl. DALE (1969) S. 1o9 f.

[332] DALE ist hier mißverständlich interpretiert worden. Er versteht den "Kegel der Erfahrung" keineswegs statisch oder als Werthierarchie, sondern lediglich als hilfreiche Analogie und als Erinnerungsstütze zum besseren Verständnis der Zusammenhänge (vgl. S. 1o9 ff.) Es lohnt sich, dieses umfassende Handbuch audiovisueller Methoden und Verfahren von DALE umfassender zu beachten!

[333] Ähnlich argumentiert auch GLOGAUER (1970), S. 123.

[334] Vgl. S. 54 ff. Es ist zu beachten, daß MEMMERT unter "Anschauung" Theorien bzw. Denkmodelle - als Ergebnisse eines Erfahrungsprozesses (also Strukturen) meint! Der Begriff "Anschauung" scheint jedoch für diesen Zweck weniger geeignet, weil sich die Mehrzahl der Benutzer kaum von einer physiologischen Betrachtungsweise ("Anschauung" von "anschauen") wird abbringen lassen. Die terminologische Verwirrung wird damit nur noch größer.

[335] Vgl. dazu GLOGAUER (1970), S. 131 sowie WASEM (1968 u. 1970). Von hervorragender Bedeutung für die gesamte Mediendiskussion ist der Beitrag von EIGLER (1971).

[336] ZIFREUND (1966) verweist u.a. auf den negativen Multiplikationseffekt von Medien (vgl. S. 5 f.). GLOGAUER (1970) weist - unter Bezug auf Untersuchungen von NATADSE und LIPKINA (1962) zit. n. S. 127 - auf die das Denken und die Entwicklung von Kindern blockierende Funktion falsch eingesetzter Medien hin (s.S. 127 f.).

[337] Vgl. hierzu: HOLLWEDEL (1971), LEICHT (1971), BRAUCHLE (1971) - um nur einige zu nennen. Einen guten Überblick über biologische Ausstattungen und biologische Arbeitstechniken geben BAER und GRÖNKE (1969).

[338] HEINRICHS (1969) befaßt sich intensiv mit diesem Gebiet. Vgl. auch ZIMMER (1970). Besonders erschütternd ist das Foto einer Lehrmittelkammer für über 100 Hochschullehrer bei WASEM (1971), S. 29.

[339] WERNER (1971), S. 14 ff.

[340] NSTA = National Science Teacher Association.

[341] Die Daten stammen aus der unveröffentlichten Dissertation von GOULD (zit. n. NEALE, S. 391).

[342] Einer solchen Auffassung ist auch CAPPEL (1970), s.S. 349 f.

[343] Die Untersuchung wurde im Rahmen eines Seminars durchgeführt, das MEMMERT gemeinsam mit dem Verfasser durchführte.

[344] Vpn = Versuchspersonen.

[345] Die Rangplatzberechnung erfolgte nach NEALE und CORCORAN (1967).

[346] Interessant ist, daß sich die Studierenden nach Abschluß und v o r

Auswertung des Experiments zum großen Teil s e h r k r i t i s c h über die erfahrenen Medien äußerten. Nach Bekanntwerden der Ergebnisse setzte ein Prozeß kritischer Reflexion ein. Die Bedeutung einer E m a n z i p a t i o n des Lehrers von solchen Fixierungen wurde zu einer Forderung, die aus dem Kreise der Teilnehmer s e l b s t g e s t e l l t wurde.

[347] Vgl. WEINERT (1970), S. 19.

[348] Siehe WEINERT (1970), S. 22.

[349] Weitere Hinweise und Berichte zu Medien- und Methodeneffekten finden sich bei KLOTZ (1969); KLAUER (1969); EIGLER (1971); GUYER (1968); ROTH, L. (1971 u. 1969); STRITTMATTER (1971); HILDEBRANDT (1967).

[350] Thema der Untersuchung: "Über die Wirkung der Veranschaulichung von Unterrichtsstoffen auf das Behalten."

[351] Eine Ausnahme ist LOSER (1970), vgl. S. 370 f.

[352] Ohne Kritik gibt GRUPE (1971) folgende Angaben aus einer Sendung des NWR vom 22.6.1955 wieder:
"Das Selbstgetane ist allen anderen Aufnahmeweisen überlegen, denn man behält im Gedächtnis das, was man hört zu 20 %, was man sieht zu 30 %, was man zugleich sieht und hört zu 50 %, das, was man sagt oder sagen will zu 70 % und das, was man tut zu 90 %," (S. 211 f.).
Wenn man boshaft sein wollte, könnte man daraufhin berechnen, wie man das behalten würde, das man sieht, hört, sagt und auch tut!

[353] Vgl. dazu OERTER (1070) S. 43 ff. und SCHRAMM (1964).

[354] Wie weit eine solche Selektion und Verfälschung bei empirischen Untersuchungen gehen kann, haben RUMPF und MESSNER (1971) aufgedeckt.

(355) Einige Hinweise finden sich bei DÜKER und TAUSCH in DÖRING (1971 a) S. 122 f.

[356] Näheres siehe Anm. 1) S. 122.

[357] Der M o d e l l b e g r i f f ist hier fehl am Platz.

[358] TAUSCH berichtet an anderer Stelle (1965), daß die Mehrleistung bei der Gruppe "realer Gegenstand" von den Verfassern selbst nicht erwartet wurde (vgl. S.323).

[359] Der Unterschied liegt immerhin im Begriffskomplex "lebendig"!

[360] Bezogen auf die Kontrollgruppe.

[361] Ein Lehrer kann die Lernsituation in verschiedenen Klassen sehr unterschiedlich beeinflussen bzw. von ihnen beeinflußt werden.

[362] Wie dieser Unterricht aussieht, wird nicht mitgeteilt.

[363] Wie diese Überleitung aussieht, wird nicht angegeben, obwohl TAUSCH R. u. A. (1965) an anderer Stelle die große Bedeutung solcher Initiationsphasen beschreiben. (Vgl. S. 318 f.).

[364] Auch hier keine näheren Angaben!

[365] Unklar ist auch die Auffassung DÜKERs über die Funktion der An-

schauung. Sie "setzt (gegenüber der Beschreibung, Verf.) zur Auffassung und zum Verständnis des wahrgenommenen Gegenstandes oder Ereignisses kaum Vorkenntnisse voraus" (S. 140). Hier wird Wahrnehmung mit Verständnis und Erkenntnis gleichgesetzt!

[366] In ganz ähnlicher Weise kritisiert auch LOSER (1970, S. 370 f.) den D.-T.Versuch.

[367] Formel nach MITTENECKER (1964, S. 58 ff.).

[368] Für die Kontrollberechnung möchte ich Herrn Dipl.Psychol. MERZ und Herrn cand. päd. ARNETH danken.

[369] Ein ähnliches Experiment führte KIERDORF (1968) durch. Als Versuchstier wurde die Katze verwendet. Auch hier zeigten sich keine signifikanten Unterschiede.

[370] GLOGAUER (1970) ist der Auffassung, daß "das Festhalten der Kinder auf der Anschauungsstufe ungerechtfertigt ist ... weil der geistige Entwicklungsgang über das Anschauliche hinausdrängt und das Verallgemeinern und Abstrahieren auf die wesentlichen, hinter den Wahrnehmungen liegenden Merkmale gerichtet ist" (S. 128).

[371] Vgl. LOCH: Einleitung zu LURIJA u. JUDOWITSCH (1970), S. 8.

[372] Auch HUDELMAYER (1970) konnte die umfassende Funktion der Sprache beim Aufbau kognitiver Strukturen im Denken blinder Kinder empirisch nachweisen (vgl. S. 176 f.).

[373] Damit stützt MANDLER die Hypothesen BRUNERs, AUSUBELs und GAGNÉs über die Struktur der Lern- und Denkprozesse von der Sprache her.

[374] Eine weiterführende Diskussion der bezeichneten Phänomene und Probleme zu Sprache und Lernen findet sich u.a. bei HERRMANN (1972), HENLE (Hg., 1969), WHORF (1963), KAINZ (1965), GIPPER (1971), AEBLI (1963), HUBER (1970), und GALL (1970).

[375] BENEŠ (1971) unterscheidet Fachstil - Fachsprache - und Fachjargon, wobei letzterer eine Mischform von sozial- und fachbezogener Fachsprache darstellt (vgl. S. 125).

[376] Vgl. auch BERNSTEIN (1966 und 1971).

[377] Siehe dazu den wichtigen Ansatz von SPANHEL 1971 u. 1971 a.

[378] Vgl. das Kapitel "Sprachnebel" von RUMPF in MESSNER u. RUMPF (Hg., 1971, S. 69 ff.).
Durch diese Form des Sprachgebrauchs bleibt der einzelne Lehrer "seiner Erfahrung, seinen Eindrücken, seinem Gutdünken ausgeliefert" (S. 77). Und damit natürlich erst recht der Schüler!

[379] Siehe auch BERNSTEIN 1966.

[380] Die Zahl der Vpn wurde in jeder der vier Gruppen auf 20 begrenzt. Es handelte sich um 7. Klassen der Hauptschule.

[381] Das Thema wurde deshalb gewählt, weil dazu ein Farbfilm vorhanden war.

[382] Den Super-8-Farbfilm hat Horst HANNIG nach einem Manuskript des Verfassers mit einer Nizo-S-80 gedreht.

[383] Die Vorführung erfolgte mit dem S-8-Kassettenprojektor Eumig Mark-S 712.

[384] Damit ist CHOMSKIs (1970) Unterscheidung zwischen S p r a c h v e r - w e n d u n g und S p r a c h k o m p e t e n z gemeint (vgl. S. 14).

[385] Auch hierzu muß im Gegensatz zu KOKEMOHR (1971) behauptet werden, daß die Aufstellung einer Theorie der Unterrichtssprache und deren empirische Verifizierung nicht schon zu einer Dogmatisierung führen muß, sondern daß ein solcher Zugriff, wenn er r e d l i c h betrieben wird, bisher geübte Manipulationstendenzen erst aufdecken hilft.

[386] Vgl. KOKEMOHR (1971, S. 273). Auch hier ergeben sich Parallelen zu BERNSTEIN (1971). KOKEMOHRs Warnung vor einem "geschlossenen Sprachsystem" entspricht dem BERNSTEINschen Konstrukt des Kollektionscodes.

[387] Hinweise zur Simulation finden sich u. a. bei FLECHSIG (1970, S. 16), HAEFNER und RIPOTA (1971, S. 207 f.), FEICHTINGER (1971, S. 166), HAEFNER (1971, S. 198 f. und 1972, S. 1 ff.), LOCH (1963, S. 45), KÖNIG und RIEDEL (1971).

[388] Vgl. dazu GIEL und HILLER (1970).

[389] Das außerordentlich wichtige und diffizile Problem der Leistungsmessung im Biologieunterricht sei im Zusammenhang dieser Untersuchung nur erwähnt. Eine differenzierte Darstellung ist an anderer Stelle vorgesehen.

[390] Bei der Entwicklung des Konzepts und seiner ständigen Revision unter schulpraktischen Bedingungen und durch den Einfluß neuer theoretischer Entwicklungen, wurden seit 1967 die Beiträge folgender Autoren einbezogen:
KOBER und RÖSSNER (1964), MÜCKE (1967 und 1968), MÖLLER, B. und C. (1966 und 1969), MAGER (1965), MOWL (1969), ZIFREUND (1971), FLANDERS (1971), KLAFKI (1965), HEIMANN u. a. (1965).

[391] An der Pädagogischen Hochschule Bamberg

[392] Vgl. ECKEL (1969).

[393] Anstatt dieser Problemstellung hat es sich bewährt, eine natürliche Pflanze und deren Nachbildung aus Kunststoff vorzuzeigen. Die Frage nach den Bestandteilen der n a t ü r l i c h e n P f l a n z e stellt sich so noch zwangloser.

[394] Durch die Lehrkräfte Frau HANNIG und Herrn STEINHORST, denen ich für die Mitarbeit danke.

[395] Vom Verfasser.

[396] Die vorliegende Arbeit wurde von der U. Erlangen-Nürnberg als Dissertationsschrift (D 29) unter dem Titel: "Faktoren des Biologieunterrichts" angenommen.

Literatur

ABERCROMBIE, M. u.a.: Taschenlexikon der Biologie.
Stuttgart: Fischer 1971
ACKERKNECHT, E.H. u.a. (Hg.): Pasteur und die Generatio Spontanea.
Bern/Stuttgart: Huber 1964
AEBLI, H.: Über die geistige Entwicklung des Kindes.
Stuttgart: Klett 1963
-: Entwicklungspsychologische Kriterien für die Auswahl von Curriculum-
inhalten. In: RÄBER (1970), S. 40 ff.
ALBERT, H.: Die moderne Wissenschaftslehre und der methodologische
Autonomieanspruch der Geisteswissenschaften. In: OPPOLZER
(Hg.; 1969)
ALCOTT, B.G.: New Developments in University Biology Teaching.
JBE. 2/71, S. 65
ALEXANDER, W.M.: Changing Curriculum Content. Washington 1964
ALLEN, L.R.: An Evaluation of Certain Cognitive Aspects of the Materi-
al Object Unit of the Science Curriculum Improvement Study Elemen-
tary Science. In: JRST. Vol. 7, 4/1970, S. 277 - 282
ALTHERR, G.: Von der ganzheitlich-orientierten Sachkunde zum wissen-
schaftsbezogenen Sachunterricht. In: W.d.Sch. (G) 9/71, S. 321-324
ALTENHEGER, A.: Ist die Weltschau Teilhard de Chardins eine Folge-
rung aus naturwissenschaftlichen Kenntnissen? Der BU. 1/68, S. 63 -
86
AMIDON, E.J./HOUGH, J.B. (Ed.): Interaction Analysis: Theory,
Research and Application. Reading, Mass. 1967
AMOS, R.: Teacher's Opinion About the Importance of Scientific Method
in English Ordinary Level Biology Courses.
In: JRST. Vol. 7, 4/1970, S. 303 - 314
ANDERS, W.H.: Unterrichtstechnologie und Unterrichtstechnologie.
In: P.L. 4/1971, S. 193 - 202
ANDERSON, R.C.: Control of Student Mediation Processes during Verbal
Learning and Instruction. In: RER 3/1970, S. 349 - 369
ANT, H./MÜLLER, H.: Praktikum der Biologie. Dortmund 1971
ANT, H.: Biologische Probleme der Verschmutzung und akuten Vergiftung
von Fließgewässern unter besonderer Berücksichtigung der Rheinver-
giftung im Sommer 1969. In: Schriftenreihe für Landschaftspflege und
Naturschutz, 4/69, S. 97 - 126
ANTHES, P.: Moderner Biologieunterricht. Ratingen: Henn 1965
ARBEITSGRUPPE: SYMBOLISIERUNG IM BIOLOGIEUNTERRICHT: Die
Darstellung von Zusammenhängen und Prozessen im Biologieunterricht
der Klasse 8. In: BioS. 7/69, S. 293 - 304
-: Zur Gestaltung eines einheitlichen Zeichensystems bei der Darstellung
von Strukturen und Prozessen in lebenden Systemen.
In: BioS. 8/9, 1969, S. 367 - 377
ARBER, A.: Sehen und Denken in der biologischen Forschung.
Hamburg: Rowohlt 1960
ASCHER, P.: Ideologiefreie Erziehungswissenschaft. In: P. Rundsch.
3/70 S. 182 ff.
AUFSCHNAITER, St. v.: Wozu operationalisierte Lernziele für den Be-
reich Physik-Chemie-Technik? In: WPB. 3/71, S. 120 - 123
AUST, S.: Biologieunterricht im Sachunterricht der Grundschule.
In: Die dt. Sch. 3/70, S. 203 ff.

-: Naturwissenschaftlicher und technischer Sachunterricht in der Grundschule. In: Die dt. Sch., 12/69, S. 800 ff.

-: Der Lernprozeß im Biologieunterricht - Möglichkeiten zur Förderung des naturwissenschaftlichen Denkens. In: Der BU. 3/68, S. 80 - 96

AUSUBEL, D.P.: Educational Psychology. A Cognitive View. New York: Holt, Rinehart and Winston, Inc., 1968

-: The Psychology of Meaningful Verbal Learning. London/New York: Grune and Stratton, Inc., 1963

AUTOREN-KOLLEKTIV: Die Natur - erlebt und beobachtet mit Vorschulkindern. Berlin: Volk und Wissen 1969

AUTRUM, H.: Biologie - Entdeckung einer Ordnung. München: Hanser 1970

BAER, U. u.a.: Ein Brief wird befördert - Informationszuwachs bei Spielfilm und Sachfilm. AVA. 2/70, S. 5 - 30

BAER, H.-W./GRÖNKE, O. (Hg.): Biologische Arbeitstechniken für Lehrer und Naturfreunde. Berlin: Volk und Wissen 1969

BAHNSCH, U./WESSEL,A.: Probleme des Fachunterrichtsraumproblems unter besonderer Berücksichtigung des Biologiefachraumes. In: BioS. 10/70, S. 418 - 425

BALLAUF, Th.: Die Entwicklung der Lebewesen und das Teleologieproblem. In: Der BU. 3/65, S. 44 - 60

-: Die Wissenschaft vom Leben (Band 1). Freiburg/München: Albert 1954

BAMM, P.: Adam und der Affe. Stuttgart: Deutsche Verlagsanstalt 1969

BANDURA, A. et al.: A Comperative Test of the Status Envy, Social Power and Secondary Reinforcement Theories of Identificatory Learning In: J. of Abnorm. and Soc. Psychology 6/1963, S. 527 - 534

BAR-HILLEL, J.: Wesen und Bedeutung der Informationstheorie. In: DITFURTH (1969), S. 16 ff.

BARNETT, S.A.: Instinkt und Intelligenz. Bergisch Gladbach: G. Lübbe 1968

BARSIG, W./ BERKMÜLLER, H.: Modelle des Stundenaufbaues für den Biologieunterricht in der Grund- und Hauptschule. In: P.W. 3/71, S. 180 ff.

BARSIG, W.: Ein umfassendes Werk. Bayerns Grund- und Hauptschule und der neue Lehrplan. In: Christ u. Schule 2/1971, S. 26 ff.

-:Moderner Biologieunterricht - aber wie? In: P.W. 3/71, S. 150 - 154

BATES, M.: Der Mensch und seine Umwelt. Biologie und Soziologie. Stuttgart: Kosmos 1967

BAUER, W.: Gegenwartsströmungen in der Didaktik des Biologieunterrichts. Unveröffentlichte Prüfungsarbeit. Bamberg 1970

BAUER, K.H. u.a.: Was ist das - der Mensch? Beiträge zu einer modernen Anthropologie München: Piper 1968

BAUSINGER, H.: Subkultur und Sprache. In: Sprache und Gesellschaft; 1971, S. 45 - 59

BECKER, H.: Die Strukturierung und Erweiterung des kindlichen Weltbildes durch die Sprache. In: Schule aktuell 4/69, S. 130 - 138

BECKER, R.: Ein "Modell-System" für den Biologieunterricht. In: MNU, 1/72, S. 46 - 48

BECKERS, H.: Filme als Unterrichtsmittel bei der Behandlung der Verhaltensforschung. In: Der BU. 4/65, S. 49 - 55

BEILER, A.: Der Lehrentwurf für den Biologischen Unterricht. Ratingen: Henn 1959

-: Die lebendige Natur im Unterricht. Ratingen: Henn 1965

BEINER, F./ BUSSMANN, H.: Von der Lernzieldefinition zur Lernstruktur. In: Neue Unterrichtspraxis 1/72, S. 36 - 45

BELGARDT, K. -A.: Aufgaben und Ziele eines Biologieunterrichts in der
Grundschule. In: Neue Wege im Unterricht 3/70, S. 172 - 183

BELJAJEW, D.K. u.a.: Allgemeine Biologie. Berlin: Volk und Wissen
1969

BELLACK, A.A.: History of Curriculum Thought and History
In: RER, Vol. 39, No. 3, June 1969, S. 283

-: Theory and Research in Teaching. Teachers College Press, Columbia
University New York 1967

-: The Language of the Classroom. Teachers College Press, Columbia
University New York 1966

BELLINGROTH, F.: Grundschulfilme im Urteil der Lehrer
In: AVA 2/70, S. 31 - 62

BENĚS, E.: Fachtext, Fachstil und Fachsprache. In: Sprache und Gesellschaft 1971, S. 118 - 149

BENTLER, K.: "Erfahrung" und "Wirklichkeit" im pädagogischen Feld.
In: Die dt. Sch 5/70, S. 301 ff.

BERCK, K. -H.: Tier- und Humanpsychologie - eine methodische Anleitung für den Unterricht. Heidelberg: Quelle und Meyer 1968

BERGER, E.: Befähigung der Schüler zum Erfassen biologischer Zusammenhänge. In: BioS. 2/69, S. 61 - 64

BERGER, P./LUCKMANN, Th.: Die gesellschaftliche Konstruktion der
Wirklichkeit. Stuttgart: S. Fischer 1969

BERKMÜLLER, H.: Vor lauter Sachlichkeit. Kritische Anmerkungen zum
neuen Lehrplan für den Sachunterricht in der Grundschule
In: Christ und Schule 1/1971, S. 2 ff.

BERLYNE, D.E.: Structure and Direction in Thinking. New York:
J. Wiley and Sons 1966

BERNSTEIN, B.: Klassifikation und Vermittlungsrahmen im schulischen
Lernprozeß, ZfP. 2/71, S. 145 - 173

-: Sozio-kulturelle Determinanten des Lernens. Mit besonderer Berücksichtigung der Rolle der Sprache. In: HEINTZ, P. (Hg.): Soziologie
der Schule. Köln: Westdeutscher Verlag 1966, S. 52 - 79

BERTALANFFY, L.v.: Biologie und Weltbild. In: LOHMANN (1970),
S. 13 - 31

BEYER, H.: Umweltgefahren für stehende Gewässer. In: Der BU. 4/70,
S. 88 - 91

BIEGLER, U.: Tendenzen der Biologiedidaktik in den USA, dargestellt
am Programm der "Biological Sciences Curriculum Study". Unveröffentlichte Prüfungsarbeit. Nürnberg 1970

BIGALKE, H. -G.: Fachdidaktik in Forschung und Lehre. In: Die dt. Schule 8/69, S. 609 ff.

BIOLOGICAL SCIENCE: Interaction of Experiments and Ideas. Supple-
mentory: Teachers Guide. Englewood Cliffs/New York: BSCS/
Prentice Hall Inc., 1970

BIOLOGICAL SCIENCE: An Inquiry into Life (Sec. Ed.) h i e r: Second,
Third, Forth Quarterly Achievement Test u n d: Final Achievement
Test Form F and E, Harcourt, Brace and World, Inc., New York 1970

BITTERLING, G./ DYLLA, K./ LUCHT, H.: Die Bewegung unseres
Körpers. In: Der Bu. 4/71, S. 42 - 57

BLANKERTZ, H.: Theorien und Modelle der Didaktik. München: Juventa
1969

-: Curriculumforschung - Strategien, Strukturierung, Konstruktion.
Essen: Neue Deutsche Schule 1971
BLATT, M.M.: Problems of Problemsolving In: Helping Children Learn
Science. Washington: NSTA. 1966, S. 96 - 98
BLECHSCHMIDT, E.: Vom Ei zum Embryo. Stuttgart: Deutsche Verlags-
anstalt 1968
BLOOM, S.B. (Ed.): Taxonomy of Educational Objectives. The Classifi-
cation of Educational Goals. Handbook I: Cognitive Domain. New York:
McKay Company, Inc., 1968
-: Stabilität und Veränderung menschlicher Merkmale. Weinheim: Beltz
1971
BÖHLMANN, D.: Die Luftverschmutzung bedroht Mensch, Tier und
Pflanze. In: Der BU. 3/71, S. 4 - 24
-: Ökologische Probleme der Abfallbeseitigung. In: Der BU: 3/71, S. 58-77
BOHUSCH, O.: Sprachbarrieren - modisch oder alarmierend.
In: Welt der Schule (G.) 7/71, S. 257 - 267
BOLLNOW, O.F.: Sprache und Erziehung, Stuttgart: Kohlhammer 1966
-: Erziehung in anthropologischer Sicht. Zürich: Morgarten 1969
-: Die anthropologische Betrachtungsweise in der Pädagogik.
Essen: Neue Deutsche Schule 1965
BOTSCH, D.: Zum Prinzip der "methodogenen Bildung" im Biologie-
unterricht der Grundschule. In: NiU. 6/71, S. 264 - 269
BREHMS TIERLEBEN: Der große Brehm (Band IV) Berlin: Safari 1964
BREMNER, J.: Teaching Biology. London: Macmillan 1967
BREUER, K.: Die Ausstattung der Hauptschulen für den Biologieunter-
richt. In: NiU. 12/71, S. 544 - 548
BREZINKA, W.: Über Absicht und Erfolg der Erziehung. Probleme einer
Theorie der erzieherischen Wirkungen. In: ZfP. 3/69, S. 245 ff.
BRANDWEIN, P.F.: Building Curricular Structures for Science.
Washington: NSTA 1967
BRANSON, H.: An Era of Wider Personality. In: BUTTS (1969), S. 3-8
BRAUCHLE, E.: Naturwissenschaften an Pädagogischen Hochschulen
Baden-Württembergs in neuem Gewande. In: NiU. 6/71, S. 248-249
BROCKHAUS, W.: Biologischer Unterricht in unserer Zeit.
Essen: Neue Deutsche Schule 1960
BROCKHAUS, W./GROH, W.: Biologie der Lebensführung
Essen: Neue Deutsche Schule 1964
BRÜGGEMANN, O.: Naturwissenschaft und Bildung. Heidelberg: Quelle
und Meyer 1967
BRUNER, J.S.: Der Prozeß der Erziehung. Düsseldorf: Schwann 1970
-: et al.: Studies in Cognitive Growth. New York: J. Wiley and Sons,
Inc.,1967
BRUNNHUBER, P.: Prinzipien effektiver Unterrichtsgestaltung.
Donauwörth: Auer 1971
BUCK, G.: Lernen und Erfahrung. Stuttgart: Kohlhammer 1967
BUCK, G. u.a.: Wissenschaft, Bildung und pädagogische Wirklichkeit.
Heidenheimer Verlagsanstalt 1969
BUDDENBROCK, W.v.: Die Welt der Sinne. Berlin: Springer 1953
BÜHLER, H.: Die Sprachbarrierentheorie von B. Bernstein. Zum For-
schungsstand in der Soziolinguistik. In: ZfP. 4/71, S. 472 - 481
BÜNNING, E.: Biologie in unserer Zeit In: Mitteilungen des Verbandes
der Deutschen Biologen (VDB). In: Nr. 3/70, S. 759 - 763
-: Abitur = Hochschulreife? In: Umschau 1967, S. 534

BUSER, R.L./ROOZE, G.E.: Learning: The Role of Facts and Generalization. In: TESJ. 3/70, Vol. 71, S. 129 - 133
BUTTS, D.P.: Nature's Protest. In: SAC., Vol. 7, Jan./Feb. 71, Nr. 5, S. 6 - 7
-: Designs for Processes in Science Education. Washington: NSTA 1969
-: Opening the World to the Student. In: BUTTS (1969), S. 29 - 34
CARL, H.: Anschauliche Menschenkunde. Köln: Aulis 1968
-: Menschenkunde im 5. Schuljahr. In: Der BU. 2/65, S. 54 - 68
-: Die deutschen Pflanzen- und Tiernamen. Heidelberg: Quelle und Meyer 1957
CAPPEL, W.: Fernsehen und Film im Unterricht. In: B.u.E. 5/70, S. 345 - 351
CARNAP, R.: Einführung in die Philosophie der Naturwissenschaft. München: Nymphenburger Verlagsbuchhandlung 1969
CAVALLI-SFORZA, L.: Biometrie, Grundzüge biologisch-medizinischer Statistik. Stuttgart: G. Fischer 1969
CHOMSKY, N.: Aspekte der Syntax-Theorie. Theorie 2, Frankfurt/M.: Suhrkamp 1970
CLAESSENS, D.: Instinkt, Psyche, Geltung. Köln und Opladen: Westdeutscher Verlag 1968
CLAUSS, G./EBNER, H.: Grundlagen der Statistik für Psychologen, Pädagogen und Soziologen. Berlin: Volk und Wissen 1967
COMBE, A./RIESS, F.: Lernzieltaxonomien und Projektstudium. In: B.u.E. 1/72, S. 56 - 69
CONWAY, J.K.: Multiple-Sensory Modality Communication and the Problem of Sign Types. In: AV Comm. Rev. 15/1967, No. 4, S. 371-383
CORRELL, W.: Programmiertes Lernen und schöpferisches Denken. München/Basel: E. Rheinhardt 1963
CORRELL, W. u.a.: Die Bedeutung des Schülerexperiments für den Lernerfolg im Physik-Unterricht. In: aula 4/69, S. 258 ff.
CORRELL, W.: Entwicklung und empirische Erprobung eines programmierten Ton-Farbfilmes. Zum Lesenlernen bei vorschulpflichtigen Kindern. In: AVA 3/71, S. 41 - 68
CORTE, E. de: Analyse der Lernzielproblematik. In: ZfP. 1/71, S. 75-81
COUFFIGNAL, L.: Kybernetische Grundbegriffe. Baden-Baden: Agis 1962
CRAMER, F.: Mensch und Gesellschaft vor den Anforderungen einer technisch und wissenschaftlich geplanten Zukunft - die Sicht eines Biologen. In: Neue Sammlung 2/71, S. 153 - 168
CUBE, F.v.: Kybernetische Grundlagen des Lernens und Lehrens. Stuttgart: Klett 1965
DALE, E.: Audio-Visual Methods in Teaching. New York: Holt, Rhinehart and Winston, Inc., 1969
DANNEEL, J.: Pestizide gefährden die Umwelt. In: Der BU. 3/71, S. 35 - 42
DARGA, E.: Bedeutung und Durchführung eines Unterrichtsganges. In: Lebendige Schule 9/71, S. 340 - 350
DAVID, E.E. jr.: Reflections on the Objectives of Science Teaching. In: TST, Vol. 38, 5/1971, S. 27 - 28
DAVIS, J.K.: Some Aspects of Measurement in Educational Technology. In: MANN/BRUNSTROM (1969), S. 50 - 56
DAVIS, R.H.: Zur Design-Problematik von Lernsystemen. In: DÖRING (1971 a) S. 25 - 29
DEBL, H.: Didaktische Bibliographie. Geretsried: Schuster 1968

DE ROSE, J. F.: New Directions for Chemical Education in High School, In: The 1969 Star Awards Washington: NSTA, S. 11 - 26

DESCHLER, H. P.: Der Einfluß von Wiederholung auf die Wahrnehmung und Beurteilung von Unterrichtsverläufen. In: ava. 3/71, S. 69 - 102

DIEKMEYER, U. u.a.: Untersuchungen zur Informationsdichte bei Unterrichtsfilmen. In: ava. 3/71, S. 5-40

DIETRICH, Th.: Unterrichtsbeispiele von Herbart bis zur Gegenwart. Bad Heilbrunn: Klinkhardt 1962

DIETRICH, G./ STÖCKER, F.W.: ABC-Biologie. Frankfurt/M. und Zürich: H. Deutsch ca. 1965

DIETZ,M.A./GEORGE, K.D.: A Test to Measure Problemsolving Skills in Science of Children in Grades One, Two and Three. In: JRST. Vol. 7, 4/1970, S. 341-352

DIETZEL, K.: Zur weiteren Entwicklung des naturwissenschaftlichen Unterrichts. In: BioS. 1/72, S. 2 - 13

DINGLER, H.: Die Ergreifung des Wirklichen. Frankfurt/M.: Suhrkamp (Theorie 1) 1969

DITFURTH, H.v./ BACH, W. P. (Hg.): Informationen über Informationen. Probleme der Kybernetik. Heidelberg: Hoffmann und Campe 1969

DÖRING, K.W. (Hg.): Lehr- und Lernmittelforschung Weinheim: Beltz 1971 a

-: Unterricht mit Lehr- und Lernmitteln Weinheim: Beltz 1971 b

-: Das Arbeitsmittel - Begriff, Geschichte, Didaktik. In: DÖRING 1971 b, S. 173 - 188

-: Zur Didaktik der Lehr- und Lernmittel. In: aula 3/70, S. 262 - 273

DOHMEN, G.:/MAURER, F. (Hg.): Unterricht heute - Aufbau u. Kritik. München: Piper 1968

DOLCH, J.: Lehrplan des Abendlandes. Ratingen: Henn 1965

DÖRRE, K.: Die Biologie der Schmetterlinge und ihre Darstellung im Unterricht der Hauptschule. Unveröffentlichte Prüfungsarbeit. Bamberg 1970

DPZ (Deutsches Pädagogisches Zentralinstitut): Aus der Praxis der pädagogischen Forschung. Berlin: Volk und Wissen 1967

DRESCHER, R.: Überfachliche Bildungseinheiten für das 9. und 10. Schuljahr, Ansbach: Brügel und Sohn 1967

DREWS, R.: Das Protokoll im naturwissenschaftlichen Unterricht, PN (Teil Biologie) 6/71, S. 111 - 112

DRUTJONS, P.: Maßnahmen und Haltung des Staates und der Gesellschaft zum Umweltschutz. In: Der BU. 3/71, S. 85 - 103

DÜKER, H.: Veranschaulichung und Unterrichtserfolg. In: DÖRING 1971 a, S. 133 - 141

DÜKER, H./TAUSCH, R.: Über die Wirkung der Veranschaulichung von Unterrichtsstoffen auf das Behalten. Erstmals in Zeitschr. f. exp. und angew. Psychologie, 4/57, S. 384 - 399 später u.a. in WEINERT, F. (Hg. 1967), S. 201 - 215 und in DÖRING (1971 a), S. 117 - 132

DUNFEE, M.: Elementary School Science. Washington: NEA. 1967

DYLLA, K.: Eine Untersuchung über die Transformierbarkeit moderner biologischer Erkenntnisse in dem Unterstufenunterricht. In: MNU. 1/72, S. 37 - 46

-: Thesen zum Unterricht im Wahlpflichtfach Biologie. In: PN. (Teil Biologie) 8/66, S. 143 - 147

-: Erfahrungen mit dem "Anweisenden Unterricht" im Wahlpflichtfach
   Biologie. In: Der BU. 3/66, S. 82 - 94
-: Das Konzept der "Definierten Unterrichtsreihe" ein Mittel zur empi-
   rischen Tatsachenerhebung im biologischen Unterricht.
   In: Der BU. 3/68, S. 4 - 20
-: Methoden des Unterrichtens im Zoologischen Garten
   In: Der BU. 5/65, S. 52 - 65
DYLLA, K. / KRÄTZNER, G.: Das biologische Gleichgewicht. Heidelberg:
   Quelle und Meyer 1972
ECKEL, K.: Die Bedeutung des Klasseneffekts für die schulpädagogische
   Forschung. In: P. L. 3/69, S. 97 ff.
ECKERT, A. / JSSING, L. J.: Lehrergesteuerter versus schülergesteuer-
   ter Unterricht In: P. L. 4/71, S. 202 - 206
EDWARDS, A. L.: Techniques of Attitude Scale Construction. New York
   1957
EHRLICH, P.R. u. A.H.: Bevölkerungswachstum und Umweltkrise.
   Stuttgart: S. Fischer 1972
EIBL-EIBESFELDT, J.: Grundriß der vergleichenden Verhaltensforschung.
   Ethologie. München: Piper 1967
-: Stammesgeschichtliche Anpassungen im Verhalten des Menschen.
   In: GADAMER 1972, (Bd. II)
EIGLER, G.: Auf dem Weg zu einer audio-visuellen Schule.
   München: Ehrenwirth 1971
-: Methoden und Medien künftiger Unterweisung. In: Fernsehen und
   Bildung 1/2, 1970, S. 14 ff.
ELLIS, H.: The Transfer of Learning. New York: The Macmillan Comp.
   1965
ELS, G.: Leistungsmessung mit Fragebogen in der Hauptschule.
   Koblenz: Krieger 1968
ELLWANGER, W.: Der 8 mm - Schleifenfilm als Anschauungsmittel im
   Unterrichtsprogramm. In: AVA 1/68, S. 78 - 98
ENGELEN, B.: Zum Problem der rezeptiven Sprachbarrieren bei kom-
   plexen Strukturen. In: Sprache und Gesellschaft (1971)
ENGELHARDT, W. v.: Was heißt und zu welchem Ende betreibt man
   Naturforschung? Frankfurt: Suhrkamp 1969
ENGLERT, L. u.a. (Hg.): Lexikon der kybernetischen Pädagogik und
   der programmierten Instruktion. Quickborn: Schnelle 1966
ESCHENHAGEN, D.: Naturkunde in der Grundschule im Lichte der Aus-
   sagen von Schülern des 5. Schuljahres. In: NiU. 1970, S. 214 - 218
ESSER, H.: Der Biologieunterricht, Hannover: Schroedel 1969
EULENFELD, G. / SCHÄFER, G.: Unterrichtseinheit: "Biologisches
   Gleichgewicht" In: Der BU. 4/71, S. 84 - 107
FAECKE, R.: Neuorientierung der Heimatkunde im 4. Schuljahr.
   Ansbach: Prögel 1971
FALK, D. F.: Biology Teaching Methods. New York: J. Wiley and Sons,
   Inc. ,1971
FALKENBERG, H.: Lebensgemeinschaften in der heimatlichen Natur.
   Wittenberg Lutherstadt: Ziemsen 1968
FALKENHAN, H. -H (Hg.): Handbuch der praktischen und experimentellen
   Schulbiologie. Der Lehrstoff II. Menschenkunde
   Köln: Aulis 1970
FALKENHAN, H. -H. (Unterzeichner): Naturwissenschaftlicher Unter-

richt an der Kollegstufe der Gymnasien. In: Mitteilungen des VDB.
In: Nr. 7/71, S. 833
FALKENHAUSEN, E.v.: Biologieunterricht heute. In: Mitt. des VDB.
In: Nr. 4/71, S. 819 - 821
FAUST, G.W./ANDERSON, R.C.: Effects of Incidental Material in a
Programmed Russian Vocabulary Lesson. In: Journal of Educ.
Psychol. Vol. 58, 1967, S. 3 - 10
FEICHTINGER, G.: Automatentheoretische Lernmodelle. In: Umschau
5/71, S. 166
FELS, G.: Der Instinktbegriff In: Der BU: 4/65, S. 56 - 71
-: Verhaltenslehre im 5. Schuljahr. In: Der BU. 2/65, S. 35 - 53
FICKENSCHER, F.: Unterrichtskunst und Unterichtserfolg. Ein Buch der
Erfahrungen. Ansbach: Prögel 1953
FINCK, J.E.: Selling Science. In: The School Science Review, Dec. 1971,
S. 405 - 410
FISCHER, G.H.: Über Bildungsbereiche und Schulfächer.
In: Die dt. Schule 5/69, S. 282 ff.
FISCHER, H.: Kindersprache und Sprachkompetenz
In: W.d.Sch. (G.) 3/71, S. 81 - 88
-: Operationalisierung und Hierarchisierung naturwissenschaftlicher
Lernziele. In: Neue Unterrichtspraxis 3/71, S. 189 - 194
FISCHER, M.: Die innere Differenzierung des Unterrichts in der Volks-
schule. Weinheim/Berlin: Beltz 1968
FLANDERS, N.A.: Künftige Entwicklungen bei der verbalen Kommuni-
kation in der Klasse. In: P.L. 3/71, S. 133 - 148
FLECHSIG, K.H. u.a.: Probleme der Entscheidung über Lernziele.
In: P.L. 1/70, S. 1 - 32
FLECHSIG, K.H.: Die Bedeutung von Klassifikations- und Kriteriensyste-
men für die Auswahl von Curriculumelementen. In: RÄBER (Hg., 1970),
S. 25 - 45
FRANK, H.: Kybernetische Grundlagen der Pädagogik. Baden Baden 1962
FRAZIER, A. (Ed.): Learning more about Learning. Washington: ASCD, 1959
-: New Insights and the Curriculum. Washington: NEA. 1963
FREY, K.: Das Curriculum im Rahmen der Bildungsplanung und Unter-
richtsvorbereitung. In: Die dt. Schule 5/69, S. 270 ff.
-: Eine Handlungsstrategie zur Curriculumkonstruktion. In: ZfP. 1/71,
S. 11 - 29
-: Theorien des Curriculums. Weinheim: Beltz 1971
-: Kriteriensystem in der Curriculumkonstruktion: begriffliche Grund-
lagen. In: RÄBER (Hg., 1970)
FRIEDE, C.K. u.a.: Untersuchungen zum Problem des audiovisuellen,
visuellen und auditiven Lernens. In: Schule und Psychologie 8/71,
S. 243 - 254
-: Ein Modell für die Beurteilung von Unterrichtsprogrammen.
In: ZeF. 5/71, S. 125 - 132
FRITSCH, H. u.a.: Biologie 11./12. Klasse
Methodische Hinweise zum Lehrplan 1969/70. Berlin: Volk und Wissen
1969
FRITSCHE, G.: Biologische Sachkunde im Unterricht der Grundschule.
In: NiU. 1970, S. 304 - 310
FRY, P. (Ed.): Laboratory Book. A Technical Guide. Nuffield Advanced
Science. Penguin Books, Harmondsworth, Middlesex, England 1971

FRYMIER, J.R.: Fostering Educational Change. Ch.E. Merrill Pub.
   Comp. Columbus, Ohio: Ch.E. Merrill, 1969
FÜRSTENAU, P.: Zur Psychoanalyse der Schule als Institution.
   In: Fürstenau u.a.: Zur Theorie der Schule
   Weinheim: Beltz 1969
FULDA, H./ SCHÄFER, G.: Unterrichtseinheit: "Schwimmen in Biologie
   und Technik". In: Der BU. 4/71, S. 108 - 123
FULDA, H.: Zur Einführung in das Modelldenken. In: MNU. 2/72, S. 94
FURCK, C.L.: Das Leistungsbild der Jugend in Schule und Beruf.
   München: Juventa 1965
GABELE, P.: Arbeitsmittel und Lehrprogramme. Ein Handbuch.
   Stuttgart: Klett 1968
GADAMER, H.-G.: Theorie, Technik, Praxis - die Aufgaben einer
   neuen Anthropologie. In: GADAMER/VOGLER (Hg., 1972),
   S. IX-XXXVII
GADAMER, H.-G./VOGLER, P. (Hg.): Neue Anthropologie Bd. 1 u. 2.
   Stuttgart: Thieme 1972
GAGNÉ, R.M.: Die Bedingungen des menschlichen Lernens.
   Hannover: Schroedel 1969
GAGNÉ, R.M./PARADISE, N.E.: Abilities and Learning Sets in Know-
   ledge Acquisition. In: Psychol. Monogr., Vol. 75, 14/1961
GALL, M.D.: The Use of Questions in Teaching. In: RER, Vol. 40,5/1970,
   S. 707 - 721
GALLUP, G.: Die Mobilisierung der Intelligenz. Düsseldorf: Econ 1965
GALLUP, G.G. jr.: Selbsterkennen bei Schimpansen. In: Umschau 6/71
   S. 209 ff.
GAMM, H.-J.: Kritische Schule, München: List 1970
GARBE,O./SOMMERGELD, K.E.: Zum muttersprachlichen Prinzip
   im Biologieunterricht. In: BioS. 11/70, S. 467 - 473
GARMS, H.: Versuche zur Pflanzen, Tier- und Menschenkunde,
   Hamburg: E. Garms 1966
GAUDE, P.: Der informelle Test als Instrument einer objektivierten
   Leistungsmessung. In: Die Schulwarte 7/71, S. 24 - 37
GAUDE, P./ TESCHNER, W.-P.: Objektivierte Leistungsmessung in
   der Schule. Frankfurt/M.: Diesterweg 1970
GAUSMANN, H.: Die Sprache des Kindes im Volksschulalter.
   Hannover: 1966
GEERDES,R./SCHÄFER,B.: Unterrichtsplanung Biologie,Hannover:
   Schroedel 1970 (Hg.: H. LESKI)
GEHLEN, A.: Der Mensch. Bonn: Athenäum 1958
GEIGER, K.: Induktive und deduktive Lehrmethoden. Berlin: Volk und
   Wissen 1966
GEILER, H.: Ökologie der Land- und Süßwassertiere. WTB.Bd. 64
   Braunschweig: Vieweg 1971
GEILING,H. (Hg.): Grundschule Bd. 1 u. 2. Lernziele - Lehrinhalte -
   methodische Planung. München: Oldenbourg 1971
GENSCHEL, R.: Naturkundlicher Arbeitsunterricht. Berlin: Schroedel
   1951
GEORGE, F.H.: Cognition. London: Methuen and Co., Ltd. 1962
GERMERSHAUSEN, K.: Die Bedeutung der experimentellen Methode für
   die weltanschauliche Erziehung der Schüler. In: BioS. 1/72, S. 13 - 17
GEROLD, D./ BECHMANN, H.: Schemata zur Behandlung der Photo-
   synthese in Kl. 9. In: BioS. 8/70, S. 335 - 337

GIEL, K. / HILLER, G. G.: Verfahren zur Konstruktion von Unterrichtsmodellen als Teilaspekt einer konkreten Curriculum-Reform. In:
ZfP. 6/70, S. 739 - 754

GIPPER, H.: Denken ohne Sprache? Düsseldorf: Schwann 1971

GIERER, A.: Die physikalischen Grundlagen der Biologie und das Selbstverständnis des Menschen. In: LOHMANN (Hg.), S. 57 - 84

GLASS, B.: Renascent Biology. A. Report on the AIBS BSCS Study
New Curricula (Ed. by R. W. Heath). New York: Harper and Row 1964

GLÖCKEL, H.: Das Ziel des Unterrichts als Bedingung der Methode.
In: W. d. Sch. 7/71, S. 241 - 256

GLOGAUER, W.: Die Funktion der audio-visuellen Bildungsmittel im
Unterrichtsprozeß. In: W. d. Sch. 4/70, S. 121 - 143

-: Das Strukturmodell der Didaktik. München: Ehrenwirth 1967

GLOMBECK, G.: Funktions- oder Lernziele im Biologieunterricht?
In: NiU. 1/71, S. 28 - 36

GOODHUE, D. u. a.: The Study of Life. London: Pitman Pub. Ltd. 1971

GÖTZE, B.: Sprachformen in einer Schulklasse: "schichtenspezifisch"
oder "alterstypisch"? In: Lebendige Schule 3/71, S. 101 - 111

GOTTSCHALK, W.: Die Bedeutung progressiver Mutanten für die Evolution. In: Umschau 25/69, S. 831 - 835

GRAMBS, J. D. et al.: The Junior High School We Need. Washington 1961

GRAEB, G.: Vorschulkinder fotografieren. München: Don Bosco 1971

-: Wissen schafft Freude. Vorschulkinder erfahren Naturgesetze,
München: Don Bosco 1971

GRANGER, Ch. R. / YAGER, R. E.: Type of High School Biology Program
and Its Effect on Student Attitude and Achievement in College Life
Science. In: JRST. Vol. 7, 4/70, S. 383 - 390

GRASSE, G.: Alle Biologen aufgerufen! In: Mitt. d. VDB in NR. 2/71,
S. 807 - 809

GRAVE, G.: Politische Bildung im Biologieunterricht. In: Der BU. 1/65,
S. 48 - 63

-: Der Goldhamster im Unterricht der Sexta. In: Der BU. 2/65, S. 28 - 34

GREETFELD, H.: Audio-visuelle Bildungsmittel für den Sachunterricht
auf der Grundstufe. In: Die Grundschule 3/70, S. 45 ff.

GRIEBEL, M. (Hg.): Weg in die Naturwissenschaft. Ein verfahrensorien-
tiertes Curriculum im 1. Schuljahr. Stuttgart: Klett 1971

GRIMM, S.: Die Funktionen des Lehrers in Medienverbundsystemen.
In: ZeF. 5/71, S. 133 - 152

GROBMANN, H.: Classroom Testing in Biology an annotated Bibliography (II). In: ABT. Vol. 33, 2/71, S. 86 - 90

-: Teacher Preparation. In: BSCS-Newsletter 17 (1963), S. 16 ff.

GRUBITZSCH, S.: Das Konstrukt als wissenschaftstheoretische Bereicherung der Unterrichtsforschung. In: ZeF. 3/69, S. 62 ff.

GRÜSSER, O. -J. /HENN, V.: Erkenntnistheoretische und anthropologische Aspekte der modernen Hirnforschung. In: LOHMANN (Hg.),
S. 111 - 146

GRÜNINGER, W.: Kooperative, objektive Leistungsmessung.
In: Der BU. 1/71, S. 27 - 34

-: Die Präparation der Forelle im Klassenunterricht. In: Der BU. 4/68
S. 16 - 24

GRUPE, H.: Biologische Sachverhalte im Unterricht der Grundschule.
In: Lebendige Schule 4/70, S. 121 ff.

-: Biologie in der 3. Bildungsstufe und Arbeitslehre. In: ZNuN. 3/69,
    S. 87 - 94
-: Naturkundliches Arbeitsbuch für die Weiterbildung des Lehrers.
    Frankfurt/M.: Diesterweg 1958
-: Biologiedidaktik. Köln: Aulis 1971
GUIDRY, N.P./ FREYE, K.B.: Graphic Communication in Science.
    Washington: NSTA. 1968
GUYER, W.: Prinzipien des Unterrichts. In: RÖHRS, H. (Hg.) Theorie
    der Schule, Frankfurt/M.: Akademische Verlagsgesellschaft 1968,
    S. 219 ff.
HAARMANN, D.: Warum eigentlich Haupt- und Nebenfächer? Überle-
    gungen zur Struktur unserer Lehrpläne. In: WPB. 6/70, S. 281 ff.
HABERMAS, J.: Theorie und Praxis. Neuwied: Luchterhand 1963
-: Erkenntnis und Interesse. Frankfurt/M.: Suhrkamp Theorie 2, 1969
HACKER, G.: Der Overheadprojektor als Unterrichtsmedium. In: aula
    6/71, S. 506 - 508
HAEFNER, K.: Computerunterstützter Hochschulunterricht in der
    Biologie In: Umschau 6/71, S. 198 - 199
HAEFNER, K.: Zur Didaktik naturwissenschaftlicher Hochschulpraktika.
    In: Nr. 3/72, S. 1 - 12 (Beilage Hochschuldidaktik der Naturwissen-
    schaft).
HAEFNER, K./ RIPOTA, P.: Computerunterstützte Versuchsanleitungen
    und Simulation in einem genetischen Praktikum. In: P.L. 4/71, S. 207
    - 216
HAFENECKER, B.: Beiträge zur Optimierung biologischer Unterrichts-
    strategien in der Hauptschule - eine empirische Untersuchung am Bei-
    spiel des Themas "Auge und Sehvorgang". Unveröffentlichte Prüfungs-
    arbeit, Bamberg 1972
HAGER, P.: Der Lerngang in den Wald. In: Der BU. 3/67, S. 17 - 34
-: Vom Leben des Ackers, Stuttgart: Klett 1960
-: Vom Leben des Waldes, Stuttgart: Klett 1958
HAINSWORTH, M.D.: Experiments in Animal Behavior. London: Mac-
    millan 1967
HALLER, D.: Die Situation der Lehrplanentwicklung im Bereich der
    Elementarerziehung. In: 9. Beiheft der ZfP. Weinheim: Beltz 1971,
    S. 85 - 97
HAMANN, B.: Erfahrungswissenschaftliche Forschung und pädagogische
    Theorie. In: ZeF. 3/69, S. 1 - 20
HANEY, R.E. (Ed.): The Changing Curriculum: Science. Washington,
    1966 NEA.
HANNIG, A.: Wertvorstellungen der Kinder zu bestimmten Tieren.
    Unveröffentlichte Prüfungsarbeit. Bamberg 1970
HANNIG, H.: Der Film im Biologieunterricht. Planung und Entwicklung
    eines S 8 - Unterrichtsfilms zum Thema "Goldhamster".
    Unveröffentlichte Prüfungsarbeit, Bamberg 1970
HARBECK, G.: Forschung im Bereich des naturwissenschaftlichen Unter-
    richts. In: Handbuch der Unterrichtsforschung Teil III. Deutsche Be-
    arbeitung des "Handbook of Research on Teaching" von GAGE, N.L.
    (Ed.) Weinheim: Beltz 1971
HARDER, W.: Einige einfache Modelle von Organen für den Biologie-
    unterricht. In: MNU. 2/72, S. 103 - 108
HARLING, K.: Zur Problematik des modernen Lehrens. In: Die dt. Sch.
    3/70, S. 143 ff.

HARLOW, H. F.: The Formation of Learning Sets. In: Psychol. Rev.,
Vol. 56, 1949, S. 51 - 65
HARMS, J.-W. u.a.: Allgemeine Biologie. Handbuch der Biologie Bd. III/I
(begr. v. L. v. Bertalanffy) Konstanz: Akademische Verlagsgesell-
schaft Athenaion, 1963
HARTMANN, M.: Einführung in die allgemeine Biologie und ihre philo-
sophischen Grund- und Grenzfragen. Sammlung Göschen: Bd. 96,
Berlin: De Gruyter 1965
HASELOFF, O.W.: Probleme der Motivation in der kybernetischen Ver-
haltenssimulierung. In: DITFURTH (1969), S. 105 ff.
HASSENSTEIN, B.: Biologische Kybernetik. Heidelberg: Quelle und
Meyer 1965
HAUPT, W.: Aufruf an alle Biologen zur Mitarbeit. In: Mitteilungen d.
VDB. Nr. 161/1970, in NR. 7/70, S. 785
HAUSMANN, G.: Didaktik als Dramaturgie des Unterrichts. Heidelberg:
Quelle und Meyer 1959
HEANEY, S.: The Effects of Three Teaching Methods on the Ability of
Young Pupils to Solve Problems in Biology. An Experimental and
Quantitative Investigation. In: JBE. 5/71, S. 219 - 228
HEBB, D.O.: Einführung in die moderne Psychologie. Weinheim: Beltz
1967
HEBERER, G.: Die Evolution der Organismen. Bd. I (1967) und Bd. II
(1971) Stuttgart: G. Fischer
-: Der Ursprung des Menschen. Unser gegenwärtiger Wissensstand.
Stuttgart: G. Fischer 1969
-: Homo - unsere Ab- und Zukunft. Stuttgart: Deutsche Verlags-Anstalt
1968
HEGER, O.: Beiträge zum menschenkundlichen Bereich des biologischen
Curriculums.Empirische Untersuchung über die Strukturen des Wis-
sens, des Interesses und der Einstellungen von Schülern der fünften
bis neunten Klasse (Hauptschule). Unveröffentlichte Prüfungsarbeit.
Bamberg 1971
HEGER, U.: Beiträge zum menschenkundlichen Bereich des biologischen
Curriculums. Empirische Untersuchung über die Struktur des Wissens,
des Interesses und der Einstellung im Vor- und Grundschulalter.
Unveröffentlichte Prüfungsarbeit, Bamberg 1971
HEILAND, H.: Emanzipation und Autorität. Bad Heilbrunn: Klinkhardt
1971
HEIMANN, P. u.a.: Unterricht - Analyse und Planung. Auswahl Reihe B,
Bd. 1/2. Hannover: Schroedel 1965
HEINRICHS, H.: Eine didaktische Weltmesse. In: aula 2/72, S. 183 - 188
-: Brennpunkt neuzeitlicher Didaktik. Bochum: Kamp 1962
-: Lexikon der audiovisuellen Bildungsmittel. München: Kösel 1971
-: Lehr- und Lernmittel in der Grundschule. In: aula 4/69, S. 238 ff.
HEINZEL, J.: Zur Festigung des Wissens im Biologieunterricht.
In: BioS. 1/70, S. 28 - 32
HEITKÄMPER, P.: Zur Problematik ideologischer Pädagogik. In: Päd.
Rundschau 3/70, S. 164 ff.
HEITLER, W.: Naturphilosophische Streifzüge. Braunschweig: Vieweg
1970
HELMERS,H.(Hg.): Zur Sprache des Kindes. Darmstadt: Wissenschaft-
liche Buchgesellschaft 1969

HELMHOLTZ, H. v. : Das Denken in der Naturwissenschaft (Nachdruck).
Darmstadt: Wissenschaftliche Buchgesellschaft 1968
HENLE, P. (Hg.): Sprache, Denken, Kultur. Theorie 2. Frankfurt/M.:
Suhrkamp 1969
HENNINGSEN, J.: Utopie und Erfahrung. In: B. u. E. 2/70, S. 82 ff.
-: Fremdsprache Naturwissenschaften. In: Neue Wege im Unterricht 3/70
HERMANN, W. L. jr.: An Analysis of the Activities and Verbal Behavior
in Selected Fifthgrade Social Studies Classes.
In: The Journ. of Educ. Res., Vol 60, 8/1967, S. 339 ff.
HERRMANN, Th.: Einführung in die Psychologie, - Sprache.
Frankfurt/Bern: Akademische Verlags Gesellschaft Huber 1972
HESS, G.: Biologie - Psychologie. Zwei Wege in der Erforschung des
Lebens. Zürich/Stuttgart: Rascher Paperback 1968
HEYMEN, N.: Zur Adressatenanalyse vor der Erstellung von Lehrpro-
grammen. In: P. L. 4/71, S. 227 - 231
HEYWOOD, V. H.: Taxonomie der Pflanzen. Stuttgart: S. Fischer 1971
HILDEBRANDT, G.: Zielbewußte und zusammenhängende selbständige
Erkundungstätigkeit der Schüler und ihre Wirkung auf die Erhöhung
der Festigkeit und Anwendbarkeit biologischen Grundwissens.
In: Praxis der Päd. Forschung DPZI. 1967, S. 120 - 131
HILGENHEGER, N.: Die normativen Elemente der Curriculumtheorie.
In: Päd. Rundsch. 10/71, S. 681 - 689
HILL, G. C./WOODS, G. T.: Multiple True - false Questions. In: The
School Science Review, Juni 1969, S. 919 - 922
HIRZEL, M.: Partnerarbeit im programmierten Unterricht. Stuttgart:
Klett 1969
HOCKE, Chr./LOBECK, K.: Experimentelle Methode und Lehrerweiter-
bildung im Fach Biologie. In: BioS. 1/72, S. 18 - 29
HOCHBERG, J. E.: Perception. Englewood Cliffs, N. Jersey: Prentice
Hall, Inc., 1964
HOEBEL-MÄVERS, M.: Biologie und Ökologie. In: NiU. 1970, S. 350 - 357
HÖNIGSWALD, R.: Studien zur Theorie pädagogischer Grundbegriffe.
Darmstadt: Wissenschaftliche Buchgesellschaft 1966, Nachdruck der
Ausgabe Stuttgart 1913
HÖRMANN, M.: Methodik und Didaktik des Biologieunterrichts.
München: Kösel 1956
HOFFBAUER, H.: Sind interessante Bilder effektiver? In: DÖRING,
1971 a, S. 143 - 172
HOLLWEDEL, W.: Der Fachraum für den Biologieunterricht. In: NiU.
12/71, S. 548 - 549
HOLSTEIN, H.: Unterrichtsstudium und Unterrichtsforschung an der
pädagogischen Hochschule. In: didactica 2/69, S. 79 ff.
HORN, R.: Lernziele und Schülerleistung. Weinheim: Beltz 1972
HOTYAT, F. (Hg.): Messungs- und Bewertungsmethoden in der Erziehung.
Hamburg. Unesco - Institut für Pädagogik 1958
HOUSEHOLDER, D. L.: Techniques and Modes of Instruction. In: RER.
Vol. 38, 4/1968, S. 385 ff.
HOWARD, W. E.: The Population Crisis. In: The ABT. Vol. 33, 3/71
S. 149 - 154
HSIA, H. J.: On Channel Effectiveness. In: AV Communication Review,
Vol. 16, 3/1968, S. 245 - 267

HUBER, G.: Begriffsbildung im Unterricht. München: Ehrenwirth 1970
-: Lernpsychologische Befunde bei programmierter Unterweisung.
München: Ehrenwirth 1966.
HUBER, L.: Curriculumentwicklung und Lehrerfortbildung in der BRD.
In: Neue Sammlung 2/71, S. 109 - 145
HUBNER, H.J.: Der Arbeitsprojektor im Unterricht. In: Unterricht
heute 12/69, S. 465
HUDELMAYER, D.: Nichtsprachliches Lernen von Begriffen. Stuttgart:
Klett 1970
HUNDT, R.: Die Behandlung der Ökologie an unseren allgemeinbildenden
Schulen und die Ausbildung der Biologiefachlehrer. In: BioS. 11/70,
S. 460 - 466
HUNDT, R./ KRESSE, E.: Biologie. Arbeitsgemeinschaften - Exkursio-
nen. Berlin: Volk und Wissen 1969
HUNZIKER, R.: Schülerbuch in Biologie (Gliederung der Einzelbände
nach Lebensräumen) Zürich: Plüss 1959
HURD, P.D.: Teacher Preparation in Biology. In: BSCS-Newsletter
17/1963, S. 16 ff.
-: The New Curriculum Movement in Science. In: Teaching Tips from
TST, NSTA, Washington 1967
HURRELMANN, K.: Unterrichtsorganisation und schulische Sozialisation.
Weinheim: Beltz 1971
ILLIES, J.: Zoologie des Menschen. Entwurf einer Anthropologie.
München: Piper 1971
INGENKAMP, K.H.: Schulleistungen - damals und heute.
Weinheim: Beltz 1967
INGENKAMP, K.H./ PAREY, E. (Hg.): Handbuch der Unterrichtsfor-
schung Teil 1. Weinheim: Beltz 1970
INSTITUT FÜR FILM UND BILD (Hg.): Audiovisuelle Arbeitsmittel im
Unterricht. München: 1967
IPSEN, D.C.: Issues in Elementary School Science. Washington 1970,
NSTA.
ISELER, A.: Leistungsgeschwindigkeit und Leistungsgüte.
Weinheim: Beltz 1970
ISSING, L.J./ROTH, H.: Ein- und zweikanalige Informationsdarbietung
im Schulfernsehen. In: P.L. 2/69, S. 76 ff.
ISSING, L.J.: Programmiertes Schulfernsehen. München:Oldenbourg 1971
-: "Lautes Denken" fördert das Lernen. In: Umschau 12/70, S. 386
JAKUBZIK, F.: Empirische Untersuchungen zum Problem der Anschau-
ung im Naturlehreunterricht. In: NiU. 2/70, S. 60 ff.
JENDRO, L.: Lieblingsfach Biologie und Berufswunsch. In: BioS. 7/65,
S. 319 - 321
JEZIORSKY, W.: Sprachbildung im sachkundlichen Unterricht.
In: Die dt. Sch. 7/8, 1971, S. 510 - 519
JUDITH, J./STRITTMATTER, P.: Programmierte Tonbildreihen im
Medienverbund - eine Untersuchung über die Effektivität einer pro-
grammierten Tonbildreihe im Medienverbund. In: ava-Forschungsbe-
richte, Bd. 4, S. 51 - 67
JUNG, F.X.: Objektorientierter und medienorientierter Biologieunter-
richt im 5. und 6. Schuljahr - ein Vergleich zweier möglicher Unter-
richtsstrategien. Unveröffentlichte Prüfungsarbeit. Bamberg 1971
JWANOW-MUROMSKIJ, K.A. u.a.: Modellvorstellung der Persönlichkeit.
In: Umschau 25/1969, S. 827 - 830

KAINZ, F.: Psychologie der Sprache Bd. 5 Teil 1. Stuttgart: Enke 1965
KAMBARTEL, F.: Erfahrung und Struktur. Suhrkamp Theorie 2. Bochum
1968
KAMLAH, W./LORENZEN, P.: Logische Propädeutik. BI-Taschenbuch.
Darmstadt: Bibliographisches Institut 1967
KAMPMÜLLER, O.: Lückentextmethode und Impulsaufschreibungen.
In: Die Scholle 3/72, S. 132 - 141
KAUFMANN, H.: Die Erforschung des menschlichen Verhaltens.
Stuttgart: G. Fischer 1970
KAUTTER, H.: Der Unterrichtsfilm in der Sonderschule für Lernbehin-
derte. Eine experimentelle Untersuchung. FWU. München 1969
KASPER,H.: Zur Planung und Dokumentation unterrichtlicher Einheiten
als Beitrag zur Curriculumentwicklung. In: Die dt.Sch. 9/71,
S. 530 - 541
KATTMANN, U./LUCHT, J./ STANGE, S.: Unterrichtseinheit
"Sexualität des Menschen". In: Der BU. 4/71, S. 69 - 83
KATTMANN, U./STANGE,S.: Unterrichtseinheit "DER Mensch und
DIE Tiere". In: Der BU. 4/71, S. 18 - 41
KEIL, R. -O.: Neue Ansichten über die Sprache. In: Grundlagenstudien
aus Kybernetik und Geisteswissenschaft 1/69, S. 15 - 22
KELLE, A.: Neuzeitliche Biologie. Hannover: Schroedel 1968
KERSTIENS, L.: Medienkunde in der Schule. Bad Heilbrunn: Klinkhardt
1968
KIERDORF, A.: Lebende Tiere im Naturkundeunterricht und ihre Wirkung
und das Behalten. Unveröffentlichte Prüfungsarbeit. Bamberg 1968
KITTEL, R.: Der Goldhamster. Neue Brehm Bücherei, Bd. 88. Witten-
berg-Lutherstadt: Ziemsen 1967
KITZINGER, E. u.a.: Lehrplan für die Grundschule in Bayern mit Er-
läuterungen und Handreichungen. Donauwörth: Auer 1971
KLAFKI, W. u.a.: (Hg.) Probleme der Curriculumentwicklung.
Frankfurt/M.: Diesterweg 1972
-: Die didaktischen Prinzipien des Elementaren, Fundamentalen und
Exemplarischen. In: HEILAND (Hg.) 1968, S. 68 ff.
-: Studien zur Bildungstheorie und Didaktik. Weinheim: Beltz 1965
KLAUER, K.J.: Schülerselektion durch Lehrmethoden. In: ZeF. 3/69,
S. 152 ff.
-: Über Möglichkeiten der Experimentalforschung in Schulklassen.
In: P.L. 1/71, S. 1 - 19
KLAUSING, O.: Biologie in der Bildungsreform. Weinheim: Beltz 1968
KLEIN, M.: Zur Einführung des Vergleichens im Biologieunterricht der
5. und 6. Klassen. In: BioS. 10/70, S. 425 - 432
KLEIN, K.: Gruppenprojekte als Endphase des biologischen Oberstufen-
unterrichts. In: PN. (Teil Biologie) 12/71, S. 230 - 234
-: Aspekte eines neuzeitlichen Biologieunterrichts in der Kollegstufe.
In: Neue Unterrichtspraxis 1/72, S. 55 - 58
KLEINSCHMIDT, G.: Lehrstrategie und Denkerziehung. In: BfLFB. 5/70,
S. 189 - 195
-: Sprache und Erziehungsstil. In: Umschau 8/70, S. 249
-: Probleme der Lehrplanforschung im Sachunterricht der Grundschule.
In: W.d.Sch. 1/71. S. 1 - 9
-: Gedankenexperimente im Sachunterricht der Grundschule. In: BfLFB,
3/71, S. 99 - 105
KLINCKMANN, E. (Superv.): BSCS: Biology Teacher's Handbook. New
York: J. Wiley and Sons, Inc., 1970

KLOTZ, G.: Unterricht morgen. In: DÖRING (1971 a), S. 41 - 54
-: Lernziel-Instrumentalisierungen und die Reproduktion von Lernleistungen. In: ZeF. 3/69, S. 21 - 29
-: Bemerkungen zur Entwicklung einer Theorie individualisierter Lernprozesse. In: 2/70, S. 71 ff.
KNOLL, J./RÜTHLEIN, H./STIEREN, B./WERNER, H.: Biologie. Ein Arbeitsbuch für das 5. Schuljahr Bd. 1 (Lehrerband), München: Oldenbourg 1971
KNOLL, J.: Arbeitsweisen und Problemlösungsstrategien im grundlegenden Biologieunterricht. In: BAUER u.a.: Fachgemäße Arbeitsweisen in der Grundschule. Bad Heilbrunn: Klinkhardt 1971
KOBER, H./RÖSSNER, L.: Anleitungen zur Unterrichtsvorbereitung. Frankfurt/M.: Diesterweg 1964
KOCHAN, D.C.: Sprache als inhaltliche Variable in Lehr- und Lernprozessen. In: Die dt.Sch. Teil I, 11/69, S. 690 ff.; Teil II, 12/69, S. 786 ff.
KOCH, J.J./PEIFER, H.: Sozialpsychologische Aspekte einer Reform der zweiten Phase der Lehrerausbildung. In: Die dt. Sch. 7/8, 1971, S. 435 - 449
KOCH, F.: Sprachliche Aspekte der Sexualerziehung. In: B.u.E. 1/71, S. 29 - 37
KOCH, H.: Bildende Elemente im Biologieunterricht. Frankfurt/M.: Hirschgraben 1960
-: Der Selbstaufbau der Natur nach Hedwig Conrad Martius. In: Der BU. 1/68, S. 39 - 61
KÖNIG, E./RIEDEL, H.: Unterrichtsplanung als Konstruktion. Weinheim: Beltz 1970
KÖSEL, E./WINDISCH, K.: Die Einstellung von Schülern der Hauptschule zum Unterrichtsfilm und zum Schulfernsehen. München: AVA 3/71, S. 103 - 167, 1971
KOKEMOHR, R.: Dogmatisierung der Unterrichtssprache. In: B.u.E. 4/71, S. 273 - 291
KOLB, H.: Pressures on the Teaching-Learning Situation. In: BUTTS (1969), S. 17 - 26
KOLBE, W.: Aspekte des Biologieunterrichts. Ratingen: Henn 1968
KOPP, F.: Der Sachunterricht in Grund- und Hauptschule vor neuer Planung. In: Päd. Welt 3/71, S. 140 - 154
-: Das Schulbuch im Unterricht der Volksschule. Donauwörth: Auer 1965
KORFSMEIER, K.: Naturschutz und Landschaftspflege im Biologieunterricht. In: Der BU. 1/65, S. 32 - 47
KORTE, F. u.a.: Technische Umweltchemikalien, Vorkommen, Abbau und Konsequenzen. In: NR. 11/70, S. 445 - 457
KOTHE, W.: Vergleich zwischen objektorientierten und medienorientierten Unterrichtseinheiten im 5. Schülerjahrgang am Beispiel "Regenwurm". Unveröffentlichte Prüfungsarbeit zur II. Lehramtsprüfung. Forchheim 1971
KOZDON, B.: Das Erbe der Heimatkunde im modernen Sachunterricht der Grundschule. In: W.d.Sch. 3/72, S. 81 - 91
KRAFT, B.: Unterrichtsverlauf und programmierte Lernhilfen. Heidelberg: Quelle und Meyer 1971
KRATHWOHL, D.R./BLOOM, S.B./MASIA, B.B.: Taxonomy of Educational Objectives. The Classification of Educational Goals. Handbook II: Affective Domain. New York: McKay Comp., Inc., 1968

KRATZ, W.: Auswahl und Einsatz von Dias zu tier- und pflanzenkund-
lichen Themen nach den neuen Lehrplänen für die Orientierungsstufe
der Hauptschule. Unveröffentlichte Prüfungsarbeit zur II. Lehramts-
prüfung. Bamberg 1971
KREITLER, H. u. S.: Die kognitive Orientierung des Kindes.
München/Basel: E. Reinhardt 1967
KUGLER, R.: "Erscheinung" und "Innerlichkeit" in der Biologie Adolf
Portmanns. In: Der BU. 1/68, S. 25 - 38
KUHN, W.: Aufgaben und Ziele des Biologieunterrichts in der Haupt-
schule. In: Neue Wege im Unterricht 3/70, S. 158 ff.
-: Ganzheitliche Menschenkunde in exemplarischer Sicht,
Freiburg: Herder 1967
-: Die Sonderstellung des Menschen in der lebendigen Natur. Ein Vor-
schlag zur Reform des Unterrichts in der Humanbiologie.
In: Der BU. 2/67, S. 26 - 34
-: Exemplarische Biologie in Unterrichtsbeispielen 2. Teil
München: List 1972
-: Der aufrechte Gang des Menschen. In: Der BU. 2/67, S. 35 - 48
-: Methodik und Didaktik des Biologieunterrichts. München: List 1967
-: Exemplarische Biologie in Unterrichtsbeispielen. München: List 1966
KULP, M.: Menschliches und maschinelles Denken. Göttingen: Vanden-
hoeck u. Ruprecht 1968
KULTUSMINISTER VON NORDRHEIN-WESTFALEN (Hg.): Grundsätze,
Richtlinien, Lehrpläne für die Hauptschule in Nordrhein-Westfalen.
(Heft 30). Wuppertal: Henn ca. 1969
-: Richtlinien und Lehrpläne für die Grundschule. (Heft 40).
Wuppertal: Henn 1964
KUNZ, E.: Erfahrungen zum programmierten Unterricht: Lehrbeispiel
Hauskatze. In Der BU. 1970, S. 72 - 91
KURTH, G.: Zur Stammesgeschichte menschlichen Verhaltens.
In: Umschau 1/71, S. 7 - 10
LANG, M.: Epochenunterricht in Biologie. In: LEHMANN (1968), S. 85
LANGEVELD, M. J.: Schule als Gemeinschaft und Utopie. In: RÖHRS, H.
(Hg. 1968), S. 145 ff.
-: Einführung in die theoretische Pädagogik. Stuttgart: Klett 1965
LAWSON, CH. A.: Ecology and Children. Science Curriculum Improve-
ment Study. Berkeley: Lawrence Hall of Science Univ. of Calif. 1970
LAY, W. A.: Experimentelle Pädagogik, Leipzig/Bern: Teubner 1918
LEE, A. E.: Teaching Biology in the 1970-s. ABT.Vol. 33, 2/71,
S. 79 - 85
-: Some Nots in Biology. In: Biological Science: Teaching Tips from
TST.NSTA, Washington 1967, S. 1 - 4
LEEPER, R. R. (Ed.): Strategy for Curriculum Change. Washington 1971
LEHMANN, J. (Hg.): Differenzierung des Anfangsunterrichts.
München: Bay. Schulbuch Verlag 1968
LEICHT, W. H.: Humanbiologie in der Hauptschule. In: BlfLFB. 3/71,
S. 81 - 92
-: Über Fachräume für den naturwissenschaftlichen Unterricht in Haupt-
schulen. In: NiU. 6/71, S. 242 - 248
LEINFELLNER, W.: Einführung in die Erkenntnis- und Wissenschafts-
theorie. B. I. - Hochschultaschenbücher. Mannheim: Bibliographi-
sches Institut 1967

LEPPIG, M.: Der lehrerverfahrensorientierte Unterrichtsentwurf.
In: Unterricht heute, 12/69, S. 457 ff.
LEPSCHY, G.C.: Die strukturelle Sprachwissenschaft. München:
Nymphenburger Verlagsanstalt 1969
LESCHIK, G.: Biologie der Gegenwart im Unterricht der Volks- und
Realschulen. In: NiU. 1970, S. 31 - 36
-: Zur Intensivierung des Biologie-Unterrichts in der Grundschule.
In: NiU. 7/71, S. 305 - 310
LEY, H.: Wissenschaftliche Erkenntnis, Fortschritt und Verantwortung.
In: BioS. 4/71, S. 113 - 119
LIENERT, G.A.: Grundsätzliches über den Test. In: OPPOLZER (Hg.
1969), S. 95 - 117
LIESENFELD, F.J.: Schriftliche Arbeiten im Biologie-Unterricht -
eine Situationsanalyse. In: Der Bu. 1/71, S. 4 - 10
LIKERT, R.: A Technique for the Measurement of Attitudes.
In: Arch. Psychol. 1932, 140, S. 1 - 55
LINDER, H.: Leitgedanken zum Unterricht in Biologie. Stuttgart: Metz-
lersche Verlagsbuchhandlung
LINSER, H.: Der Fachraum für den Biologieunterricht an Volks- und
Realschulen. In: ZfNuN., 4/69, S. 122 - 127
LIPKA, D.: Das Verständnis von Lehrfilmen unter verschiedenen Pro-
jektionsbedingungen. In: ava-Forschungsberichte 2/70, S. 77 - 116,
München 1970
LITT, Th.: Naturwissenschaft und Menschenbildung. Heidelberg: Quelle
und Meyer 1959
-: Technisches Denken und menschliche Bildung. Heidelberg: Quelle und
Meyer 1964
LOCH, W.: Die stationäre Emanzipation. In: NEIDHARDT u.a. (1970),
S. 229 - 251
-: Der Schüler unserer Zeit. In: Handbuch für den Lehrer, Bd. 3,
Gütersloh: Bertelsmann 1963, S. 45 ff.
-: Die Sprache als Instrument der Erziehung. In: Schulpraxis I/2,
Bern 1966, S. 24 ff.
-: Enkulturation als Grundbegriff der Pädagogik. In: B.u.E. 1968,
S. 161 - 178
-: Die anthropologische Dimension der Pädagogik. Essen: Neue Deutsche
Schule 1963
-: Die Destruktion des Lehrens durch den "Nur-Lehrer". In: Päd. Ar-
beitsblätter 13/1961, S. 49 - 62
-: In: BRUNER (1970) (Vorwort)
-: In: LURIJA/JUDOWITSCH (1970) (Einleitung des Herausgebers)
-: Rollenübernahme und Selbstverwirklichung. In: BRÄUER u.a. (1968,
S. 65 ff.)
-: Elementare Funktionen und Erfordernisse des pädagogischen Experi-
ments. In: GLASER (Hg.): Team Teaching Konkret.
Freiburg: Rombach 1968 b
LOHMANN, M. (Hg.): Wohin führt die Biologie? München: Hanser 1970
LOHNERT, J.: I. Untersuchung zur lernzielorientierten Placierung der
biologischen Unterrichtseinheit "Auge und Sehen" (Primarstufe).
Unveröffentlichte Prüfungsarbeit. Bamberg 1972
LOSCHAU, R.: Zur Planung von Bildung und Erziehung. In: BioS. 5/70,
S. 179 - 187

LOSER, F.: Methodische Differenzierung des Unterrichts durch Differenzierung von Unterrichtsmethoden. In: B.u.E. 5/70, S. 351 - 373

LORENZ, K.: Darwin hat recht gesehen. Pfullingen: Neske 1965

-: Über menschliches und tierisches Verhalten. München: Piper 1966

LORENZ, K./ LEYHAUSEN, P.: Antriebe tierischen und menschlichen Verhaltens. München: Piper 1968

LORENZEN, P.: Methodisches Denken. Suhrkamp Theorie 2. Frankfurt/M. 19..

LUBOWSKY, G.: Der pädagogische Sinn des Sachunterrichts. München: Ehrenwirth 1967

LÜCKERT, H.R. u.a.: Über die Wirkung verschiedener Kommentarfassungen bei Unterrichtsfilmen. AVA 1/68, S. 32 - 77

LURIJA A.R./ JUDOWITSCH, F.J.: Die Funktionen der Sprache in der geistigen Entwicklung des Kindes. (Hg. W. LOCH) Düsseldorf: Schwann 1970

MACDONALD, J.B./WOLFSON, B.J.: A Case against Behavioral Objectives. In: TESY, Vol. 71, 3/70, S. 119 - 128

MACDONALD, J.B./LEEPER, R.R.: Theorie of Instruction. ASCD, Washington 1965

MAC KAY, D.M.: Informationsverarbeitung im Gehirn und in Maschinen. In: Umschau 8/1967, S. 250 ff.

MACKEAN, D.G.: Einführung in die Biologie. Hamburg: Rowohlt 1970, 2 Bde.

MÄNDL, M.: Erziehung durch Unterricht. Bad Heilbrunn: J.Klinkhardt 1963

MAGER, R.F.: Motivation und Lernerfolg. Weinheim: Beltz 1971

-: Lernziele und programmierter Unterricht. Weinheim: Beltz 1965

MANDLER, G.: Verbal Learning. In: MANDLER et al.: New Directions in Psychology III. New York: Holt, Rinehart and Winston, Inc.,1967, S. 3 - 50

-: From Association to Structure. In: Psychol. Rev. Vol. 69, 5/1962; S. 415 - 427

-: Response Factors in Human Learning. In: Psychol. Rev. Vol. 61, 4/1954, S. 235 ff.

-: Transfer of EducationalTechnology. Vol. III. London: Pitman 1969

MARKL, H.: Vom Eigennutz des Uneigennützigen. Die Evolution hochentwickelter Sozialsysteme im Tierreich. In: NR. 7/71, S. 281 - 289

-: Prinzipien eines modernen Biologieunterrichts. In: Mitt. d. VDB in NR. 4/71, S. 815 - 819

MASUCH, G.: Lernziele für den Biologieunterricht. In: NiU. 1970, S. 489 - 492

MASSIALAS, B.E./ZERVIN,J.: Kreativität im Unterricht. Stuttgart: Klett 1969

MATTERN, A.: Differenzierte Darbietungsmethoden in ihrer Auswirkung auf Leistung und Urteil der Schüler - Eine Untersuchung mit audiovisuellen Medien für den Erdkundeunterricht im 6. Schuljahr. In: ava 4/1971

MAYER, H.: Aufzeichnung und Analysen von Unterrichtsprotokollen. In: Unterricht heute 2/71, S. 53 - 75

MAYER, M.: Zeitgemäße Wege im Naturkundeunterricht der Grundschule. In: W.d.Sch. (G) 10/71, S. 369 - 383

MAYER, W.V.: Test Construction Committee. In: BSCS-Newsletter
28/1966, S. 9 ff.
MAYER, W.V.: About BSCS-Biology. Boulder, Colorado 1967
MAYR, R.: Artbegriff und Evolution. Hamburg/Berlin: Parey 1967
MC CARTHY, D.W.: Mr. Reader, Mr. Doer and Mr. Problem Solver.
In: Helping Children Learn Science. NSTA, Washington 1966, S. 98 -100
MC CARTHY, J.: Computer und Informationsverarbeitung.
In: STEINBUCH (Hg., 1967), S. 13 ff.
MC NEIL, J.D. / KREISLAR, E.R.: Value of Oral Response in Be-
ginning Reading: An Experimental Study Using Programmed Instruc-
tion. Washington 1962
MC NEIL, J.D.: Forces Influencing Curriculum. In: RER, Vol. 39, 3/1969,
S. 293 - 318
MEBES, H. -D.: Biologie, Umweltverschmutzung und Gesellschaft.
In: Mitt.d.VDB., S. 856 - 858 in NR. 2/72
MEDAWAR, P.B.: Die Einmaligkeit des Individuums. Frankfurt/M.:
Suhrkamp 1969
MEIER, R.: Beobachten als Lernziel im Biologieunterricht der Grund-
stufe. In: Die Grundschule 3/70, S. 11 ff.
MELCHERS, G.: Organismen - Mechanismen und allgemeine Biologie.
In: LOHMANN (1970), S. 33 - 55
MEMMERT, W.: Die wissenschaftstheoretische Grundlegung einer päda-
gogischen Anschauungslehre. In: WPB. 9/69, S. 473 - 481
-: Grundfragen der Biologiedidaktik. Essen: Neue Deutsche Schule 1970
-: Schule - Raum und Zeit der Muße. In: WPB. 8/70, S. 392 ff.
-: Die Geschichte des Wortes "Anschauung" in pädagogischer Sicht.
Dissertationsschrift. Erlangen 1969
MENGES, G.G. u.a.: Entscheidung und Information.
Frankfurt/M./Berlin: A. Metzner 1968
MENZEL, G.: Unterrichtseinheit "Nahrungsmittel und Verdauung".
In: Der BU. 4/71, S. 58 - 68
MERKENS, H.: Zum Problem der Unterrichtsforschung. In: ZeF. 5/71,
S. 13 - 26
MERRILL, R.J.: Selecting Instructional Equipment and Materials.
In: BUTTS (1969), S. 43 - 52
MERRILL, R.J./BUTTS, D.P.: Vitalizing the Role of the Teacher.
In: BUTTS (1969), S. 35 - 42
MESSNER, R./RUMPF, H.: Didaktische Impulse. Wien: Österr. Bundes-
verlag 1971
MESSNER, R.: Funktionen der Taxonomien für die Planung von Unter-
richt. In: ZfP. 6/70, S. 756 - 779
MEURERS, J.: Wort und Formel in den exakten Naturwissenschaften.
In: Philosophia Naturalis Bd. 11, 2/69, S. 151 ff.
MEYER, E. (Hg.): Fernsehen und Lehrerbildung. München: Manz 1966
MITSCH, E.: Das Versuchsprotokoll im biologischen Praktikum.
In: Der BU. 1/71, S. 56 - 75
MITTENECKER, E.: Planung und statistische Auswertung von Experi-
menten. Wien: Deuticke 1964
MÖLLER, B.: Analytische Unterrichtsmodelle. München/Basel:
E. Reinhardt 1966
MÖLLER, B. und Chr.: Perspektiven der didaktischen Forschung.
München/Basel: E. Reinhardt 1966
MÖLLER, Chr.: Technik der Lernplanung. Weinheim: Beltz 1969

-: Methoden der Ableitung von Feinlernzielen. In: ZeF. 3/69, S. 78 - 87
MÖLLER, H.: Was ist Didaktik? Bochum: Kamp 1963
MOHR, H.: Die Zukunft des Menschen - biologische Aspekte
    In: Jungk, R. (Hg.): Menschen im Jahr 2000.
    Frankfurt: Umschau 1969, S. 177 ff.
-: Das Gesetz der Biologie. In: Freiburger Dies Universitas 12/1964/65,
    S. 23 - 50
MOLLENHAUER, K.: Erziehung und Emanzipation. München: Juventa
    1970
MOSER, H.: Technik der Lernplanung: Curriculumforschung und Ideolo-
    gie. In: ZfP. 1/71, S. 55 - 74
MOWL, B.: Flexibility in the Development of Science Teaching Schemes.
    In: The School Science Review Juni 1969, S. 923 ff.
MÜCKE, R.: Der Grundschulunterricht. Bad Heilbrunn: Klinkhardt 1967
-: Unterrichtsplanung als Unterrichtshilfe für die Grundschule.
    Aspekte und Beispiele. Planungsbeispiel Biologie I (1. - 3. Schuljahr).
    Bad Heilbrunn: Klinkhardt 1971
MÜLLER, H.W.: Pflanzenbiologisches Experimentierbuch. Stuttgart:
    Kosmos 1966
MÜLLER, J.: Zur Aktivierung ausgewählter logischer Operationen im
    Biologieunterricht. (Folge in 5 Teilen). In: BioS., 7, 8/9, 10, 11,
    12/1969
MÜLLER, J.: Anschauliche Naturkunde. Göttingen: Industriedruck 1965
MÜLLER, J.:/THIEME, E.: Biologische Arbeitsblätter. Göttingen:
    Industriedruck 1964
MUTH, J.: Akzente der Grundschulreform. Essen: Neue Deutsche Schule
    1971
-: Die neue Konzeption des Sachunterrichts in der Grundschule.
    Düsseldorf: Hagemann 1970 (brosch.)
NACHTIGALL, W.: Biologische Forschung Aspekte - Argumente - Aus-
    sagen. Heidelberg: Quelle und Meyer 1972
NANSON, E.M.: News and Comments: Biological Sciences Curriculum
    Study. In: JBE. 2/71, S. 61 - 64
NEALE, D.C.: Student Ratings of Televised Classroom Demonstration.
    In: The Journal of Educ. Res. Vol. 60, 9/1967, S. 391 - 393
NELSON, P.A.: Naturwissenschaftlicher Unterricht in der Grundschule.
    Stuttgart: Klett 1970
NEWELL, A./ SHAW, J.C./ SIMON, H.A.: Elements of a Theory of
    Human Problem Solving. In: Psychol. Rev. Vol. 65, 3/1958, S. 151 ff.
NIPKOW, K.E.: Curriculumdiskussion. In: ZfP. 1/71, S. 1 - 10
NORBERG, K.: Die visuelle Wahrnehmungstheorie und die Unterrichts-
    kommunikation. In: P.L. 4/1967, S. 162 - 170
NORDSTECK, H.: Möglichkeiten und Grenzen des schematischen Zeich-
    nens in Biologieunterricht der Oberstufe. In: Der BU. 3/68, S. 57 - 79
NORTHEMANN, W./ OTTO, G. (Hg.): Geplante Information. Weinheim:
    Beltz 1969
NSTA (NATIONAL SCIENCE TEACHERS ASSOCIATION): Conditions for
    good Science Teaching in Secondary Schools. Washington 1970
NSTA CURRICULUM COMMITTEE: Theory into Action in Science
    Curriculum Development. Washington 1964
NÜNDEL, E.: Umwelt, Sprache und Schule. In: WPB. 4/71, S. 185 - 190
NUFFIELD ADVANCED SCIENCE/BIOLOGICAL SCIENCE/ Study Guide:
    Evidence and Deduction in Biological Science. Harmondsworth: Penguin

Books Ltd. , 1970
-: Teacher's Guide to the Laboratory Guides Vol. II. The Developing
Organism. Controll and Co-ordination in Organisms.
Harmondsworth: Penguin Books, Ltd.
NUFFIELD COMBINED SCIENCE: Teacher's Guide II, III. Harmonds-
worth: Longmans/Penguin Books, 1970
NUFFIELD BIOLOGY/TEACHER's GUIDE: I - V,Harmondsworth: Long-
mans/Penguin Books 1969
NUFFIELD ADVANCED SCIENCE: (Topic Reviews) 1) Control of breathing
2) Metabolism 3) Interactions. Harmondsworth 1970
NUFFIELD JUNIOR SCIENCE: Teacher's Background Booklets 1 - 3,
Harmondsworth 1968
NUFFIELD ADVANCED SCIENCE: Biological Science: Laboratory Guides:
Control and Co-ordination in Organisms (1970).
The Developing Organism (1970). Organisms and populations (1970).
Maintenance of the organisms (1970).
NUFFIELD BIOLOGY: Text I - V (Schülerausgaben) Nuffield Fondation.
Harmondsworth 1969, 1970: Longmans/Penguin Books
NYSSEN, F.: Lernmöglichkeiten im Neokapitalismus. In: Die dt.Sch.
3/70, S. 162 ff.
OERTER, R.: Struktur und Wandlung von Werthaltungen. München: Olden-
bourg 1970
OEVERMANN, U.: Schichtenspezifische Formen des Sprachverhaltens
und ihr Einfluß auf kognitive Prozesse. In: ROTH, H. (Hg.): Lernen
und Begabung. Stuttgart: Klett 1969, S. 274 - 292
ODENBACH, K.: Schule zwischen Kind und Gesellschaft. In: Unterricht
heute 19/1969, S. X - XV
ODUM, E.P.: Ökologie. München: BLV 1967
OPARIN, A.J.: Natur und Entstehung des Lebens. In: BioS. 4/71,
S. 125 - 136
OPPOLZER, S. (Hg.): Denkformen und Forschungsmethoden der Er-
ziehungswissenschaft, Bd. 2. Empirische Forschungsmethoden.
München: Ehrenwirth 1969
ORTNER, R.: Probleme des Medienverbunds im Bereich der Primar-
stufe. In: aula 1/72, S. 6 - 8
-: Audiovisuelle Medien in der modernen Grundschule. Esslingen:
Schneider 1972
-: Das Sprachlabor im Leseunterricht. Bielefeld/Berlin: Cornelsen-
Velhagen u. Klasing V. 1971
OTTO, G.: Paul Heimanns Entwurf einer wissenschaftlich begründeten
Didaktik. In: NORTHEMANN (1969), S. 9 - 44
PARREREN, C.F.v.: Lernprozeß und Lernerfolg. Braunschweig: Wester-
mann 1966
PASTERNAK, F. / STOCKFISCH, A.: Die Natur im Unterricht.
Hildesheim: Lax 1953
PAULSEN, F.: Die Aufgabe des Unterrichts überhaupt. In: RÖHRS (Hg.).
Theorie der Schule. Frankfurt/M.: Akademische Verlagsgesellschaft
1968, S. 43 ff.
PETERS, G.: Probleme der Taxonomie im Biologieunterricht I und II.
In: BioS. 10/71, S. 401 - 412 und 12/71, S. 505 - 519
PETERS, O.: Was leistet das Konzept der Unterrichtstechnologie?
In: aula, 6/71, S. 498 - 504

PETERSEN, J.: Vogelfeder, Vogelflügel, Vogelflug. Westermann Programm (Hg. H. GARMS). Braunschweig 1966

PETERSEN, P.: Führungslehre des Unterrichts. Braunschweig: Westermann 1953

PFEIFFER, R.: Die Fortpflanzung bei Wirbeltieren - Beispiel für die Planung einer Unterrichtseinheit. In: Der BU. 1/70, S. 34 - 52

-: Modellentwurf eines differenzierenden Unterrichtsverfahrens für den Biologieunterricht. In: Der BU. 1/70, S. 30 - 33

-: (Hg.) Neue Wege der Schulbiologie in englischen Unterrichtsprojekten. PZ-Didaktische Informationen. Berlin: Pädagogisches Zentrum 1970

PFEIFFER, R. / NUSS, J.: Biologie im präzisierten Lehrplan der DDR. PZ-Didaktische Informationen. Berlin: Pädagogisches Zentrum 1971

PFEIFFER, R.: Biologie. Neue Unterrichtsmittel. Didacta - 70. Berlin: PZ-Didaktische Informationen 1970

PHILIPS, M.G.: Learning Materials and Their Implementations. In: RER. Vol. 36, June 1966, S. 373 - 379

PICKERING, G.: Educations of Tomorrow. A Biologist's View. In: JESSUP, F.W. (Ed.): Lifelong Learning. A Symposium on Continuing Education. Oxford: Pergamon Press 1969

PLESSNER, H.: Die Stufen des Organischen und der Mensch. Berlin: de Gruyter 1965

PLÖTZ, F.: Kind und lebendige Natur. München: Kösel 1963

PLOOG, D.: Kommunikation in Affengesellschaften und deren Bedeutung für die Verständigungsweisen des Menschen. In: GADAMER/VOGLER, Band II, S. 98 - 178

POPHAM, W.J.: Curriculum Materials. In: RER, Vol. 39, 3/1969

PORTMANN, A.: Biologie und Geist. Zürich: Rhein 1956

-: Das Tier als soziales Wesen. Zürich: Rhein 1953

PREGEL, D.: Kindersprache als Gegenstand der Forschung. In: WPB. 6/69, S. 324 - 330

PRIESEMANN, G.: Zur Theorie der Unterrichtssprache. Düsseldorf: Schwann 1971

PROKOP, E.: Die Beeinflussbarkeit in Erziehung und Unterricht. München: Manz 1966

PÜSCHEL, E.: Biologiemethodik. Berlin: Volk und Wissen 1962

RÄBER, L. (Hg.): Kriterien der Curriculumkonstruktion. Weinheim: Beltz 1970

RADEMACHER, H. (Hg.): Karl Marx: Technologie und polytechnische Erziehung. Heidelberg: Quelle und Meyer 1965

RAMO, P.: Vergleichende biologische Verhaltensforschung und Pädagogik. In: Pädagogik 3/70, S. 248 ff.

RÄUBER, A.u.H.: Zur Behandlung der biologischen Oxidation ab Klasse 8. In: BioS. 5/70, S. 190 - 197

RÄUBER, H.: Probleme der vereinfachten Darstellung wissenschaftlicher Aussagen durch Schemata. In: BioS. 7/69, S. 309 - 311

RAPP, G.: Informelle, objektive Leistungsmessung im Unterrichtsfach Biologie. In: Der BU. 1/70, S. 53 - 71

REBEL, K.-H.: Zur didaktischen Struktur des Funkkollegs Erziehungswissenschaft. In: Die dt. Sch. 3/70, S. 175 ff.

REICH, H.: Pflanzenphysiologische Schulversuche. Köln: Aulis 1966

REICHENBACH, H.: Der Aufstieg der naturwissenschaftlichen Philosophie. Braunschweig: Vieweg 1968

REID, D.J./BOOTH, P.: The Work of Nuffield Individual Learning

Project in Elementary Biology. In: MANN/BRUNSTROM (1965),
S. 221 - 225

REISSE, W.: Die Entwicklung von Begleitmaterial im Rahmen des Schul-
fernsehversuchs Hessen. In: P.L. 1/70, S. 33 - 45

REITZ, E.: Filmstunde - Filmexperimente in der Schule.
In: Fernsehen und Bildung, 3/69, S. 135 - 143

RENSCH, B.: Homo Sapiens. Vom Tier zum Halbgott. Göttingen: Vanden-
hoeck u. Ruprecht 1965

RER (REVIEW OF EDUCATIONAL RESEARCH): Vol. 39/No. 3, June 1969
- Curriculum -

RICHTER, W.: Didaktik als Aufgabe der Universität. Stuttgart: Klett 1969

RICHTLINIEN FÜR DIE BAYERISCHEN VOLKSSCHULEN (1. - 9. Schülerjahrgang): München: Maiß 1967

ROLLETT, B.: Das Design in der empirischen Unterrichtsforschung.
In: ROTH, L. (1969), S. 72 - 102

ROBINSOHN, S.B./THOMAS, H.: Differenzierung im Sekundarschulwesen.
Stuttgart: Klett 1968

ROBINSOHN, S.B.: Ein Strukturkonzept für Curriculum-Entwicklung.
In: ZfP. 6/69, S. 631 ff.

-: Bildungsreform als Revision des Curriculums. Neuwied 1969

-: Innovationen im Erziehungswesen und ein Curriculum für Lehrerbildung. In: B.u.E. 1/72, S. 3 - 17

RODI, P.: Erziehung zum Naturschutz in der Schule. In: NiU. 1970,
S. 439 - 445

ROOS, H./STRITTMATTER, P.: Programmierte Tonbildreihen und
kooperative Bedingungen der Bearbeitung - Eine Untersuchung über
die Effektivität eines audiovisuellen Lehrprogramms unter koopera-
tiven Bearbeitungsbedingungen. In: ava, S. 68 - 86

ROSENFELD, G.: Theorie und Praxis der Lernmotivation.
Berlin: Deutscher Verlag der Wissenschaften 1966.

ROSSI, E.: Die Entstehung der Sprache und des menschlichen Geistes.
München/Basel: Rheinhardt 1962

ROTH, H.: Schule als optimale Organisation von Lernprozessen.
In: DÖRING (1971 a) S. 3 - 24 und
In: Die dt. Sch. 9/69, S. 520 - 536

-: Die Bedeutung der empirischen Forschung für die Pädagogik.
In: Päd. Forschung und päd. Praxis. Veröff. der Hochschule für
Internationale Pädagogische Forschung. Heidelberg: Quelle und
Meyer 1958 und in OPPOLZER (1969) Bd. 2.

-: Erziehungswissenschaft - Schulreform - Bildungspolitik.
In: 9. Beiheft zur ZfP. Weinheim: Beltz 1971, S. 17 - 31

-: Pädagogische Anthropologie. Bd. 1. Hannover: Schroedel 1966

ROTH, L.: Effektivität von Unterrichtsmethoden. Hannover: Schroedel
1971

-: (Hg.) Beiträge zur empirischen Unterrichtsforschung. Hannover:
Schroedel 1969

ROTHER, E.F. (Hg.): Audio-visuelle Mittel im Unterricht.
Stuttgart: Klett 1968

ROYL, W.: Die Itembank im System der objektiven Lernerfolgsmessung.
In: Neue Unterrichtspraxis 1/72, S. 30 - 35

RUNGE, F.: Die Pflanzengesellschaften Deutschlands.
Münster: Aschendorff 1969

RUMPF, H. / MESSNER, R.: Anatomie einer empirischen Untersuchung.
    In: ZfP. 4/71, S. 483 - 505
RUMPF, H.: Die administrative Verstörung der Schule.
    Essen: Neue Deutsche Schule 1966
-: Sachneutrale Unterrichtsverfahren? In: ZfP. 6/70, S. 801 - 819
-: Zweifel am Monopol des zweckrationalen Unterrichtskonzepts.
    In: Neue Sammlung 5/71, S. 393 - 411
RUPRECHT, H.: Informationsaufnahme und Informationsspeicherung
    audiovisuell dargebotener politischer Inhalte bei methodenvariantem
    Vorgehen. In: ROTHER (1968), S. 46 - 52
SAMUELS, S. J.: Effects of Pictures on Learning to Read, Comprehension
    and Attitudes. In: RER 3/1970, S. 397 - 407
SACHSE, H.: Über den zwiefachen Zugang zum Verständnis des Lebendi-
    gen. In: LOHMANN (Hg.), S. 213 - 240
SAUSSURE, F. v.: Grundfragen der allgemeinen Sprachwissenschaft.
    Berlin: de Gruyter 1967
SAXLER, J.: Der Prozeß des Forschens und Erfindens als Lernziel der
    Physik. In: WPB 3/71, insbes. S. 137 f.
SCHADE, J. P.: Die Funktionen des Nervensystems. Stuttgart: Fischer
    1969
SCHÄFER, G.: Probleme der Curriculumkonstruktion. In: Der BU. 4/71,
    S. 6 - 17
-: Schriftliche Arbeiten zur Themengruppe "Kybernetik" im Wahlpflicht-
    fach Biologie. In: Der BU. 1/71, S. 35 - 47
SCHÄFER, K. H.: Didaktik zwischen Autorität und Emanzipation.
    In: didactica 1/70, S. 1 ff.
SCHEFFER, W.: Vergleichende Untersuchung auditiven und audiovisuellen
    Materials. In: ava 2/70, S. 63 - 76
SCHIEFELE, H.: Schule und Begabung. München: Oldenbourg 1971
SCHIETZEL, C.: Lerntypen und Denkformen. In: BfLFB 8/9, 1969,
    S. 298 ff.
SCHINDEWOLF, O. H.: Phylogenie und Anthropologie aus paläontologi-
    scher Sicht. In: GADAMER/VOGLER (1972), Bd. 1, S. 230 - 292
SCHLEGEL, R.: Steckbrief der Wissenschaft. Stuttgart: Deutsche Ver-
    lagsanstalt 1969
SCHLEIERMACHER, F.: Gedanken zu einer Theorie der Erziehung.
    Heidelberg: Quelle und Meyer 1965
SCHLOZ, W.: Über die Nichtplanbarkeit der Erziehung. Wiesbaden:
    Deutscher Fachschriften Verlag 1966
SCHMIDT, C.: Biologie in der Arbeitsschule. München: Bayerischer
    Schulbuch Verlag 1951
SCHMIDT, G. R.: Die Wert- und Zielproblematik in der amerikanischen
    Curriculumtheorie seit 1950. In: ZfP. 1/71, S. 31 - 54
SCHORB, A. D. u. a.: Phänomenkatalog zur Archivierung von Unterrichts-
    dokumenten. In: Unterricht heute 10/71, S. 440 - 445
SCHRAMM, W.: Grundfragen der Kommunikationsforschung. München:
    Juventa 1964
SCHRÖTER, G.: Der Schüleralltag - kritisch gesehen. Essen: Neue
    Deutsche Schule 1962
-: Objektivierung des Unterrichts. Braunschweig: Westermann 1965
SCHROOTEN, G.: Schriftliche Klassenarbeiten im Wahlpflichtfach
    Biologie. In: Der BU. 1/71, S. 48 - 55

-: Die Bildungsaufgabe des Biologieunterrichts in der höheren Schule.
  In: Der BU. 1/65, S. 3 - 13
-: Didaktische Überlegungen zum Biologieunterricht in der Sexta.
  In: Der BU. 2/65, S. 4 - 14
-: Verhaltensforschung beim Tier und das Verständnis vom Menschen.
  In: Der BU. 4/65, S. 72 - 95
SCHREINER, G.: Sinn und Unsinn der schulischen Leistungsbeurteilung.
  In: Die dt. Schule 4/70, S. 226 ff.
SCHRIEVER, W. (Hg.): Herbart, J. F.: Vorlesungen über Pädagogik.
  Heidelberg: Quelle und Meyer 1964
SCHÜTZ, H.: Die Anwendung der Heimannschen Strukturbegriffe bei
  der didaktischen Disposition mathematisch-naturwissenschaftlichen
  Unterrichts. In: NORTHEMANN/OTTO (1969)
SCHULREFORM IN BAYERN Bd. 1 (1970): Lehrpläne für die Grundschu-
  le, Orientierungsstufe und Hauptschule. Hg.: Bay. Staatsministerium
  für Unterricht und Kultus. München 1970
SCHULTZE, W./SCHLEIFFER, G.: Arbeitsplatzanalysen des Volks-
  schullehrers und Rationalisierung des Unterrichts. Frankfurt/M.
  Dt. Inst. für Internationale Pädagogische Forschung 1965
SCHULZ, W./THOMAS, H.: Schulorganisation und Unterricht. Heidelberg:
  Quelle und Meyer 1967
SCHWAB, J. J./BRANDWEIN, P. F.: The Teaching of Science. Cambridge,
  Mass.: Havard University Press; 1962
SCHWAGER, H. K.: Wesen und Formen des Lehrgangs im Schulunterricht.
  Weinheim: Beltz 1961
SCHWARZ, E.: Experimentelle und quasiexperimentelle Anordnungen in
  der Unterrichtsforschung. In: INGENKAMP (Hg.): Handbuch für Unter-
  richtsforschung, Bd. 1, Sp. 449 - 631
SCHWARTZ, E. (Hg.): Materialien zum Lernbereich Biologie im Sach-
  unterricht der Grundstufe. Frankfurt/M.: Arbeitskreis Grundschule
  e.V., 1971
SCHWERDTFEGER, F.: Demökologie (1968), Autökologie (1963)
  Hamburg/Berlin: Parey
SEELIG, G. F.: Beliebtheit von Schulfächern. Reihe: Theorie und Praxis
  der Schulpsychologie, Bd. XII. Weinheim: Beltz 1968
-: Arbeitsanweisungen für objektivierte Leistungsmessung.
  In: Die dt.Sch. 1/70, S. 51 ff. (Teil 1)
SEIFFERT, H.: Einführung in die Wissenschaftstheorie. Bd. 1.
  München: Beck 1969
-: Erziehungswissenschaft im Umriß. Stuttgart: Kohlhammer 1969
SENGER, H.: Zur Methode des Sachunterrichts im 3. u. 4. Schülerjahr-
  gang. In: P.W. 10/70, S. 601 ff.
SERVIN, W.: The Effectiveness of Relevant Pictures in Multiple-
  Channel-Communications. In: AV-Comm. Rev., 15/1967, S. 386-401
SETZEN, K.: Empirische Befunde zur Berufs- und Tätigkeitsstruktur
  der Lehrerschaft an Grund-, Haupt- und Sonderschulen.
  In: B.u.E. 4/71, S. 251 - 263
SHANNON, C.E./WEAVER, W.: The mathematical Theory of Communi-
  cation. Urbana: University Illinois Press, 1964
SHOWALTER, V.M./SLESNICK, J.L.: Ideas for Science Investigations.
  NSTA, Washington 1966
SHUBIK, M. (Hg.): Spieltheorie und Sozialwissenschaften.
  Stuttgart: S. Fischer 1965

SHULMAN, L. S./KREISLAR, E. R.: Learning by Discovery. A Critical
Appraisal. Chicago: Rand Mc. Nally and Comp., 1966
SHULMAN, L. S.: Reconstruction of Educational Research.
In: RER., 3/70, S. 371 - 396
SIBBING, W. u. a.: Biologische Themen in den Lehrplänen für die Grund-
schule in Nordrhein-Westfalen. In: NiU. 1/70, S. 395 - 409
SIEBERT, H.: Bildungspraxis in Deutschland. Düsseldorf: Bertelsmann
Universitäts Verlag 1971
SIEDENTOP, W.: Methodik und Didaktik des Biologieunterrichts.
Heidelberg: Quelle und Meyer 1964
SIMON, H.: Unterrichtsmittel - Bedarfsplan Klassen 5 - 10 des Faches
Biologie. In: BioS. 8/71, S. 321 - 333
SIMONIS, W.: Aspekte der modernen Biologie. Würzburger Universitäts-
reden Heft 45. Würzburg 1967
SNOW, C. P.: The Two Cultures and the Scientific Revolution.
New York: Cambridge University Press 1961
SNYDER, E.: Environmental Education for Everyone (Bibliography).
NSTA, Washington 1970
SMITH, H. A.: The Teaching of a Concept, An Elusive Objective.
NSTA, Washington 1966
SMITH, F. W. jr.: The Morality of Science. In: ABT Vol. 33, 3/71,
S. 177 - 178
SOMMERKORN, J. N.: Kompensatorische Erziehung. In: Die dt. Sch.
11/69, S. 709 ff.
SPANHEL, D.: Sprache und Emanzipation im Unterricht. In: B. u. E. 3/71,
S. 198 - 213
-: Die Sprache des Lehrers. Düsseldorf: Schwann 1971
SPRACHE UND GESELLSCHAFT: Bd. 13 der Reihe Sprache der Gegen-
wart. Jahrbuch 1970 des Instituts für deutsche Sprache.
Düsseldorf: Schwann 1971
SPRECKELSEN, K.: Naturwissenschaftlicher Unterricht in der Grund-
schule, 2. Schj., 1. Teilband: Wechselwirkungen und ihre Partner.
Frankfurt/M.: Diesterweg 1971
STAECK, L.: Hinweise zur Vermeidung von typischen Fehlern von Lehr-
anfängern dargestellt am naturwissenschaftlichen Unterricht.
In: MNU. 2/72, S. 109 - 113
STAKE, R. E.: Objectives, Priorities and other Judgement Data.
In: RER. 2/70, S. 181 - 212
STEINBUCH, K.: Bildungssystem und technischer Fortschritt.
In: Fernsehen und Bildung, 1/2, 1970, S. 9 ff.
-: Technische Modelle biologischer Vorgänge. In: DITFURTH (Hg.) 1969,
S. 73 ff.
-: Ansätze zu einer kybernetischen Anthropologie. In: GADAMER/VOGLER
(Hg. 1972), S. 59 - 107
-: (Hg.) Information, Computer und künstliche Intelligenz.
Frankfurt/M.: Umschau 1967
STEINECKE, F./AUGE, R.: Experimentelle Biologie. Heidelberg:
Quelle und Meyer 1963
STENGEL, E.: Gesundheitserziehung - eine wichtige Aufgabe des biolo-
gischen Unterrichts. In: Der BU. 1/65, S. 14 - 31
-: Anregungen für den Biologieunterricht in der Großstadt.
In: Der BU. 5/65, S. 7 - 20

-: Die biologischen Grundlagen der menschlichen Gemeinschaft.
   In: Der BU. 2/67, S. 115 - 132
-: Umweltschutz und Biologieunterricht. Eine zeitgemäße, grundsätz-
   liche Überlegung. In: PN. (Teil Biologie), 12/71, S. 221 - 226
STEVENS, S.S.: On the Theory of Scales on Measurement.
   In: Science, 109/1946, S. 677
STICHMANN, W.: Biologie. Düsseldorf: Schwann 1970
STOKES, A.W. (Hg.): Praktikum der Verhaltensforschung.
   Stuttgart: G. Fischer 1971
STRACK, E.D.: Der Mund. Westermann Programm (Hg. H. GARMS).
   Braunschweig: Westermann 1966
STRITTMATTER, P.: Ansätze der Unterrichtsforschung bei der Curri-
   culumreform. In: B.u.E. 2/71, S. 97 - 108
-: Multimediale Lehrsysteme. In: P.L. 3/71, S. 148 - 159
-: Programmierte Tonbildreihen - Eine Untersuchung über die Auswirkung
   extern gesteuerter Gruppenpräsentation eines audiovisuellen Lehrpro-
   gramms auf dessen Effektivität. In: ava Bd. 4/1971, S. 5 - 50
STROBEL, H.: Der naturkundliche Aspekt des grundlegenden Sachunter-
   richts. Vergleichende Untersuchungen über Wissensstand und bio-
   logisches Verständnis. Unveröffentlichte Prüfungsarbeit zur 2. Lehr-
   amtsprüfung 1970
STROMAN-HENKE, J.: Zur Einführung kybernetischer Vorstellungen in
   den Biologieunterricht. In: Der BU. 3/66, S. 4-24
STRZELEWICZ, W.: Die unterbelichtete Schule. In: Die dt. Sch. 1/70,
   S. 2 ff.
STURM, H.: Wunderwelt der Natur. Schülerbuch für die Volksschule.
   München: Lurz 1960
SÚLA, J.: Das Vergleichen und seine Bedeutung für die Bildung elemen-
   tarer biologischer Begriffe. In: Der BU. 3/68, S. 21 - 39
-: Außerschulische Kenntnisse über Lebenserscheinungen der Pflanzen
   bei Schülern der ersten Klasse. In: BioS. 6/71, S. 218 - 221
SULLIVAN, J.J./TAYLOR, C.W.: Learning and Creativity. NSTA,
   Washington 1967
SUPPES, P.: Anwendung elektronischer Rechenanalagen im Unterricht.
   In: STEINBUCH (Hg.) 1967, S. 157 ff.
TABA, H.: Curriculum Development. New York: Harcourt Brace and
   World Comp. 1962
TAMIR, P.: An Alternative Approach to the Contruction of Multiple
   Choice Test Items. In: JBE. 6/71, S. 305 - 307
TANSEY, P.J./ UNWIN, D.: Simulation in School Setting. In: MANN/
   BRUNSTROM (1966), S. 105 - 108
TAUSCH, R. u. A.: Erziehungspsychologie. Göttingen: Hogrefe 1965
TEMBROCK, G.: Grundriß der Verhaltenswissenschaften. Stuttgart:
   S. Fischer 1968
TISCHLER, W.: Ökologie der Landtiere. In: Handb.d. Biologie.Allgemeine
   Biologie Bd. III/1, 1963, S. 49 - 114, Konstanz: Athenaion
THATCHER,M.: Wandlungen im britischen Schulwesen.
   In: Umschau 10/71, S. 343 ff.
THEIN, Chr.: Analyse und Klassifizierung von Arbeitsaufträgen in Lehr-
   büchern für den Biologieunterricht der Hauptschule. Unveröffentlichte
   Prüfungsarbeit. Bamberg 1971
THIELE, J.: Zur Verwendung des Begriffs "Information" bei der Be-

schreibung von Texten. In: Grundlagenstudien aus Kybernetik und
Geisteswissenschaft. Bd. 10, 1/69, S. 7 - 10
THIEL, S.: Abschied von den Schulfächern. In: WPB. 3/71, S. 128 ff.
THOMANN, H.: Die Photosynthese und ihre unterrichtliche Behandlung.
Unveröffentlichte Prüfungsarbeit, Bamberg 1968
TIGER, L.: Soziale Rangordnungen in menschlichen Gesellschaften.
In: Umschau 5/71, S. 160 - 161
TILLE, R.: Befähigung zum Systemdenken im Biologieunterricht der
Klasse 8 am Beispiel der Behandlung der Organsysteme des Stoff-
austausches. In: BioS. 1/70, S. 132 - 136
-: Zur modellhaften Darstellung von Stoffwechselprozessen im Biologie-
unterricht. In: BioS. 7/70, S. 289 - 294
TINBERGEN, N.: Instinktlehre. Berlin/Hamburg: Parey 1966
TOMAN, W.: Motivation, Persönlichkeit, Umwelt. Göttingen: Hogrefe
1968
TOPITSCH, E. (Hg.): Logik der Sozialwissenschaften. Köln/Berlin 1966
(S. 27)
TRIEGER, S.: New Forces Affecting Science in the Elementary School.
In: Helping Children Learn Science. NSTA, Washington 1966, S. 186-
188
TRÖGER, W.: Der Film und die Antwort der Erziehung.
München/Basel: E. Reinhardt 1963
TÜTKEN, H./SPRECKELSEN, K.: Zielsetzung und Struktur des Curri-
culum. Naturwissenschaften in der Grundschule. Frankfurt/M.:
Diesterweg 1970
UEXKÜLL, J.v.: Streifzüge durch die Umwelten von Tieren und Menschen.
Bedeutungslehre. Hamburg: Rowohlt 1956. Auch: Stuttgart: S. Fischer
1970
UMLAUF, H.: Abstraktes Denken im Biologieunterricht. In: BioS. 2/69,
S. 422 - 428
UNRUH, G.G. (Ed.): New Curriculum Developments. ASCD, Washington
1965
URSCHLER: Forschungsversuch und illustrativer Versuch. In: NiU. 1970,
S. 81/82
VDB (VERBAND DEUTSCHER BIOLOGEN): Vorschläge zur Neuordnung
des Biologieunterrichts. In: Mitt.d.VDB in NR 3/72, S. 863 - 866
VOGEL, G./ ANGERMANN, H.: dtv-Atlas zur Biologie.
Bd. I, München 1967
Bd. II, München 1968
VOIGT, J.: Das große Gleichgewicht. Zerstörung oder Erhaltung unserer
Umwelt. Hamburg: Rowohlt 1969
VOLLMANN, P.: Untersuchung zur Wirksamkeit verschiedener Unter-
richtsmedien am Beispiel der biologischen Unterrichtseinheit "Die
Honigbiene (Apis mellifica)". Unveröffentlichte Prüfungsarbeit.
Bamberg 1970
WADDINGTON, C.H.: Die biologischen Grundlagen des Lebens.
Braunschweig: Vieweg 1966
WAGENSCHEIN, M.: Naturwissenschaftliche Bildung und Sprachverlust.
In: Neue Sammlung 6/71, S. 497 - 507
WASEM, E.: Medien der Schule. München: Don Bosco 1971
-: Der audiovisuelle Wohlstand. Didaktik und Interpretationsmedien.
München: Ehrenwirth 1968

WASHTON, N.S.: Teaching Science Creatively. Philadelphia: W.B. Saunders, Co., 1967

WASTNEDGE, E.R. (Ed.): Nuffield Junior Science Teacher's Guide 1 and 2. London and Glasgow: Collins 1970

WEBER, W.: Das Problem der Zweckmäßigkeit in der organischen Natur und seine Bedeutung für den Biologieunterricht. In: Der BU. 1/68, S. 11 - 24

WEGMANN, R.: Unterricht in der Menschenkunde. Freising: Datterer 1953

-: Die gesunde Schule. Handbuch der Schulhygiene. Freiburg: Herder 1966

WEHLE, G.: Leistung, Erfolg und Erfolgskontrolle in der Pädagogik und ihren Nachbarwissenschaften. In: SPECK, J. (Hg.) - gleicher Titel - Selbstverlag Münster 1968

WEINERT, F. (Hg.): Pädagogische Psychologie. Köln/Berlin: Kiepenheuer und Witsch 1967

-: Verwendung audiovisueller Unterrichtsmedien in lerntheoretischer und instruktionspsychologischer Sicht. In: Institut für Film und Bild (Hg.): Audio-visuelle Bildungsmittel in der Schule von morgen; 1970, S. 18 - 25

WEINZIERL, H.: Gegen den Ausverkauf der Umwelt. In: Kosmos 9/70, S. 282 (Vorspann)

WEISGERBER, L.: Das Menschheitsgesetz der Sprache als Grundlage der Sprachwissenschaft. Heidelberg: Quelle und Meyer 1964

WEIZSÄCKER, C.F.v.: Gedanken zur Zukunft der technischen Welt. In: JUNGK, R. (Hg.): Menschen im Jahr 2000. Frankfurt/M.: Umschau 1969, S. 29 ff.

WELTNER, K./WARNKROSS, K.: Über den Einfluß von Schülerexperimenten, Demonstrationsunterricht und informierendem Physikunterricht auf Lernerfolg und Einstellung der Schüler. In: ROTH, L. (1969), S. 120 - 133 und Die dt. Sch. 9/69, S. 553 - 563

WELTNER, K.: Informationstheorie und Erziehungswissenschaft. Quickborn: Schnelle 1970

-: Fachdidaktik der Physik, Chemie - und Unterrichtsforschung. In: WPB. 1/71, S. 28 ff.

-: Aspekte der Lernziele des Physikunterrichts. In: WPB. 3/71, S. 113 - 120

WENDELER, J.: Standardarbeiten - Verfahren zur Objektivierung der Notengebung. Weinheim: Beltz 1969

WENIGER, E.: Didaktik als Bildungslehre Teil 1 und 2, Weinheim: Beltz 1962

WESTBURY, J.: Curriculum Evaluation. In: RER. Vol. 40, 2/1970, S. 239 - 260

WERNER, H.: Die Stubenfliege - ein gefährlicher Krankheitsüberträger. Versuch eines biologischen Unterrichtsmodells mit einfacher empirischer Kontrolle. In: W.d.Sch. 3/69, S. 114 - 136

-: Die Misere des Biologieunterrichts und des biologischen Curriculums in Grund- und Hauptschule. In: BfLFB. 1/71, S. 7 - 17

WHORF, B.L.: Sprache, Denken, Wirklichkeit. Hamburg: Rowohlt 1963

WICKLER, W.: Die Biologie der zehn Gebote. München: Piper 1971

-: Stammesgeschichte und Ritualisierung. München: Piper 1970

WIESE, G.: Unterrichtstechnologie für Gesamtschulen - dringend gesucht: Programme. In: aula 6/71, S. 509 - 515

-: Noch kein audiovisueller Wohlstand. In: aula 3/70, S. 310 - 313

WIESENHÜTTER, U.: Das Drankommen der Schüler im Unterricht.
München/Basel: E. Reinhardt 1961

WIESER, W.: Molekulare Struktur - kybernetische Funktion.
In: LOHMANN (Hg.) 1970, S. 85 - 109

-: (Hg.): Genom und Gehirn. Information und Kommunikation in der
Biologie. München: Hanser 1970

WIENER, N.: Kybernetik. Düsseldorf 1963

WILES, K./ PATTERSON, F.: The High School We Need. Washington
1959

WILHELM, Th.: Theorie der Schule. Stuttgart: Metzlersche Verlags-
Buchhandlung 1967

WILLI, F.: Lehrerhandbuch für Naturkunde: Teil I Unterrichtsplanung,
Teil 2 Unterrichtspraxis. Donauwörth: Auer 1961

-: Natur als Heimat. Schülerarbeitsbuch für die Volksschuloberstufe.
Donauwörth: Auer 1964

WILMANNS, O.: Ökologie und moderner Naturschutz. Zur Frage der
Naturschutzgebiete. In: BiuZ. 5/71, S. 147 - 156

WILTON, P.J./WHITTLE, S.J./TEATHER, D.C.B.: A Comparison
between Teaching Methods in Secondary School Biology. In: JBE:
4/71, S. 179 - 185

WINDELBAND, A.: Zur technisch-materiellen Sicherung des Biologieunterrichts in der 9. Klasse. In: BioS. 8/70, S. 321 - 328

WINKEL, G.: Tierhaltung in der Schule. In: Der BU. 3/70, S. 25 - 33

WINNEFELD, F.: Pädagogischer Kontakt und pädagogisches Feld.
München/Basel: E. Reinhardt, 1963

WITTE, A.: Die Arbeitsprojektion im Biologieunterricht.
In: DÖRING (1971 b), S. 329 - 351

-: Vom programmierten Unterricht zur Lernorganisation.
In: DÖRING (1971 b), S. 69 - 86

WÖLKER, H.: Zensuren aus dem Computer. München: Manz 1968

WSESWJATSKI, B.W.: Allgemeine Methodik des Biologieunterrichts.
Berlin: Volk und Wissen 1962

WUCHERPFENNIG, H./ RÜSTER, E.: Der Einfluß fertiger und im
Unterricht entwickelter graphischer Darstellungen auf den Lernerfolg.
In: DÖRING (1971 a), S. 173 - 183

WULF, Chr.: Curriculumevaluation. In: ZfP. 2/71, S. 176 - 201

WURST, F./ HARTMANN, A.H. u. G.H.: Biologische Grundlagen der
Entwicklung und der Erziehung. Wien: Österreichischer Bundesver-
lag 1971

WYGOTSKY, L.S.: Denken und Sprechen. Berlin: Akademie Verlag 1964

ZABEL, E. u.a.: Zur Behandlung grundlegender Prozesse innerhalb der
Zellen im Biologieunterricht der höheren Klassen Teil I - III.
In: BioS. H. 5, 6, 7/1971

ZABROCKI, L.: Lernschwierigkeiten mit sprachlichen Ursachen.
In: Sprache und Gesellschaft (1971), S. 245 - 257

ZAHORIK, J.N.: The Effect of Planning on Teaching. In: TESJ. Vol. 71,
3/1970, S. 143 - 151

ZANNIER, E.: Tiere in der Großstadtschule. In: WPB. 9/69, S. 492 - 507

ZENCKER, V.: Das Prinzip der "Lebensnähe", ein "Kuckucksei" im
Physik- und Chemieunterricht. In: NiU. 10/70, S. 424 - 427

ZIECHMANN, J.: Überlegungen zur Konzeption der Erziehungswissenschaft. In: B.u.E. 5/69, S. 321 ff.

ZIELINSKI, J./SCHÖLER, W.: Pädagogische Grundlagen der programmierten Unterweisung unter empirischem Aspekt. Ratingen: Henn 1964

ZIFREUND, W.: Verlaufsdarstellungen der Interaktionsanalyse als Instrument für naturwissenschaftliches Verhaltenstraining und zur Präzisierung von Unterrichtsmethoden überhaupt. In: P. L. 3/71, S. 129 -132

-: Konzept für ein Training des Lehrerverhaltens mit Fernseh-Aufzeichnungen in Kleingruppen - Seminaren.
Berlin: Beiheft 1 zur Zeitschrift: P. L., Cornelsen 1966

-: Besprechung von MÖLLER, Chr.: Technik der Lernplanung.
In: P. L. 1/70, S. 50 - 51

-: Zur Problematik schulischer Innovationen im Zusammenhang mit objektivierten Lehr- und Lernverfahren. In: DÖRING (1971 a), S. 55 - 68

ZILLIG, M.: Mädchen und Tier. Heidelberg: Quelle und Meyer 1961

ZIMEN, K. -E.: Elemente und Strukturen der Natur. München: Nymphenburger Verlags-Anstalt 1970

ZIMMER, D. E.: Ein Medium kommt auf die Welt. Hamburg: Wegner 1970

ZIMMER, J.: Curriculumforschung: Chance zur Demokratisierung der Lehrpläne. In: didactica 1/69, S. 32 ff.

ZIMMERMANN, W.: Lehrplantheorie und Schulreform. In: B. u. E. 2/71, S. 81 - 96

ZISWILER, V.: Bedrohte und ausgerottete Tiere. Berlin: Springer 1965

ZÖLLER, W.: Die Erstellung informeller Tests. In: Der BU. 1/71, S. 11 - 26

-: Programmierter Unterricht - eine Stellungnahme zu dem Beitrag von Emil Kunz in H. 1 (1970).
In: Der BU. 1/71, S. 76 - 91

Verzeichnis der Abkürzungen häufig zitierter Periodika

ABT	The American Biology Teacher
Arch. Psychol.	Archiv of Psychology
AVA (ava)	AVA Forschungsberichte
	(Hg.): Institut f. Film und Bild, München
AV Comm. Rev.	AV - Communication Review
BfLfB	Blätter für Lehrerfortbildung "Das Seminar"
BioS	Biologie in der Schule
BiuZ	Biologie in unserer Zeit
B.u.E.	Bildung und Erziehung
Die dt. Sch.	Die deutsche Schule
Der BU.	Der Biologieunterricht
JBE	Journal of Biological Education
JEP	Journal of Educational Psychology
Journ. of. Ed. Res.	Journal of Educational Research
JRST	Journal of Research in Science Teaching
MNU	Der Mathematische und Naturwissenschaftliche Unterricht
NiU	Naturwissenschaften im Unterricht
NR	Naturwissenschaftliche Rundschau
PL	Programmiertes Lernen und Programmierter Unterricht
PN (Biol)	Praxis der Naturwissenschaften Teil Biologie
P. Rundsch.	Pädagogische Rundschau
Psychol. Monogr.	Psychological Monographs
Psychol. Rev.	Psychological Review
P.W.	Pädagogische Welt
RER	Review of Educational Research
SAC	Science and Children
TESJ	The Elementary School Journal
TST	The Science Teacher
Umschau	Umschau in Wissenschaft und Technik
W.d.Sch.	Welt der Schule
WPB	Westermanns Pädagogische Beiträge
ZeF	Zeitschrift für erziehungswissenschaftliche Forschung
ZfP	Zeitschrift für Pädagogik
ZNuN	Zeitschrift für Naturlehre und Naturkunde jetzt: Naturwissenschaften im Unterricht

Aus unserer Schriftenreihe pgz: Pädagogische Grund- und Zeitfragen

Zeitlichkeit und Sozialität
von Gabriel Ott
1969. 131 Seiten, Kunststoff DM 9,80 ISBN 3-486-07311-7

Begegnung mit Kunstwerken
von Hannes Weikert
1971. 208 Seiten, Kunststoff DM 24,80 ISBN 3-486-06491-6

Der Wandel des Aufsatzbegriffes
von Karolina Fahn
1971. 227 Seiten, Kunststoff DM 19,80 ISBN 3-486-06651-X

Beiträge zur Didaktik und Methodik des Sprachlehreunterrichts an Grund- und Hauptschulen
von Max Beisbart
1971. 164 Seiten, Kunststoff DM 12,80 ISBN 3-486-08121-7

Vorschule des Lesens
von Gertraud E. Heuß
1971. 192 Seiten, Kunststoff DM 19,80 ISBN 3-486-08551-4

Schule und Begabung
von Hans Schiefele
1971. 102 Seiten, Kunststoff DM 9,80 ISBN 3-486-08521-2

Zurückstellung oder Vorschule?
von Marianne Liedel
1972. 100 Seiten, Kunststoff DM 12,80 ISBN 3-486-09001-1

Soziale Interaktion im Unterricht
Darstellung und Anwendung des Interaktionsanalyse-Systems von N. A. Flanders, von Barbara Hanke, Heinz Mandl, Siegfried Prell
1973, 124 Seiten, Kunststoff, ISBN 3-486- 08431-3

Die Zeitung im Unterricht der Grundschule
von Franz Schneider
1972, 112 Seiten, Kunststoff DM 12,80 ISBN 3-486-09661-3

Biologie in der Curriculumdiskussion
von Horst Werner
1973, 260 Seiten, Kunststoff, ISBN 3-486-05771-5

Aus unserer Schriftenreihe ppf: Pädagogisch-psychologische Forschungen

Kompendium deutschsprachiger Schulreifetests

von Heinz Mandl
1970. 320 Seiten, Kunststoff DM 34, -- ISBN 3-486-07611-6

Struktur und Wandlung von Werthaltungen

von Rolf Oerter
1970. 332 Seiten, Kunststoff DM 32, -- ISBN 3-486-07651-5

Konflikt und Persönlichkeit
Psychologische Modelle und ihre Bedeutung für die Pädagogik
von Dieter Ulich
1971. 175 Seiten, Kunststoff DM 18, -- ISBN 3-486-06641-2

Schulreifetests und Schulerfolg

von Andreas Krapp und Heinz Mandl
1971. 112 Seiten, Kunststoff DM 13,80 ISBN 3-486-08531-X

Leistungsdifferenzierung und individuelle Förderung
Die Untersuchung eines Schulversuchs und seine Probleme
von Siegfried Prell, Hans Schiefele, Dieter Ulich
1972. 127 Seiten, Kunststoff DM 14,80 ISBN 3-486-08601-4

Einführung in die erziehungswissenschaftliche Forschung

von Robert M. W. Travers
1972. 480 Seiten, Kunststoff DM 58, -- ISBN 3-486-08541-7

Bedingungen des Schulerfolgs
Empirische Untersuchung in der Grundschule
von Andreas Krapp
1973, 208 Seiten, Kunststoff, ISBN 3-486-08411-9

Diagnostik in der Schule
Beiträge zur pädagogischen Orientierung der Schülerbeurteilung von einem Autorenkollektiv
1973, 152 Seiten, Kunststoff, ISBN 3-486-05591-7

R. OLDENBOURG VERLAG MÜNCHEN